Auf dem Weg zur Endgestalt von Genesis bis II Regum

Beihefte zur Zeitschrift für die alttestamentliche Wissenschaft

Herausgegeben von
John Barton · Reinhard G. Kratz
Choon-Leong Seow · Markus Witte

Band 370

Walter de Gruyter · Berlin · New York

Auf dem Weg zur Endgestalt von Genesis bis II Regum

Festschrift
Hans-Christoph Schmitt zum 65. Geburtstag

Herausgegeben von
Martin Beck und Ulrike Schorn

W
DE
G

Walter de Gruyter · Berlin · New York

2006

♾ Gedruckt auf säurefreiem Papier,
das die US-ANSI-Norm über Haltbarkeit erfüllt.

ISBN-13: 978-3-11-018576-8
ISBN-10: 3-11-018576-8
ISSN 0934-2575

Bibliografische Information der Deutschen Nactionalbibliothek

Die Deutsche Nationalbibliothek verzeichnet diese Publikation in der Deutschen
Nationalbibliografie; detaillierte bibliografische Daten sind im Internet
über http://dnb.d-nb.de abrufbar.

Printed in Germany
Einbandgestaltung: Christopher Schneider, Berlin

§ 5. D. IV
SOZIOLOGISC

1. URSÜNDE. FEHLEND
   GOTT (3,1 - (

2. SOZIALE FOLGEN

3. INSGESAMT SÜNDIGE
   ADAM LEITET
   (JER 9, 12f.)

F. C. Schmitt

Vorwort

„Man brach auf zu neuen Ufern, aber Land ist noch nicht in Sicht." Diese in die Zeit des beginnenden Theologiestudiums der Herausgeber zurückreichende Aussage Gunnewegs ist in der Tendenz immer noch zutreffend. Hans-Christoph Schmitt gehört zu denjenigen, die sich darum bemühen, die Theorien zur Entstehung von Pentateuch und Deuteronomistischem Geschichtswerk nicht ins Uferlose treiben zu lassen. Auch wenn festes Land im alten Sinne vielleicht nicht mehr erreichbar sein wird, so ist und war es ihm doch stets wichtig, darauf hinzuweisen, dass es in diesem Textbereich wenn auch nicht quellenhafte, so doch kompositionell-redaktionelle Zusammenhänge gibt, die mehr als nur kleine einsame Inseln darstellen. Das Herausarbeiten zusammenhängender Textbereiche bzw. Schichten und die sich daraus ergebenden Möglichkeiten zur Beurteilung der Vorgänge, die letztlich zum Werden des Komplexes Gen bis II Reg führten, gehören zu seinem bleibenden Verdienst. Im vorliegenden Band sind deshalb Beiträge von Weggefährten unter der Themenstellung „Auf dem Weg zur Endgestalt von Genesis bis II Regum" zusammengestellt, um die Wertschätzung für die Forschung Hans-Christoph Schmitts zur genannten Fragestellung zum Ausdruck zu bringen.

Den Anlass dafür gibt nicht zuletzt der 65. Geburtstag von Hans-Christoph Schmitt. An diesem Tag blicken wir voller Dankbarkeit und Achtung auf sein Wirken in Forschung, Lehre, Hochschulpolitik und Kirche zurück. Zu diesem Tag übermitteln wir unserem verehrten theologischen Lehrer – auch im Namen aller Autoren – unsere herzlichen Glück- und Segenswünsche.

Für den bevorstehenden Ruhestand wünschen wir uns nun für den Jubilar kein allzu ruhiges Fahrwasser, sondern dass er auf dem Wellengang der Forschung unterwegs bleiben möge, ohne in rauhe See zu geraten.

Unser Dank gebührt allen Autoren, die sich an der vorliegenden Geburtstagsgabe beteiligt haben, den Herausgebern der BZAW, Prof. Dr. Reinhard G. Kratz und Prof. Dr. Markus Witte für die Aufnahme dieses Bandes in die durch sie verantwortete Reihe, dem Verlag Walter de Gruyter, namentlich Frau Monika Müller, für die hervorragende Zusammenarbeit sowie Herrn stud. theol. Christian Rosenzweig für den gelungenen Schnappschuss.

Erlangen, zum 11.11.2006

Ulrike Schorn
Martin Beck

Inhaltsverzeichnis

Buchtechnische und sachliche Prolegomena zur Enneateuchfrage

Konrad Schmid

I.

Es ist offenkundig, dass die ersten neun „Bücher" der Hebräischen Bibel (Gen, Ex, Lev, Num, Dtn, Jos, Jdc, Sam, Reg) keine disparaten Einheiten darstellen, sondern untereinander eng vernetzt sind. Gen – II Reg bieten eine zusammenhängende, chronologisch geordnete und sachlich weitgehend stimmige Erzählung von der Schöpfung bis zum Exil, die über die jetzt vorliegenden Buchgrenzen hinweg verläuft und auch kaum durch Neueinsätze unterbrochen wird. Nur Genesis und Deuteronomium verfügen mit Gen 1,1 und Dtn 1,1-5 überhaupt über literarische Anfänge, die inhaltlich als eigentliche Buchüberschriften interpretiert werden können. Darüber hinaus finden sich nur in Jos 1,1, Jdc 1,1 und I Sam 1,1 mit ויהי syntaktisch denkbare Erzählanfänge, die nicht mit Syndese oder Narrativen anderer Verben als היה formuliert sind[1]. Insofern stehen Gen – II Reg in einem deutlich näheren Verhältnis zueinander als etwa die Prophetenbücher oder die weisheitlichen Bücher und zeigen deshalb auch in der Hebräischen Bibel kaum Variationen in ihrer kanonischen Anordnung[2].

Hat man also davon auszugehen, dass es ein Großgeschichtswerk im Umfang von Gen – II Reg gegeben hat, wie dies H.-C. Schmitt[3] mehrfach vertre-

---

1   W. Groß, Syntaktische Erscheinungen am Anfang althebräischer Erzählungen: Hintergrund und Vordergrund, in: J. A. Emerton (Hrsg.), Congress Volume 1980, VT.S 32, 1981, 131-145, 133.135 Anm. 13; vgl. aber W. Schneider, Und es begab sich ... Anfänge von Erzählungen im Biblischen Hebräisch, BN 70 (1993), 62-87, 70.85.

2   Vgl. R. Beckwith, The Old Testament Canon of the New Testament Church, 1985, 181-234.450f.; P. Brandt, Endgestalten des Kanons. Die Arrangements der Schriften Israels in der jüdischen und christlichen Bibel, BBB 131, 2001, 136.138.142.

3   H.-C. Schmitt, Die Suche nach der Identität des Jahweglaubens im nachexilischen Israel, in: ders., Theologie in Prophetie und Pentateuch. Gesammelte Schriften, BZAW 310, 2001, 255-276; ders., Das spätdeuteronomistische Geschichtswerk Gen I – 2 Regum XXV und seine theologische Intention, in: ders., Theologie in Prophetie und Pentateuch,

ten hat? Verschiedentlich wird in der Forschung mit einem solchen Werk gerechnet, das unterschiedlich bezeichnet werden kann[4]. Oft spricht man in sachlicher Extrapolation des Begriffs „Pentateuch" von einem „Enneateuch"[5].

277-294; ders., Die Josephsgeschichte und das Deuteronomistische Geschichtswerk. Genesis 38 und 48-50, in: ders., Theologie in Prophetie und Pentateuch, 295-308; ders., Die Erzählung vom Goldenen Kalb Ex. 32* und das Deuteronomistische Geschichtswerk, in: ders., Theologie in Prophetie und Pentateuch, 311-325; ders., Das sogenannte jahwistische Privilegrecht in Ex 34,10-28 als Komposition der spätdeuteronomistischen Endredaktion des Pentateuch, in: J. C. Gertz u.a. (Hrsg.), Abschied vom Jahwisten. Die Komposition des Hexateuch in der jüngsten Diskussion, BZAW 315, 2002, 157-171; ders., Dtn 34 als Verbindungsstück zwischen Tetrateuch und Deuteronomistischen Geschichtswerk, in: E. Otto / R. Achenbach (Hrsg.), Das Deuteronomium zwischen Pentateuch und Deuteronomistischem Geschichtswerk, FRLANT 206, 2004, 180-192; ders., Arbeitsbuch zum Alten Testament. Grundzüge der Geschichte Israels und der alttestamentlichen Schriften, UTB 2146, 2005, 242-248.

4   O. Kaiser, Der Gott des Alten Testaments. Theologie des AT 1: Grundlegung, UTB 1747, 1993, 159-162: „Heils-Unheilsgeschichtliche[s] Großgeschichtswerk"; Schmitt, Das spätdeuteronomistische Geschichtswerk; ders., Erzählung vom Goldenen Kalb, 323; ders., Privilegrecht, 170; ders., Dtn 34, 182: „spätdeuteronomistisches Geschichtswerk"; M. Rose, La croissance du corpus historiographique de la bible – une proposition, RThPh 118 (1986), 217-236, 217: „corpus historiographique de la bible". Im angelsächsischen Sprachbereich scheint sich die Bezeichnung „Primary History" durchzusetzen, vgl. D. N. Freedman, The Law and the Prophets, in: G. W. Anderson u. a. (Hrsg.), Congress Volume 1962, VT.S 9, 1963, 250-265, 251.254.257; D. N. Freedman / J. C. Geoghegan, Martin Noth: Retrospect and Prospect, in: S. L. McKenzie / M. P. Graham (Hrsg.), The History of Israel's Traditions. The Heritage of Martin Noth, JSOT.S 182, 1994, 129-152, 129; S. Mandell / D. N. Freedman, The Relationship between Herodotus' History and Primary History, SFSHJ 60, 1993, ix (vgl. 85); P. J. Kissling, Reliable Characters in the Primary History. Profiles of Moses, Joshua, Elijah and Elisha, JSOT.S 224, 1996; E. Ben Zvi, Looking at the primary (hi)story and the prophetic books as literary/theological units within the frame of the early second temple: Some considerations, SJOT 12 (1998), 26-43 (26: „Primary Historical Narrative"); S. Mandell, Primary history as a social construct of a privileged class, in: M. R. Sneed (Hrsg.), Concepts of class in ancient Israel, 1999, 21-35; A. Abela, Is Genesis the introduction of the primary history?, in: A. Wénin (Hrsg.), Studies in the Book of Genesis. Literature, redaction and history, BEThL 155, 2001, 397-406; G. Auld, Counting sheep, sins and sour grapes. The primacy of the primary history?, in: A. Hunter / P. R. Davies (Hrsg.), Sense and sensitivity. Essays on reading the Bible in memory of Robert Carroll, JSOT.S 348, 2002, 63-72; D. N. Freedmann / B. Kelly, Who redacted the primary history?, in: C. Cohen u. a. (Hrsg.), Sefer Moshe. The Moshe Weinfeld Jubilee Volume. Studies in the Bible and the ancient Near East, Qumran, and post-biblical Judaism. FS M. Weinfeld, 2004, 39-47; J. W. Wesselius, The functions of lists in primary history, in: M. Augustin / H. M. Niemann (Hrsg.), „Basel und Bibel". Collected communications to the XVIIth congress of the International Organization for the study of the Old Testament, 2001, BEAT 51, 2004, 83-89.

5   Vgl. etwa Schmitt, Suche, 275; ders., Arbeitsbuch, 242; R. G. Kratz, Die Komposition der erzählenden Bücher des Alten Testaments. Grundwissen der Bibelkritik, UTB 2157, 2000, 219-225; E. Aurelius, Zukunft jenseits des Gerichts. Eine redaktionsgeschichtliche Studie zum Enneateuch, BZAW 319, 2003; R. Achenbach, Pentateuch, Hexateuch und

Allerdings ist auch verschiedentlich Kritik an einer solchen Annahme geäußert worden[6]. Die wichtigsten Probleme betreffen drei Gesichtspunkte: Erstens wird beanstandet, dass sich keine deutlichen redaktionellen Verkettungen, die sich auf Gen – II Reg insgesamt erstrecken, nachweisen lassen, zweitens werden Zweifel an der buchtechnischen Realisierbarkeit eines „Enneateuch" geäußert, und drittens stellt sich die Frage nach der sachlichen Abgeschlossenheit eines Zusammenhangs Gen – II Reg. Die folgenden Überlegungen gehen diesen Aspekten je für sich nach (II.-IV.) und versuchen, eine Auswertung zu formulieren (V.).

II.

Was das Problem der redaktionellen Einheit von Gen – II Reg betrifft, so ist zunächst zuzugestehen, dass sich durchlaufende „Ketten", die etwa den prominenten penta- bzw. hexateuchischen Aussagegefügen der eidlichen Landverheißung an die drei Erzväter (Gen 50,24; Ex 32,13; 33,1; Num 32,11; Dtn 34,4) oder der Überführung der Josephsgebeine (Gen 50,25; Ex 13,19; Jos 24,32) vergleichbar wären, so nicht finden lassen[7]. Ist damit die Annahme eines „Enneateuch" unmöglich? Dagegen steht zunächst die narrative und chronologische Kohärenz von Gen – II Reg: Die hier erzählte Geschichte von der Schöpfung der Welt bis zum babylonischen Exil ist erzählerisch so fest gefügt, dass *grundsätzlich* davon ausgegangen werden kann, dass sich dieser Ablauf einer ordnenden Hand verdankt. Es wäre demgegenüber eine wesentlich weniger plausible Annahme, dass die in Gen – II Reg versammelten Teilüberlieferungen nur durch bloßen Zufall sachlich so gut aneinander anschließen, dass sich ein durchlaufender Lesezusammenhang ergibt. Darüber hinaus zeigt die in Gen – II Reg eingezogene Weltzeitordnung, die im Wesentlichen auf den Stammbäumen Gen 5 und 11, den Lebenszeitangaben der Patriarchen, den chronologischen Brückenangaben Ex 12,40f. und I Reg 6,1 sowie den annalistischen Informationen der Königsbücher basiert, dass der „Enneateuch" zumindest auf dieser Stufe insgesamt redaktionell bedacht und bearbeitet worden ist: Der Exodus fällt nach der masoretischen Zeitrechnung auf das Jahr 2666, von der Schöpfung an gerechnet. Das sind zwei Drittel von

Enneateuch. Eine Verhältnisbestimmung, ZAR 11 (2005), 122-154; J. C. Gertz (Hrsg.), Grundinformation Altes Testament. Eine Einführung in Literatur, Religion und Geschichte des Alten Testaments, UTB 2745, 2006, 190.

6 Vgl. H. Seebaß, Art. „Pentateuch", TRE 26/1, 1996, 185-209, 186; N. Lohfink, Moses Tod, die Tora und die alttestamentliche Sonntagslesung, ThPh 71 (1996), 481-494, 484.

7 Vgl. E. Otto, Das Deuteronomium im Pentateuch und Hexateuch, FAT 30, 2001, 219: „Wollte man mit einem literarischen Zusammenhang rechnen, der über Jos 24 hinaus auch die Vorderen Propheten einschließt, müßte erklärt werden, warum derartige Ketten [sc. wie Gen 50,25f - Ex 13,19 - Jos 24,32] nicht über Jos 24 hinausführen".

4000 Jahren, die offenbar mit der makkabäischen Wiederweihe des Tempels
erfüllt sind[8]. Diese übergreifende Struktur ist zwar sehr spät anzusetzen –
nicht vor dem historischen Zielpunkt, auf den sie zuläuft (also in der Makka-
bäerzeit) –, aber sie etabliert kaum erst den Zusammenhang von Gen –
II Reg, sondern sie hat ihn bereits vorgefunden und redigiert ihn. Darauf weisen gewisse Inklusionen, die Gen – II Reg insgesamt umgreifen (Joseph /
Jojachin[9]; Vertreibung aus dem Garten Eden / Zerstörung Jerusalems[10]), weitere übergreifende Themen-[11] und Sachentsprechungen in Gen – II Reg[12], vor
allem aber das Kapitel Jos 24, das in seiner vorliegenden Gestalt deutlich ein
Scharnier zwischen der in Gen – Jos erzählten Heilsgeschichte, die in der
Landnahme mündet, und der in Jdc – II Reg anschließenden Unheilsgeschichte, die mit dem Landverlust endet, bildet[13]. Die Bestimmung von
Aussage und Entstehungszeit von Jos 24 ist allerdings umstritten. Unbestritten und unbestreitbar ist, dass Jos 24 mit seiner expliziten Nennung Abrahams (V. 2f.) und der anschließenden Rekapitulation der Heilsgeschichte
(V. 4–13) bis auf die Genesis zurückgreift und so einen „hexateuchischen"
Horizont hat. Umstritten, aber gut begründbar ist, dass Jos 24 in der anderen
literarischen Richtung innerhalb eines „Enneateuch" bis nach II Reg blickt
(vgl. Jdc 6,7-10; 10,10-16; I Sam 7,3f.; 10,7-17; 12[14]). Namentlich die V. 19f.

---

8   Vgl. K. Schmid, Erzväter und Exodus. Untersuchungen zur doppelten Begründung der
    Ursprünge Israels innerhalb des Alten Testaments, WMANT 81, 1999, 19-22.
9   Vgl. K. Schmid, Das Deuteronomium innerhalb der „deuteronomistischen Geschichts-
    werke" in Gen – 2Kön, in: Otto/Achenbach, Deuteronomium, 193-211, 209f.; T. Römer,
    La fin du livre de la Genìse et la fin des livres des Rois: ouvertes vers la diaspora.
    Quelques temarques sur le Pentateuque, l'Hexateuque et l'Ennéateuque, in: D. Böhler
    u. a. (Hrsg.), L'Ecrit et l'Esprit. Études d'histoire du texte et de théologie biblique en
    hommage à Adrian Schenker, FS A. Schenker, OBO 214, 2005, 285-294.
10 Vgl. B. Gosse, L'inclusion de l'ensemble Genèse – II Rois, entre la perte du jardin
    d'Eden et celle de Jérusalem, ZAW 114 (2002), 189-211.
11 Vgl. die o. Anm. 3 genannten Arbeiten von H.-C. Schmitt.
12 Innerhalb von Gen- II Reg lässt sich beispielsweise eine auffällige strukturelle Selbst-
    ähnlichkeit zwischen „Urgeschichte", „Volksgeschichte" und „Staatsgeschichte" fest-
    stellen:

	„Urgeschichte" Gen 1-11	„Volksgeschichte" Gen 12 – Jos	„Staatsgeschichte" Jdc/Sam – Reg
„Fall"	Gen 2f.	Ex 32-34	I Reg 12
Strafe/Bewahrung eines Rests	Gen 6-9	Num 13f.	II Reg 17

    Vgl. dazu Schmid, Erzväter, 24-26.
13 Schmid, Erzväter, 22-24; R. G. Kratz, Der vor- und der nachpriesterschriftliche Hexa-
    teuch, in: Gertz u. a. (Hrsg.), Abschied vom Jahwisten, 295-323, 299-307.
14 Vgl. Kratz, Hexateuch, 302. Achenbach (ZAR 2005, 139-153) konzediert diese Bezug-
    nahmen, will in ihnen aber lediglich Elemente einer „Bearbeitung" statt einer „für ein
    Gesamtwerk Enneateuch ... formativ[en] ... Redaktion" (141) sehen. Es fragt sich aber, ob

(„Ihr *könnt* Jhwh nicht dienen!") sind nicht sinnvoll anders interpretierbar: Sie bereiten die in den Folgebüchern eröffnete Unheilsgeschichte vor[15]. Man mag darüber diskutieren, ob V. 19f. gegenüber einem dann anzunehmenden Grundtext von Jos 24 literarisch sekundär seien[16], doch spätestens auf der Ebene des vorliegenden Textes von Jos 24, die zwar nachpriesterschriftlich, aufgrund der nachfolgenden, von Jos 24 sachlich abhängigen redaktionsgeschichtlichen Weiterungen des Richterbuchs[17] aber immer noch perserzeitlich anzusetzen sein dürfte, kommt Jos 24 die Funktion eines Gelenks zwischen Gen – Jos und Jdc – II Reg zu, das den Gesamtzusammenhang als Abfolge von Heilsgeschichte und Unheilsgeschichte strukturiert.

III.

Wenn Gen – II Reg zwar in literarischer Hinsicht ein geordnetes Gefüge präsentieren, so fragt sich gleichwohl, wie denn ein solch umfangreicher Zusammenhang buchtechnisch überhaupt vorstellbar sei. Die diesbezügliche Sachlage ist allerdings vergleichsweise klar: Entgegen einer verbreiteten Ansicht[18] bieten Rollen, die mehrere biblische „Bücher" umfassen, von ihrer Länge her *keine unausweichlichen buchtechnischen Schwierigkeiten*[19] – wenn

---

hier die zugrundegelegten Kategorien den Blick für die Funktion der entsprechenden Aussagen in Jos 24 verstellen.

15 Vgl. Schmid, Deuteronomium, 193f Anm. 1.

16 Vgl. z.B. – allerdings mit ihrerseits diskutierbaren Gründen – C. Levin, Die Verheißung des neuen Bundes in ihrem theologiegeschichtlichen Zusammenhang ausgelegt, FRLANT 137, 1985, 114f; ihm folgend Kratz, Komposition, 207.

17 Vgl. Schmid, Erzväter, 218-220; vgl. auch die Diskussion bei P. Guillaume, Waiting for Josiah. The Judges, JSOT.S 385, 2004.

18 Vgl. J. M. Oesch, Petucha und Setuma, Untersuchungen zu einer überlieferten Gliederung im hebräischen Text des Alten Testaments, OBO 27, 1979, 118 Anm. 5; M. Haran, Book-Size and the Thematic Cycles in the Pentateuch, in: E. Blum u. a. (Hrsg.), Die Hebräische Bibel und ihre zweifache Nachgeschichte, FS R. Rendtorff, 1990, 165-176, 169; ders., Book-Size and the Device of Catch-Lines in the Biblical Canon, JJSt 36 (1985), 1-11; E. Blum, Studien zur Komposition des Pentateuch, BZAW 189, 1990, 111 Anm. 43. Im Bereich der neutestamentlichen Wissenschaft wurde bisweilen die Meinung geäußert, dass eine Ordnung der Evangelien erst mit dem Aufkommen des Codex fixiert werden konnte, vgl. Th. Zahn, Geschichte des Neutestamentlichen Kanons. Zweiter Band: Urkunden und Belege zum ersten und dritten Band, 1890, 364; H. von Campenhausen, Die Entstehung der christlichen Bibel, BHTh 39, 1968, 203.

19 Vgl. K. Schmid, Buchgestalten des Jeremiabuches. Untersuchungen zur Redaktions- und Rezeptionsgeschichte von Jer 30-33 im Kontext des Buches, WMANT 72, 1996, 35-43; J. Blenkinsopp, The Pentateuch. An Introduction to the First Five Books of the Bible, 1992, 46; E. Tov, Der Text der Hebräischen Bibel. Handbuch der Textkritik, 1997, 166; ders., Scribal Practices and Approaches Reflected in the Texts Found in the Judean Desert, StTDJ 54, 2004, 74-79. Die Frage mehrere Bücher umfassender Rollen ist auch

sie statt auf dem brüchigeren Papyrus auf Leder geschrieben sind. Rollen können sehr umfangreich sein: Aus dem alten Griechenland ist eine 50 Meter lange Rolle mit der Ilias und der Odyssee bekannt[20]. Der ägyptische Papyrus Harris (11. Jh. v. Chr.) enthält auf 43 Metern Länge das Totenbuch[21]. Durchschnittlich waren aber Längen von 8 bis 9 Metern[22]. Im Alten Testament zeigt die Unterteilung des Pentateuch und noch deutlicher diejenige der wahrscheinlich ursprünglich ein Buch bildenden Samuel- und Königsbücher, dass ursprünglich sehr lange Buchrollen mit einem zusammenhängenden Text *nachträglich* auf kürzere Rollen verteilt worden sind[23]. Die längsten material erhaltenen Rollen aus Qumran sind 1QIsa[a] (7,34m + „handle sheet" vor Kol. I) und 11QTemple (8,148m; ursprünglich 8,75m[24]). Für 4QPentPar[a-d] (4Q364-367 = 4QRP[b-e]) rechnet Tov mit einer Gesamtlänge von 22,5-27,5m[25].

Wenn zwar in Qumran die biblischen Bücher in der Regel auf separate Rollen geschrieben worden sind[26], so deuten doch die Fragmente von 4QGen-Exod[a] (früher 4Gen[a] und 4Exod[b])[27], 4QpaleoGen-Exod[l] (früher 4QpaleoExod[l]

---

wichtig für die Diskussion um buchübergreifende Zusammenhänge, wie sie vor allem für die Prophetenbücher (vgl. nur das Zwölfprophetenbuch) erwogen werden (vgl. O. H. Steck, Der Abschluß der Prophetie im Alten Testament. Ein Versuch zur Frage der Vorgeschichte des Kanons, BThSt 17, 1991, 24 Anm. 29; E. Bosshard, Beobachtungen zum Zwölfprophetenbuch, BN 40 [1987], 30-62; J. Nogalski, Literary Precursors to the Book of the Twelve, BZAW 217, 1993.) Die verschiedentlich im Alten Testament genannten „Bücher", auf die Bezug genommen wird (vgl. z. B. Num 21,14; Jos 10,13; 2Sam 1,18), stellen z. T. bereits selbst von vornherein keine Einzeldokumente, sondern kleine Sammlungen dar, vgl. P. Welten, Art. „Buch/Buchwesen II.", TRE 7, 1981, 272-275. Zu vergleichen ist ferner die 1QS, 1QSa und 1QSb umfassende Sammelrolle, s. J. Maier, Die Qumran-Essener: Die Texte vom Toten Meer I, UTB 1862, 1995, 166.

20 G. R. Driver, Semitic Writing: From Pictograph to Alphabet, 1948, 84 Anm. 5.

21 Vgl. E. Tov, Textual Criticism of the Hebrew Bible, 1992, 202.

22 Vgl. N. M. Sarna, Ancient Libraries and the Ordering of the Biblical Books. A Lecture Presented at the Library of Congress, March 6, 1989, The Center for the Book Viewpoint Series 25, 1989, 8f.

23 Vgl. L. Blau, Studien zum althebräischen Buchwesen und zur biblischen Litteraturgeschichte, 1902, 51. Die LXX-Bezeichnung „Könige" für Sam-Reg dürfte auf alte Tradition zurückgehen (vgl. H. B. Swete, An Introduction to the Old Testament in Greek, Revised by R.R. Ottley, with an Appendix Containing the Letter of Aristeas Edited by H. St. J. Thackeray, [1900] [2]1914, repr. 1989, 215; F. Siegert, Zwischen Hebräischer Bibel und Altem Testament. Eine Einführung in die Septuaginta, MJS 9, 2001, 45), außerdem bietet I Reg 1,1 keine deutliche Zäsur, die einen ursprünglichen Buchanfang markiert.

24 Vgl. Tov, Text, 166; ders., Scribal Practices, 76f.

25 Text, 166; ders., Scribal Practices, 76 (vgl. aber die Vorbehalte bei J. Maier, Die Qumran-Essener: Die Texte vom Toten Meer II, UTB 1863, 1995, 308f.).

26 Vgl. Tov, Text, 86f.166; ders., Scribal Practices, 75. Das Dodekapropheton galt dabei – wie schon in Sir 49,10 – als ein Buch (vgl. U. Gleßmer, Liste der biblischen Texte aus Qumran, RdQ 62 [1993], 153-192).

27 Vgl. DJD XII, 7-30 (J. R. Davila); Tov, Scribal Practices, 75.

oder 4QpaleoExod^n)[28], 4QExod-Lev^f (früher 4QExod^f)[29] und 4QLev-Num^a[30] auf Pentateuchrollen hin[31]. Die Formulierung „Buch Moses und die Bücher der Propheten und Davids Psalmen" aus 4QMMT (4Q397 = 4QMMT^d), die vom Buch Moses auffällig im Sg. spricht[32], stützt diese Vermutung[33]. Die Rolle Mur 1 aus dem Wadi Murabba'at ist aller Wahrscheinlichkeit nach ebenfalls eine Pentateuchrolle; sie enthält Fragmente aus Gen (Stücke aus Gen 32-35), Ex (4-6) und Num (34.36)[34].

Von der antiken Buchrollenherstellung her zu urteilen, ist somit eine den gesamten Textumfang von Gen – II Reg umfassende Rolle zwar nicht ohne weiteres zu erwarten, auf der anderen Seite aber auch kein Ding der Unmöglichkeit. Es ist aufgrund der inneren Kohärenz von Gen – II Reg durchaus denkbar[35], ja für die rabbinische Zeit ist sogar belegbar, dass es Rollen gegeben hat, die (mindestens) Gen – II Reg insgesamt umfasst haben. In Git 60a wird der Gebrauch getrennter Rollen der einzelnen Bücher des Pentateuch in

---

28 Die Rolle enthält Buchstaben des letzten Verses von Gen und Textstücke aus Ex 1-4.8-12.16-20.22.25-28.36.40[?]; vgl. E. Ulrich, An Index of the Passages in the Biblical Manuscripts from the Judean Desert. Genesis-Kings, DSD 1 (1994), 113-129; 106-111; Maier, Qumran-Essener II, 15f; DJD IX, 17-50.

29 DJD XII, 133-134 (F.M. Cross).

30 S. Gleßmer, RdQ 1993, 164f; Maier, Qumran-Essener II, 19; DJD XII, 153-176 (E. Ulrich); Tov, Scribal Practices, 75.

31 Skeptisch allerdings E. Ulrich, DJD XII, 175.

32 Vgl. auch die singularische Bezeichnung תורת משה in 1QS 5,8; 8,22; CD 5,2; 15,2.9.12 u.ö. oder einfach התורה in 1QS 5,21; 6,6; CD 6,4; 14,8; 15,13 u.ö. (s. H. Stegemann, Die „Mitte der Schrift" aus der Sicht der Gemeinde von Qumran, in: M. Klopfenstein u. a. [Hrsg.], Mitte der Schrift? Ein jüdisch-christliches Gespräch. Texte des Berner Symposiums vom 6.-12. Januar 1985, 1987, 149-184, 161 Anm. 39). Vgl. im Alten Testament auch die Redeweise vom „Buch (des Gesetzes) Moses" (תורת) ספר (משה in II Chr 25,4; 35,12; Neh 8,1; 13,1. Ähnlich nimmt Mk 12,26, wo Ex 3,2.6 zitiert wird, auf das „Buch" (Singular) Moses Bezug (vgl. O. Eißfeldt, Einleitung in das Alte Testament unter Einschluß der Apokryphen und Pseudepigraphen sowie der apokryphen und pseudepigraphenartigen Qumran-Schriften. Entstehungsgeschichte des Alten Testaments, NTG, ³1964, 206).

33 Vgl. Stegemann, Mitte, 164 Anm. 50; 165 Anm. 56; 180 Anm. 123; J. Maier, Die Qumran-Essener: Die Texte vom Toten Meer III, 1996, UTB 1916, 9f. Es ist nicht ausgeschlossen, dass es bereits in der Antike auch Buchrollen gab, die das gesamte Alte Testament umfasst haben (vgl. Oesch, Petucha, 118 Anm. 5 [Lit.]; Tov, Scribal Practices, 75), doch dürfte es sich hier um Ausnahmen gehandelt haben. In Qumran deutet nichts darauf hin, dass man dort solche Rollen hergestellt oder benutzt hat.

34 Vgl. DJD II, 75-78 (J. T. Milik), 75: „Les fragments de Gen et d'Ex, et le fr. 2 de Num, appartiennent presque certainement au même manuscrit [...]. Il est donc possible qu'originellement le rouleau ait contenu la Torah complète." Vgl. Tov, Scribal, Practices, 75.

35 Vgl. die Überlegungen bei Beckwith, Canon, 241-245; Schmid, Buchgestalten, 38f; H.-J. Stipp, Ahabs Buße und die Komposition des deuteronomistischen Geschichtswerks, Bib. 76 (1995), 471-479.

der Synagoge verboten[36]; j. Megilla 73d sowie Soferim 3,1 lassen weiter den Rückschluss zu, dass das Vereinigen von Tora und Propheten in rabbinischer Zeit mancherorts praktiziert wurde[37]. BB 13b lässt an Rollen denken, die den gesamten Pentateuch, die Propheten oder die Schriften, ja sogar das ganze Alte Testament umfasst haben[38].

Allerdings sind solche sehr umfangreichen Rollen schwierig zu handhaben – oder, wie Kallimachos sagte: μέγα βιβλίον μέγα κακόν[39] –, so dass sie wohl selten hergestellt wurden. Die herkömmlichen Unterteilungen nach biblischen „Büchern" werden sich vor allem aus praktischen Gründen nahe gelegt haben. Die Totalangaben von 22 bzw. 24 Büchern der Hebräischen Bibel bei Josephus bzw. IV Esr 14 setzen ein Buch – wobei Sam, Reg, XII, Chr, Esr-Neh als ein Buch zählen[40] – pro Rolle voraus. Der Sprachgebrauch bei Josephus, der bisweilen auf Jes, Dan und Ez je als „Bücher" Bezug nehmen kann[41], weist darauf hin, dass lange Einzelbücher auf mehrere Rollen aufgeteilt werden konnten.

Die Frage sehr umfangreicher Rollen ist aber ohnehin zu relativieren. Ob man solche Rollen nun für wahrscheinlich hält oder nicht, ist grundsätzlich von eingeschränkter Bedeutung für die Frage der Denkbarkeit eines „Enneateuch". Aufgrund von Analogien aus dem antiken Bibliothekswesen[42] hat man damit zu rechnen, dass selbst in Fällen, in denen ein Gen – II Reg reichendes Großgeschichtswerk auf Einzelrollen aufgeteilt worden wäre[43], eine bestimmte Ordnung gewaltet hat[44]: Die Rollen lassen sich bibliothekarisch so

36 Blau, Buchwesen, 65 mit Anm. 3; Tov, Text, 166; ders., Scribal Practices, 10 mit Anm. 18 (Lit.).
37 Blau, Buchwesen, 63 mit Anm. 4; S. Z. Leiman, The Canonization of Hebrew Scripture. The Talmudic and Midrashic Evidence, ²1991, 60f.; vgl. auch Oesch, Petucha, 118 Anm. 5.
38 Vgl. Blau, Buchwesen, 40.61f.; Brandt, Endgestalten, 64f. mit Anm. 219; Tov, Scribal Practices, 75.
39 Vgl. Driver, Semitic Writing, 84 Anm. 5.
40 Zum Unterschied 22 oder 24 Bücher s. ausführlich Beckwith, Canon, 235-273; O. Kaiser, Grundriß der Einleitung in die kanonischen und deuterokanonischen Schriften des Alten Testaments. Band 3: Die poetischen und weisheitlichen Werke, 1994, 124 Anm. 7, sowie das Material bei Bill. IV/1, 419-423.
41 S. den Nachweis bei Beckwith, Canon, 264 Anm. 21. Dasselbe gilt für Sir in rabbinischen Texten (ebd.).
42 Vgl. grundsätzlich O. Pedersén, Archives and Libraries in the Ancient Near East 1500-300 B.C., 1998.
43 Ben Zvi, SJOT 1998, 27, spricht von „multi-book unit".
44 Vgl. N. M. Sarna, The Order of the Books, in: C. Berlin (Hrsg.), Studies in Jewish Bibliography, History and Literature in Honor of I. Edward Kiev, 1971, 407-413; ders., Libraries; Steck, Abschluß, 117; Brandt, Endgestalten, 62-66. Beckwith, Canon, 181-234, macht auf die vielfachen Unterschiede in der Anordnung der Bücher des Alten Testaments in frühjüdischen und altkirchlichen Listen und verschiedenen Manuskripten aufmerksam, stellt dazu aber auch fest, dass die unterschiedlichen Anordnungen nicht auf-

ordnen, dass die jeweiligen Buchanschlüsse nicht nur textlich, sondern auch organisatorisch kenntlich sind. Im übrigen wird ja entsprechend auch stillschweigend bei der Annahme eines „Pentateuch", dem „in fünf Gefäßen [aufbewahrten Buch]", in der Regel offengelassen, ob Gen – Dtn als auf einer Rolle geschrieben vorgestellt werden, oder ob man mit einem aus fünf Einzelrollen bestehenden, gleichwohl aber zusammengehörigen Werk rechnet.

IV.

Die bisherigen Überlegungen haben die redaktionelle Kohärenz eines von Gen – II Reg reichenden Großgeschichtswerks hervorgehoben und dessen grundsätzliche buchtechnische Möglichkeit gezeigt – sei es, dass man sich dieses als material zusammenhängendes Werk auf einer Buchrolle vorstellt, oder dass mit einem zusammenhängenden Serienwerk von Einzelrollen gerechnet wird. Damit ist aber noch ganz offen, ob es tatsächlich sinnvoll ist, mit einem solchen Werk im Sinne eines abgeschlossenen „Enneateuch" zu rechnen. Wie autark ist Gen – II Reg?

Hierüber muss aufgrund *sachlicher* Überlegungen geurteilt werden. Es dürfte hilfreich sein, sich zunächst die Argumente für oder gegen die Annahme eines solchen Werks zu vergegenwärtigen und dann in einem darauf folgenden Schritt eine Auswertung vorzunehmen. Denn es ist nicht auszuschließen, dass eine sinnvolle Antwort anders als in einem einfachen Ja oder Nein ausfallen wird. Es wird möglicherweise auf eine genaue Bestimmung ankommen, in welchem Sinn von einem „Enneateuch" die Rede sein kann.

Zunächst einmal ist noch einmal hervorzuheben, dass Gen – II Reg als durchlaufend lesbarer Zusammenhang vorliegt, der am Ende von II Reg abbricht. Das hat sich in der späteren Überlieferungsgeschichte sowohl der christlichen Alten Testamente wie auch der Jüdischen Bibeln darin niedergeschlagen, dass es über die kanonische Abfolge dieser Bücher nahezu keine Unstimmigkeiten gibt. Gen – II Reg ist derjenige Teil des Alten Testaments, über dessen Bücheranordnung in jüdischen Quellen keine[45] und in christlichen Quellen kaum Unsicherheiten bestehen[46]. Das in Gen – II Reg vorlie-

---

grund der prinzipiellen Beliebigkeit der Buchabfolge, sondern aufgrund unterschiedlicher Ordnungsbemühungen zu erklären sind (vgl. 182).

45 Beckwith, Canon, 119.206, meint, Josephus setze Hi vor Jos voraus (so, wegen der traditionell Mose zugeschriebenen Autorschaft von Hi, die Reihenfolge in der Peschitta); das bleibt aber hypothetisch.

46 Beckwith, Canon, 182; vgl. lediglich die Zusammenstellung von Lev und Dtn bei einigen Kirchenvätern (H. Holzinger, Einleitung in die Hexateuch, 1893, 2f.; Swete, Introduction, 226; Leiman, Canonization, 165 Anm. 264), die Listen bei Epiphanios von Salamis (div. Anordnungen, Beckwith, Canon, 189) und Bryennios [Gen, Ex, Lev, Jos, Dtn, Num, s. Leiman, Canonization, 165 Anm. 264) sowie den Mailänder Codex (Pss zwischen Sam

gende durchlaufende narrative Gefüge beruht schwerlich auf einem Zufall, sondern ist das Resultat absichtsvoller Gestaltung[47]. Natürlich sind nicht alle Texte oder Textzusammenhänge in Gen – II Reg von vornherein für einen solchen Großzusammenhang geschaffen worden, aber dieser Großzusammenhang als solcher – wann immer er entstanden sein mag – ist eine „gemachte", keine „gewordene" Größe.

Auf der anderen Seite sind auch gegenläufige Indizien zu nennen: So sehr Gen – II Reg auch als Zusammenhang erscheint, so wenig kann dieser Zusammenhang als in sich sachlich suffizient gelten. Die elementarste sachliche Linie in Gen – II Reg ergibt sich über das Landthema: Gen – Jos erzählt von der Inbesitznahme des von allem Anfang an verheißenen Landes, Jdc – Reg von dessen Verlust[48]. Gen – II Reg ist also diesbezüglich ein theologisches Nullsummenspiel.

Dieser Ausgang wurde schon oft als Problem empfunden und man hat versucht, in der Schlussepisode II Reg 25,27-30, die von der Begnadigung Jojachins in Babylon erzählt[49], ein Hoffnungslicht für die Zukunft zu entdecken. So war von Rad überzeugt, dass II Reg 25,27-30 „eine besondere theologische Bedeutung zukomm[e]"[50], nämlich, „daß es mit den Davididen doch noch nicht ein unwiderrufliches Ende genommen"[51] habe. Auf der anderen Seite war Noth der Meinung, der Verfasser des deuteronomistischen Geschichtswerks habe diesen Abschnitt noch „hinzugefügt, weil dieses – für die Geschichte an sich belanglose – Ereignis nun einmal noch mit zur Darstellung des Geschicks der judäischen Könige gehörte"[52]. Beide Deutungen haben Nachfolger gefunden, für eine „minimalisierende"[53] Auslegung wie Noth sprachen sich L. Schmidt[54], E. Würthwein[55], C. T. Begg[56], B. Becking[57]

---

und Reg, Beckwith, Canon, 196). Zur Stellung des Rutbuchs vgl. I. Fischer, Rut, HThKAT, 2001, 108-111. S. insgesamt Brandt, Endgestalten.

47 Vgl. oben Abschn. II.

48 Vgl. bereits M. Weippert, Fragen des israelitischen Geschichtsbewußtseins, VT 23 (1973), 415-442, 441; vgl. Schmid, Erzväter, 21; Gosse, ZAW 2002.

49 Vgl. M. Gerhards, Die Begnadigung Jojachins – Überlegungen zu 2.Kön. 25,27-30 (mit einem Anhang zu den Nennungen Jojachins auf Zuteilungslisten aus Babylon), BN 94 (1998), 52-67.

50 Die deuteronomistische Geschichtstheologie in den Königsbüchern (1947), in: ders., Gesammelte Studien zum Alten Testament, ThB 8, 1958, 189-204, 203.

51 Ebd.

52 Überlieferungsgeschichte des Pentateuch, 1948, 87, vgl. 108.

53 So die Begrifflichkeit bei C. T. Begg, The Significance of Jehojachin's Release: A New Proposal, JSOT 36 (1986), 49-56, 49.

54 Deuteronomistisches Geschichtswerk, in: H.-J. Boecker u. a., Altes Testament, Neukirchener Arbeitsbücher, (1983, 101-113, 112) [5]1996, 127-141, 138f.

55 Die Bücher der Könige. 1Kön 17–2Kön 25, ATD 11/2, 1984, 481-484.

56 JSOT 1986, 53.

57 Jehojachin's Amnesty, Salvation for Israel? Notes on 2 Kings 25,27-30, in: C. Brekelmans / J. Lust (Hrsg.), Pentateuchal and Deuteronomistic Studies. Papers Read at the XIIIth IOSOT Congress 1989, BEThL 94, 1990, 283-293.

und M. Gerhards[58] aus, für eine „maximalisierende" Sicht traten E. Zenger[59] und J. D. Levenson[60] ein.

Auf der einen Seite ist die exponierte Stellung von II Reg 25,27-30 in der Tat auffällig, auf der anderen Seite sollte man den unprätentiösen Charakter des Abschnitts nicht überspielen[61] und ihn entsprechend theologisch überlasten. Viel näher liegt eine alternative Erklärung der Bestimmung des theologischen Zielpunkts des Ablaufs von Gen – II Reg.

Was Israel nach der Zerstörung Jerusalems durch die Babylonier zu gewärtigen hat, entscheidet sich nicht aufgrund der knappen Schlusspassage der Geschichtsbücher II Reg 25,27-30, sondern ist Gegenstand ausführlicher theologischer Diskussion und Erörterung in den nachfolgenden Prophetenbüchern[62]. Das an die Geschichtsbücher anschließende *corpus propheticum* öffnet den Blick auf die Zukunft hin. Schon das erste Buch – das Jesajabuch – bietet eine Art Gesamtkompendium dessen, was die nachfolgenden Propheten in ihren Büchern – gemäß ihrer je eigenen Epoche – noch einmal ausführren: Jes sagt Gericht an (vgl. Jer), aber auch das kommende Heil (Jes 40-66; vgl. Ez; XII). In der Anordnung von MT läuft Gen – II Reg – liest man Gen – II Reg als heils-unheilsgeschichtliches Großgeschichtswerk mit der Hauptzäsur nach dem Josuabuch, in dem die Heilsgeschichte abgeschlossen wird – so sachlich auf das *corpus propheticum* zu: In den Prophetenbüchern werden die entscheidenden Aussagen für die Zukunft Israels getroffen[63].

---

58 BN 1998.
59 Die deuteronomistische Interpretation der Rehabilitierung Jojachins, BZ 12 (1968), 16-30.
60 The Last Four Verses in Kings, JBL 103 (1984), 353-361.
61 Vgl. dazu v. a. Begg, JSOT 1986, 51-55. T. Römer, Transformations in Deuteronomic and Biblical Historiography. On „Book-Finding" and other Literary Strategies, ZAW 109 (1997), 1-11, 10f., verortet das Stück geistig im Umkreis der „Diasporanovellen". Vgl. jetzt auch D. F. Murray, Of all the Years of Hope – or Fears? Jehoiachin in Babylon (2 Kings 25:27-30), JBL 120 (2001), 245-265, und J. Schipper, „Significant Resonances" with Mephibosheth in 2 Kings 25:27-30: A Response to D. F. Murray, JBL 124 (2005), 521-529, 523: „one can strengthen Murray's case that 2 Kgs 25:27-30 presents little hope for the restoration of Davidic kingship, but still presents hope of a tolerable exilic future".
62 Vgl. auch J. A. Sanders, Art. „Canon", AncBD 1, 1992, 837-852, 844f.
63 In den Geschichtsbüchern selbst klingt eine Zukunftsperspektive auch an, allerdings nur an vereinzelten Stellen und sachlich verhalten: Zu nennen sind namentlich Lev 26,42-45; Dtn 4,29-31; Dtn 30,1-10; Dtn 32,1-43 und I Reg 8,46-53 – hier wird über das Exil hinaus auf mögliches nachfolgendes Heil für Israel vorausgeblickt. Diese Betonung der Propheten im Dreischritt Gen – Jos; Jdc – II Reg; Jes – Sach/Mal wird später dadurch entscheidend korrigiert, dass nicht Gen – Jos, sondern nur Gen – Dtn als erster und wichtigster Kanonsteil aus Gen – II Reg abgegrenzt worden ist: Tora ist so eine nach hinten offene Größe, ihre Verheißungen werden von den Landnahmeberichten im zwar nachfolgenden, nun aber Nebiim zugeschlagenen Josuabuch entkoppelt. Damit eignet der Tora sozusagen selbst prophetische Qualität – ihre Aussagen sind nicht geschichtlich zu verstehen, indem sie auf die bereits vergangene Geschichte Israels abzielen, sondern weisen über diese hinaus. Vgl. hierzu ausführlich Schmid, Erzväter, 290-301.

Hängen die sachlichen und terminologischen Verbindungen zwischen dem Schlusskapitel von Gen – II Reg, II Reg 25, und dem im kanonischen Leseablauf anschließenden Kapitel Jes 1 mit diesem Leseablauf zusammen? Verschiedene Aussagen in Jes 1 erwecken den Eindruck, nachgerade als „Antworten" auf Probleme formuliert zu sein, die durch die Schilderung II Reg 25 aufgeworfen werden. Jes 1,2-9, insbesondere V. 7, blickt auf ein Gericht mit einer Feuerkatastrophe zurück, wie es II Reg 25,9 berichtet[64]; die Beschreibung Zions nach der Katastrophe als „Laubdach im Weinberg" oder „Nachthütte im Gurkenfeld" (Jes 1,8) entspricht der ruralen Restschilderung von II Reg 25,12 („Weinbauern", „Ackerbauern"). Die radikale Opferkritik in Jes 1,10-15[65] kann als fortführende Interpretation der Tempelzerstörung und Wegführung der Kultgeräte in II Reg 25,8-12.13-21 gelesen werden. Theologisch greift Jes 1 vielfach „bundestheologische" Motive aus Dtn (und Lev 26) auf[66] und akzentuiert so die „deuteronomistische" Logik von II Reg 25. Neben der viel beachteten Nähe von Jes 1 zu Jes 65f. und den Linien, die von Jes 1 ins Buch führen[67], wäre also auch der kanonische Anschluss von Jes an II Reg für die Interpretation des Kapitels zu bedenken.

IV.

Wie ist angesichts dessen nun angemessen über die „Enneateuch"-Frage zu entscheiden? Hat es je ein von Gen – II Reg reichendes Großgeschichtswerk gegeben?

Die Antwort muss lauten: Nicht als suffiziente Größe. Gen – II Reg wiesen über sich hinaus und sind auf die sachliche Fortführung in den Prophetenbüchern angewiesen. Insofern dürfte es ein von Gen – II Reg reichendes Großgeschichtswerk – *als abgeschlossene sachliche Größe* – nie gegeben haben. Zu rechnen haben aber wird man mit einer Abfolge von Geschichts- und Prophetenbücher, von Gen – II Reg und *corpus propheticum*, die erst in einem späteren Schritt in Tora (Gen – Dtn) und Propheten (Jos – Mal) untergliedert worden sind. Die innere Logik der Abfolge Gen – II Reg + Jes – Sach/Mal ist zunächst nicht diejenige der Anwendung und Auslegung des mosaischen Gesetzes durch die mit Josua beginnende Sukzession der Propheten. Vielmehr scheint dieser Großzusammenhang das Geschichtsbild einer „doppelt gebrochenen Linie"[68] zu formulieren, das auf eine erste Heilsgeschichte (Gen – Jos) zunächst eine Unheilsgeschichte (Jdc – II Reg),

64 Vgl. W. A. M. Beuken, Jesaja 1-12, HThK.AT, 2003, 69.
65 Vgl. dazu R. G. Kratz, Die Kultpolemik der Propheten im Rahmen der israelitischen Kultgeschichte, in: B. Köhler (Hrsg.), Religion und Wahrheit. Religionsgeschichtliche Studien, FS G. Wießner, 1998, 101-116.
66 U. Becker, Jesaja – von der Botschaft zum Buch, FRLANT 178, 1997, 185.
67 Vgl. Becker, Jesaja, 176-192; J. Blenkinsopp, Isaiah 1-39. A New Translation with Introduction and Commentary, AncB 19, 2000, 181.
68 Vgl. K. Koch, Art. „Geschichte/Geschichtsschreibung/Geschichtsphilosophie II. Altes Testament", TRE 12, 1984, 569-586, 579.

dann aber eine neue heilvolle Zukunftsperspektive (Jes – Sach/Mal) folgen lässt[69].

Wahrscheinlich setzt bereits das chronistische Geschichtswerk (im Umfang Chr + Esr/Neh) dieses ausgebaute Geschichtsbild von Gen – Sach/ Mal voraus und rezipiert es auf seine Weise, wie O. H. Steck vermutet hat[70]. Denn ebenso wie I-II Chr als Rezeption von Gen – II Reg angesprochen werden kann, lassen sich Esr/Neh als Rezeption von Jes – Sach/Mal sehen. Allerdings verschieben sich in der chronistischen Aufnahme die sachlichen Gewichte erheblich: Das chronistische Geschichtswerk ist ein theologischer Gegenentwurf zu Gen – II Reg + Jes – Sach/Mal, der das Heil Israels nicht in der prophetisch angekündigten Zukunft, sondern in der Ausübung des von David und Salomo begründeten Tempelkults sieht[71].

Historisch lässt sich der literarische Zusammenhang Gen – II Reg + *corpus propheticum* zwischen der jüngeren, wohl noch perserzeitlich zu datierenden[72] Ausgrenzung der Tora[73] aus Gen – II Reg und dem chronistischen

---

69 Ein Beispiel, an dem sich dieser Status des Enneateuch verdeutlichen lässt, ist der in gewissen Belangen vergleichbare Fall des Pentateuch. Hat es einen Pentateuch je gegeben? Die Antwort auf diese scheinbar triviale Frage kann nicht einfach „ja" lauten, sondern ist ebenso differenziert zu formulieren. Natürlich ist der Pentateuch eine literarische und theologische Einheit, allerdings nicht in absolutem Sinn: Im Rahmen von Judentum und Christentum ist der Pentateuch in ein größeres Kanonganzes eingebunden, das dessen offenen Schluss weiterführt. Selbst bei den Samaritanern steht der Pentateuch nicht ganz auf sich, dort ist eine eigene Version von Jos bekannt, s. M. Gaster, Das Buch Josua in hebräisch-samaritanischer Rezension, ZDMG 62 (1908), 209-279.494-549; A. D. Crown, The Date and Authenticity of the Samaritan Hebrew Book of Joshua as seen in its Territorial Allotments, PEQ 96 (1964), 79-97, die von den Samaritanern allerdings nicht in ihre Heilige Schrift aufgenommen worden ist. Zur Hochschätzung Josuas bei den Samaritanern s. J. Zangenberg, ΣΑΜΑΡΕΙΑ. Antike Quellen zur Geschichte und Kultur der Samaritaner in deutscher Übersetzung, TANZ 15, 1994, 181f.

70 Vgl. O. H. Steck, Zur Rezeption des Psalters im apokryphen Baruchbuch, in: K. Seybold / E. Zenger (Hrsg.), Neue Wege der Psalmenforschung, FS W. Beyerlin, HBS 1, 1994, 361-389, 371f.

71 Vgl. E. Otto, Das Deuteronomium im Pentateuch und Hexateuch, FAT 30, 2001, 235 Anm. 7.

72 Die noch perserzeitliche Formierung der Tora (was spätere Texteingriffe, namentlich etwa im chronologischen System in Gen 5 oder 11 oder in Num 22-24 nicht aus-, sondern einschließt, vgl. Schmid, Erzväter, 19ff.) legt sich aus verschiedenen Indizien nahe. Zunächst einmal fehlen in ihr deutliche literarische Reflexe auf den Zusammenbruch des Perserreichs, wie sie mit den markanten Weltgerichtstexten im *corpus propheticum* zu finden sind (vgl. Jes 34,2-4; Jer 25,27-31; 45,4f.; Joel 4,12-16; Mi 7,12f.; Zeph 3,8; vgl. Schmid, Buchgestalten, 305-309). Insofern scheint die Substanz des Pentateuch vorhellenistisch zu sein. Hinzu kommt der Befund in Chr, Esr-Neh, der die schriftliche Fixierung der Tora voraussetzt. Allerdings ist die herkömmliche, perserzeitliche Ansetzung der entsprechenden Texte in Chr, Esr-Neh ins Rollen geraten, es wird mehr und mehr mit einer längeren literarischen Wachstumsgeschichte gerechnet (vgl. zuletzt J. Pakkala, Ezra the Scribe, The Development of Ezra 7-10 and Nehemiah 8, BZAW 347,

Geschichtswerk als *terminus ad quem* einerseits und der älteren redaktionellen Verbindung von Gen und Ex(ff.) im Gefolge der Priesterschrift[74] als *terminus a quo* andererseits ansetzen. Im 5. und 4. Jahrhundert v. Chr. dürfte man also wohl Gen – II Reg noch über die spätere kanonische Zäsur zwischen Dtn und Jos hinweg als zusammenhängendes narratives Werk, das auf die Propheten hinführt, gelesen haben.

2004). Immerhin scheinen aber schon die älteren Bestandteile des Esrabuchs in Esr 10 auf fortentwickelte, schriftliche Toratexte wie Dtn 7,1-6 zurückzugreifen, was dem traditionellen Argument günstig wäre. Schließlich ist die Entstehung der LXX zu nennen, die für die pentateuchischen Bücher um die Mitte des 3. Jh. v. Chr. anzusetzen ist und einen *terminus ante quem* markiert (vgl. Siegert, Bibel, 42).

73 Vgl. dazu K. Schmid, Der Pentateuchredaktor. Beobachtungen zum theologischen Profil des Toraschlusses in Dtn 34, erscheint in: T. Römer / K. Schmid (Hrsg.), Les dernières rédactions du Pentateuque, de l'Hexateuque et de l'Ennéateuque, BEThL, 2006. Die Frage eines möglicherweise mit dieser Tora gleichzeitigen, aber sachlich konkurrierenden Hexateuch muss hier ausgeklammert bleiben; vgl. z. B. Otto, Deuteronomium im Pentateuch, 243-246; T. Römer, Pentateuque, Hexateuque et historiographie deutéronomiste. Le problème du début et de la fin du livre de Josué, Trans. 16 (1998), 71-86; T. Römer / M. Z. Brettler, Deuteronomy 34 and the case for a Persian Hexateuch, JBL 119 (2000), 401-419; R. Achenbach, Die Vollendung der Tora. Studien zur Redaktionsgeschichte des Numeribuches im Kontext von Hexateuch und Pentateuch, BZAR 3, 2003; ders., ZAR 2005; T. Römer, La mort de Moïse (Dt 34) et la naissance de la Torah à l'époque perse, CBFV 103 (2004), 31-44; ders. u. a., Introduction à l'Ancien Testament, MoBi 49, 2004, 107-109; ders., The So-Called Deuteronomistic History. A Sociological, Historical and Literary Introduction, 2005, 178-183.

74 Schmid, Erzväter; J. C. Gertz, Tradition und Redaktion in der Exoduserzählungen. Untersuchungen zur Endredaktion des Pentateuch, FRLANT 186, 2000; Gertz u. a. (Hrsg.), Abschied vom Jahwisten.

Die Redaktion R^{JP} in der Urgeschichte

Christoph Levin

I

„Die Entdeckung daß der Pentateuch [...] aus verschiedenen Quellen oder Urkunden zusammengesetzt ist, ist unstreitig eine nicht nur der wichtigsten und für die Auffaßung der historischen Bücher des A. T., ja die ganze Theologie und Geschichte folgenreichsten, sondern auch der gesichertsten Entdeckungen, die es im Gebiet der Kritik und Literaturgeschichte gibt. [...] Sie wird sich behaupten und durch nichts wieder rückgängig machen laßen, so lange es noch so ein Ding wie ‚Kritik‘ (d. i. ein Gefühl und Maßstab des übereinstimmenden und widersprechenden, des gleichartigen und ungleichartigen u. s. w.) gibt".[1]

Die beiden Quellen verteilen sich auf die Urgeschichte wie folgt (wobei die zahlreichen Zusätze, die der redaktionell verknüpfte Text noch erfahren hat, nicht ausgewiesen sind):

Priesterschrift	Redaktion R^{JP}	Jahwist
1,1 - 2,4a	2,4b.7b.19b	2,5 - 4,26
5,1a	5,1b-2.3*	
5,3*.4-27.28*		5,28*-29
5,30-31	5,32a	5,32b - 6,8
6,9-22		7,1-5
7,6-9	7,10b	7,10a
7,11		7,12
7,13-16a		7,16b
	7,17a	7,17b
7,18-21		7,22-23a
7,23b - 8,2a		8,2b-3a
8,3b-5		8,6-12

---

1   H. Hupfeld, Die Quellen der Genesis und die Art ihrer Zusammensetzung, 1853, 1.

8,13a		8,13b
8,14-19		8,20-22
9,1-17		9,18-27
9,28-29	10,1	10,2-31
	10,32	11,1-9
11,10*.11-26	11,10*	

Von der herkömmlichen Quellenscheidung weicht diese Zuordnung an zwei Stellen nennenswert ab: Gen 7,7-9 gehört nicht zu J oder R, sondern zu P; Gen 10 aber gehört nicht zu P, sondern vom Grundstock her zu J. Beide Korrekturen sind nicht neu. Sie gerieten nur in Vergessenheit.

In oder hinter Gen 7,7-9, dem Bericht über die Besteigung der Arche, pflegt man den Text des Jahwisten zu sehen: „Noahs Eingang in die Arche muß dem Grundstock nach zu J gehören, da P dasselbe 11.13-16a erzählt."[2] Dieser (Kurz-)Schluss führt zu Schwierigkeiten[3]; denn 7,7-9 gebraucht durchgehend die Begrifflichkeit der Priesterschrift.[4] Als Ausweg hat man V. 8-9 dem Redaktor zugewiesen.[5] Das ist ein Denkfehler, der das vermeintliche Problem, nämlich die Doppelung, zur Lösung erklärt. Wie der Redaktor damit die Quellen hätte verknüpfen wollen, ist nicht nachvollziehbar. Jedenfalls „hatte R keinen Anlass, eine unnötige Dublette zu v. 13-16 zu schaffen."[6]

Die zutreffende Deutung des Sachverhalts ist längst gefunden: „Die Stelle 7,7-9, die dort, weil sie im Elohistischen [= priesterschriftlichen] Zusammenhang neben V. 13-16 als völlig überflüßig erscheint, aus einem Schwanken des Redactors in seinem Plan abgeleitet wird, könnte vielleicht dennoch an dieser Stelle *ächt* d. i. der Urschrift [= P] angehörig, und V. 13-16 eine *Wiederholung* sein (woran die Urschrift überhaupt in diesem Stück so reich ist), mit nachschlagender *genauerer Bestimmung* und *Erläuterung* des V. 7.8b.9 erst in allgemeinen Umrißen angegebenen; grade wie V. 11 mit

---

2   H. Gunkel, Genesis, HK I/1, [3]1910, 62.

3   Darauf hat zuletzt mit Nachdruck E. Blum, Studien zur Komposition des Pentateuch, BZAW 189, 1990, 282, hingewiesen. Einen Hebelpunkt, die Urkundenhypothese aus den Angeln zu heben, bietet die Stelle freilich nicht.

4   Die Parallele in 7,2 J ist kein Grund, ausgerechnet der Priesterschrift die Unterscheidung zwischen rein und unrein abzusprechen, die in 7,8 getroffen wird. Es ist ohne weiteres möglich, dass die Ausführung in dieser Einzelheit über den Auftrag 6,19 hinausgeht. Die weiteren Listen 6,20 und 7,14-16, in denen der Gesichtspunkt fehlt, sind P[S].

5   E. Schrader, Studien zur Kritik und Erklärung der biblischen Urgeschichte, 1863, 138; seither T. Nöldeke, Untersuchungen zur Kritik des Alten Testaments, 1869, 12; J. Wellhausen, Die Composition des Hexateuchs (1876), [4]1963, 2; K. Budde, Die Biblische Urgeschichte, 1883, 260; Gunkel, Genesis, 63; und viele andere. Neuerdings wieder M. Witte, Die biblische Urgeschichte, BZAW 265, 1998, 77.

6   H. Holzinger, Genesis, KHC 1, 1898, 80. Er behilft sich mit der Auskunft: „Es ist daher eine gründliche Umgestaltung von J-Text durch R anzunehmen."

genauerer chronologischer Bestimmung den 6. Vers wieder aufnimmt".[7] Die Priesterschrift ist alles andere als literarisch homogen. Sie enthält zahlreiche Erweiterungen, die oft an den bis dahin gegebenen Text anknüpfen und auf diese Weise Doppelungen erzeugen, die kein Anlass für Quellenscheidung sind. Der Abschnitt 7,11.13-16aP^S ist eine präzisierende Erläuterung von 7,6-8abα.9P^G. Auch im jahwistischen Faden entsteht keine Lücke, wenn man die Verse der Priesterschrift zuweist.[8]

Die zweite Abweichung betrifft die Völkertafel Gen 10. Heute ist es üblich, das dreigliedrige Schema V. 2-7*.20.22-23.31, das den Grundstock der Völkerliste bildet, der Priesterschrift zuzuweisen. Dem ging ein anderer Konsens voraus: „An die Geschichte der Sintflut schließt sich in der Urschrift [= P], wie allgemein anerkannt ist, zur Ausfüllung des Zwischenraums zwischen der zweiten Epoche und der dritten, ebenso wie früher zwischen der ersten und zweiten, wieder eine Genealogie der betreffenden Linie (Sem) 11,10-26."[9] Dieser klare Aufbau aus Schöpfung (Gen 1,1-2,4a), Toledot Adams (Gen 5), Sintflut (Gen 6,9-9,29*), Toledot Sems (Gen 11,10-26) und Abraham-Erzählungen (ab Gen 11,27) würde durch die Völkertafel gestört werden. Die Doppelung der Toledot Sems, Hams und Jafets (10,1) und der Toledot Sems (11,10) widerspricht dem genau komponierten Ablauf, der für die Priesterschrift kennzeichnend ist. „Wie kommt der Verfasser der Grundschrift [= P] dazu, Sems Nachkommen doppelt aufzuführen [...]? Um so höher ist mithin die vollkommene Ungleichheit der Form in Anschlag zu bringen. Vielmehr verhält sich C. 10. zu C. 11. wie C. 4. zu C. 5. [...] Dort wie hier giebt er [= J] die Descendenz einfach, während die Grundschrift [= P] die Genealogie nach einem chronologischen Systeme ordnet."[10]

Es war Eberhard Schrader, der diesen Konsens aufgekündigt hat.[11] Sein einziges wirkliches Argument, den Grundstock von Gen 10 der Priesterschrift zuzuschlagen, ist die Toledot-Überschrift V. 1. Dass die Toledot-Formeln allesamt von P stammen, ist aber nicht zwingend. Sie können auch nachgeahmt sein.[12] Für die Vertauschung der Quellen J und P, die daraufhin üblich geworden ist, zahlt man einen hohen Preis. Nicht allein der Aufbau der Priesterschrift wird verdorben; auch der Jahwist wird verstümmelt, und zwar in einem Maße, das seine Eigenschaft als Pentateuchquelle in Frage stellt.

7 Hupfeld, Quellen der Genesis, 207.
8 Nöldekes Feststellung, dass wir die Verse 7,7-9 „gar nicht vermissen würden, wenn sie ganz fehlten" (Untersuchungen, 12), gilt nicht nur für den P-Faden (wo ihnen 7,11.13-16a Konkurrenz macht), sondern ebenso für den Bericht des J.
9 Hupfeld, Quellen der Genesis, 17.
10 F. Tuch, Kommentar über die Genesis, 1838, 196f. Er nennt als Vorgänger Astruc, Eichhorn und de Wette. Seine Beobachtungen werden nicht hinfällig, auch wenn die Ergänzungshypothese sich nicht bewährt hat.
11 Studien zur Kritik, 33f.
12 Vgl. Gen 36,9P^S; Num 3,1; Ruth 4,18.

Der neuralgische Punkt ist die Überleitung 9,18-19, die von der Sintflut zur Völkertafel führt. Sie stammt nicht aus P, sondern aus J: „Und die Söhne Noahs, die aus dem Kasten gingen, waren Sem und Ham und Jafet. Ham aber ist der Vater Kanaans. Diese drei sind die Söhne Noahs, und von ihnen aus hat sich die ganze Erde bevölkert." „Ausdrücklich für J beweist [...] v. 19. Das שלשה אלה בני־נח gehört zu den eigentlichen Bestandtheilen des jahvistischen Stammtafelgerüstes (vgl. 22,23. 10,29. 25,4 [...]) und ist in dieser seiner Eigenschaft unnachahmlich."[13] Der Versuch, die beiden Verse für die Priesterschrift zu reklamieren, ist verzweifelt.[14] Und er hat erhebliche Wieterungen: Da die Perikope von Noah und seinen Söhnen 9,20-27 an 9,18-19 hängt und für sich allein nicht lebensfähig ist, kann sie nicht mehr zur Quelle J gehören und wird gegen den Textbefund zur „nachpriesterlichen" Ergänzung erklärt.[15] Dasselbe widerfährt den jahvistischen Teilen der Völkertafel. Sie bilden nämlich keinen Parallelfaden zu dem Grundgerüst 10,2-7*.20.22-23.31, wie meist behauptet wird[16], sondern hängen ergänzend von ihm ab. Sie müssten also „nachpriesterlich" sein.[17] Das sind sie aber nicht. Dafür gibt es genügend positive Gründe.[18] Was deshalb in Gen 10 der Priesterschrift zugewiesen zu werden pflegt, ist vielmehr die vor-redaktionelle Quelle des Jahwisten. Außer durch die Überleitung 9,18-19 wird es dadurch bewiesen, dass die jahwistisch-redaktionellen Bestandteile der Völkertafel sich auf diesen Grundstock beziehen.[19]

II

Die Gestalt des Pentateuchs, die durch die Vereinigung von Priesterschrift und Jahwist zustande kam, ist nicht gleichzusetzen mit dem heute vorliegenden Text. Die Verknüpfung der Quellen hat das natürliche Textwachstum nicht beendet. Deshalb ist die Redaktion R^JP, die die beiden Quellen Jahwist und Priesterschrift zu einem neuen Ganzen verbunden hat, von der End-

---

13 Budde, Urgeschichte, 303.
14 Witte, Urgeschichte, 100-102.
15 Witte, Urgeschichte, 102-105. Zu den positiven (konzeptionellen, sprachlichen und theologischen) Gründen, die 9,20-23a.24-25 dem Jahwisten zuweisen lassen, vgl. C. Levin, Der Jahwist, FRLANT 157, 1993, 118f.
16 Maßgebend war Wellhausen, Composition, 4-7.
17 So folgerichtig Witte, Urgeschichte, 105-114.
18 Vgl. Levin, Der Jahwist, 121f.
19 Der Text verteilt sich wie folgt: V. 2-4a.5-7.20.22-23.31: überlieferte Völkertafel; V. 8a.9*.15.24: vorredaktionelle Erweiterung der Quelle; V. 8b.9*(zweimal לִפְנֵי יהוה). 10.18b.21.25: jahwistische Redaktion. Alles Übrige sind spätere Zusätze. Vgl. Levin, Der Jahwist, 121-124.

redaktion zu unterscheiden.[20] Genauer gesagt: „„Die Endredaktion' gibt es nicht."[21] Die Vorstellung, der heutige Text sei das Ergebnis einer bewussten redaktionellen Gestaltung, ist nicht nur überflüssig, sondern falsch. Für den biblischen Traditionsprozess ist Kanonizität nicht Ergebnis, sondern Voraussetzung gewesen.[22] „Die Endgestalt als theologisches Programm"[23] ist ein literaturgeschichtlicher Irrtum, der die theologische Hermeneutik in die Sackgasse führt. „Die Redaction des Hexateuch gestaltet sich [...] zu einer fortgesetzten Bearbeitung und Revision; der Redactor wird zu einem Collectivum, dessen Haupt derjenige ist, der die beiden [...] Schriften zu einem Ganzen verband, zu dem aber ausserdem noch die ganze Reihe seiner mehr oder weniger selbständigen Nachfolger gehört."[24]

Von den 299 masoretischen Versen der Kapitel Gen 1-11 dürften etwa siebzig, das ist knapp ein Viertel, jünger sein als die Vereinigung von Priesterschrift und Jahwist. Diese späteren Zusätze legen sich über die Trennlinien der beiden vormaligen Quellen und verwischen deren Konturen. Die Zweifel an der Urkundenhypothese, die neuerdings vermehrt geäußert werden, finden hier ihre beste Nahrung. Darum setzt ein Urteil über die Art der beiden Pentateuchquellen wie auch über die Absicht und das Verfahren der Redaktion R^{JP} voraus, dass diese Zusätze so weit wie möglich als solche erkannt werden. Das kann hier nicht in den Einzelheiten geschehen. Ein nach Motiven geordneter Überblick muss genügen.[25]

a) Hamartiologische Zusätze.   Vor allem die nichtpriesterliche Urgeschichte „ist menschlicherseits gekennzeichnet durch ein lawinenartiges Anwachsen der Sünde".[26] Die betreffenden Erzählzüge gehören zu dem theologisch Belangreichsten am Anfang der Bibel. Sie gelten gemeinhin als

---

20 Wenn die bisherigen Forschung die Redaktion R^{JP} als „Endredaktion" bezeichnete (so noch u. a. R. Smend, Die Entstehung des Alten Testaments, ^{2}1981, 38-46; Levin, Der Jahwist, 437-440), musste sie mit umfangreichen „nachendredaktionellen" Zusätzen R^S rechnen – genau genommen ein Widerspruch in sich.

21 Blum, Studien zur Komposition, 380.

22 Das hat Witte nicht erfasst, wenn er zu einem „offenen Problem" erklärt, „wie sich das Phänomen umfangreicher [...] Ergänzungen mit der ‚Kanonizität' verträgt" (Urgeschichte, 37). Die Frage stellt sich umgekehrt: Wie hätte es zu den umfangreichen Ergänzungen kommen können, die wir feststellen, wenn der Text nicht als kanonisch gegolten hätte? Vgl. B. Levinson, „Du sollst nichts hinzufügen und nichts hinwegnehmen", ZThK 103 (2006), 157-183.

23 E. Zenger, Einleitung in das Alte Testament, ^{2}1996, 34.

24 A. Kuenen, Historisch-kritische Einleitung in die Bücher des alten Testaments, I 1, 1887, 302.

25 Für den Nachweis vgl. die Exegesen in Levin, Der Jahwist, 87-92.100-102.111.114-117.120.124-126.129-132.141, die freilich nicht erschöpfend und zum Teil überholt sind.

26 G. v. Rad, Das erste Buch Mose. Genesis, ATD 2/4, ^{9}1972, 116.

theologische Eigenheit des Jahwisten.[27] Letzteres trifft nicht zu, ebensowenig wie man die jahwistische Urgeschichte als eine Kette von Schuld-Strafe-Erzählungen verstehen kann.[28] Vielmehr handelt es sich um eine Reihe von Zusätzen später Theologen, die auch die Priesterschrift schon voraussetzen. Das Interesse an der Rechtschaffenheit des Menschen und der Gerechtigkeit (und Barmherzigkeit) Gottes, das sich hier geltend macht, gibt es in den erzählenden Texten des Alten Testaments durchgehend, und zwar fast stets als später Zusatz. Die Art dieser Geschichtsdeutung lässt sich am besten bei einem Vergleich der Chronik mit den Büchern der Könige nachvollziehen.[29]

Diesem Denken entstammt das Motiv der Versuchung, das heute die jahwistische Paradiesgeschichte prägt. Wie schon der Gebrauch von אֱלֹהִים statt יהוה אֱלֹהִים in 3,1.3 zeigt, ist der Dialog zwischen der Frau und der Schlange ein Fremdkörper (3,1-5.6aα [ab וְכִי]). Das berühmte psychologische Raffinement der Szene, die mit der Gestalt des Versuchers die Schuld des Menschen mehr schlecht als recht zu mindern versucht, hat in der übrigen Erzählung nichts Entsprechendes. Hinzu gehört die Verfluchung der Schlange (3,13b-14.16[bis אָמַר]). Ganz ähnlich die Personifikation der Sünde in der fürsorglichen Warnung Gottes an Kain (4,6-7). Auch diese Rede „wirkt im Zusammenhang der Erzählung wie ein Fremdkörper".[30] „Der Brudermord geschieht, als wäre der Täter nicht gerade erst gewarnt worden. Von da her wirkt V. 8 wie die ursprüngliche Fortsetzung von V. 5".[31] Dieselbe Sorge um den Sünder zeigt sich in Jahwes Zusage, Kain vor den schlimmsten Folgen seiner Schuld zu bewahren (V. 13-15), die an den Fluch angeschlossen ist. „Jahwes Verhalten, der Qains Opfer verschmäht und ihn dann doch väterlich ermahnt, der Qain verflucht und ihn dann doch ohne rechten Grund begnadigt, ist nicht recht zusammen zu reimen."[32] An Jahwes Versprechen, Kain siebenfach zu rächen (V. 15), knüpft wiederum das Lamechlied 4,23-24 an.[33] Die Maß-

27 So zuletzt wieder Witte, Urgeschichte, 151-205, der folgerichtig die von ihm in Anführungszeichen gesetzte „jahwistische" Urgeschichte in die Nähe der nachexilischen Weisheit rückt. Diese Zuordnung setzt voraus, dass Witte sich erklärtermaßen einer literarkritischen Aufteilung versagt. Dabei hat er sowohl die Mehrheit der bisherigen Ausleger als auch den Textbefund gegen sich.
28 Gegen C. Westermann, Arten der Erzählung in der Genesis (1964), in: ders., Die Verheißungen an die Väter, FRLANT 116, 1976, (9-91) 47-58.
29 Vgl. J. Wellhausen, Prolegomena zur Geschichte Israels, ⁶1905, 198-205.
30 C. Westermann, Genesis. I. Teilband: Genesis 1-11, BK.AT I/1, 1974, 407.
31 W. Dietrich, „Wo ist dein Bruder?" Zu Tradition und Intention von Genesis 4, in: H. Donner / R. Hanhart / R. Smend (Hrsg.), Beiträge zur Alttestamentlichen Theologie, FS W. Zimmerli, 1977, (94-111) 98f.
32 Gunkel, Genesis, 49.
33 R. Smend, Die Erzählung des Hexateuch, 1912, 29 Anm. 2: „Es kann von jüngerer Hand zugesetzt sein." Auch B. Stade, Das Kainszeichen (1894), in: ders., Ausgewählte akademische Reden und Abhandlungen, ²1907, (229-273) 258f., der im Lamechlied ein

losigkeit der Vergeltung, die sich hier ausspricht, zählt später zu den Anlässen der Flut. Noch in der Priesterschrift ist Lamech der Vater des gerechten Noah gewesen (5,28*). Zwar zählt er dort zu der sündigen Hälfte der Menschheit, die in der Flut ertrinken wird[34]; aber erst Spätere haben in ihm den schlechthin blutrünstigen Charakter gesehen.

Eine Theologie, die von der Gerechtigkeit Gottes überzeugt ist, musste sich am härtesten von der Erzählung der Sintflut herausgefordert sehen: Sämtliche Menschen mit einer Ausnahme werden mit dem Tode bestraft. Wie kann das gerecht sein? Es müsste an dieser Stelle derselbe Dialog einsetzen, der später der Katastrophe von Sodom vorangeht (18,22-33).[35] Stattdessen kam es jedenfalls darauf an, die Gerechtigkeit Noahs (7,1b, sowie das nachgetragene Stichwort צַדִּיק in 6,9) und im Gegenzug die vollständige Frevelhaftigkeit des gesamten Menschengeschlechts hervorzuheben, die Gott bereuen lässt (vgl. Jer 18,7-10), die Menschen geschaffen zu haben (6,5b-6a.7aα[nur אֲשֶׁר־בָּרָאתִי].aβb; 7,23aα[ab מֵאָדָם]; 8,21aβb).[36] Der bekannte anthropologische Spitzensatz von der wurzelhaften Bosheit des Menschen (6,5b; 8,21aβ) ist eine durch die Situation erzwungene theologische Ausflucht. „Man übertreibt die allgemeine Sündhaftigkeit des Menschen, um das Prinzip zu retten".[37] Möglicherweise gehört auf dieselbe Ebene die Feststellung, dass die Erde mit Bluttat (חָמָס) angefüllt war, die sich im Textzusammenhang der Priesterschrift findet (7,11b.13aβ) und dort wegen der Dubletten entbehrlich ist.

Im Rahmen der Szene von Noah und seinen Söhnen zeigt sich dieselbe Theologie in der Parenthese 9,23b, die die Unschuld der Brüder Sem und Jafet betont. Sie hätten die Blöße ihres Vaters nicht gesehen (vgl. Lev 18,7).

b) Gesetzestheologische Zusätze.   Dass die Tageszählung des ersten Schöpfungsberichts und mit ihr die Ätiologie des Sabbats (1,1,5b.8b.13.19. 23.31b; 2,2-3) späte Zufügung ist, „gehört geradezu zu den ältesten Erbstücken wirklicher Kritik am A. T."[38] Es gibt Anzeichen, dass die Sabbat-Bearbeitung nicht mehr in der noch selbständigen Priesterschrift geschah. In 2,4b R^{JP} werden die beiden Schöpfungsberichte durch eine Zeitbestimmung

---

altes Überlieferungsstück sieht, urteilt: „Man wird es [...] für ein Einschiebsel zu halten haben."

34 Budde, Urgeschichte, 93f.

35 Vgl. zum Folgenden C. Levin, Gerechtigkeit Gottes in der Genesis (2001), in: ders., Fortschreibungen, BZAW 316, 2003, (40-48) 43-46.

36 Mit dieser Literarkritik erledigt sich die Behauptung, der Flutprolog sei von der Priesterschrift abhängig. Das ist er in der Tat in Teilen, aber nicht in seiner Grundlage. Meine frühere Analyse muss korrigiert werden, vgl. Levin, Der Jahwist, 104-106.

37 J. Wellhausen, Israelitische und jüdische Geschichte, ⁷1914, 204.

38 Budde, Urgeschichte, 487. Vgl. im übrigen C. Levin, Tatbericht und Wortbericht in der priesterschriftlichen Schöpfungserzählung (1994), in: ders., Fortschreibungen, BZAW 316, 2003, (23-39) 26-28.

zueinander ins Verhältnis gesetzt: „Am Tage, als Jahwe Gott Erde und Himmel machte."[39] „Wenn man die Aussage *am Tage* wörtlich nehmen [...] will [...], dann treffen wir hier auf die Vorstellung, daß Gott seine ganze Schöpfung an einem Tage vollbrachte. Auf jeden Fall ist von einem Siebentagewerk nichts zu erkennen."[40] Selbst wenn man בְּיוֹם im Sinn von „zur Zeit" versteht, liegt hier ein Hinweis, dass die Tageszählung zum Zeitpunkt der Quellenverknüpfung noch nicht vorhanden war.[41]

Ähnliches gilt für die Speisevorschriften 1,29-30a. Abgesehen von Anzeichen sehr später Sprache in diesen beiden Versen passt die vegetabilische Nahrung nicht zur Herrschaft über die Tiere, die dem Menschen in V. 28 zugesprochen wird.[42] „Es darf vielleicht die Vermutung gewagt werden, dass v. 29 sekundär ist und seine Entstehung der Rücksichtnahme auf das Leben im Paradies verdankt und dann v. 30 [...] an sich gezogen hat."[43] Mit 1,29-30a gehört die Lizenz zum Fleischgenuss nach der Flut in 9,3 notwendig zusammen, und mit ihr wiederum können auch die noachitischen Gebote 9,4-7 ein später Zusatz sein.[44] Eine ähnliche Tendenz findet sich in der Speisevorschrift 3,18b.[45]

Die Glosse וּמֵחֶלְבֵהֶן „und zwar von ihrem Fett" in 4,4 anlässlich des Opfers des Abel ist ein Verweis auf die Opfertora Lev 3,6-11.

c) Gelehrte Zusätze allgemeiner Art.   Hierzu zählt die Geographie der vier Paradiesströme 2,10-14, die einhellig als ein Fremdkörper erkannt wird, der den Faden von V. 9 und V. 15 zertrennt. Mit ihr gehört wahrscheinlich die Notiz 2,6 über den aufsteigenden Süßwasserstrom (אֵד) zusammen. Von ähnlicher Art ist die Nachricht über die Riesen in 6,4.[46] Vergleichbare gelehrte Anmerkungen finden sich in den zahlreichen Nachträgen der Völkertafel (10,4b.11-14.16-18a.19.26-30). Auch die Erläuterung der Bauweise des Turms 11,3b kommt aus diesem Geist.

---

39 Weiteres s. unten S. 25f.
40 W. Zimmerli, 1. Mose 1-11. Die Urgeschichte, ZBK.AT 1/1, ³1967, 111. Vgl. auch Nöldeke, Untersuchungen, 8.
41 Der klassische Sabbat ist bekanntlich mit Ausnahme des Dekalogs nur äußerst spät bezeugt, vgl. C. Levin, Der Sturz der Königin Atalja, SBS 105, 1982, 39-42.
42 R. Kraetzschmar, Die Bundesvorstellung im Alten Testament, 1896, 193f., scheidet die beiden Verse darum aus.
43 Holzinger, Genesis, 14.
44 9,7 lenkt wie eine Wiederaufnahme auf 9,1(+2) zurück. Der Faden von P^G findet sich in 9,8.11aβb.
45 L. Ruppert, Genesis. Ein kritischer und theologischer Kommentar, 1. Teilband: Genesis 1,1 - 11,26, fzb 70, 1992, 124, sieht in 3,18b „eine Verknüpfung mit 1,29 P" von der Hand des R^Pt [= R^JP].
46 Den Nachtrag hat Hupfeld, Quellen der Genesis, 221, erkannt. Vgl. jetzt L. Perlitt, Riesen im Alten Testament (1990), in: ders., Deuteronomium-Studien, FAT 8, 1994, (205-246) 241-244.

d) Die Urgeschichte hat eine späte weisheitliche Bearbeitung erfahren, die man „Niedrigkeitsbearbeitung"[47] nennen kann.[48] Sie ist bestrebt, den Unterschied zwischen Gott und Mensch herauszustellen. Es beginnt mit der Feststellung, dass der Mensch aus Staub geschaffen sei. In 2,7 ist das unverbundene Stichwort עָפָר „Staub" zwischeneingekommen. Der Fluch über den Menschen greift in 3,19b darauf zurück. Auch die Verschärfung der Mühsal bei der Schwangerschaft (das zugesetzte Stichwort וְהֵרֹנֵךְ in 3,16) und auf dem Acker (3,18a.19aα) kann man in diesem Zusammenhang sehen. Im selben Zuge wird die Endlichkeit des Menschen zum Gegenstand. Der Baum des Lebens (2,9bα), der mit dem Baum der Erkenntnis rätselhaft konkurriert, lässt die Unsterblichkeit als verlorene Möglichkeit erscheinen – ein Gedanke, der der ursprünglichen Erzählung ganz fremd ist. Die Vertreibung aus dem Paradies dient nunmehr dazu, dem Menschen den Zugang zum Baum des Lebens zu verwehren und den Unterschied zwischen Gott und Mensch unüberbrückbar zu machen (3,22.24b[ab אֶת]). Das Fazit: „Siehe, der Mensch ist geworden wie unsereiner", klingt wie eine Korrektur der Gottesebenbildlichkeit nach 1,26-27.[49] Der Faden wird in 6,3aα.b weitergeführt, wenn Jahwe angesichts der Verbindung von Göttersöhnen und Menschentöchtern die Lebenszeit des Menschen auf 120 Jahre begrenzt.[50] Die Reaktion Gottes in 3,22 kehrt in 11,6a angesichts des Turmbaus wieder: „Siehe, sie sind ein einziges Volk, und eine einzige Sprache haben sie alle, und dies ist der Anfang ihres Tuns."[51] Es scheint, dass das Motiv der Verwirrung der Sprache, das sich nachträglich über die jahwistische Erzählung von der Zerstreuung der Menschheit gelegt hat (11,1.3a.4aβ.6a. 7.8b-9), in diesem Rahmen zu deuten ist. Vielsagend ist der antithetische Bezug auf Hiob 42,2 in Gen 11,6b, der freilich nochmals später hinzugekommen ist.

---

47 Den Begriff hat M. Witte, Vom Leiden zur Lehre, BZAW 230, 1994, für eine Bearbeitung des Hiobdialogs geprägt.

48 Wichtige Beobachtungen dazu stammen von Budde, Urgeschichte, 1-88; H. Gese, Der bewachte Lebensbaum und die Heroen: Zwei mythologische Ergänzungen zur Urgeschichte der Quelle J (1973), in: ders., Vom Sinai zum Zion, BEvTh 64, 1974, 99-112; und Witte, Urgeschichte, 79-99. Mit der „Endredaktion", wie Witte meint, hat diese Bearbeitung nichts zu tun.

49 Vgl. M. Arneth, „Durch Adams Fall ist ganz verderbt ...". Studien zur Entstehung der alttestamentlichen Urgeschichte, FRLANT 217, 2006, 155f.

50 Dass Gen 6,3 ein Zusatz ist, wurde von vielen festgestellt, vgl. bes. R. Bartelmus, Heroentum in Israel und seiner Umwelt, AThANT 65, 1979, 15-30. Bartelmus macht wahrscheinlich, dass der Vers die Priesterschrift voraussetzt. Seiner extremen Spätdatierung muss man nicht folgen. Gegen sie spricht, dass die eindeutig späte Begründung „weil er ja Fleisch ist" (V. 3aβ) eine weitere Glosse ist.

51 Die Zuweisung dieser Gottesrede an den jahwistischen Redaktor in Levin, Der Jahwist, 129, ist falsch. Von J^R stammt in der Turmbauerzählung nur 11,2.4aα.b-5.8a.

III

Das Ziel, die beiden Pentateuchquellen zu einer einzigen Darstellung zu ver-
einen, konnte nur gelingen, wenn das Verfahren so einfach wie möglich war.
„Die Tätigkeit des Redactors besteht vornehmlich in der geschickten Ineinan-
derschiebung der Quellen, wobei er deren Inhalt möglichst unverkürzt, den
Wortlaut und die Ordnung der Erzählung möglichst unverändert lässt."[52] Mit
Ausnahme der Fluterzählung hat die Redaktion R[JP] die beiden Quellen nicht
verschränkt, sondern blockweise angeordnet. Ihre eigenen Spuren sind besonders an den Nahtstellen zu erwarten.[53] Die erste Naht liegt zwischen den
beiden Schöpfungsberichten. Der Text der Priesterschrift endet mit der
Toledot-Unterschrift Gen 2,4a, die jahwistische Erzählung aber beginnt mit
2,5. „2,4b dürfte Überleitung von R sein."[54]
    Seit Karl David Ilgen haben nicht wenige angenommen, die Toledot-
Formel, die in allen anderen Fällen als Überschrift dient, habe einst vor Gen
1,1 gestanden und sei erst vom „Sammler", also der Redaktion R[JP], an ihren
jetzigen Platz gestellt worden[55], um eine Brücke zum zweiten Schöpfungsbericht zu schlagen.[56] Für diese Hypothese „there is not a shred of evidence".[57] Im Gegenteil, der Umstand, dass die Toledot-Formel mit der
Klausel בְּהִבָּרְאָם „als sie geschaffen wurden" angebunden ist, belegt, dass sie
von vornherein an ihrer jetzigen Stelle stand. Der Rückverweis, der als Teil
einer Überschrift überflüssig wäre, verklammert die Unterschrift mit dem
vorangegangenen Bericht. Die Klammer zeigt zugleich, dass die Toledot-
Unterschrift kein ursprünglicher Bestandteil des ersten Schöpfungsberichts
gewesen ist. Das erklärt sich so, dass dem Verfasser der Priesterschrift für
den Schöpfungsbericht eine Quelle vorgelegen hat, die er mit der Unterschrift
in sein geschichtstheologisches Schema einfügen wollte.[58]
    Der Rückverweis lässt noch einen zweiten Vorschlag gegenstandslos
werden. Man hat gemeint, die Toledot-Formel ließe sich als Überschrift auf
den jahwistischen Schöpfungsbericht beziehen.[59] Dafür hätte der Redaktor –
es ist nicht klar, ob es sich um R, also die Redaktion R[JP], oder um den

52 Wellhausen, Composition, 2.
53 So richtig Witte, Urgeschichte, 53-78, der freilich mehrfach den Saum auf der falschen
    Seite der Naht sucht: in 4,25-26 statt in 5,1-2 und in 6,1-4 statt in 5,32.
54 Smend, Entstehung, 40.
55 K. D. Ilgen, Die Urkunden des Jerusalemischen Tempelarchivs in ihrer Urgestalt, 1798, 4
    und 351-358.
56 So zuletzt wieder Witte, Urgeschichte, 55.
57 F. M. Cross, Canaanite Myth and Hebrew Epic, 1973, 302.
58 Zur Rekonstruktion dieser Quelle vgl. Levin, Tatbericht und Wortbericht, 31-32, und
    zuvor W. H. Schmidt, Die Schöpfungsgeschichte der Priesterschrift, WMANT 17, ³1973,
    160-163.
59 Cross, ebd., und im Anschluss an ihn Blum, Studien zur Komposition, 280.

Verfasser der Priesterschrift handeln soll (die daraufhin nicht als Quelle, sondern als Redaktion oder „Komposition" verstanden werden müsste) – die Überschrift des Toledot-Buchs nachgeahmt, das den priesterschriftlichen Genealogien Gen 5 und Gen 11,10-26 als vorredaktionelle Quelle zugrunde gelegen habe.[60] Doch ein solches Toledot-Buch hat es nicht gegeben; denn Gen 5 lässt sich in fast allen Einzelheiten als Sekundärfassung von Gen 4 erweisen, deren Aussage sich erst vor diesem Hintergrund vollends erschließt.[61] Nirgends ist deutlicher, dass die Priesterschrift den Jahwisten voraussetzt.[62] Die besondere Form der Toledot-Überschrift in Gen 5,1 זֶה סֵפֶר תּוֹלְדֹת אָדָם bezieht sich nicht auf ein „Toledot-Buch", sondern wurde gewählt, weil in der noch selbständigen Priesterschrift zwei Toledot-Formeln unmittelbar aufeinander trafen, von denen die erste im Rückbezug, die zweite im Vorausbezug steht: „Dies sind die Toledot des Himmels und der Erde, als sie geschaffen wurden. – Das ist *die Liste* der Toledot Adams."

Die redaktionelle Klammer der Redaktion R^JP liegt vielmehr in 2,4b vor. Der temporale Umstandssatz: בְּיוֹם עֲשׂוֹת יהוה אֱלֹהִים אֶרֶץ וְשָׁמָיִם „Am Tage, als Jahwe Gott Erde und Himmel machte", „bildet die Überleitung von der priesterschriftlichen zur jahwistischen Schöpfungsgeschichte".[63] Dem Inhalt nach bezieht er sich wie V. 4a auf den ersten Schöpfungsbericht; denn nur in Gen 1 geht es um die Erschaffung von Himmel und Erde, in Gen 2 hingegen um die Erschaffung des Menschen, der Tiere und der Frau. Nach der Syntax aber sowie nach dem Gottesnamen יהוה אֱלֹהִים kann V. 4b nur zum Folgenden gehören.

Man hat V. 4b als die Überschrift des zweiten Schöpfungsberichts gedeutet. Doch abgesehen davon, dass sie nicht den Inhalt wiedergäbe, würde eine Überschrift einen Hauptsatz erfordern. Ebensowenig ist V. 4b der typische temporale Nebensatz, mit dem altorientalische Schöpfungsmythen wie das Enuma elisch einsetzen[64]; denn diese Nebensätze nennen nicht die Summe des Geschehens, sondern beschreiben den *status quo ante*: „Als droben der Himmel noch nicht genannt war ..."[65] Tatsächlich ist in Gen 2 ein

---

60 Cross, Canaanite Myth, 301.

61 So Budde, Urgeschichte, 89-116, in einem brillanten Beweis, der für das Verständnis von Gen 5 ein für allemal die Maßstäbe gesetzt hat.

62 Das bedeutet nicht, dass J als schriftliche Vorlage auf dem Schreibtisch von P^G gelegen hat, und schon gar nicht folgt daraus, dass P (oder K^P) als erweiterte Ausgabe von J (oder einer wie auch immer gearteten nichtpriesterlichen Komposition) zu verstehen ist.

63 Schmidt, Schöpfungsgeschichte, 196 Anm. 1. Zustimmend zitiert von C. Westermann, BK.AT I/1, 1974, 269. Vgl. Ruppert, Genesis, 124.

64 So Witte, Urgeschichte, 55.

65 TUAT III, 569; weitere Beispiele finden sich bei H. Grapow, Die Welt vor der Schöpfung, ZÄS 67 (1931), 34-38. Die anderen von Witte angeführten Belege sind nicht vergleichbar, da sie die Weltschöpfung nicht berichten, sondern sich auf sie nur als Datum beziehen.

26 Christoph Levin

solcher temporaler Nebensatz zu finden; aber nicht in V. 4b, sondern in V. 5:
„Und alles Gesträuch des Feldes, ehe es war auf der Erde".[66] Selbst wenn die
invertierte Satzfolge וְכֹל שִׂיחַ הַשָּׂדֶה טֶרֶם יִהְיֶה בָאָרֶץ daher rühren würde, dass
an dieser Stelle etwas abgebrochen oder umgestellt worden ist[67], läge der
verlorene Beginn nicht in oder hinter V. 4b.

Dass V. 4b eine Klammer der Redaktion R[JP] ist, ersieht man daraus, wie
sie die Verbindung der beiden Quellen herstellt. Der Temporalsatz „Am Tage
(= zur Zeit), als Jahwe Gott Erde und Himmel machte" bezieht sich inhaltlich
auf den ersten Schöpfungsbericht, auch wenn er nicht das kennzeichnende
Verb ברא „erschaffen" (1,1.21.27; 2,3.4a), sondern das gewöhnliche עשׂה
„machen" (1,7.11.16.25.26.31; 2,2.18; 3,1) verwendet. Von dort stammt auch
das Begriffspaar „Erde und Himmel" (1,1; 2,1.4a). Dass die Abfolge umgekehrt wurde, geschah offenbar mit Rücksicht auf Gen 2. Der Gottesname יהוה
אֱלֹהִים sowie die Syntax aber lassen V. 4b zum Folgenden gehören: Der Satz
gibt eine relative Datierung für den zweiten Bericht. Er versetzt ihn in ein
zeitliches Verhältnis zum ersten, nämlich in die Gleichzeitigkeit. Zur selben
Zeit, als die Erschaffung von Erde und Himmel sich ereignete, nahm auch
das Geschehen des zweiten Schöpfungsberichts seinen Lauf. Damit begegnen
wir von Anfang an einer Lösung, mit der bibelgläubige Exegeten noch heute
auf das Problem antworten, dass die Bibel nacheinander zwei Schöpfungsberichte enthält: Beide sind in Wahrheit ein und derselbe; nur der Aspekt hat
gewechselt. Der erste Bericht beschreibt das Rahmenwerk der Schöpfung im
Ganzen, der zweite trägt Einzelheiten nach.

Deutungsbedarf entstand bei den wirklichen Dubletten: der Erschaffung
des Menschen und der Erschaffung der Tiere. Das hat sich in zwei weiteren
Ergänzungen niedergeschlagen. Der Satz 2,7b וַיְהִי הָאָדָם לְנֶפֶשׁ חַיָּה „So wurde
der Mensch ein Lebewesen" ist ein erläuterndes Fazit außerhalb der Erzähl-
ebene. Er erklärt sich als Brücke zu Gen 1.[68] Wenn 1,27 berichtet, in welcher
Gestalt der Mensch erschaffen wurde, fügt 2,7a, so gedeutet, hinzu, wie diese
Gestalt ihr Leben erhielt. Der Begriff נֶפֶשׁ חַיָּה „Lebewesen" ist außer Gen
2,7.19 nur im priesterschriftlich-ezechielischen Traditionskreis belegt.[69]

Für die Erschaffung der Tiere ist eine ähnliche Lösung versucht worden.
Diesmal ist die Namengebung das Gelenk. Das Motiv gehört bei der Erschaffung von Tag, Nacht, Himmel, Land und Meer zum Schema des priesterschriftlichen Berichts (1,5.8.10). Von da an fehlt es. Die jahwistische Darstellung: „Und er [Jahwe Gott] brachte sie zu dem Menschen, um zu sehen,

---

66 Schmidt, Schöpfungsgeschichte, 196 Anm. 1: „Der Anfang der jahwistischen Schöpfungsgeschichte könnte die negative Zustandsschilderung 2,5 vor dem Hauptsatz 2,7
gewesen sein."
67 Wellhausen, Prolegomena, 297: „Den ersten Satz des jehovistischen Berichtes über den
Anfang der Weltgeschichte hat der Redaktor abgeschnitten."
68 So auch Witte, Urgeschichte, 86f.
69 Gen 1,20.21.24.30; 9,10.12.15.16; Lev 11,10.46; Ez 47,9.

wie er sie nennen würde. Und der Mensch gab allen ... Vögeln des Himmels und allen Tieren des Feldes Namen" (2,19a.20a*), kann hier als Fortsetzung gelten. Eine Parenthese in V. 19b hebt die Beziehung zum ersten Schöpfungsbericht hervor: וְכֹל אֲשֶׁר יִקְרָא־לֹו הָאָדָם נֶפֶשׁ חַיָּה הוּא שְׁמוֹ „Und wie der Mensch ein jedes Lebewesen nennen würde, so sollte es heißen." Im Unterschied zu Gen 1 ist es nicht Gott, sondern der Mensch, der den Tieren den Namen gibt: daher die Betonung הָאָדָם. Die Apposition נֶפֶשׁ חַיָּה bezieht sämtliche Lebewesen ein, die in Gen 1 und 2 aufgeführt sind. Da der Vorgang יִקְרָא־לֹו „er wird es nennen" zur Anknüpfung aus V. a wiederholt ist, gerät der Satzbau sehr ungeschickt.[70]

IV

Die zweite Naht findet sich zwischen den Genealogien der Kainiten und der Setiten in Gen 4 J und den Toledot Adams in Gen 5 P. Die redaktionelle Klammer ist auch hier längst entdeckt: בְּיוֹם בְּרֹא אֱלֹהִים אָדָם בִּדְמוּת אֱלֹהִים עָשָׂה אֹתוֹ זָכָר וּנְקֵבָה בְּרָאָם וַיְבָרֶךְ אֹתָם וַיִּקְרָא אֶת־שְׁמָם אָדָם בְּיוֹם הִבָּרְאָם „Am Tage, als Gott den Menschen schuf, machte er ihn nach der Gestalt Gottes. Männlich und weiblich schuf er sie und segnete sie und nannte sie ‚Mensch' am Tage, als sie geschaffen wurden" (V. 1b-2). Hinzu gehört eine Erweiterung in V. 3: וַיְחִי אָדָם שְׁלֹשִׁים וּמְאַת שָׁנָה וַיּוֹלֶד [בִּדְמוּתוֹ כְּצַלְמוֹ וַיִּקְרָא] אֶת־[שְׁמוֹ] שֵׁת „Und Adam lebte einhundertdreißig Jahre und zeugte [in seiner Gestalt nach seinem Bilde und nannte ihn] Set."[71]

Sofort nach der Toledot-Überschrift werden die wesentlichen Aussagen über die Schöpfung des Menschen aus 1,27-28 wiederholt. „Was wir außer dem Toledotschema in Gen. 5,1 lesen (also V. 1b,2), ist als Erweiterung von Gen. 1 her zu verstehen."[72] Die Dublette ist sinnlos, wenn man sie lediglich im Rahmen der Priesterschrift sieht. „So rekapitulierte Gen 5,1f. dann bei einem direkten Anschluß von Gen 5 an 2,3(4a) noch einmal unbeholfen, was wenige Zeilen davor breit ausgeführt wurde".[73] Ganz anders, wenn an dieser Stelle die Redaktion R^JP den Faden wieder geknüpft hat, den sie für den Einbau von Gen 2,5 - 4,26 zerreißen musste: „als Wiederaufnahme über Gen

---

70 In der Regel wird נֶפֶשׁ חַיָּה als Zusatz ausgeschieden, vgl. BHS. Das genügt nicht.

71 Vgl. H. N. Wallace, TheToledot of Adam, in: J. A. Emerton (ed.), Studies in the Pentateuch, VT.S 41, 1990, (17-33) 19-21.

72 G. v. Rad, Die Priesterschrift im Hexateuch, BWANT 65, 1934, 40. Ähnlich Holzinger, Genesis, 58: „In 1b.2 macht sich ein Überarbeiter spürbar, der schon die Combination von Gen 1-3 vor sich hat".

73 Blum, Studien zur Komposition, 280.

2-4 hinweg, ist dies bestens motiviert."[74] Dafür gibt es auch positive Indizien. Die Art des Temporalsatzes mit בְּיוֹם ist dieselbe wie in 2,4b R[JP]. Dieser Temporalsatz erscheint sogar zweimal, am Anfang und am Schluss des Einschubs, wobei mit der Klausel בְּיוֹם הִבָּרְאָם „am Tage, als sie erschaffen wurden" auch die Rückbindung der Toledotformel aus 2,4a übernommen ist. Noch einmal dient wie in 2,19b die Namengebung als redaktionelles Gelenk. Nach Tag und Nacht, Himmel, Erde, Meer und allen Lebewesen bekommt auch der Mensch seinen Namen, um das System zu vollenden. Das musste im Zusammenhang seiner Erschaffung 1,26-27 geschehen sein. Deshalb wird das Geschehen noch einmal in die Gleichzeitigkeit mit dem ersten Schöpfungsbericht versetzt. Für den Akt übernimmt R[JP] die Wendung aus 4,26 J: וַיִּקְרָא אֶת־שְׁמוֹ אֱנוֹשׁ „und er (Set) nannte ihn Enosch" → וַיִּקְרָא אֶת־שְׁמָם אָדָם „und er (Gott) nannte sie Mensch/Adam". Das Changieren zwischen Name und Appellativum versteht sich aus dem doppelten Rückbezug auf 1,26-27 und 5,1a. Diesmal ist es Gott, der den Namen gibt. In der nächsten Generation fällt dieses Vorrecht wieder (wie in 2,19b) dem Menschen zu: Adam nennt seinen Sohn Set (V. 3*).

V

Auch wenn zwischen Gen 4 und 5 eine elegante Brücke gelungen ist, ist an dieser Stelle ein Textverlust zu beklagen. Die genealogische Anbindung des Noah innerhalb des Jahwisten ist bei der Verknüpfung der Quellen entfallen. Der Grund dafür dürfte gewesen sein, dass Gen 5 P die Genealogien aus Gen 4 J zwar voraussetzt, aber umstellt.[75] In der Priesterschrift ist Noah der Sohn Lamechs. Das könnte auch beim Jahwisten so gewesen sein, nämlich in gerader Fortsetzung der Genealogie von 4,17-18. Indessen stehen dazwischen nicht nur die Kulturätiologien von 4,19-22, sondern auch die Ersatz-Genealogie der Setiten 4,25-26, die nach dem Brudermord noch einmal beim Urmenschen einsetzt. Zwischen beiden Genealogien reißt der Jahwist einen Graben auf: Die Setiten verehren Jahwe, die Kainiten aber enden in der Flut. An seinem Schicksal gemessen, muss Noah zu den Setiten gehört haben. Der Graben wird freilich von der Priesterschrift zugeschüttet, indem sie, mit Set einsetzend, beide Genealogien zu einer einzigen verschränkt. Noah ist auch als der Sohn Lamechs ein Nachkomme Sets.

Auf dieser Grundlage konnte die Redaktion R[JP] in 5,28*-29 die Verheißung über der Geburt des Noah aus der Quelle J in die priesterschriftliche

74 Blum, ebd., der freilich diese Verse nicht ausscheidet, sondern als integralen Bestandteil der Komposition K[P] versteht, die daraufhin zu einer Ergänzung des nichtpriesterlichen Texts werden muss.
75 Dazu Budde, Urgeschichte, 90ff.

Genealogie einrücken. Sie ist Lamech in den Mund gelegt. Das theologisch gewichtige Gelenkstück blickt auf den Fluch über den Erdboden in 3,17 zurück und verheißt dessen Überwindung, die in 8,21aα.22 geschehen wird.[76] Es durfte nicht übergangen werden.[77]

Die nächste Naht findet sich zwischen den Toledot Adams und der Sintflut, die beim Jahwisten in den sogenannten Engelehen ihren Anlass hat. Wieder führt ein Blick auf die separate Priesterschrift auf die Spur der Redaktion. Gemeinhin gilt 5,32 als Abschluss der Toledot Adams. Für diesen Fall bildet die Fortsetzung in 6,9ff. eine wenig verständliche Dublette.[78] Es fällt aber auf, dass in 5,32 das Schema der Genealogie wechselt. Statt וַיְחִי־נֹחַ חֲמֵשׁ מֵאוֹת שָׁנָה וַיּוֹלֶד „Und Noah lebte fünfhundert Jahre und zeugte ...", lautet es וַיְהִי־נֹחַ בֶּן־חֲמֵשׁ מֵאוֹת שָׁנָה וַיּוֹלֶד נֹחַ „Und Noah war fünfhundert Jahre alt, und Noah zeugte ..." Hinzu kommt, dass auch der Übergang von V. 32a nach V. 32b nicht glatt ist: Das gleichbleibende Subjekt wird unnötigerweise wiederholt: וַיּוֹלֶד נֹחַ „und Noah zeugte". Aus all dem folgt, dass die Notiz über die Geburt der Söhne Noahs in 5,32 nicht der Priesterschrift angehört. Die Toledot Adams enden vielmehr mit Lamechs Tod 5,31, und die Geburt der Söhne Noahs war in P nur einmal zu lesen, nämlich, wie es sich gehört, in den Toledot Noahs (6,10). In 5,32b liegt stattdessen, in Fortführung von 5,29, die Genealogie des Jahwisten vor, die nach der Flut in 9,18 wieder aufgenommen und in 9,19 fortgeführt wird, um zur Völkertafel überzuleiten.

Um sie in das Schema der Quelle P einzufügen, hat die Redaktion R^JP in 5,32a einen Übergang geschaffen. Das zeigt neben dem abweichenden Sprachgebrauch die Datierung. Die Altersangabe für Noah gehört nicht der Priesterschrift; denn deren Zeitrechnung bezieht sich bei Noah nicht auf das Alter bei der Geburt des Sohnes, sondern auf den Termin der Flut, wie man aus der Summe seines Lebensalters in 9,28 im Vergleich mit dem Schema in 5,4.7.10.13.16.19.22.26.30 und 11,11.13.15.17.19.21.23.25 ersieht. Aus demselben Grund wird in 11,10 die Zeugung von Sems Sohn Arpachschad am Datum der Flut angebunden. Die Geburt der Söhne Noahs ist in der Chronologie der Priesterschrift nicht verankert. Das lag einerseits an der Dreizahl (vgl. aber 11,26), andererseits konnte Sem erst nach der Flut einen Sohn gezeugt haben. Da die Flut in das sechshundertste Jahr Noahs fiel (7,6), hätte sich ein abnormes Alter bei der Geburt des ersten Sohnes errechnet, gemessen an den übrigen Zahlen in Gen 5 und 11,10-26. Das fünfhundertste

---

76 Vgl. R. Rendtorff, Genesis 8,21 und die Urgeschichte des Jahwisten, KuD 7 (1961), (69-78) 74.

77 Es versteht sich von selbst, dass das jahwistische Stück innerhalb der priesterschriftlichen Genealogie als Ergänzung auftritt. Die Urkundenhypothese kann man an dieser Stelle nicht beweisen, aber ebensowenig widerlegen.

78 Blum, Studien zur Komposition, 280.

Jahr Noahs, das in 5,32a für die Geburt seiner drei Söhne genannt ist, stammt von dem Redaktor R^JP.

Folgerichtig hat R^JP auch das Alter Sems in 11,10 eingetragen, wieder mit dem Schema שֵׁם בֶּן־מְאַת שָׁנָה „Sem war hundert Jahre alt". Der Text der Priesterschrift muss hier gelautet haben: אֵלֶּה תּוֹלְדֹת שֵׁם שֵׁם הוֹלִיד אֶת־אַרְפַּכְשָׁד שְׁנָתַיִם אַחַר הַמַּבּוּל „Dies sind die Toledot Sems. Sem zeugte den Arpachschad zwei Jahre nach der Flut" (vgl. 11,27). Im jetzigen Text ist die Geburt des Arpachschad doppelt datiert. Dabei ist ein verräterischer Fehler unterlaufen: Sem hätte „zwei Jahre nach der Flut", das heißt „in dem der Flut folgenden Jahr", bereits hundertundein Jahre alt sein müssen.

Innerhalb der selbständigen Priesterschrift ist die Toledot-Überschrift 11,10 auf die Notiz vom Tod Noahs in 9,29 gefolgt. Die Redaktion R^JP hat sie in 10,1 verdoppelt, um eine Brücke zur jahwistischen Völkertafel zu schlagen, die an dieser Stelle einzustellen war. Auffallend ist der Gebrauch von ילד *ni.* (vgl. 4,18 J). Die Priesterschrift hätte hier wie überall ילד *hi.* geschrieben. Die Anbindung אַחַר הַמַּבּוּל „nach der Flut" wäre in einem genuin priesterschriftlichen Ablauf überflüssig gewesen, zumal zwischen der Flut und Noahs Tod dreihundertfünfzig Jahre liegen (9,28). Sie ist aus 11,10 übernommen, wo sie nicht der Anbindung, sondern der Datierung dient. Auch das Gegenstück, die Unterschrift 10,32, stammt von R^JP. Sie variiert die Unterschrift 10,31 in Zusammenspiel mit 10,5. Wieder steht אַחַר הַמַּבּוּל „nach der Flut".

VI

Bei der Fluterzählung bildet das redaktionelle Verfahren einen Ausnahmefall: Statt die beiden Quellen blockweise hintereinander zu stellen, wurden sie zu einem einzigen Bericht verzahnt. Für dieses „Reißverschlussverfahren" gab es einen einfachen Grund: Die Menschheit konnte nicht zweimal in kurzer Folge untergegangen sein. Eine solche Quellenverzahnung wiederholt sich nur noch ein einziges Mal für die Rettung am Meer und den Untergang der Ägypter (Ex 14). Auch das konnte nur einmal erzählt werden. Gunkels vielzitierte Feststellung: „Die Art, wie die Quellenscheidung zu geschehen hat, kann der Anfänger aus dieser Perikope lernen"[79], ist ein folgenschwerer Irrtum. Doch auch wenn die Sintflut nicht als Paradigma taugt, bildet sie für die Urkundenhypothese den Fels in der Brandung. Es hat noch niemand zeigen können, dass man einen literarischen Befund wie in Gen 6-9 besser

---

79 Gunkel, Genesis, 137.

mit einer Ergänzungs- oder Fragmentenhypothese als mit der Urkundenhypothese erklärt.[80]

Die Analyse soll hier nicht wiederholt werden.[81] Bisherige Fehler sind vor allem darauf zurückzuführen, dass man einerseits die innere Uneinheitlichkeit der Quelle P erheblich unterschätzt und anderseits zu wenig mit der Möglichkeit von Ergänzungen gerechnet hat, die erst nach der Quellenverbindung hinzukamen. Ein Irrweg war auch, die beiden Quellen zu stark aneinander zu messen. Die Vermutung, der Jahwist habe auch den Bau der Arche, den Eintritt Noahs, die Landung, den Ausstieg und sogar die Ätiologie des Regenbogens berichtet, ist unberechtigt. An der Stelle solcher Einzelheiten stehen die summarischen Erfüllungsberichte. Nimmt man sie beim Wort, ergibt sich ein durchgehender Handlungsverlauf. Ein einziger Textverlust ist nachweisbar: der Befehl zum Bau der Arche im jahwistischen Bericht, auf den 8,6b zurückverweist. Er muss zwischen 6,8 und 7,1 ausgefallen sein. Im übrigen gilt: „Etwas Wichtiges und Besonderes [...] würde uns nach seiner Art alles irgendwie Eigenthümliche, und wäre es selbst mit den Angaben der Grundschrift [= P] in offenbarstem Widerspruche [...], sorgfältigst aufzubewahren und auf irgend eine Weise in die Erzählung einzufügen, der Redaktor schwerlich vorenthalten haben.“[82] „Man sieht an dem allen, welchen Scharfsinn der Red daran gesetzt hat, daß kein Körnlein [...] zu Boden falle“.[83]

Die Redaktion R^{JP} ging auch diesmal so einfach wie möglich vor. Die kombinierte Erzählung beginnt mit dem Jahwisten, weil dort die Sünde, die Jahwe zur Sintflut veranlasst, eigens geschildert ist (6,1-2). Ferner muss der jahwistische Prolog am Anfang stehen (6,5-8*); denn dort fasst Jahwe im Selbstgespräch den Vernichtungsbeschluss, während Gott in der Priesterschrift seinen Beschluss sofort an Noah verkündet. Nach der Einführung Noahs in 6,8 J folgt der erste Quellenwechsel. Die Toledot Noahs (6,9-22) wirken dadurch wie eine Ausführung zur Person.

Die weitere Verschachtelung richtet sich nach den gleichlautenden Ausführungsnotizen 6,22; 7,5 und 7,16aβ: „(Und Noah tat, ganz) wie Gott/ Jahwe ihm geboten hatte.“ Sie gleicht einem Stafettenlauf. Die Darstellung

---

80 Die Kritiker widersprechen sich diametral. Vgl. einerseits Blum, Studien zur Komposition, 281-285, der der Priesterschrift die Kohärenz abspricht, anderseits J. L. Ska, El Relato des Diluvio. Un Relato Sacerdotal y Algunos Fragmentos Redaccionales Posteriores, EstB 52 (1994) 37-62, der den jahwistischen Text als Ergänzung der Priesterschrift deuten will.

81 Sie wurde seit den Anfängen im 18. Jahrhundert vor allem von Hupfeld, Quellen der Genesis, 6-16.132-136; Schrader, Studien zur Kritik, 136-148; Budde, Urgeschichte, 248-276; Gunkel, Genesis, 137-140, immer weiter präzisiert. Vgl. zuletzt Levin, Der Jahwist, 111-117. Darauf beruht die Tabelle oben S. 15f.

82 Schrader, Studien zur Kritik, 148.

83 Gunkel, Genesis, 139f.

der Priesterschrift wird bis zum Ende des einleitenden Gottesbefehls beibehalten (6,9-22). Danach schließt der Jahwist bis zur gleichen Höhe auf (7,1-
5*), wobei nur der Befehl zum Bau der Arche entfällt. Darauf lässt die
Redaktion den ausführlichen Bericht der Priesterschrift über die Besteigung
der Arche 7,6-16a* folgen. Er liest sich als Erläuterung der Ausführungsnotiz
7,5 und mündet selbst wieder in eine summarische Ausführungsnotiz, nämlich 7,16aβ. In 7,16aβ und 7,5 wie in 7,5 und 6,22 ist das Geschehen jeweils
auf gleicher Höhe. Daraufhin kann das Verschließen der Arche 7,16b, mit
dem der jahwistische Bericht fortfährt, an 7,16aβ P ebensogut anschließen
wie ursprünglich an 7,5 J.

Es entsteht nur eine Schwierigkeit: Die Priesterschrift konstatiert in 7,6
und 7,11 im Zusammenhang mit der Datierung den Beginn der Flut, schon
bevor Noah in die Arche eintritt. Beim Jahwisten hingegen beginnt die Flut
nach dem Verschließen der Arche (hinter 7,16b). Der Widerspruch wiegt
noch schwerer, weil auch die Zeitrechnung kollidiert. Deshalb war die Redaktion R^JP zu einem weitergehenden Eingriff gezwungen: Sie hat die
jahwistische Fassung, deren Wortlaut man anhand der Ankündigung 7,4 in
7,10a und 12 wiedererkennt, umgestellt und an passender Stelle in den Bericht der Priesterschrift eingefügt. Die Frist von sieben Tagen bezieht sich
nunmehr auf das Tages-Datum 7,11a, der Regen folgt auf das Öffnen der
Fenster des Himmels 7,11b. So erreichte die Redaktion, dass die beiden Berichte sich ergänzen, statt sich zu widersprechen. Dazu musste sie den jahwistischen Satz: „Und als die sieben Tage vergangen waren, kam ein Regen
auf die Erde vierzig Tage und vierzig Nächte", auseinandernehmen. Da indes
die Zeitangabe nicht allein stehen kann, hat R^JP in V. 10b aus eigener Feder
eine Fortsetzung hinzugefügt; freilich nicht in der Weise von V. 12 J, sondern
mit den Worten von V. 6b P, so dass man die andere Handschrift erkennt:
„Und als die sieben Tage vergangen waren, *kam die Wasser der Flut auf
die Erde* (וּמֵי הַמַּבּוּל הָיוּ עַל־הָאָרֶץ)." Der Begriff מַבּוּל „Flut" fand sich ursprünglich nur in der Priesterschrift.

Die Umstellung hinterließ in der jahwistischen Darstellungsfolge zwischen 7,16b und 7,17b eine Lücke. Auch sie wurde von der Redaktion in
V. 17a mit einer eigenen, sinngleichen Ergänzung geschlossen: „Und Jahwe
schloss hinter ihm zu. *Da kam die Flut vierzig Tage über die Erde* (וַיְהִי הַמַּבּוּל
אַרְבָּעִים יוֹם עַל־הָאָרֶץ). Und die Wasser mehrten sich und hoben die Arche, so
dass sie sich hob über die Erde." Man erkennt die Redaktion an der Verbindung des priesterschriftlichen Begriffs מַבּוּל „Flut" mit der Datierung von
vierzig Tagen nach J.

Im weiteren ergab das Verfahren sich im wesentlichen von selbst. Das
Steigen der Wasser wird zuerst knapp aus dem Jahwisten wiedergegeben
(7,17b), anschließend ausführlich aus der Priesterschrift (7,18-20). Für den
Untergang der Lebewesen behält R^JP die Quelle P bei (7,21) und trägt in 7,22-
23a* die jahwistische Parallele nach. Wieder folgt der ausführlichere Bericht

auf den knapperen. Aus der Priesterschrift folgt das Fazit: „Nur Noah blieb übrig, und was mit ihm in dem Kasten war" (7,23b). Die Darstellung von Ausmaß und Auswirkung der Flut wird mit der Datierung 7,24 P beschlossen.

Das Ende der Flut beginnt mit der Priesterschrift, weil diese schildert, dass Gott selbst die Wende des Geschehens herbeiführt (8,1). Auf das Verschließen der Fenster des Himmels V. 2a P folgt, in umgekehrter Entsprechung zu 7,11-12, das Aufhören des Regens 8,2b J. Ursprünglich muss die Frist von vierzig Tagen V. 6a J vor V. 2b gestanden haben.[84] Da sie sich dem Zeitplan der Priesterschrift nicht fügt, hat die Redaktion sie versetzt und auf die Vogelszene bezogen. Für das Verlaufen der Wasser gibt R^{JP} den knappen jahwistischen Bericht V. 3a wieder, bevor sie dem ausführlichen der Priesterschrift in V. 3b-5 das Wort lässt, der auch die Landung der Arche einschließt. Nun muss die Vogelszene folgen, die allein beim Jahwisten überliefert ist.[85] Das endgültige Trocknen der Erde wird von der Priesterschrift in V. 13a und V. 14 mit zwei Datierungen bestimmt, zwischen denen die jahwistische Fassung V. 13b ihren Platz fand. Der Ausstieg aus der Arche V. 15-18 ist nur der Priesterschrift eigen. Beim Epilog mussten Noahs Opfer und Jahwes Beschluss bei sich selbst V. 20-22 J vorangehen, bevor aus der Priesterschrift der Segen und die Bundesverheißung 9,1-17* folgen, die das angemessene Finale sind.

VII

Ein gründliches Urteil über die Redaktion R^{JP} ist erst möglich, wenn sie auf der ganzen Länge der beiden parallelen Pentateuchquellen Priesterschrift und Jahwist verfolgt und beschrieben worden ist.[86] Schon jetzt lässt sich sagen: R^{JP} erweist sich als Redaktion im genauen Sinn des Begriffs.[87] Sie verarbeitet ihre Quellen mit dem Ziel eines neuen literarischen Ganzen und folgt dabei einem theologischen Ziel. Dieses Ziel war, der Einheit der Geschichte Gottes mit seinem Volk, deren Darstellung in zwei getrennten, religiös verbind-

---

84 Vgl. Wellhausen, Composition, 4; Budde, Urgeschichte, 267f.
85 „Die Rabenszene stört die dreigliedrig aufgebaute Komposition der Entsendung der Taube" (Witte, Urgeschichte, 140). Die Lösung liegt nicht darin, dass die Rabenszene 8,7 nachgetragen wäre. Sie stammt aus der vorjahwistischen Quelle und wurde vom jahwistischen Redaktor um die dreigliedrige Taubenszene erweitert, vgl. Levin, Der Jahwist, 106f., und zuvor O. Keel, Vögel als Boten, OBO 14, 1977, 86-91.
86 Vgl. vorläufig Levin, Der Jahwist, 437-440.
87 Was in der heutigen Exegese gelegentlich als „Pentateuchredaktion" oder „Endredaktion" vertreten wird, sind tendenzkritische Sammelgrößen von unklarem literarischen Profil, die nicht einmal die Bezeichnung „Bearbeitung" im engeren Sinne verdienen.

lichen Rezensionen umlief, literarischen Ausdruck zu verschaffen.[88] Ein Vorrang einer der beiden Quellen, etwa der Priesterschrift, hätte dem Unternehmen widersprochen. Die neue Einheit der beiden literarischen Großeinheiten konnte nur mit einfachsten Mitteln erreicht werden. Die Redaktion nahm „die positive Haltung des ehrlichen Maklers" ein.[89] Ihr Ziel war literarisch und theologisch anspruchsvoll genug. Weitergehende theologische Absichten hätten es zunichte gemacht.[90] Nur ganz gelegentlich greift die Redaktion zu eigenen Gestaltungsmitteln, um die sachliche Einheit der vormals getrennten Geschichtsentwürfe herauszustellen.[91] So geschieht es im Falle der Schöpfung mit dem Motiv der Namengebung, das in Gen 1,5.8.10 P und 2,19a.20 J vorhanden war und ausgebaut werden konnte. Bei der Flut wurden die unvereinbaren Gegensätze der beiden Datierungssysteme durch Umstellungen auszugleichen versucht.

Die Quellen durften nicht mehr als notwendig versehrt werden. Auslassungen kommen vor, halten sich aber in Grenzen und werden durch die jeweilige Parallelquelle ausgeglichen. Sie mehren sich im Bereich der Vätergeschichte, wo sie besonders die Priesterschrift stark in Mitleidenschaft ziehen.[92] Paradoxerweise sind gerade die wechselweisen Lücken der beiden Pentateuchquellen der Beweis für die Urkundenhypothese. Die Darstellung hängt nicht an einem einfachen Faden, sondern an einer Schnur, die aus zwei Fäden gewirkt ist. Sie hält auch dann zusammen, wenn einer der beiden Fäden gerissen ist oder fehlt.

---

88 Das Programm wird sehr gut erfasst von H. Donner, Der Redaktor. Überlegungen zum vorkritischen Umgang mit der Heiligen Schrift (1980), in: ders., Aufsätze zum Alten Testament, BZAW 224, 1994, 259-285.
89 So M. Noth, Überlieferungsgeschichtliche Studien, ³1967, 95, über den deuteronomistischen Redaktor.
90 Es ist daran festzuhalten, dass die Verbindung der Pentateuchquellen innerhalb der alttestamentlichen Literaturgeschichte ein absoluter Sonderfall ist. Die Regelhypothese ist nicht die Urkundenhypothese, sondern die Ergänzungshypothese. Man darf die Redaktion R^JP nicht an den Bearbeitungen messen, die wir überall sonst vorfinden.
91 Was Witte, Urgeschichte, dem Endredaktor zuschreibt, gehört zum weit überwiegenden Teil in jenen Bereich der Traditionsgeschichte, der auf die Verbindung der Quellen gefolgt ist, s. oben S. 19ff.
92 Darauf haben R. Rendtorff, Das überlieferungsgeschichtliche Problem des Pentateuch, BZAW 147, 1977, und E. Blum, Die Komposition der Vätergeschichte, WMANT 57, 1984, hingewiesen, ohne dass man ihre Folgerung teilen muss, die Priesterschrift nicht mehr als Pentateuchquelle, sondern als „Schicht" oder „Komposition" zu verstehen.

Eine Querverbindung –
jahwistische Urgeschichte und Plagenerzählungen[1]

Bei der gegenwärtigen Problemlage der Pentateuchforschung lautet eine entscheidende Frage: Lassen sich von den – analytisch erschlossenen – Einzeltex-
ten Beziehungen zu anderen Texten sowohl in der näheren als auch ferneren
Umgebung auffinden, um so einen größeren Rahmen zu erschließen? Sind dabei Querverbindungen zwischen den Überlieferungsblöcken zu erkennen? Hat
man sie zunächst eher aus mündlicher Überlieferung erklärt, so sucht man sie
jetzt teilweise auch als literarische Größen zu verstehen. Um so bedeutsamer
sind mögliche übergreifende Gemeinsamkeiten. Da die Intention eines Textes
nicht unabhängig von dem Kontext ist, in dem er steht bzw. in den er gestellt
wird, haben Zusammenhänge zugleich theologische Bedeutung. Der folgende
Beitrag möchte mit einem Beispiel an Verbindungslinien erinnern.

I.

In der gegebenen Forschungslage mit ihren verschiedenen „Modellen" oder
wechselnden Theorien besteht in einer Hinsicht zu einem erheblichen Teil –
wieder – Einvernehmen: Die *Priesterschrift*, die sich sprachlich und in ihrer

---

1 Die persönliche Verbindung mit dem durch diese Festschrift Geehrten reicht mehr als ein
  Vierteljahrhundert zurück: Als ich im Wintersemester 1978/79 von Kiel nach Marburg/
  Lahn wechselte, meine Familie noch in Schleswig-Holstein wohnte, ich schon in Marburg
  lehrte, brachte mich Hans-Christoph Schmitt nach dem Seminar gegen Abend in das
  bereits erworbene, noch leere Haus in Wehrda; es war beheizt, besaß aber nur einen
  Stuhl. So standen zwei Alttestamentler vor der Einbauküche bei einem Glas Rotwein im
  Gespräch, suchten und fanden gemeinsame Fragestellungen oder auch Grundeinsichten.
  Zu ihnen gehören: in Marburger Tradition die Verbundenheit von Religionsgeschichte
  und Theologie sowie die – wenn auch mit verschiedenen Nuancen vertretene –
  Quellenscheidung. Vgl. zusammenfassend jetzt: H.-C. Schmitt, Arbeitsbuch Altes
  Testament. Grundzüge der Geschichte Israels und der alttestamentlichen Schriften. Mit 5
  Karten, UTB 2146, 2005.

theologischen Absicht verfolgen lässt, schlägt einen weiten, gut erkennbaren Bogen von der Schöpfungsgeschichte über die Darstellung der Bundesschlüsse mit Noah und Abraham (Gen 9; 17) zu Moses Beauftragung (Ex 6f.).[2]
Deuteronomium und Priesterschrift begegnen sich nicht erst nachträglich.[3] Die in dem Prophetengesetz des Deuteronomiums (18,9ff.) ausgesprochene Gegenüberstellung von magisch-mantischen Praktiken[4], wie sie bei Nachbarvölkern als üblich gelten, und Prophetenwort stellt die Priesterschrift erzählerisch (Ex 7,8ff.) dar.[5] Der Erzählverlauf spricht nur von magisch-zauberhaften Kräften, erst im Nachhinein (12,12) werden „Götter Ägyptens" erwähnt.
Erscheinen die Wahrsagepriester bei dem Vorspiel (7,11) wie den beiden ersten Wundern (7,22; 8,3) Mose und Aaron ebenbürtig, so erweisen sich die Magier bald (8,14f.) als unfähig, sehen unaufgefordert[6] in einem eigenen, einem ersten und zugleich letzten Wort das Geschehen als Hinweis auf göttliches Wirken (8,15aβ), als „Finger Elohims". Die Benennung erscheint – doppelsinnig-mehrdeutig – als Plural „Götter" (vgl. 12,12) oder „eines Gottes" im Sinne der Magier, der Sprecher in der Handlung, als Singular „Gottes" im Sinne des Erzählers. Sie erkennen wohl eine göttliche Macht an, aber (noch) nicht die Überlegenheit Jahwes[7] und seines Wortes. In der letzten Szene (9,11) ist von den Geheimkünsten keine Rede mehr; die Magier sind selbst betroffen. Das Gotteswort, das Mose und Aaron ausführen, erweist sich als stärker. Schließlich bezieht es in einer Gerichtsansage die Götter ein: „An allen Göttern Ägyptens werde ich Strafgerichte vollstrecken."[8]
So bekennt die Priesterschrift Gottes Überlegenheit über andere (magische)

---

2 Vgl. nur Gen 17,1 mit Ex 6,2f.
3 Nicht selten wird die Auffassung vertreten, dass sich Deuteronomium und Priesterschrift erst spät (in der sog. Endredaktion) begegnen. Jedoch sind beide schon früh oder von vornherein verbunden, da die Priesterschrift das Deuteronomium voraussetzt – nicht nur (mit J. Wellhausen) im Grundkonzept, sondern auch in der Aufnahme und Abwandlung von Motiven und Ausdrucksweise. Vgl. W. H. Schmidt, Exodus, BK.AT II/1, 1988, 274f.; bes. BK.AT II/2,1-2, 1995.1999, 318f.448f. Ex 7,7 lässt mit der Altersangabe 80 die Zahl 120 erwarten (ebd., 332f.). Vgl. auch die Besprechung von J. C. Gertz, Tradition und Redaktion in der Exoduserzählung, FRLANT 186, 1999, in ThLZ 126 (2001), 369-373.
4 Sie scheinen weithin der Zukunftserkundung zu gelten. Vgl. auch Jes 2,6; 8,19; Ex 22,17 u. a.
5 Nachdem Aaron mit Anklang an Dtn 18,15.18 als „Prophet" eingesetzt ist (Ex 7,1f.) und auch die Forderung, „Zeichen zu geben" (7,9), an Dtn 13,2 denken lässt, scheint dieses theologische Konzept als Hintergrund der Darstellung weiterzuwirken (vgl. „Zauberei treiben" Dtn 18,10; Ex 7,11). Mose hat seine „Gott" ähnliche Stellung nur in Beziehung zum Pharao.
6 Bei ihrer Einführung (7,11) werden sie „gerufen". Zu dem Textkomplex vgl. auch M. Bauks, Das Dämonische im Menschen. Einige Anmerkungen zur priesterschriftlichen Theologie (Ex 7-14), in: A. Lange u. a. (Hrsg.), Die Dämonen. Demons, 2002, 239-253.
7 Vgl. 7,5: „Die Ägypter werden erkennen, dass ich Jahwe bin."
8 Ex 12,12 ; vgl. „Gericht(staten)" 6,6; 7,4.

Mächte oder Götter – auch im fremden Land. Ist diese Auffassung als „Mono-theismus" angemessen oder ausreichend charakterisiert? Hier kann man diffe-renzieren: Monotheismus ist bei strenger Fassung „der Glaube an einen einzi-gen Gott, der ... den Glauben an die Existenz anderer Götter grundsätzlich aus-schließt"[9], enthält also *zwei* Aspekte – eine Position: die Hinwendung zu einem Gott, und eine Negation: die Leugnung der Existenz anderer Götter. Beide As-pekte finden sich im Zuspruch an die Exilierten bei Deuterojesaja: „der Erste und Letzte, und außer mir ist kein Gott".[10]

Gewiss kennt Gen 1 keine anderen Wirkkräfte, das Chaos ist keine selbstän-dige Macht, und die Erde erhält ihre Kraft, die Vegetation hervorzubringen, erst durch das Wort des Schöpfers zugesprochen. Außerdem betont die Priester-schrift die Identität Gottes im Wandel der Zeiten und Namen.[11] Der Aspekt der Negation fehlt aber in der Priesterschrift; sie bestreitet nicht die Existenz ande-rer Götter. So liegt kein „Monotheismus" im strengen Sinn vor, wie immer man diese Auffassung[12] nennen mag.

Die Priesterschrift weist eindeutig – sprachlich und in der Aussageabsicht – einen übergreifenden Zusammenhang auf.[13] In den Rahmen der Priesterschrift eingefügt[14] oder gar mit ihr verwoben ist eine andere Darstellung. Lassen auch die nicht- oder vor-priesterschriftlichen Textgruppen eine Verbindung erken-nen?

II.

Die nicht- oder vor-priesterschriftliche Plagenreihe[15] bezieht sich auf die erste Begegnung mit dem Pharao Ex 5 zurück; die friedliche Forderung nach Entlas-sung mit dem Scheitern wird vorausgesetzt. Die einleitende Frage des Pharaos (5,2): „Wer ist Jahwe? ... Ich kenne Jahwe nicht" verlangt eine Antwort und bildet so das auslösende Moment, aus dem sich eine in der Szenenfolge aufein-ander aufbauende, sich steigernde Spannung ergibt.

---

9   A. Bertholet, Wörterbuch der Religionen, [2]1962, 369, bzw. [3]1976, 392.
10 Jes 44,6; vgl. 43,10; 45,5f.18.21f. u. a.
11 Ex 6,2f. Vgl. die Konzentration der verschiedenen Gottesnamen der Väterzeit in *El Schadday* (Gen 17,1 u. a.).
12 Eine Möglichkeit: „impliziter Monotheismus".
13 Dabei nimmt die Priesterschrift offenkundig ältere Überlieferungen auf, um sie in ihrem Sinn einheitlich zu gestalten. In manchen Fällen kann man die Frage stellen: Sind die erkennbaren Abwandlungen der Traditionen nur in einer Richtung erklärbar, oder ist das Gefälle umkehrbar? So ist eine relative Datierung möglich.
14 Wie Gen 2,4bff. nach Gen 1,1 - 2,4a oder Ex 3 nach 2,23aβ-25 P.
15 Es liegt nicht eigentlich ein Plagen„zyklus" oder Sagen„kranz" vor, da die Erzählung in sich zuspitzenden Szenen zielgerichtet verläuft. Entscheidend sind dabei nicht die einzelnen Motive, etwa Hagel oder Heuschrecken, sondern deren erzählerische Aus-gestaltung zu einzelnen Handlungen in ihrem Zusammenhang.

Dabei kehren aus der Urgeschichte (wie aus anderen Textbereichen) vertrau-te Charakteristika wieder oder treten gar prägend hervor. Wie etwa Gen 2,18 eine Situation konstatiert: „Es ist nicht gut...", aus der sich die folgende Hand-lung entwickelt, so stellt Ex 7,14 im deutenden Wort einen Zustand fest, der das weitere Geschehen bestimmt: „Das Herz des Pharaos ist schwer". Der Mo-se erteilte Auftrag (7,15f.) ist mit der sich aus der Berufung ergebenden Aufga-be, sich an die Ältesten zu wenden (3,16a), strukturell verbunden. So hat das Jahwewort[16] entscheidende, grundlegende Bedeutung für den Handlungsver-lauf, ja geht, die Ereignisfolge eröffnend, voran. Gemeinsam sind Gottesaussa-gen, wie: Jahwe „lässt regnen"[17] oder „schlägt"[18].

Überhaupt schneidet die Schöpfungs- und Paradieserzählung ähnliche The-men an: Gehorsam und Ungehorsam, Vertreibung und Tod. Entsprechend be-gegnen Verben wie „entlassen"[19], „vertreiben"[20] oder „sterben"[21] hier wie dort.[22]

Auch weniger für die Plagenreihe als die Urgeschichte bedeutungsträchtige, thematisch wichtige Ausdrücke oder Wendungen kehren wieder: „Erdboden"[23], „Kraut des Feldes"[24], „Früchte des Baumes"[25], „Tier"[26], „arbeiten, dienen"[27], dazu Stilformen, wie „am Tage, als"[28] oder „noch nicht"[29] u. a.

Wie den ungehorsamen Menschen (Gen 3,9ff.) oder auch Kain (4,6ff.) redet Gott den verstockten (Ex 7,14) Pharao an (7,16ff. bis 10,3ff.). Beschreibt Gen 3

---

16 Wie Gen 2,16f.18; 3,14ff. u. a.; mit Gottes Ichrede Gen 7,4; 8,21f. u. a.

17 מטר *hi.* (Gen 2,5; 7,4; 19,24; Ex 9,18.23; 16,4), עשה „macht" (Gen 2,4b.18; 3,1.21; 6,6f.; Ex 6,1; 8,20 u. a.), בוא *hi.* „bringt herbei" (Gen 2,21f.; Ex 10,4), שים „setzt" (Gen 2,8; 4,15; Ex 8,8.19; 9,5).

18 נכה *hi.* Gen 8,21; Ex 7,25; vgl. 7,17.20; dazu 4,24. Die Rede in erster Person: „Ich werde nicht mehr fortfahren" יסף *hi.* Gen 8,21) begegnet ähnlich im Mosewort Ex 10,29; vgl. das Verb Gen 4,2.12; 8,10.21; Ex 5,7; 8,25; 9,28.34 u. a. – Innerhalb der Vätergeschichte findet sich eine ähnliche Nachricht (Gen 12,17), welche die Plagen andeutend vorwegzunehmen scheint; vgl. „der Pharao rief" Gen 12,18; Ex 8,4.21 u. a.

19 שלח *pi.* Gen 3,23; 8,8ff.; 12,20; Ex 5,1f.; 7,14; 12,33 u. a.

20 גרש *pi.* Gen 3,24; 4,14; Ex 6,1; 10,11; 12,39.

21 מות Gen 2,17; 3,3f.; Ex 7,18 u. a. bis 10,17.28; 11,5; 12,33 u. a.

22 Erwähnenswert sind weiter: עלה „aufsteigen, auftreten" (Gen 2,6; Ex 7,28f.; 10,14), צעק „schreien" (Gen 4,10; Ex 5,8.15; 8,8; vgl. צעקה „Geschrei" Gen 19,13; Ex 3,7; 11,16; 12,30), יצא „herausgehen" (Gen 2,10; 4,16; Ex 5,20; 8,8.25f.; 12,22) u. a.

23 אדמה (Gen 2,7.9.19 u. a.; Ex 3,5; 8,17; 10,6).

24 עשב השדה (Gen 2,5; 3,18; Ex 9,22.25; 10,15; vgl. „Bäume des Feldes" Ex 9,25), צמח „sprossen" (Gen 2,5; 3,18; Ex 10,5).

25 פרי העץ (Gen 3,3; Ex 10,15).

26 בהמה (Gen 2,20; 3,14; Ex 9,19.22; 11,5; 12,29), „von Mensch bis Tier" (Gen 6,7; 7,23; Ex 9,25), מקנה „Vieh(besitz)" (Gen 4,20; 13,2.7; Ex 9,3f.6f.; 12,38).

27 עבד (Gen 2,5.15; 4,2.12; Ex 5,18; 7,16 u. a.), שלח „senden" (Gen 8,9; Ex 9,7 u. a.), שאר *ni.* „übrigbleiben" (Gen 7,23; Ex 8,5.7.27; 10,19.26; 14,28; vgl. 10,5 mit Gen 32,9).

28 ביום Gen 2,4b; 3,5; bes. 2,17 mit Warnung und Todesdrohung wie Ex 10,28.

29 טרם (Gen 2,5; 19,4; Ex 9,30; 10,7), הפעם „diesmal" (Gen 2,23; Ex 8,28 u. a.), לבלתי „nicht / ohne zu" (Gen 3,11; 4,15; Ex 8,18.25; 9,17).

das Phänomen des Sich-Verfehlens gegenüber Gott, so findet sich in der Kain-erzählung auch der Begriff „Sünde"[30]. Es geht um Möglichkeiten und Reaktio-nen des Menschen bis ins „Herz"[31]. Liegt hier nicht eine ähnliche geistige Welt mit vergleichbaren anthropologischen Einsichten vor – einerseits allgemeiner ausgesprochen, andererseits an einer Figur, dem Pharao, aufgezeigt?

Zum Schluss sei das eingangs genannte Stichwort, das in das Thema ein-führt „Ich kenne Jahwe nicht" (5,2), nochmals aufgegriffen. Für die Urge-schichte, zumal die Paradieserzählung[32], hat das Verb „erkennen" nicht weniger Bedeutung. In der Plagenreihe sind gegenüber der – stärker sprachlich gebun-denen – Priesterschrift die Wendungen nicht fest gefügt, vielmehr variabel und auf verschiedene Weise in den Kontext eingebunden. Die vier Aussagen, die jeweils als Anrede an den Pharao „Du sollst erkennen..." gestaltet sind und so zugleich an sein Urteil (5,2) erinnern, bilden einen Zusammenhang. Zwei erge-hen als Jahwerede in der Ankündigung der Plage (7,17; 8,18), zwei als Mosere-de in der Zusage der Fürbitte (8,6; 9,29). Sie scheinen auf die letzte Äußerung (9,29) zuzulaufen: „dass Jahwe die Erde gehört". Außerdem nehmen die Hof-beamten (10,7) innerhalb eines durchweg für einheitlich gehaltenen Abschnitts (10,3-11) jene Anrede an den Pharao auf, wandeln sie im Blick auf die Situati-on ab: „Erkennst du noch nicht, dass Ägypten zugrunde gerichtet ist?"[33]

Die Berührungen sind zu vielfältig, als dass sie zufällig sein könnten. Ge-wiss sind nicht alle sprachlichen Gemeinsamkeiten gleich aussagekräftig; in der Häufung zeigen sie aber ein ähnliches Sprachfeld mit gemeinsamem Wort-schatz an. Will man literarkritisch schärfer zufassen, diesen oder jenen Text, sei es in der Urgeschichte oder in den Plagenerzählungen, als Ergänzung beurtei-len, ihn anders „zuordnen" – der Sachverhalt bleibt bestehen.

Innerhalb der nicht-priesterschriftlichen Texte deckt das Wortfeld Bezie-hungen zwischen der Urgeschichte der Genesis und diesem Anteil des Exodus-buches auf. Die Querverbindungen bedürfen der Erklärung. Liegt nicht trotz der „Verabschiedung"[34] die traditionelle Antwort am nächsten: der *Jahwist* oder – zurückhaltender: – die jahwistische Darstellung?[35]

---

30 חטא Gen 4,7; vgl. das Verb Ex 5,16; 9,27.34; 10,16f. Das Wort אות „Zeichen" begegnet in beiden Zusammenhängen (Gen 4,15; Ex 8,19). Vgl. ירא „sich fürchten" (Gen 3,10; Ex 9,20.30; auch 2,14; 14,10).

31 Gen 6,5f.; 8,21; Ex 7,14 u. a.

32 Gen 2,9.17; 3,5.7; 4,1.9; 8,11; 9,24; 12,11.

33 Das Verb ידע begegnet auch 9,30; 10,26; schon 1,8; 3,7. Zusätze bilden, wie vielfach angenommen wird: 9,14(-16); 10,2; vgl. auch W. H. Schmidt, Exodus, BK.AT II//2,2, 440ff. Die Priesterschrift (vgl. oben Anm. 7) kann wohl bereits an vorgegebene Äußerungen (bes. 7,17) anknüpfen. „Der ‚P'-Plagenzyklus ist von seiner Struktur her ... eigenständig, bewegt sich aber auf weite Strecken hin in sachlicher Kontinuität mit der vorgegebenen Überlieferung" (K. Schmid, Erzväter und Exodus, WMANT 81, 1999, 148).

34 J. C. Gertz / K. Schmid / M. Witte (Hrsg.), Abschied vom Jahwisten, BZAW 315, 2002. Vgl. J. C. Gertz (Hrsg.), Grundinformation Altes Testament. Eine Einführung in Literatur,

Die – leidige, nur kurz angerissene – Frage nach dem Alter der Texte baut auf der Literarkritik als Basis auf. Durch eine andere Entscheidung in der Datierung oder durch allgemeine Zweifel wird das Fundament nicht aufgehoben. Dabei sind geistesgeschichtliche Argumente mit Vorbehalt zu benutzen; sie sind nur ausnahmsweise – bei tiefen geschichtlichen Einschnitten – hilfreich oder gar eindeutig.[36]

Das Exil, die Assyrerbedrohung oder die Kultzentralisation scheinen – anders als in der Priesterschrift[37] – in dieser Erzählung keine sicheren Spuren hinterlassen zu haben. Das Charakteristikum der sog. Schriftpropheten[38], die durch Schuldaufweis begründete Unheilsansage über das ganze eigene Volk, findet sich nicht und würde sich schwerlich zu einer Zusage wie Ex 3 fügen. Sollte die Tradition nicht zunächst vom fremden Herrscher das Phänomen der Verstockung berichtet haben, bevor die fehlende Einsicht am eigenen Volk als ganzem (Jes 6,9f.; Jer 5,21 u. a.) wahrgenommen wird? Entsprechend sind die Rückblicke der sog. Schriftpropheten auf die Geschichte (wie Jes 9,7ff.) erheblich radikaler, können Schuld bis zu den frühesten Anfängen (Hos 12,4; Jer 2,5.20; Ez 20 u. a.) zurückverfolgen.

Dies Beispiel mag zeigen, dass Ur- und Mosegeschichte, allgemeiner: Erzählungen[39] der Genesis und des Exodusbuches, kaum erst durch die Priesterschrift verbunden wurden, sie vielmehr einen Zusammenhang mit theologischen Grundgedanken vorgefunden hat.

Religion und Geschichte des Alten Testaments, UTB 2745, 2006, 199ff.

35 Dabei kann hier offen bleiben, ob und wieweit sie in sich geschichtet und allmählich gewachsen ist.

36 Was „vorstellbar" oder „undenkbar" ist, hängt wiederum weitgehend von der Textanalyse selbst ab; hier müssen die Maßstäbe allgemein nachvollziehbar sein.

37 In ihr fehlt die Forderung der Opferung Ex 5,3; 8,21f. u. a.; jedoch klingt die Botschaft der sog. Schriftpropheten nach; vgl. W. H. Schmidt, Exodus, BK.AT II/1, 279f.; II/2,1, 324f. (Lit.).

38 Die Botenformel „So spricht ..." (Ex 5,1; 7,17 u. a.) wie verschiedene Redeformen nehmen die Schriftpropheten nur auf; vgl. zuletzt W. Thiel, Könige, BK.AT IX/2,1, 2000, 58f. (Lit.); H. Utzschneider / S. A. Nitzsche, Arbeitsbuch literaturwissenschaftliche Bibelauslegung, 2001, 135ff.

39 Bei der weiteren Frage nach der Entstehung der Überlieferungen müsste außer der Literarkritik die Überlieferungsgeschichte zu ihrem Recht kommen; letztlich entsprechen sich beide Methoden, bedingen und begrenzen sich gegenseitig.

Beobachtungen zum literarischen Charakter und zum geistesgeschichtlichen Ort der nichtpriesterschriftlichen Sintfluterzählung

Jan Christian Gertz

Der Weg zur Endgestalt des Großen Geschichtswerks in Gen – II Reg ist verschlungen und seine rekonstruierende Beschreibung erweist sich nach wie vor als ein schwieriges und zuweilen sehr hypothetisches Unternehmen. Innerhalb der ersten Wegstrecke, den vorderen Büchern des Pentateuch, gehört die Unterscheidung von im weitesten Sinne priester(schrift)lichen Texten und solchen Texten, die diesem Bereich nicht zuzuordnen sind, zu den wenigen Orientierungspunkten. Formuliert wurde dieser für die Rekonstruktion der Entstehung des Großen Geschichtswerks und für die Arbeit am Alten Testament insgesamt grundlegende Konsens erstmals in der Analyse von Gen 1-11. Somit trifft auch in forschungsgeschichtlicher Hinsicht zu, was für alle Leser des Großen Geschichtswerkes in Gen – II Reg gilt: Der Weg zur Endgestalt setzt mit der biblischen Urgeschichte ein. Von den beiden für die Frage nach der Genese der Endgestalt besonders prominenten Textbereichen, den sogenannten Schöpfungsberichten in Gen 1-3 und der Fluterzählung in Gen 6,5-9,17 greife ich den letztgenannten auf. Obwohl in der neueren redaktionsgeschichtlichen Debatte ein wenig im Schatten der Paradieserzählung in Gen 2f. stehend, bietet er doch wichtige Einsichten in die Genese der Urgeschichte und damit des Geschichtswerks insgesamt. Zudem erlaubt er einen Blick auf die Rezeption prophetischer Traditionen im Bereich des Pentateuch – eine Fragestellung, die der Jubilar ganz wesentlich angeregt hat[1].

---

1 Vgl. H.-C. Schmitt, Tradition der Prophetie in den Schichten der Plagenerzählung Ex 7,1 - 11,10 (1989), in: ders., Theologie in Prophetie und Pentateuch, BZAW 310, 38-58; ders., Die Suche nach der Identität des Jahweglaubens im nachexilischen Israel. Bemerkungen zur theologischen Intention der Endredaktion des Pentateuch (1995), in: a. a. O., 255-276; ders., „Priesterliches" und „prophetisches" Geschichtsverständnis in der Meerwundererzählung Ex 13,17 - 14,31. Beobachtungen zur Endredaktion des Pentateuch (1979), in: a. a. O., 203-219; ders., Redaktion des Pentateuch im Geiste der Prophetie. Beobachtungen zur Bedeutung der „Glaubens"-Thematik innerhalb der Theologie des Pentateuch (1982), in: a. a. O., 220-237; ders., Der heidnische Mantiker als eschatologi-

1. Zur Redaktionsgeschichte der Fluterzählung

Bekanntlich hat die Koinzidenz von Wiederholungen nahezu sämtlicher Bausteine der Fluterzählung mit Spannungen auf der Sachebene und der Bezeichnung identischer Sachverhalte durch unterschiedliche Begriffe zu einer Aufteilung des Textbestandes der Flutgeschichte auf zwei Textschichten geführt, deren Umfang seit den grundlegenden Analysen von Eberhard Schrader, Hermann Hupfeld, Karl Budde und Hermann Gunkel im Wesentlichen einheitlich bestimmt wird[2]. Weitgehend unstrittig ist die Zuschreibung der einen erkannten Textschicht an das mit Gen 1 einsetzende und zumindest bis Ex 40 reichende priester(schrift)liche Textstratum des Pentateuch[3]. Zudem wird auch jenseits der Kontroverse um das literarhistorische Profil dieses Stratums weithin die Einschätzung geteilt, dass die priester(schrift)liche Fluterzählung literarisch geschlossen und in erzählerischer Hinsicht vollständig und selbsttragend ist[4]. Hinsichtlich der zweiten, im Folgenden rein formal als nichtpriesterschriftlich (np) bezeichneten Textschicht ist das Bild hingegen wesentlich divergenter. Neben der Binnendifferenzierung des np Textstra-

---

scher Jahweprophet. Zum Verständnis Bileams in der Endgestalt von Num 22-24 (1994), in: a. a. O., 238-254.

2   H. Hupfeld, Die Quellen der Genesis und die Art ihrer Zusammensetzung von neuem untersucht, 1853; E. Schrader, Studien zur Kritik und Erklärung der biblischen Urgeschichte. Gen Cap. I-XI, 1863; K. Budde, Die Biblische Urgeschichte (Gen 1-12,5), 1883; H. Gunkel, Genesis, HK I/1, [4]1917 (= [3]1910; Nachdr. [9]1977). Zur Forschungsgeschichte vgl. D. M. Carr, Reading the Fractures of Genesis: Historical and Literary Approaches, 1996, 48f.; J. L. Ska, El relato del diluvio. Un relato sacerdotal y algunos fragmentos redaccionales posteriores, EstB 52 (1994), 37-62, 37ff.; N. C. Baumgart, Die Umkehr des Schöpfergottes. Zu Komposition und religionsgeschichtlichem Hintergrund von Gen 5-9, HBS 22, 1999, 381-384, sowie die gründliche, auf die Frage nach der abschließenden Formation der Urgeschichte fokussierte Darstellung bei M. Witte, Die biblische Urgeschichte. Redaktions- und theologiegeschichtliche Beobachtungen zu Genesis 1,1-11,26, BZAW 265, 1998, 1-45. Zu den forschungsgeschichtlich einflussreichen Versuchen von B. Jacob, Das Buch Genesis, (1934) Nachdr. 2000; U. Cassutto, A Commentary on the Book of Genesis II. From Noah to Abraham, Genesis VI 9 - XI 32, 1964; G. J. Wenham, The Coherence of the Flood Narrative, VT 22 (1972), 326-348; ders., Genesis 1-15, Word Biblical Commentary I, [2]1987, die literarische Einheitlichkeit der Fluterzählung nachzuweisen, vgl. die grundlegende Auseinandersetzung bei J. A. Emerton, An Examination of Some Attemps to Defend the Unity of the Flood Narrative in Genesis. Teil I, VT 37 (1987), 401-420; Teil II, VT 38 (1988), 1-21.

3   6,9-22; 7,6f.11.13-16.17a*.18-21; 8,1.2a.3b-5.13a.14-19; 9,1-17. Abweichungen in dieser Zuordnung betreffen v. a. 7,7.17a.22*.23a; 8,3a.

4   Vgl. für diese Einschätzung unter den Kritikern der Annahme einer ehedem selbständigen Quellenschrift P E. Blum, Studien zur Komposition des Pentateuch, BZAW 189, 1990, 282 mit Anm. 206. Anders L. Schrader, Kommentierende Redaktion im Noach-Sintflut-Komplex der Genesis, ZAW 110 (1998), 489-502.

tums wurde schon früh diskutiert, ob es sich um einen organischen[5] oder um einen nachgetragenen[6] Bestandteil einer ehedem selbständigen np Urgeschichte gehandelt hat. Andere haben den np Text als Bearbeitungsschicht zur priester(schrift)lichen Fluterzählung beurteilt, wobei sich dieses Urteil teils auf die Fluterzählung beschränkt[7], teils auf den gesamten np Textbestand der Urgeschichte bezieht[8]. Unter den jüngeren Arbeiten, die den np Text der Fluterzählung als Ergänzung zu P beschrieben haben, kommt der Analyse von Erich Bosshard-Nepustil das Verdienst zu, die seit einiger Zeit wiederholt vertretene Position ausführlich dargelegt und begründet zu haben[9]. Sie soll im Folgenden überprüft werden.

1.1. Schwachpunkte des Zwei-Quellenmodells?

Die von Bosshard-Nepustil vorgelegte redaktionsgeschichtliche Verhältnisbestimmung der beiden Textschichten in der Fluterzählung setzt mit einer

---

5 So ein breiter Forschungsstrom in der Nachfolge von J. Astruc, Conjectures sur la Genèse. Introduction et notes de Pierre Gibert, 1999 (der Titel der 1753 anonym in Brüssel erschienenen, wohl in Paris gedruckten Originalausgabe lautet: „Conjectures sur les Mémoires originaux dont il paroit que Moyse s'est servi pour composer le Livre de la Genèse"). Astruc kommt zu folgendem Ergebnis: Quelle A in Gen 6,9-22; 7,6-10.19.22.24; 8,1-19; 9,1-10.12.16.17; Quelle B in Gen 6,1-8; 7,1-5.11-18.21.24; 8,20-22; 9,11.13-15 und Quelle C in Gen 7,20.23.24. Zu Astruc vgl. demnächst J. C. Gertz, Jean Astruc and Source Criticism in the Book of Genesis.

6 Vgl. J. Wellhausen, Die Composition des Hexateuchs und der historischen Bücher des Alten Testaments, [3]1899, 8-14.

7 Vgl. R. G. Kratz, Die Komposition der erzählenden Bücher des Alten Testaments, UTB 2157, 2000, 259-261.

8 Vgl. F. Tuch, Commentar über die Genesis, 1838. Eine Renaissance erlebt die Ergänzungshypothese Tuchscher Prägung in den in der folgenden Anmerkung genannten Arbeiten.

9 E. Bosshard-Nepustil, Vor uns die Sintflut. Studien zu Text, Kontexten und Rezeption der Fluterzählung Genesis 6-9, BWANT 165, 2005, 59, nennt als wichtigsten Vorläufer seiner These Ska, Relato, 37-62. Vgl. ferner J. Blenkinsopp, A Post-exilic lay source in Genesis 1-11, in: J. C. Gertz / K. Schmid / M. Witte (Hrsg.), Abschied vom Jahwisten. Die Komposition des Hexateuch in der jüngsten Diskussion, BZAW 315, 2002, 49-61; E. Otto, Die Paradieserzählung Genesis 2-3: Eine nachpriesterschriftliche Lehrerzählung in ihrem religionsgeschichtlichen Kontext, in: A. A. Diesel u. a. (Hrsg.), „Jedes Ding hat seine Zeit ..." Studien zur israelitischen und altorientalischen Weisheit. FS D. Michel, BZAW 241, 1996, 167-192; Kratz, Komposition, 259-261. Im Einzelnen sind die Positionen durchaus verschieden. So vertreten Ska (mit Abstrichen), Otto und jetzt auch M. Arneth, Art. „Sintflut II.", RGG[4] Bd. 7 (2004), 1345-1346; ders., Art. „Urgeschichte II. Altes Testament", RGG[4] Bd. 8 (2005), 826-827, die Ansicht, dass die np Redaktion breit auf ältere Traditionen zurückgegriffen und diese in P integriert habe. Bosshard-Nepustil spricht hingegen von „ad hoc-Erweiterungen".

Kritik am (klassischen) Zwei-Quellenmodell ein[10]. Im Kern handelt es sich um die beiden folgenden Kritikpunkte:

1) Das Zwei-Quellenmodell könne zwar die Inkohärenzen des vorliegenden Textzusammenhangs gut erklären, nicht jedoch die Kohärenzen des überlegt strukturierten Textganzen.

2) Die rekonstruierte np Fluterzählung sei lückenhaft. Eine Streichung der fraglichen Passagen durch den Redaktor, der die beiden Versionen der Fluterzählung verbunden haben soll, sei nicht plausibel zu machen, zumal der np Text die Struktur der vorliegenden Gestalt der Fluterzählung vorgebe. Letzteres lasse sich wiederum kaum mit der gängigen Annahme einer priesterschriftlichen Prägung des Redaktors vereinbaren.

Die Überprüfung der Stichhaltigkeit des ersten Kritikpunktes verlangt eine genauere Untersuchung der Abgrenzung und Gliederung des vorliegenden Textzusammenhangs der Fluterzählung in 6,5 - 9,17. Für die weithin übliche Bestimmung des Textumfangs spricht zunächst der unmittelbare Kontext. Die Erzählungen von den Engelehen in 6,1-4 sowie von Noach und seinen Söhnen stellen unbeschadet ihrer Bezüge zur Fluterzählung eigene Textabschnitte dar, die durch den ätiologischen Schlusssatz in Gen 6,4b und die Exposition in 9,18f. gegenüber der Fluterzählung deutlich abgegrenzt sind[11]. Diesem Befund korrespondiert das vielleicht offensichtlichste Strukturmerkmal der vorliegenden Fluterzählung, und zwar ihre häufig beschriebene doppelte Rahmung durch den zweigeteilten Prolog in 6,5-8.9-22 und den ebenfalls zweigeteilten Epilog in 8,20-22; 9,1-17.

Am Anfang der Fluterzählung steht Gottes Entschluss, die Menschheit samt der belebten Schöpfung zu vernichten. Lediglich Noach, so viel ist von Anfang klar, wird dem universalen Strafgericht entgehen (6,5-22). Nach der beinahe vollständigen Durchführung dieses Vorhabens endet die Erzählung mit Gottes Entschluss, die belebte Schöpfung von nun an zu bewahren und nicht erneut der Vernichtung preiszugeben (8,20 - 9,17). Der Prolog wird durch die Toledotformel in 6,9aα und den konstatierenden Nominalsatz in V. 9aβ in zwei Teile gegliedert. Beide Teile enthalten jeweils eine Begründung und Ansage der Vernichtung, wobei jedoch 6,5-8 eine Wahrnehmung Jahwes und eine darauf folgende Reaktion Jahwes schildern, die nach innen gerichtet ist, während 6,9-22 auf eine Mitteilung Gottes nach außen hinausläuft. Der Zweiteilung des Prologs entspricht diejenige des Epilogs. Der Beschluss, die Erde vor einer Wiederholung der Flut zu bewahren, wird in 8,20-22 in der Innenperspektive Jahwes geschildert und in 9,1-17 als Mitteilung nach außen. 6,5-8 und 8,20-22 sind durch die Korrespondenz von 6,5.6b.7 und 8,21aα₁.α₂β.b verbunden. 9,1-17

---

10 Bosshard-Nepustil, Sintflut, 54-56.

11 Vgl. dazu und zum Folgenden Baumgart, Umkehr, 94ff. Zu den Vorschlägen, 6,1-4 in die Fluterzählung einzubeziehen, vgl. auch die Kritik bei H. Seebaß, Genesis I. Urgeschichte (1,1-11,26), 1996, 188.

greift hingegen auf den Wortlaut der Ankündigung einer ברית in 6,9-22 zurück (vgl. 6,18; 9,9.11.17).[12] Auch nimmt die Reformulierung der Mehrungsverheißung in 9,1.7 (vgl. 1,28) das Urteil vom Überhandnehmen „lebensbedrohlicher Gewalt"[13] auf der Erde aus 6,11 sachlich auf, insofern der Herrschaftsauftrag zur Ankündigung der Schreckensherrschaft des Menschen über seine belebte Umwelt wird (9,2).

Unsicherheiten hinsichtlich der genannten Abgrenzung der Fluterzählung resultieren aus gegenläufigen Gliederungsmerkmalen, die im vorliegenden Textzusammenhang gegenüber ihrer zu erwartenden Verwendung eine andere Funktion wahrnehmen. Dies gilt vor allem für die Toledotformel in 6,9aα. Ausweislich ihrer übrigen Belege handelt es sich ursprünglich um eine Überschrift[14]. Im vorliegenden Textzusammenhang ist dies jedoch eindeutig nicht der Fall, da die vorangehende Passage 6,5-8 ausweislich der späteren Aufnahmen des Abschnitts, insbesondere von 6,5 in 8,21 und von 6,7 in 7,23 bereits zur Fluterzählung gehört. Ihrer ursprünglichen Funktion als Überschrift entledigt, markiert die Formel jetzt lediglich einen deutlichen Einschnitt innerhalb des Prologs der Fluterzählung. Unverkennbar überlagert also die vorliegende Gliederung die Textgrenzen eines älteren Textzusammenhangs[15].

Durchaus vergleichbar ist der Befund zum Abschluss der Fluterzählung. Die Zusage Jahwes in 8,21-22, zukünftig die Erde nicht noch einmal zu verwünschen, geschweige denn förmlich zu verfluchen (קלל pi.)[16], die Schlechtigkeit des Menschen zu ertragen und die Segenskraft der Erde zu erhalten, greift unverkennbar auf den ersten Prolog zurück (vgl. 6,5-8)[17] und ist in ihrem Schlussteil rhythmisch formuliert. Das weist 8,21-22 als Höhepunkt und – bedenkt man das alttestamentlichen Erzählungen eigentümliche Achtergewicht – als Schlusspunkt einer mit 6,5-8 eröffneten Flut-

---

12 Ungeachtet der durch den Fortgang der Ereignisse bewirkten Verschiebungen wird es sich bei der je in 6,18-20 und 9,8-17 genannten ברית kaum um gänzlich unterschiedliche Größen handeln. Von zwei verschiedenen Zusagen einer ברית geht (u. a.) Baumgart, Umkehr, 226.342 aus, wobei die erste, auf das Überleben Noachs und seiner Familie während der Flut beschränkte Zusage das Modell für die zweite, zeitlich entgrenzte und auf alle Lebewesen bezogene Zusage liefert. Von einer Entfaltung der in 6,18 angekündigten ברית in 9,8-11 spricht Witte, Urgeschichte, 145 mit Anm. 101.

13 J. Jeremias, Schöpfung in Poesie und Prosa des Alten Testaments. Gen 1-3 im Vergleich mit anderen Schöpfungstexten des Alten Testaments, JBTh 5 (1990), 11-36, hier 36.

14 Die Toledotformel begegnet sonst stets als Überschrift (5,1; 10,1; 11,10.27; 25,12.19; 36,1.9; 37,2; Num 3,1; Ruth 4,18; I Chr 1,29). Das gilt auch für 2,4a. Vgl. in jüngerer Zeit D. M. Carr, Βίβλος γενέσεως Revisited: A Synchronic Analysis of Patterns in Genesis as Part of the Torah, ZAW 110 (1998), Part 1, 159-172, u. Part 2, 327-347, hier 164f.; Witte, Urgeschichte, 56.

15 Für einen Einsatz der Fluterzählung in 6,9 hat sich dagegen u. a. Jacob, Genesis, 183, ausgesprochen.

16 Zur Übersetzung vgl. C. Levin, Der Jahwist, FRLANT 157, 1993, 108.

17 Vgl. dazu Witte, Urgeschichte, 182f.

erzählung aus. Hierfür spricht auch, dass mit 9,18f. – lässt man 9,1-17 zunächst einmal tentativ außer Acht – eindeutig eine neue Erzählung einsetzt. In gewisser Weise gilt letzteres sogar mit Blick auf den inhaltsschweren Abschnitt 9,1-17. Freilich ist es wegen der engen Korrespondenz zu 6,9-22 kaum möglich, den Abschnitt 9,1-17 von der Fluterzählung zu trennen: Die durch die Ereignisse der Flut modifizierte Neuauflage der Schöpfungsordnung in V. 1-7 setzt (neben 1,1 - 2,3 und 5,1-32) der Sache nach die Feststellung voraus, dass der urzeitliche Schöpfungsfrieden durch das Überhandnehmen von Gewalttat verloren gegangen ist (6,11), und die Gewährung des Bundes in V. 8-17 greift auf die entsprechende Ankündigung in 6,18 zurück. Im vorliegenden Textzusammenhang bilden demnach Segen und Bund den Schlussakt der Fluterzählung, wodurch die Zusage Jahwes in 8,20-22 aus ihrer gleichsam natürlichen Schlussstellung verdrängt und zu einer (wichtigen) Binnenzäsur der Fluterzählung transformiert wird. Abermals überlagert also die Gliederung des vorliegenden Textzusammenhangs ältere Textgrenzen[18].

Der Aufbau der im Vergleich zur übrigen Urgeschichte ungewöhnlich langen Fluterzählung ist schwierig und wird in der Literatur höchst unterschiedlich vorgenommen. Sieht man von der doppelten Rahmung in 6,5-8.9-22 und 8,20-22; 9,1-17 einmal ab, so können die Versuche, einen chiastischen oder konzentrischen Aufbau aufzuzeigen, nicht überzeugen[19]. Auch gelingt es nicht, sämtliche Gliederungsmerkmale, wie die Datierungen oder die Korrespondenz von Auftrag und Erfüllung(snotizen) in eine in sich stimmige Gliederung des vorliegenden Textzusammenhangs zu überführen[20].

18 Eine Abgrenzung 6,5-8,22 deutet sich bei C. Westermann, Genesis. I. Teilband: Genesis 1-11, BK.AT I/1, 1974, 518ff., an.
19 Zu den Schwierigkeiten derartiger Versuche, wie sie vor allem Cassutto, Genesis II, 30ff.; Wenham, Coherence, 326-348; ders., Genesis, 155ff.; Y. T. Radday, Chiasmus in Hebrew Biblical Narrative, in: J. W. Welch (Hrsg.), Chiasmus in Antiquity: Structures, Analyses, Exegesis, 1981, 50-117, unternommen worden sind, vgl. Emerton, Examination, Teil I, 405ff., und Teil II, 7ff.16ff.; Blum, Studien, 283 Anm. 208. Auch die jüngst von Seebaß, Genesis, 205-207, vorgelegte ringförmige Struktur mit den Außengliedern 6,5-8 // 9,1-17 und 6,9-22 // 8,20-22 hat, von Einzelheiten der Binnengliederung einmal abgesehen, vor allem gegen sich, dass die Entsprechungen zwischen Prolog und Epilog auf einen Aufbau des Rahmens nach dem Schema A – B – A' – B' deuten.
20 Dies ist vor allem mit Blick auf Bosshard-Nepustil, Sintflut, 27-41.265, zu betonen. Seine synchrone Analyse der Fluterzählung arbeitet eine Zweiteilung der Fluterzählung heraus. Hierfür beruft er sich auf die „Hauptzäsur" nach 8,19 und die „analoge Sachabfolge" der beiden erkannten Hauptabschnitte 6,5 - 8,19 und 8,20 - 9,17. So bewirke jeweils ein „initiales Geschehen" eine Wahrnehmung Jahwes / Gottes, was eine doppelte Reaktion Jahwes / Gottes bei sich und nach außen evoziere. Von der Unausgewogenheit der beiden vermeintlich parallel angelegten Teile einmal abgesehen, wird diese Gliederung kaum der Beobachtung gerecht, dass 6,5-8 mit 8,20-22 und 6,9-22 mit 9,1-17 korrespondiert. Sie spricht eher für die oben vorgestellte doppelte Rahmung und widerrät einer Parallelsetzung von 6,13 - 8,14 und 9,1-17. Auch erscheint der Eigenwert der Darstellung der Flut

So wird man sich für den Hauptteil der Fluterzählung in 7,1-8,19 damit bescheiden müssen, dass er durch den Handlungsverlauf und unterschiedlich gewichtete Gliederungsmerkmale strukturiert wird[21].

Im Einzelnen lassen sich folgende Abschnitte abgrenzen: I. 7,1-5; II. 7,6-16; III. 7,17-24; IV. 8,1-14 und V. 8,15-19. (I. + V.) Die erneute Ankündigung der Flut und der Befehl des Einzugs in die Arche in 7,1-4 sowie die summarisch mitgeteilte Ausführung des Befehls in 7,5 bilden den ersten Teil eines (weiteren) Rahmens um den Hauptteil der Fluterzählung. Der hintere Teil dieses Rahmens in 8,15-19 greift mit V. 16f. auf Formulierungen von 7,1b-4 zurück. Zudem bietet 8,15-17 erstmals nach 7,1-5 wörtliche Rede. (II.) Der Abschnitt 7,6-16 beginnt mit einer Datierung der Flut (V. 6). In seinem Zentrum steht die von der Erzählung über den Einzug (V. 7-9) sowie der Feststellung (vgl. היום הזה בעצם; V. 13aα) des erfolgten Einzugs (V. 13-16) flankierte und ihrerseits datierte Notiz vom Kommen der Flut (V. 10-12). (III.) Die Schilderung der Flut in 7,17-24 ist durch Angaben zur Dauer der Flut gerahmt. Dabei sind im vorliegenden Textzusammenhang die 40 Tage in V. 17 auf das erste Ansteigen des Wassers zu beziehen, während die 150 Tage in V. 24 das Andauern der Flut zwischen dem 17.2. des 600. Lebensjahrs Noachs (7,11 MT) und dem Wendepunkt am 17.7. desselben Jahres (8,4 MT; vgl. 8,3) im Blick haben. Die Schilderung der Flut ist im übrigen der einzige Abschnitt der Fluterzählung, in dem weder Jahwe/Gott noch Noach explizit erwähnt werden. (IV.) Der folgende Abschnitt 8,1-14 ist zunächst rein inhaltlich bestimmt, insofern er die Wende des Geschehens beschreibt. Durch die Aufnahme von 8,1 in 9,15f. (זכר) zum Abschuss der Fluterzählung wird sein Einsatz jedoch betont herausgestellt.[22] Das Ende des Abschnitts ist durch die Datierung in V. 14 und den Neueinsatz mit einer Gottesrede in V. 15 markiert.

Der Befund zur Abgrenzung und Gliederung der vorliegenden Fluterzählung erlaubt eine redaktionsgeschichtliche Zwischenbemerkung: Da die beiden erkannten *älteren Textgrenzen* in 6,9aα und 8,20-22 nach dem bisher Gesagten nicht auf ein und dieselbe Hand zurückgehen können und in der Forschung auch übereinstimmend verschiedenen Verfassern zugeschrieben werden, ist der Schluss unabweisbar, dass der vorliegende Textzusammenhang auf zwei älteren Vorlagen mit je eigenen Gliederungsprinzipien fußt. Für die Toledotformel in 6,9aα wird man dabei an die Quellenschrift P, eventuell auch an ein von einer priesterlichen Bearbeitungsschicht verwendetes Toledotbuch denken; mit Blick auf die Zusage Jahwes in 8,20-22 wird man an der Existenz einer np Version der Fluterzählung festhalten müssen. Desgleichen zeigen die Schwierigkeiten, eine Gliederung der Fluterzählung zu

---

in der von Bosshard-Nepustil vorgeschlagenen Gliederung deutlich unterbestimmt. Die Beobachtung, dass die Darstellung der Flut nochmals gerahmt ist und einen massiven Auftakt hat, wird jedenfalls nicht hinreichend berücksichtigt. Ferner ist befremdlich, dass mit der zum „initialen Geschehen" erklärten „Vorgeschichte" in 3,1 - 6,4 ein wesentliches Strukturmerkmal der Fluterzählung außerhalb der beschriebenen Struktur zu stehen kommt. Schließlich wird man Gottes Urteil in 6,11 kaum als ein „initiales Geschehen" bezeichnen wollen.

21 Ähnlich zuletzt Baumgart, Umkehr, 96-98.
22 Vgl. statt vieler Baumgart, Umkehr, 334f.343f.

beschreiben, die alle Gliederungsmerkmale aufnimmt und zusammengehöri-
ge Gliederungsmerkmale gleich gewichtet, dass sich in der vorliegenden
Fluterzählung verschiedene Strukturierungen überlagern. Da sich jüngere
Bearbeitungen eher an vorgegebene Strukturen anschmiegen, oder diese aus-
bauen und verdeutlichen, spricht dieser Befund ebenfalls eher für die Annahme älterer Vorlagen mit je eigenen Gliederungsprinzipien.

Die unter 2.) zusammengestellten Kritikpunkte an dem Zwei-Quellenmodell sind von unterschiedlicher Aussagekraft. So dürfte die Festlegung der
Endredaktion auf eine priesterschriftliche Prägung eine längst überholte Ver-
einfachung sein, der keinerlei argumentative Bedeutung zukommt[23]. Auch
verdankt sich die Struktur der vorliegenden Fluterzählung nicht allein den np
Textanteilen, wie ein Blick auf die wichtige Rolle der priesterschriftlichen
Datierungen (7,6.11.24; 8,3.4.5.13.14) und insbesondere die Übernahme des
priesterschriftlichen Schlusses zeigen[24]. Somit bleibt allein das Fragmal der
Unvollständigkeit des np Textes. Bosshard-Nepustil nennt folgende Lücken:
den Bau der Arche, die Mitteilung des Gerichtsgrundes an Noach und das
Verlassen der Arche. Eine Mitteilung des Gerichtsgrundes an Noach wird
man jedoch nicht erwarten dürfen, da der np Erzähler entsprechende Erläuterungen sämtlich auf der Deutungsebene des Textes unterbringt (vgl. 8,20-
22[25]). Ebenso ist eine Auszugsnotiz durchaus entbehrlich[26]. Anders stellt sich
der Sachverhalt für den Baubericht dar, insofern dieser in allen Fluterzählun-
gen ein konstitutives Element darstellt. Zudem ist die erste (erhaltene) np
Erwähnung der Arche in 7,1 determiniert und setzt somit eine entsprechende
Ersterwähnung voraus. Doch die eine zu konstatierende Lücke ist kaum ein
hinreichendes Argument für eine Ergänzungshypothese, kann doch ein redaktionell bedingter Textausfall nicht grundsätzlich ausgeschlossen werden[27].
Dies gilt umso mehr, als er sich in diesem Fall konzeptionell begründen lässt:
Wie Clemens Baumgart zuletzt noch einmal ausführlich dargetan hat, korres-
pondieren die Anweisungen zum Bau der Arche in 6,9-22 (P) mit denen zum

---

23 Vgl. dazu nur die in Anm. 1 genannten einschlägigen Arbeiten des Jubilars.

24 Darüber hinaus ist daran zu erinnern, dass es unter den älteren Vertretern einer Ergän-
    zungshypothese immer als ausgemacht galt, dass die (np) Nachträge in die priesterschrift-
    lichen Texte, die den vorliegenden Textzusammenhang prägen (daher Grundschrift), ein-
    geschrieben worden sind. Insofern spräche die jetzt von Bosshard-Nepustil behauptete
    Prägung der vorliegenden Fluterzählung durch die np Texte eher für die Annahme einer
    priesterlichen Ergänzungsschicht.

25 Dazu siehe unten 1.2. unter Punkt 4. Im übrigen erfahren auch die babylonischen Sint-
    fluthelden Atramchasis und Uta-Napischti nicht, *warum* die Flut kommen wird. Statt des-
    sen begnügen sie sich wie Noach damit, der rettenden Anweisung zu folgen.

26 Vgl. Witte, Urgeschichte, 180 mit Anm. 127, der zudem auf den analogen Sachverhalt in
    der Sumerischen Fluterzählung V,1-7 (TUAT III, 456) verweist.

27 So auch Bosshard-Nepustil, Sintflut, 55 mit Anm. 64, und dem sachdienlichen Hinweis
    auf H. J. Tertel, Text and Transmission. An Empirical Model for the Literary Develop-
    ment of Old Testament Narratives, BZAW 221, 1994, 171ff.232ff.

Bau des Zeltheiligtums in Ex 25-40*[28]. Wollte die Endredaktion diese Korrespondenz beibehalten, so blieb ihr gar nichts anderes übrig, als die Streichung eines np Bauberichts[29]. Diese Annahme wird durch die np Notiz zum
Öffnen „des Fensters der Arche, das Noach gemacht hatte" in 8,6 bestätigt.
Die Notiz setzt zweifellos einen Baubericht voraus. Im vorliegenden Textzusammenhang läuft jedoch der Querverweis „das er gemacht hatte" ins Leere,
da P das „Fenster" (חלון) nicht erwähnt. Der in 8,6 ursprünglich vorausgesetzte Baubericht wird daher mit ziemlicher Sicherheit nicht in 6,9-22 (P)
zu suchen sein. Ähnlich verhält es sich mit der Erwähnung des „Daches"
(מכסה) in 8,13b (np), das bei P ebenfalls nicht erwähnt wird. Allerdings fehlt
hier der ausdrückliche Querverweis[30].

Die von Bosshard-Nepustil *gegen* die Annahme einer redaktionellen Verbindung von Versionen der Fluterzählung vorgebrachten Argumente können,
wie mir scheint, nicht überzeugen. Umso wichtiger ist die Überprüfung seiner
Argumente für die These einer Bearbeitung der priesterschriftlichen Fluterzählung durch die np Textanteile.

1.2. Nachweis einer nichtpriesterschriftlichen Bearbeitung der priesterschriftlichen Fluterzählung?

Für den Nachweis, dass die np Textanteile „als ad hoc-Erweiterungen der P-
Grundschicht verfasst wurden"[31], konzentriert sich Bosshard-Nepustil vor
allem auf die np Blöcke 7,1-5 und 8,20-22. Ich greife die wichtigsten Argumente heraus[32].

1. Die Gottesreden in 6,13-21 (P) und 7,1-4 (np) seien als rhythmischer
Wechsel zwischen dem, was Gott/Jahwe tun wird, und dem, was Noach tun
soll, angelegt. Angezeigt werde dies durch die Abfolge des an Noach gerich-

---

28 Baumgart, Umkehr, 531-559. Vgl. ferner die Synopse von Gen 6,13-17.18ff.; 7,6 und Ex
   25,1.8a.9; 29,45f.; 40,16.17a.33b bei T. Pola, Die ursprüngliche Priesterschrift. Beobachtungen zur Literarkritik und Traditionsgeschichte von P^g, WMANT 70, 1995, 286-
   290.367, sowie Jacob, Genesis, 187; E. Zenger, Gottes Bogen in den Wolken. Untersuchungen zu Komposition und Theologie der priesterschriftlichen Urgeschichte, SBS 112,
   ^{2}1987, 174f.; P. Weimar, Sinai und Schöpfung. Komposition und Theologie der priesterschriftlichen Sinaigeschichte, RB 95 (1988), 337-385, 352ff.; Bosshard-Nepustil, Sintflut,
   127-130.
29 Vgl. Baumgart, Sintflut, 416.
30 Dass צהר in 6,16 und חלון in 8,6b sowie מלמעלה in 6,16 und מכסה in 8,13b im
   vorliegenden Textzusammenhang identifiziert werden sollen (so Bosshard-Nepustil,
   Sintflut, 45 mit Anm. 16) ist unstrittig, doch zeigt gerade die Notwendigkeit zu einer
   recht komplizierten Identifizierung, dass diese Identifikation von P aus wie vom np Text
   aus betrachtet kaum ursprünglich ist.
31 Bosshard-Nepustil, Sintflut, 59.
32 Bosshard-Nepustil, Sintflut, 62-78.

teten Imperativs mit Jahwe/Gott als Subjekt in 6,14.21; 7,1aβ und der Ankündigung göttlichen Handelns in einem Partizipialsatz mit ואני הנני / והנני
/ אנכי als Subjekt in 6,13.17-20; 7,4. Für die Beurteilung des np Textanteils
als redaktionell sei nun entscheidend, dass dieses „Leseraster" sich erst von
7,1-4 her zu erkennen gebe, da in der Rede 6,13-21 das ausstehende göttliche
Handeln auch mit anderen Satzkonstruktionen formuliert werde. Letzteres
dürfte aber die Annahme einer auf 6,13-21 hin abgestimmten Rhythmisierung
der Rede in 7,1-4 erheblich in Frage stellen, zumal auch die Imperative in
beiden Reden unterschiedliche Fortsetzungen erfahren. Hinzu kommt, dass
die Abfolge von göttlichem Befehl und Ankündigung göttlichen Handelns in
7,1-4 gegenüber 6,13-21 vertauscht ist und dass dementsprechend der be-
gründende *kî*-Satz in 7,4 keine Entsprechung in 6,17-20 hat. Überdies bleibt
der auf den Imperativ folgende *kî*-Satz in 7,1b in dem aufgezeigten „Leseraster" gänzlich unberücksichtigt. Schließlich wird man sich vor der Feststellung
„abgestimmter Strukturen" immer auch die Frage nach einer möglichen For-
mulierungsalternative stellen müssen, wenn es darum geht, dass Jahwe einen
Befehl erteilt und diesen begründet – von der Frage nach dem Sinn für eine
redaktionelle Verdoppelung des Befehls, in die Arche zu gehen, einmal ganz
abgesehen.

2. Die bekannten Widersprüche hinsichtlich der Anzahl der mit auf die
Arche zu nehmenden Tiere pro Gattung zwischen 6,19f. (P) und 7,2f. (np)
seien als eine redaktionell gewollte Differenzierung der Zweckbestimmung
der zu rettenden Tiere zu erklären. Ähnlich stünden die Angaben über sieben-
bzw. vierzigtägige Fristen im np Text (7,4; 7,10 mit 12; 7,17a; 8,6.10.12)
nicht in Konkurrenz zur priesterschriftlichen Chronologie (7,6.11; 8,4.5a.b.
13.14) und den dort genannten 150 Tagen (7,24; 8,3). Vielmehr bezögen sich
die np Angaben auf Fristen innerhalb der priesterschriftlichen Chronologie
und würden die dort genannten Tage entzerren. Nun ist es in beiden Fällen
unstrittig, dass der vorliegende Textzusammenhang so gelesen werden kann
und nach der Vorstellung der Redaktion auch so gelesen werden soll.
Gleichwohl bleiben Unstimmigkeiten bestehen, die es als äußerst fraglich
erscheinen lassen, dass die Verstehensmöglichkeiten des vorliegenden Textzusammenhangs und die ursprüngliche Intention des np Textanteils identisch
sind: Ginge es bei den unterschiedlichen Angaben zur Zahl der zu rettenden
Tiere von vornherein um eine Differenzierung der Zweckbestimmung, wäre
eine entsprechende Notiz auch nach 7,15 (P) zu erwarten, wo sie jedoch fehlt.
Andererseits bemüht sich, wie Bosshard-Nepustil selbst feststellt, 7,8-9 um
einen „Ausgleich zwischen vorgegebenen Aussagen (scil. 6,19f. [P] und 7,2f.
[np]), die – für den Autor von 7,7-9 – sachlich offenbar noch zu stark diffe-
rieren"[33]. Dass im vorliegenden Textzusammenhang die sieben- bzw. vierzigtägige Frist in 8,6.10.12 als Zeitspanne innerhalb des mit 8,1.2a.3b.4-5 (P)

---

33 Bosshard-Nepustil, Sintflut, 72.

eröffneten Zeitraums verstanden sein will und dass dies auch möglich ist, bedarf keiner weiteren Diskussion. Insbesondere für die Angabe in 7,17a ergibt sich ein derartiges Verständnis aber nur, wenn der vorliegende Textzusammenhang gegen den Wortlaut, aber in Übereinstimmung mit der in 8,1-12* unter Beweis gestellten Möglichkeit so gelesen werden soll[34].

3. Die Bezeichnung Noachs in 7,1b (np) als צדיק לפני בדור הזה sei eine gezielte Neuakzentuierung der Notiz נח איש צדיק תמים היה בדרתיו in 6,9 (P). Die Nähe zwischen beiden Formulierungen ist unverkennbar. Auffälligste Gemeinsamkeit ist die Charakterisierung Noachs als „gemeinschaftstreu" (צדיק; vgl. auch Ez 14,14.20; Sir 44,17). Freilich gibt es gute Gründe dafür, dass der *kî*-Satz in 7,1b nachgetragen ist: Die Begründung unterbricht den Befehl, die Arche zu besteigen und die Tiere mit an Bord zu nehmen, der überdies durch den *kî*-Satz in V. 4 dann seine sachgemäße Begründung erhält. Zudem bricht sie der Aussage von 6,8 (np) die Spitze ab, die Noach allein deswegen überleben lässt, weil Noach „Gnade in den Augen Jahwes gefunden hat", ohne für diese Gunst einen Grund zu nennen (vgl. Gen 18,3; 19,19; Ex 34,9).[35] Damit ist dann auch die Intention des Zusatzes beschrieben: Es geht um den Ausgleich zwischen der Vorstellung der Bewahrung aufgrund der Gnade Jahwes (6,8; np) und derjenigen aufgrund der eigenen Frömmigkeit in (6,9*; P)[36]. Allerdings dürfte die Explikation der Frömmigkeit Noachs durch seine Gemeinschaftstreue in 6,9 ihrerseits in P nachgetragen sein[37]. Gerade mit Blick auf die innerpriesterschriftliche Parallele zu Gen 6,9 in Gen 17,1 fällt auf, dass צדיק in P singulär ist. Somit dürfte die Beschreibung Noachs als eines צדיק von 7,1b (כי אתך ראיתי צדיק לפני) ausgegangen sein, und zwar in dem beschriebenen Sinne als sachlicher Ausgleich zwischen 6,8 und 6,9* (נח איש צדיק תמים היה בדרתיו את־האלהים

---

34 B. Jacob, Die biblische Sintfluterzählung. Ihre literarische Einheit, 1930, 8, bezieht 7,17 „Die Flut (מבול) war 40 Tage auf Erden" auf die Dauer des Regens, während sich 7,24 „Und die Wasser wurden 150 Tage mächtig über der Erde" auf das Ansteigen des Wassers und das Anhalten des mit dem Ende des Regens erreichten Pegelhöchststandes beziehen soll. Doch die Einschränkung von מבול, eigentlich „Himmelsozean" (vgl. dazu J. Begrich, Mabbûl. Eine exegetisch-lexikalische Studie, in: ders. [Hrsg.], Gesammelte Studien zum Alten Testament, TB 21, 1964, 39-54), auf das Kommen des Wassers verträgt sich nicht mit der Mitteilung des Vernichtungsbeschlusses in 6,17, den chronologischen Angaben in 7,6; 9,28; 10,1 sowie den Zusagen des Noah-Bundes in Gen 9,11.15. Dort bezeichnet מבול eindeutig das Ganze der Flut. So schon richtig erkannt bei Schrader, Urgeschichte, 140 mit Anm. 1.
35 Vgl. Levin, Jahwist, 114; Witte, Urgeschichte, 76 mit Anm. 110. Auch unabhängig von der These eines Jahwisten dürfte sich mit Levins Hinweis auf Gen 18,3; 19,19; Ex 34,9 zugleich das Argument erledigt haben, dass 6,8 im isolierten np Text der Fluterzählung sperrig sei, weswegen der np Text auf P hin angelegt sei (so Bosshard-Nepustil, Sintflut, 67f.).
36 Vgl. Witte, Urgeschichte, 76.
37 Vgl. Levin, Jahwist, 114. Anders Witte, Urgeschichte, 130 mit Anm. 42 (Lit.).

הִתְהַלֶּךְ־נֹחַ; vgl. Gen 17,1). Von 7,1b ist das צַדִּיק dann in 6,9 eingedrungen, sei es durch den Verfasser von 7,1b, sei es durch eine spätere Hand.

4. Der Entschluss Jahwes in 8,20-22 ziele auf eine Mitteilung, wie sie allein in 9,1-17 geboten werde. In diesem Fall wäre indes eine stärkere Ausrichtung des vermeintlich redaktionellen Textes 8,20-22 auf seine Vorgabe in 9,1-17 hin zu erwarten. Wie in 6,5-8 (np) richten sich die deutenden Hinweise allein an die Leser der Fluterzählung. Auf der Handlungsebene begnügt sich Noach damit, den Befehlen Jahwes Folge zu leisten. Nach seiner Rettung tut er dann das, was religiös geboten ist: Er bringt ein Opfer dar. Weiterer Mitteilungen bedarf es nicht.

1.3. Ergebnis: Beibehaltung des Zwei-Quellenmodells

Die Kritikpunkte an der Annahme einer ehedem selbständigen np Version der Fluterzählung lassen sich ausräumen. Hingegen bringt die Herleitung des np Textanteils und der offenkundigen Spannungen aus der Intention einer Bearbeitung der priesterschriftlichen Fluterzählung erhebliche Probleme mit sich, weshalb dem Zwei-Quellenmodell nach wie vor die größere Erklärungskraft für die Entstehung der vorliegenden Fluterzählung zuzubilligen ist. Die in der Analyse erkannten Textschichten lassen sich als zwei vollständige und ehedem unabhängig voneinander überlieferte Versionen der Fluterzählung beschreiben[38], was die Kenntnisnahme in der einen oder anderen Richtung im Übrigen nicht ausschließen muss. Bei der redaktionellen Verbindung der beiden Versionen zur vorliegenden Fluterzählung hat sich der Redaktor mit großem Geschick und Erfolg – das haben die Ausführungen von Bosshard-Nepustil noch einmal sehr schön unter Beweis gestellt – um einen kohärenten Text bemüht. In all dem gleicht der Befund demjenigen zu Gen 1,1 - 4,26[39]. Ursprünglich dürfte die np Version der Fluterzählung auf 5,29* gefolgt sein[40].

Mit Blick auf das Ergebnis der redaktionellen Arbeit, den vorliegenden Textzusammenhang, wie auf die Rekonstruktion seiner Genese durch Budde und seine Vorläufer lässt sich die Fluterzählung als Meisterstück der Quellenkompilation resp. Quellenkritik bezeichnen. Dass sie wie die Meerwun-

---

38 Vgl. (statt vieler) für beide Schichten in jüngerer Zeit Witte, Urgeschichte, 130-146 (P) und 171-184 (np). Vgl. ferner für die Kontexte der priesterschriftlichen Fluterzählung Bosshard-Nepustil, Sintflut, 110-123 (im Kontext von Gen 1-11[P]) sowie 123-143 (im Kontext der gesamten Priestergrundschrift).

39 Vgl. dazu J. C. Gertz, Von Adam zu Enosch. Überlegungen zur Entstehungsgeschichte von Gen 2-4, in: M. Witte (Hrsg.), Gott und Mensch im Dialog. FS O. Kaiser, BZAW 345/I, 2004, 215-236.

40 Zu Gen 6,1-4 vgl. Witte, Urgeschichte, 65-74. Zu Resten eines np Erzählfadens in 5,29* vgl. Gertz, Adam, 221f. mit Anm. 21, mit Hinweis auf Levin, Jahwist, 99; Witte, Urgeschichte, 207ff.

dererzählung in Ex 13f. gleichwohl kein „Schulbeispiel der Quellenscheidung"[41] ist, erhellt ein Blick auf das sonst zu beobachtende Verfahren, wonach die vorliegenden Texte in Blöcken hintereinander gestellt worden sind (vgl. für die biblische Urgeschichte außer Gen 1,1 - 2,3 und Gen 2,4[a.]b - 3,24 auch die Genealogien in Gen 4 und Gen 5). Die enge Verzahnung der beiden Versionen erklärt sich aus dem Gegenstand. Flut und Meerwunder sind einmalige Ereignisse, deren Wiederholung – ausdrücklich (vgl. 8,21; 9,11) – ausgeschlossen ist. Gleichwohl ist innerhalb der Neukomposition Gen 6,5 - 9,17 das übliche Verfahren des Hintereinanderstellens von Textblöcken weitgehend beibehalten worden.

2. Zu den geistesgeschichtlichen Voraussetzungen der nichtpriesterschriftlichen Sintfluterzählung

Die literarhistorische Verortung der np Version der Sintfluterzählung ist ein schwieriges Unterfangen. Darstellungen der Urgeschichte entziehen sich nun einmal weitgehend einem (zeit)historischen Zugriff, so dass allein die geistesgeschichtliche Einordnung bleibt. Unstrittig ist ein bis ins Detail reichender Rückgriff auf mesopotamische Sintfluttraditionen, die ausweislich eines in Megiddo gefundenen Bruchstücks des Gilgamesch-Epos (TUAT III, 670) und Emar (Msk 74128d, Msk 7498n++) sowie einer mittelbabylonischen Rezension des Atramchasis-Epos in Ugarit (RS 22.421) auch im syrischen Raum bekannt gewesen sind. Für sich genommen erlaubt die Rezeption der mesopotamischen Sintfluttraditionen allein schon wegen der langen zeitlichen Erstreckung der einschlägigen keilschriftlichen Textzeugen[42] keine literarhistorische Einordnung der np Sintfluterzählung. Doch man wird sich vergegenwärtigen müssen, dass die nächste Analogie einer derartigen Rezeption, die priesterschriftliche Version der Fluterzählung, in das 6. Jh. v. Chr. gehört und dort im Kontext einer Auseinandersetzung mit der dominierenden (neu-) babylonischen Kultur steht. Ähnliches gilt für andere prominente Bezugnah-

---

41 Vgl. die häufig zitierte Äußerung Gunkels „Die Art, wie Quellenscheidung zu geschehen hat, kann der Anfänger aus dieser Perikope (scil. Gen 6,5 - 9,17) lernen" (Genesis, 137) und ihre zutreffende Kritik bei Levin, Jahwist, 439f. Dort auch zum Folgenden.
42 Für einen Überblick zu den Textzeugen des Atramchasis-Epos vgl. Anhang I „Verzeichnis der Tafelfragmente" in: D. Shehata, Annotierte Bibliographie zum altbabylonischen Atramhasis-Mythos, 2001; zu denen des Gilgamesch-Epos vgl. A. R. George, The Babylonian Gilgamesh Epic. Introduction, Critical Edition and Cuneiform Texts. Vol. I, 2003. Übersetzungen: W. von Soden, Der altbabylonische Atramchasis-Mythos, in: TUAT III, 612-645; Übersetzung der spätbabylonischen Fassung in W. G. Lambert / A. R. Millard, Atra-hasis. The Babylonian Story of the Flood, 1969; K. Hecker, Das akkadische Gilgamesch-Epos, in: TUAT III, 646-744; ferner (mit neuer Zählung nach George, a. a. O., Vol I und II; S. Maul, Das Gilgamesch-Epos. Neu übersetzt und kommentiert, 2005.

men auf genuin mesopotamische Traditionen, wie die Auseinandersetzung
mit der babylonischen Marduktheologie bei Deuterojesaja. Wenn zudem erste Spuren eines neuassyrischen Einflusses auf die erzählende Literatur und
die Rechtstexte in die ausgehende Königszeit zu datieren sind, so wird die
breite Rezeption mesopotamischer Sintfluttraditionen in der np Sintfluterzählung schwerlich für frühere Zeiten zu veranschlagen sein.

Neben der Aufnahme mesopotamischer Traditionen in beiden Versionen
der biblischen Sintfluterzählung wird in der gegenwärtigen Diskussion zunehmend die (spät-)weisheitliche Prägung der np Texte der biblischen Urgeschichte betont, wobei diese Einschätzung sich in erster Linie auf Beobachtungen zur Paradieserzählung stützen kann[43]. Mit der Fokussierung auf die
vor allem in der Paradieserzählung festgestellte (spät-)weisheitliche Prägung
gerät jedoch eine für die alttestamentliche Literatur insgesamt wesentliche
Traditionslinie aus dem Blick, und zwar diejenige der Unheilsprophetie. Das
ist schon deswegen erstaunlich, weil für die priesterschriftliche Version der
Sintfluterzählung ein derartiger Einfluss weitgehend anerkannt ist, insofern
die Feststellung Gottes in Gen 6,13 „קץ כל־בשר בא לפני" gemeinhin als ein
(mittelbares) Zitat des „בא הקץ אל־עמי ישראל" aus Am 8,2 gilt[44]. Gestützt
wird die Annahme prophetischen Einflusses auf P dadurch, dass das konsta-
tierte Ende allen Fleisches betont als Folge des Überhandnehmens von חמס
„Gewalttat" (Gen 6,11.13) beschrieben wird. Diese Begründung des Kom-
mens der Flut ist dem Stoff der Fluterzählung keineswegs inhärent und gehört folglich zur priesterschriftlichen Deutung des Geschehens. Dabei wird
mit חמס „Gewalttat" ein Begriff verwendet, der sonst nicht bei P, dafür aber
in der prophetischen Gerichtsankündigung breit belegt ist. Für die Frage nach
der geistesgeschichtlichen Einordnung der np Variante folgt aus diesen Beobachtungen immerhin so viel, dass der Rückgriff auf prophetische Traditio-

---

43 Vgl. R. Albertz, „Ihr werdet sein wie Gott" (Gen 3,5), in: F. Crüsemann u. a. (Hrsg.),
    Was ist der Mensch ...?, FS H. W. Wolff, 1992, 11-27; Otto, Paradieserzählung; Witte,
    Urgeschichte; E. Blum, Art. „Urgeschichte", TRE Bd. 34, 2002, 436-445; K. Schmid,
    Die Unteilbarkeit der Weisheit. Überlegungen zur sogenannten Paradieserzählung Gen
    2f. und ihrer theologischen Tendenz, ZAW 114 (2002), 21-39. Eine „antiweisheitlich"
    überarbeitete „Early Creation Narrative" in 2,4b-24* erkennt D. M. Carr, The Politics of
    Textual Subversion. A Diachronic Perspective on the Garden of Eden Story, JBL 112
    (1993), 577-595.
44 R. Smend, „Das Ende ist gekommen". Ein Amoswort in der Priesterschrift (1981), in:
    ders., Die Mitte des Alten Testaments. GSt 1, BEvTh 99, 1986, 154-159. O. H. Steck,
    Aufbauprobleme der Priesterschrift, in: D. R. Daniels / U. Gleßmer / M. Rösel (Hrsg.),
    Ernten, was man sät, FS K. Koch, 1991, 287-308, 300ff. Anders jetzt Baumgart, Umkehr,
    218ff., der gegen die Herleitung aus der prophetischen Gerichtsankündigung betont, dass
    Gen 6,11.13 weniger von einem göttlichen Gerichtsentscheid her zu verstehen sei als
    vom Gedanken der „konnektiven Gerechtigkeit", dem früheren Tun-Ergehen-
    Zusammenhang. Doch wird man beides kaum gegeneinander ausspielen dürfen.

nen durchaus geeignet war, die Rezeption mesopotamischer Sintfluttradition im Alten Testament zu steuern.

Die Vermutung eines Einflusses der Unheilsprophetie auch auf die np Sintfluterzählung lässt sich dadurch erhärten, dass auf der Deutungsebene der np Sintfluterzählung das Kommen der Flut mit Jahwes Reue (נחם *ni.*) über die Erschaffung des Menschen begründet wird (Gen 6,6f.). Eine Musterung der alttestamentlichen Erwähnungen der Reue Jahwes zeigt auf, dass dieser Vorstellungskreis ursprünglich im Kontext der gewährten Fürbitte durch einen Propheten steht. Einschlägig sind in diesem Zusammenhang die ersten beiden Amosvisionen, in denen der Prophet wie jeder andere altorientalische Prophet versucht, durch Fürbitte das geschaute Unheil abzuwenden (vgl. Am 7,3.6)[45], wobei die Bitte nicht auf die Sündenvergebung, sondern allein auf die göttliche „Selbstbeherrschung" zielt[46]. Ganz in dieser Traditionslinie steht der prophetische Mose, der am Sinai nach Israels Abfall von Jahwe Fürbitte für sein von Strafe bedrohtes Volk leistet (Ex 32,12.14)[47]. Der einschlägige Sprachgebrauch hält sich bis in die spätesten Texte des Alten Testaments durch, allerdings wird das Motiv der Reue zunehmend mit der vor allem in den späteren Schichten des Jeremiabuches ausformulierten Umkehrtheologie verbunden (vgl. Jer 18,8; 26,3.13.19). Entsprechend wird die Formulierung נחם על־הרעה אשר דבר לעשות „sich das angesagte Unheil leid sein lassen" in exilisch-nachexilischer Zeit geradezu zum *terminus technicus*[48]. Den 24 alttestamentlichen Belegen für נחם *ni.* mit Jahwe / Gott als Subjekt, in denen es um Bedauern oder Nicht-Bedauern im Hinblick auf Unheil geht, stehen neben Gen 6,6f. nur zwei weitere Belege entgegen, in denen sich das Bedauern auf einen göttlichen Heilserweis bezieht[49]. Der „spätdeuteronomistische" Nachtrag Jer 18,7-10[50] entfaltet erstmals (innerhalb des Alten Testaments[51]) die Vorstellung einer zweigestaltigen Reue Gottes. Zunächst heißt es ganz

---

45 Zu den beiden ersten Amosvisionen vgl. J. C. Gertz, Die unbedingte Gerichtsankündigung des Amos, in: F. Sedlmaier (Hrsg.), Gottes Wege suchend. Beiträge zum Verständnis der Bibel und ihrer Botschaft, FS R. Mosis, 2003, 153-170.

46 Vgl. J. Jeremias, Die Reue Gottes. Aspekte alttestamentlicher Gottesvorstellung, BThSt 31, 1997, 46.

47 Vgl. E. Aurelius, Der Fürbitter Israels. Eine Studie zum Mosebild im Alten Testament, CB.OT 27, 1988, 91-100.

48 Vgl. Jeremias, Reue Gottes, 66, mit Verweis auf II Sam 24,16 (= I Chr 21,15); Jer 18,8; 26,3.13.19; 42,10; Joel 2,13; Jon 3,10; 4,2.

49 Zur Negation dieser Möglichkeit vgl. Ps 110,4.

50 Für diese Einordnung vgl. G. Wanke, Jeremia, Teilband 1: Jeremia 1,1-25,14, ZBK.AT 20.1, 1995, 173f.

51 Diese Einschränkung ist wichtig, um voreilige literarhistorische Urteile zu vermeiden: Weder lässt sich eine Linie literarischer Abhängigkeiten zwischen den genannten alttestamentlichen Belegen für נחם *ni.* mit Jahwe / Gott als Subjekt behaupten, noch ist ausgemacht, dass die Vorstellung der zweigestaltigen Reue Gottes ihren Ursprung in Jer 18,7-10 hat.

konventionell, dass Jahwe sich des von ihm geplanten Unheils gereuen lässt, wenn ein Volk umkehrt (V. 8). Im Anschluss daran wird die Kehrseite dieser Aussage formuliert: Sofern sich ein Volk Jahwe gegenüber als ungehorsam erweist („das Böse in den Augen Jahwes tun"; Jer 18,10), lässt sich Jahwe des Guten, das er diesem Volk zugedacht hat, gereuen. Auch der zweite, ebenfalls „spätdeuteronomistische" Beleg gibt die skizzierte Herkunft der Rede von Gottes Reue noch deutlich zu erkennen. Nach I Sam 15,11.35 reut es Jahwe, Saul zum König über Israel gemacht zu haben. Interessanterweise steht auch diese Aussage im Nahkontext einer prophetischen Fürbitte. Über Jer 18 hinausgehend, wird in I Sam 15 mit der Zurücknahme der „bereuten" Heilsetzung auf eine neue Heilsetzung verwiesen. Darin gleicht I Sam 15 dem Aussagezusammenhang von Gen 6,6f. und 8,21f. Die Rede von Jahwes Reue im Prolog der Sintfluterzählung gründet demnach eindeutig in prophetischer Tradition, und zwar in ihrer (dtr.) entwickelten Gestalt, wonach sich diese Rede nicht mehr allein auf ein von Jahwe geplantes Unheil bezieht, sondern auch die bereits erfolgte Heilstat zum Gegenstand haben kann[52].

Das Bild gewinnt dadurch Kontur, dass die Reue Jahwes über seine Erschaffung des Menschen mit der göttlichen Feststellung begründet wird, wonach alles Streben des Denkens des menschlichen Herzens nur böse ist (Gen 6,5). Diese Feststellung, die in der mesopotamischen Sintfluttradition keine Entsprechung hat, lebt sicher auch von ihrem weisheitlich geprägten Gegenbild einer gelingenden menschlichen Weltorientierung und -gestaltung. Gleichwohl ist die Nähe zur Unheilsprophetie, insbesondere zur Jeremiaüberlieferung unverkennbar (vgl. Jer 3,24f.; 4,14; 17,9; 18,12)[53]. Auf prophetischen Einfluss deutet vielleicht auch die Tatsache hin, dass die Wende vom Unheil zum Guten in der np Sintfluterzählung nicht einmal annähernd begründet wird. Zwar ist dies vom Erzählverlauf auch nicht gefordert, da der richtende Gott bereits im Beschluss der Flut das Überleben der Schöpfung in Gestalt Noachs und seiner Söhne sowie der aufgenommenen Tiere garantiert. Doch mit Blick auf P, wo ausdrücklich festgestellt wird, dass Gott Noachs und des Bundes gedachte (Gen 8,1; vgl. 9,15f.), bleibt der Befund auffällig. Eine mögliche Erklärung bietet der (knappe) Seitenblick auf die mesopotamische Sintfluttradition. Hier wird die Wende zum Guten damit begründet, dass sich die Götter ihrer Abhängigkeit von ihrer menschlichen Verehrerschar

---

52 Vgl. auch H. C. Schmitt, Das spätdeuteronomistische Geschichtswerk Genesis I – 2 Regum XXV und seine theologische Intention, in: ders., Theologie, 277-294, 288 mit Anm. 42, der von einem traditionsgeschichtlichen Zusammenhang spricht.

53 Gerade mit Blick auf die für eine weisheitliche Herleitung der Rede von der Bosheit des menschlichen Herzens einschlägigen Belege Hi 4,17; 15,14; 25,4; Ps 143,2 fällt auf, dass deren Stichwort צדק in Gen 6,9 erst nachträglich aufgenommen worden ist. Koh 8,6.11 dürfte eher in die direkte Nachgeschichte der Sintfluterzählung gehören. Vgl. T. Krüger, Die Rezeption der Tora im Buch Kohelet, in: ders., Kritische Weisheit, Studien zur weisheitlichen Traditionskritik im Alten Testament, 1997, 173-193.

bewusst werden, wozu im Übrigen auch das Motiv der Reue ganz im Sinne des oben skizzierten Ursprungsortes dieses Motivs verwendet wird (Atramchasis III, II 24ff.32ff.; Gilgamesch XI,118-123 [Maul XI,119-124]). Entsprechend markiert das Opfer des Sintfluthelden die Lösung des Konflikts, in der das auf Gegenseitigkeit beruhende Verhältnis zwischen Menschen und Göttern geordnet wird (Atramchasis III, V, 34ff.; Gilgamesch XI, 161 [Maul XI, 163]). Auch die np Sintfluterzählung erwähnt das Opfer, begnügt sich in diesem Zusammenhang aber damit, den einen Gedanken herauszustellen, dass die Gottheit bei sich beschließt, hinfort keine Flut mehr kommen zu lassen (Gen 8,21). Der Gedanke, dass die Götter den Menschen ebenso benötigen wie der Mensch die Götter, bleibt dagegen ausgespart. Statt dessen begegnen wir der im Kontext der Unheilsprophetie formulierten Gotteskonzeption, wonach die Gottheit (zumindest zeitweilig) völlig unabhängig von ihren Verehrern gedacht werden kann[54]. Schließlich verrät auch die Tatsache, dass der Schwerpunkt der inneralttestamentlichen Rezeption der biblischen Sintfluterzählung eindeutig im Bereich der (späten) Prophetie liegt[55], eine gewisse Nähe dieser Erzählung zur prophetischen Tradition.

Mit all dem soll nicht behauptet werden, dass die np Sintfluterzählung ausschließlich in unheilsprophetischer Tradition steht. Gerade mit Blick auf die gesamte np Urgeschichte wird man eher von einer weiteren geistesgeschichtlichen Koordinate neben der weisheitlichen Tradition sprechen wollen[56]. Mit dieser Einschränkung scheint mir Eberhard Schraders Diktum, wonach die np Urgeschichte die „innere Entwicklungsgeschichte der Menschheit, von einem höheren, dem prophetischen Standpunkt aus betrachtet"[57], jedoch durchaus treffend zu sein.

---

54 Vgl. den Übergang von den ersten beiden zur dritten und vierten Vision des Amos und dazu Gertz, Gerichtsankündigung, 167.

55 Vgl. Jes 24-27; Jes 54,9f.; Joel 4,13; Zeph 1,2f. und dazu Bosshard-Nepustil, 247ff.

56 So mit Witte, Urgeschichte, 201 Anm. 277. Hinsichtlich der von Witte genannten dritten Koordinate, dem Deuteronomismus, wäre ich allerdings zurückhaltender.

57 Schrader, Urgeschichte, 166. Für eine ausführliche Begründung vgl. demnächst J. C. Gertz, Noah und die Propheten. Rezeption und Reformulierung eines altorientalischen Mythos.

Gen 20-22 als theologisches Programm

Jörg Jeremias

Zu den besonderen Verdiensten Hans-Christoph Schmitts gehört es, einem ständig wachsenden Heer an „Schreibtischmördern"[1], die dem Elohisten den Garaus bereiten oder ihm gar aus grundsätzlichen Erwägungen seine Existenzberechtigung verweigern wollten, furchtlos über Jahrzehnte die Stirn geboten zu haben. Dabei pflegte er die Prämissen seiner Analysen stets vorbildlich offenzulegen, wodurch das kritische Gespräch über seine Analysen sehr erleichtert und befördert wurde. Er gebrauchte gern das spielerische Element, dessen jede Exegese bedarf, das hypothetische Ausloten verschiedener Möglichkeiten zur Lösung eines Problems. Ob E als Quelle zu gelten habe oder man mit H. W. Wolff von „Fragmenten" zu reden habe, ob „E" Bearbeiter von „J" sei, insbesondere in den Abrahamserzählungen[2], aber auch darüber hinaus[3], ob – wenn ja – dennoch mit Selbständigkeit bzw. Quellenhaftigkeit zu rechnen sei[4]: Über all dies ließ sich trefflich mit ihm streiten.

Aber die geschichtliche Stunde solcher Diskussionen ist fürs erste vergangen. Angesichts der wachsenden Zahl an Pentateuchhypothesen ist primär eine neuerliche Verständigung über die Beobachtungen vonnöten, die in der

---

1 So H. W. Wolff zu Beginn seiner Heidelberger Antrittsvorlesung „Zur Thematik der elohistischen Fragmente im Pentateuch", EvTh 29 (1969), 59-72; wieder abgedruckt in: Gesammelte Studien zum AT, ²1973, 402-417.

2 Vgl. etwa J. Van Seters, Abraham in History and Tradition, 1975; P. Weimar, Untersuchungen zur Redaktionsgeschichte des Pentateuch, BZAW 146, 1977, 107.111; O. Kaiser, Grundriss der Einleitung ..., Bd. 1, 1992, 74-76; S. E. McEvenue, The Elohist at Work, ZAW 96 (1984), 315-332, 329f.; C. Levin, Der Jahwist, FRLANT 157, 1993, 173.

3 Vgl. etwa H.-C. Schmitt, Die nichtpriesterliche Josephsgeschichte, BZAW 154, 1980; L. Schmidt, Literarische Studien zur Josephsgeschichte, BZAW 167, 1986, 125ff.; J. Jeremias, Theophanie, WMANT 19, ²1977, 197ff. – Anders etwa W. H. Schmidt, Einführung in das AT, ⁵1995, 86ff.; vgl. ders., Plädoyer für die Quellenentscheidung, BZ 32 (1988), 1-14; 7f.; A. Graupner, Der Elohist, WMANT 97, 2002, 203 u. ö.

4 Für Bearbeitung von J und gleichzeitige Selbständigkeit von E plädieren etwa W. Richter, Die sog. vorprophetischen Berufungsberichte, FRLANT 101, 1970, 130; E. Zenger, Die Sinaitheophanie, fzb 3, 1971, 161; P. Weimar, a. a. O., 108-111; R. Smend, Die Entstehung des AT, 1978, 85f.

klassisch zu nennenden Periode der historisch-kritischen Forschung zur Annahme eines eigenständigen „E" geführt haben. Es ist daher schwerlich zufällig, dass der jüngste Aufsatz H.-C. Schmitts wieder bei den Argumenten J.
Wellhausens ansetzt und sich mit Gen 20-22 (bzw. Gen 20-21) dem Textkomplex zuwendet, der in der Kontroverse um die Existenz eines Elohisten
stets den relativ sichersten Ausgangspunkt bildete[5]. Die folgenden Überlegungen versuchen, seine Gedanken weiter voranzutreiben – ob in eine ihm
genehme Richtung, muss sich erst zeigen. Während Schmitt vor allem den
erzählerischen Prämissen von Gen 20-21(22) nachgegangen ist, um die Frage
des Einsatzes der elohistischen Darstellung zu klären, bemühen sich meine
Erörterungen darum, Gen 20-22 als Ganzheit zu verstehen.

Gen 20-22 (genauer 20,1-22,19), der erste und bei weitem größte zusammenhängende Block innerhalb der klassisch elohistischen Texte, ist nur durch
zwei kürzere Einschübe unterbrochen: einerseits durch die knappe Erzählung
von der Geburt Isaaks, die in einer älteren Gestalt zum Block dazugehört haben muss, da sie in 21,8ff. sachlich und formal (V. 8 ist kein Erzählungsanfang)
vorausgesetzt wird, jetzt aber von priesterschriftlicher Sprache beherrscht wird, wenn auch älteres Material verarbeitet ist (Gen 21,1-7); zum
anderen durch die nachträglich zugefügte zweite Engelrede in Gen 22,15-18,
die in einer hochtheologischen, teilweise dtr. geprägten Sprache die schon
abgeschlossene Erzählung Gen 22 deutet und dabei voller Rückverweise auf
voranstehende Vätertexte ist[6]. Sieht man von diesen beiden deutlich jüngeren
Texten einmal ab, bleiben vier längere Erzählungen: Abraham bei Abimelech
in Gerar (Gen 20), die Vertreibung von Hagar und Ismael (Gen 21,8-21), der
Vertrag Abrahams mit Abimelech (Gen 21,22-34) und die Opferung Isaaks
(Gen 22,1-14.19).

Drei dieser vier Texte laufen dabei geschehensmäßig und konzeptionell
einander parallel, wie sogleich zu zeigen ist, und wollen aufeinander bezogen
gelesen und ausgelegt werden. Separat steht einzig Gen 21,22-34, die Erzählung vom Vertrag Abrahams mit Abimelech. Zum einen handelt es sich um
den einzigen der vier Texte, der deutlich aus zwei literarischen Schichten
zusammengesetzt ist, wie die ältere und neuere Forschung nahezu einmütig
anerkennt, wenn auch die Scheidung der Schichten im Einzelnen unterschiedlich vorgenommen wird; zum anderen ist Gen 21,22ff. ganz ungewöhnlich eng auf das umstrittene Kapitel Gen 26 bezogen und ohne diesen
Bezug nicht eindeutig interpretierbar. Aus diesen Gründen möchte ich Gen
21,22-34 im Folgenden unberücksichtigt lassen, ohne damit eine positive

---

5 H.-C. Schmitt, Menschliche Schuld, göttliche Führung und ethische Wandlung. Zur
   Theologie von Gen 20,1-21,21* und zum Problem des Beginns des „Elohistischen Geschichtswerks", in: M. Witte (Hrsg.), Gott und Mensch im Dialog, FS O. Kaiser, Bd. 1,
   BZAW 345/1, 2004, 259-270.
6 Vgl. bes. E. Blum, Die Komposition der Vätergeschichte, WMANT 75, 1984, 363ff.

oder negative Vorentscheidung treffen zu wollen, ob zumindest die ältere der beiden literarischen Schichten, aus denen der Text zusammengesetzt ist, mit dem Elohisten der anderen drei Texte zu identifizieren ist. Verglichen werden im Folgenden Gen 20, Gen 21,8-21 und Gen 22,1-14.19[7], wobei der Einfachheit halber weithin nur die Kapitelzahlen gebraucht werden.

I.

Einzusetzen hat eine Überprüfung der konzeptionellen Einheit von Gen 20-22 zwingend bei den beiden Texten, die einander am nächsten stehen: *Gen 21,8-21 und Gen 22,1-14.19*. Diese beiden Texte verlaufen so weitgehend parallel – und zwar sowohl erzähltechnisch (Abschnitt I) als auch konzeptionell (Abschnitt II) –, dass sie offensichtlich von vornherein zusammen gelesen und zusammen ausgelegt werden wollen. Eine je isolierte Lektüre würde Zusammengehöriges auseinander reißen und müsste daher wesentliche Aspekte der Aussage verlieren oder doch zumindest unsachgemäß isolieren.

Die Gemeinsamkeiten zwischen beiden Texte sind, wenigstens partiell, immer beobachtet worden[8]. Am stärksten galt dies stets für die auffälligste Parallelerscheinung, den hier wie dort am Höhepunkt der Erzählung rettend „vom Himmel rufenden Engel" Gottes (Gen 21,17; 22,11). Die Beobachtung als solche ist freilich noch von recht geringem Nutzen, zumal der Gottesname in beiden Erzählungen gerade bei Einführung des Engels variiert, während er im übrigen Erzählverlauf weitestgehend analog verwendet wird. Jedoch ist eben nicht nur die Einführung beider Erwähnungen des rufenden Engels nahezu identisch, sondern auch ihre Position innerhalb der Erzählung. Insofern nötigt letztlich schon diese eine, ohne jede Mühe beim ersten Lesen der Texte gewonnene Parallele zum Vergleich der beiden Kapitel. Bei näherem Zusehen sind die Parallelen weit zahlreicher. Ich beschränke mich im Folgenden auf die wichtigsten und führe sie in der Reihenfolge auf, in der sie in den beiden Kapiteln begegnen.

Die als erste zu nennende Gemeinsamkeit zwischen Gen 21,8ff. und Gen 22 ist unscheinbar, aber sachlich von großem Gewicht. Sie könnte als zufällig

---

7 Vgl. dazu S. E. McEvenue, The Elohist, 316 u. ö., der im Blick auf diese drei Texte von einer „Trilogie" spricht.

8 Am genauesten sind sie in neuerer Zeit von H. Specht, Die Abraham-Lot-Erzählung. Der Beginn der literarischen Abrahamsüberlieferung und ihre Neudeutung durch den Jahwisten und Elohisten, Diss. München 1983, 307ff.329ff., und S. McEvenue, a. a. O., herausgestellt worden; vgl. E. Blum, Komposition, 314, und H.-C. Schmitt, Die Erzählung von der Versuchung Abrahams Gen 22,1-19* und das Problem einer Theologie der elohistischen Pentateuchtexte, BN 34 (1986), 82-109, 97f., wieder abgedruckt in: ders., Theologie in Prophetie und Pentateuch. Gesammelte Studien, BZAW 310, 2001, 108-130, 120f.

abgetan werden, wenn sie nicht von den folgenden Beobachtungen gestützt würde. In beiden Erzählungen beginnt die eigentliche Handlung mit einer *Gottesrede*, die sich *an Abraham* richtet: „Da sprach Gott zu Abraham" (21,12) bzw. „da sprach er (Gott) zu ihm (Abraham)" (22,1b). Im Falle von Gen 22 ist dieser Erzählungsanfang evident, denn voraus geht einzig die ü-berschriftartige, zusammenfassende Deutung der Geschehnisse in V. 1a: „Nach diesen Ereignissen prüfte Gott Abraham". In Gen 21 dagegen bedarf der Leser vorgängiger Informationen, um die nachfolgende Erzählung verstehen zu können. Dazu gehört zu allererst der Plan der Sara, ihre Magd Hagar und deren Sohn Ismael zu vertreiben (V. 10), weiter die Begründung dieses Planes durch die Grenzüberschreitung des Ismael (V. 8f.)[9], schließlich der Widerstand, den Abraham dem Plan entgegenbringt (V. 11). Gerade dieses letztgenannte Motiv verdeutlicht, dass wir uns in der Exposition der Erzählung befinden und noch nicht in ihren Verlauf selber eingetreten sind; die unterschiedliche Einschätzung der Lage durch Sara einerseits und Abraham andererseits hemmt den Handlungsbeginn, und es bedarf erst der Initiative des Gotteswortes, damit der Plan der Sara in die Tat umgesetzt werden kann, die den Spannungsbogen der Erzählung eröffnet.

Unmittelbar auf die Gottesrede folgt in beiden Texten der Satz: *„Da machte sich Abraham frühmorgens auf"* (21,14; 22,3). Mit ihm wird der pünktliche Gehorsam des Erzvaters herausgestellt; offensichtlich setzt der Satz voraus, dass Gott in der Nacht zu Abraham geredet hat[10]. Mit der Betonung der Pünktlichkeit fällt indirekt auch Licht auf den Inhalt der Gottesrede. Hatte Gen 21,11 explizit herausgestellt, dass Abrahams eigene Beurteilung der Lage derjenigen Gottes diametral entgegengesetzt war, so bedarf es eines entsprechenden Hinweises in Gen 22 nicht. Schlechterdings unüberbietbar ist die Zumutung, die in den sich steigernden Appositionen zum Ausdruck kommt: „Nimm deinen Sohn, deinen einzigen, den du liebst, den Isaak ..."

Zwar ohne terminologische Anklänge, aber in der Sache analog folgen in beiden Texten, sehr ausführlich beschrieben, *Abrahams Reisevorbereitungen* für Hagar bzw. sich selber. Sie wirken umständlich, spiegeln aber gerade darin die Zumutung Gottes wider: Brot und Wasser in Gen 21,14 dienen schon als Vorspiel auf (Hunger und) Durst; die Reihen Esel - Knechte - Isaak

---

9 Wenn Sara Ismael beim צחק *pi.* beobachtet, so ist damit nicht ein kindliches Spiel gemeint, auch nicht ein moralisch anstößiges Gelächter, sondern – wie das Wortspiel mit dem Namen Isaak verdeutlicht – ein „Isaacing", ein „pretending to be Isaac" (G. W. Coats, The Curse in God's Blessing, in: J. Jeremias – L. Perlitt [Hrsg.], Die Botschaft und die Boten, FS H. W. Wolff, 1981, 31-41, 37f.; F. Zimmer, Der Elohist als weisheitlich-prophetische Redaktionsschicht. Eine literarische und theologiegeschichtliche Untersuchung der sogenannten elohistischen Texte des Pentateuchs, EHS.T 656, 1999, 90.

10 Im vorausgehenden Kap. 20, das zu 21-22 sachlich unlöslich hinzugehört, wie noch zu zeigen ist, ist an entsprechender Stelle ausdrücklich das Reden Gottes mittels eines Traums in der Nacht dargelegt (V. 3.6).

bzw. satteln - nehmen - Opferholz spalten - gehen in Gen 22,3 lassen in ihrer jeweiligen Steigerung das Dunkel, das auf Abraham zukommt, ahnen.

Während die Beschreibung des langen Weges, den Abraham und Isaak zurücklegen müssen (22,4-8), in Gen 21 auf den Satz: „Sie zog los und verirrte sich in der Wüste von Beerscheba" (V. 14b) beschränkt ist, wird in beiden Kapiteln *die Lebensgefahr des Kindes* breit dargelegt (21,15f.; 22,9f.). Dabei sind in der anfänglichen Gottesrede beide Kinder betont *als Verheißungsträger eingeführt* worden – Ismael explizit in 21,13, Isaak in 21 noch betonter (V. 10b.12b), in 22,2 nach der Vertreibung Ismaels indirekt in der Begrifflichkeit „dein einziger, den du liebst"[11]. In scharfem Kontrast dazu wird die Lebensgefahr der beiden Kinder als unaufhaltsam dargestellt und führt zu scheinbar rettungsloser Verlorenheit – Hagar hat Ismael schon aufgegeben (21,16), Abrahams Handlungen in 22,9f. dienen in einem grauenhaften Ritardando mit gewissenhafter Präzision nur dem Ziel der gebotenen Darbringung des Sohnes.

In ebendieser scheinbar aussichtslosen Situation heißt es hier wie dort: „*Da rief der Engel* Gottes/Jahwes *vom Himmel* Hagar/ihn (Abraham) an und sprach: ‚Tu nicht ..., denn ...'" (21,17f.; 22,11f.). Auffällig ist, dass in beiden Fällen der Ruf des Engels, mit dem die Abwendung der tödlichen Gefahr eingeleitet wird, *nahtlos in Gottesrede übergeht,* wenn Hagar bzw. Abraham die entscheidende theologische Mitteilung unterbreitet wird, die auf den Leser zielt. Das logische Subjekt sowohl der Verheißungserneuerung „denn ich will ihn zu einem großen Volke machen" (21,18b) als auch der Zielbestimmung der Prüfung Abrahams „denn jetzt weiß ich, dass du gottesfürchtig bist" (22,12b), also beider Begründungssätze in der Aufforderung der Engelsstimme, kann nur Gott sein.

Der Vorgang der Rettung selber geschieht jeweils durch ein *plötzliches „Sehen",* das zu einem *„Gehen"* führt. Hagar, der von Gott „die Augen geöffnet" wurden, „sah einen Brunnen mit Wasser, ging, füllte den Schlauch mit Wasser und tränkte den Knaben" (21,19); Abraham „erhob seine Augen

---

11 Dieser – bes. von G. von Rad in seinen verschiedenen Arbeiten zu Gen 22 stets betonte – Sachverhalt wird von vielen Auslegern verkannt, am stärksten naturgemäß von denen, die Gen 22 am entschlossensten von Gen 21 isolieren, etwa: C. Westermann (BK.AT I/2, 413f.425 u. ö.: Gen 20-22 enthalten unzusammenhängende Nachträge zu J), T. Veijola, ZThK 85 (1988), 129ff.; etwas zurückhaltender E. Blum (Komposition, 311ff.329f.: Die Parallelen in Gen 21 zu Gen 22 beruhen auf sekundärer Anpassung einer älteren Erzählung an Kap. 22). Vgl. auch L. Schmidts Formulierung, Abraham sei bei E „der einzelne exemplarische Fromme" (Pentateuch, in: H. J. Boecker u. a., Altes Testament, 1983, 96; etwas vorsichtiger in: ders., Weisheit und Geschichte beim Elohisten, in: Gesammelte Aufsätze zum Pentateuch, BZAW 263, 1998, 156-158). Behutsamer hebt H.-C. Schmitt hervor, dass die Verheißung der Volkwerdung in Gen 22 nicht thematisiert wird (a. a. O. [Anm. 8], 85 [bzw. 111]).

und sah einen Widder ...; er ging und nahm den Widder und brachte ihn statt seines Sohnes als Brandopfer dar" (22,13).

Aber noch nicht die Rettung der gefährdeten Verheißungsträger bringt die beiden Erzählungen zum Abschluss, sondern sie kommen erst dort zur Ruhe, wo sie über das „Wohnen" der Hauptperson berichten. Hier besteht allerdings der Unterschied, dass nach 21,20 Ismael schon als herangewachsen gilt mit eigenem „Beruf" als Bogenschütze – „er wohnte in der Wüste ..." (V. 20); „er wohnte in der Wüste Paran" (V. 21) –, während Kap. 22 das Entsprechende von Abraham mitteilt, nachdem er von seiner Reise zurückgekehrt war: „Abraham wohnte in Beerscheba" (22,19).

II.

Zwei Erzählungen, die sowohl in ihrem Handlungsablauf als auch in der verwendeten Begrifflichkeit so bewusst miteinander verzahnt sind, müssen zusammen gedeutet werden, müssen sich gegenseitig interpretieren. Die entscheidende Erkenntnis in diesem Zusammenhang scheint mir zu sein, dass nicht nur gewisse einzelne Handlungsabschnitte einander parallel verlaufen, sondern die Ereignisse als ganze in ihrer Szenenabfolge. Daraus folgt, dass der Geschehensbogen insgesamt hier und dort miteinander verglichen werden muss. Aus dieser Forderung ergibt sich von selbst, dass die Texte von ihrer „Lösung" her, also von ihrem Abschluss her ausgelegt werden müssen. Das heißt entscheidend: Es sind jeweils *Rettungserzählungen*, in denen berichtet wird, wie Gott in scheinbar aussichtsloser Lage einen für die Betroffenen auch nicht ansatzweise erkennbaren Weg aus Lebensgefahr weist, indem er 1) seinen gütigen Engel vom Himmel her sendet und „rufen" lässt, um den gefährdeten Menschen ihre Furcht zu nehmen (21,17) bzw. sie vor dem Äußersten zu bewahren (22,12), und 2) sie ihre Rettung „sehen" lehrt, die vor ihnen liegt und für die ihnen doch „die Augen aufgetan" werden müssen (21,19; 22,13). Das Hören des Notschreie beantwortenden „Rufes" des Engels und das „Sehen" der (zuvor gehaltenen) Augen gehören beim Vorgang der Rettung in beiden Erzählungen engstens zusammen, auch wenn von der stofflichen Eigenart der jeweiligen Tradition her das „Hören" in der Ismaelgeschichte (21,17a.b) und das „Sehen" in der Isaakgeschichte (22,14a.b.; vgl. V. 2.8.13) den Vorrang hat.

Und doch ist mit diesen Feststellungen das Wesentliche der beiden Texte noch nicht erfasst. Es liegt im Spannungsbogen der Erzählungen, d. h. in der Verknüpfung ihres Anfanges mit ihrem Ende. Es ist ja jeweils Gott selber, der die beschriebene Lebensgefahr der beiden Kinder überhaupt erst herbeiführt, aus der er im Verlauf der Erzählungen auf überraschende Weise auch wieder rettet. Die Kinder werden somit *von Gott selber tödlich gefährdet* und zugleich von ihm aus Lebensgefahr gerettet. Das zentrale Anliegen des Erzählers in beiden Texten ist offensichtlich, dass Gott weder nur der Gefährdende noch der Rettende ist, sondern dass er beides zugleich ist[12]. Dabei wird die Gefährdung der Kinder dadurch bewusst gesteigert und die göttliche Handlungsweise rationalem Zugang betont entzogen, dass beide Kinder, wie wir schon sahen, Kinder Abrahams sind und vor aller Gefährdung programmatisch als Verheißungsträger eingeführt werden, die Ahnherren eines großen Volkes werden sollen (21,12f.). Gott gefährdet also nicht nur das Leben der beiden Abraham-Söhne, sondern er gefährdet gleichzeitig sein eigenes Wort, seine eigene Zusage, die an diese Kinder gebunden ist. Damit gefährdet er letztlich sich selber, denn das biblische Israel hat sich stets geweigert, einen Gott anzuerkennen, der beliebig Zusagen geben und revozieren kann, also die verkörperte Unzuverlässigkeit und Willkür ist[13].

Hat man einmal diese Voraussetzungen in beiden Erzählungen gesehen, so wird die Konsequenz unumgänglich, dass der Anfang der Erzählungen, die Gefährdung der Kinder, nie für sich, also ohne die abschließende Rettung erzählt worden sein kann. Der Erzählungsbogen ist unteilbar, Gefährdung und Errettung gehören als Tat ein und desselben Gottes unlöslich zusammen. Die Größe der Gefahr ist das Maß für die Größe der Rettung. Beide Erzählungen zielen also darauf ab, dass Gott auch dann noch nicht aufhört, für die Kinder Abrahams der Rettende zu sein, wenn die Gefahr am allergrößten ist, wenn sie nämlich von ihm selber kommt.

Diese Textverwandtschaft ist etwas gänzlich Anderes als das mit dem – inzwischen zum Modewort gewordenen – Sammelbegriff der „Intertextualität" Bezeichnete, den G. Steins[14] in die Diskussion eingeführt hat. Wie W. Groß[15] in seiner klugen Kritik aufgewiesen hat, vermag G. Steins sein differenziertes Methodenprogramm in der faktischen Analyse nicht durchzuhalten. Die mangelnde Unterscheidung unterschiedlichster Bezugebenen zwischen verwandten Texten führt ihn zu der abwegigen Annahme, bei der Menge an Bezügen, die er zu Gen 22 herausstellt, sei Gen 22 stets der nehmende, nie der gebende Part gewesen (S. 217).

III.

Allerdings führt ebendieser Gedanke auch zwangsweise zur Wahrnehmung der *Unterschiede* zwischen beiden Erzählungen. Gefährdung und Rettung sind in Gen 21 einerseits und in Gen 22 andererseits in völlig anderen Kate-

---

12 Diesen Sachverhalt hat H.-C. Schmitt (ebd., 94ff. [bzw. 118ff.]) schärfer als alle anderen Exegeten herausgestellt.
13 Vgl. J. Jeremias, Die Reue Gottes, BThS 31, ²1997, 119-123.149-157.
14 Die „Bindung Isaaks" im Kanon (Gen 22). Grundlagen und Programm einer kanonisch-intertextuellen Lektüre, HBS 20, 1999.
15 Ist biblisch-theologische Auslegung ein integrierender Methodenschritt?, in: F.-L. Hossfeld, Wieviel Systematik erlaubt die Schrift?, QD 185, 2001, 121 Anm. 25.

gorien dargestellt. Geht es bei Hagar und Ismael um die Erfahrung physischer Not des Verdurstens, so bei Isaak um die göttliche Zumutung an Abraham, sein Kind selbst als Opfer darzubringen. Für Ismael besteht seine Weise der Gefährdung auch künftighin, denn er siedelt in ebenjener Wüste, die ihm die Gefahr des Verdurstens brachte und weiterhin bringen wird (Gen 21,20f.). Im Falle Isaaks ist eine analoge Formulierung unmöglich. Auf dem Berg im Lande Moria (nach II Chr 3,1: auf dem Zion) wird in der Zukunft ein Widder dargebracht in ständigem Gedenken an die Rettung Isaaks. Isaaks Leben ist ein für allemal gerettet, ausgelöst durch den Widder[16].

Allerdings enthält diese Beobachtung nur die halbe Wahrheit. Der längste Passus in Gen 22, der in Gen 21 keinerlei Parallele findet – 22,4-8 –, breitet mit dem belastenden Gespräch zwischen Abraham und Isaak auf dem Weg eine Erörterung von derart grundsätzlichem Charakter vor dem Leser aus, wie sie unmöglich nur für die eine Situation der Erzählung selber, wie sie vielmehr für eine Fülle entsprechender Situationen verstanden sein will. Insbesondere die Antwort Abrahams auf Isaaks drängende Frage nach dem Opfer: „Gott wird sich das Schaf ersehen" weist in ihrem Ausweichen, in ihrer Offenheit, aber auch in dem zum Ausdruck gebrachten Vertrauen deutlich über den Horizont des Erzählten hinaus. Wie der „gottesfürchtige" Abraham Recht behält und den heiligen Ort im Rückblick „Jahwe ersieht" nennt, so will diese Gottesfurcht ansteckend wirken und Isaak und seine Nachkommen zum Vertrauen auf Jahwe selbst in unverständlichem Dunkel locken. Dass die Nachkommen Isaaks ohne Erfahrung des Dunkels bleiben würden, will der Text gewiss nicht sagen, so deutlich er darauf beharrt, dass die Zumutung Gottes an Abraham, den eigenen Sohn darzubringen, ein einmaliges und unwiederholbares Ereignis war, ohne das es Isaak und seine Nachkommen gar nicht gäbe.

Es bleibt also in der Tat bei der Feststellung G. von Rads[17], dass die überlieferungsgeschichtliche Analyse für Gen 22 – nicht für jeden Vätertext! – so gut wie nichts erbringt. So gewiss die Ablösung des Kindesopfers durch ein Tieropfer stofflich dem Erzähler vorgegeben war[18], so zeigt doch gerade die Parallelisierung von Gen 21 und 22, wie frei und souverän dieser Erzähler mit seinem Stoff umging!

---

16 Analog deutet die Ergänzung in 22,15-18: Dem im Äußersten bewährten Abraham gelten Segen und Mehrungsverheißung endgültig und für alle Zeiten.

17 Das Opfer des Abraham, Kaiser Traktate 6, 1976, 26 u. ö. Vgl. schon D. Lerch, Isaaks Opferung christlich gedeutet, BHTh 12, 1950, 266f. Anders D. C. Hopkins in seiner Diskussion der Auslegung von Rads (Between Promise and Fulfilment, BZ NF 24, 1980, 180-193).

18 Die weitergehenden Versuche, die vorgegebene Tradition bzw. Erzählung zu rekonstruieren bei H. Graf Reventlow, Opfere deinen Sohn, BSt 53, 1968, 52ff., sowie R. Kilian, Isaaks Opferung, SBS 44, 1970, 88ff., sind zu spekulativ; vgl. die berechtigte Kritik von E. Blum, Komposition, 320f. Anm. 53.

Das „Vorrecht" der Nachkommen Isaaks gegenüber den Nachfahren Ismaels ist demnach, dass Gott sie in eine noch weit größere Gottesferne und Gottesfinsternis führt. Rettung aus Not erfährt auch Ismael, und wie er werden seine Nachkommen sie erfahren. Darin entsprechen sich grundsätzlich die Erfahrungen beider Gruppen von Menschen, die sich von einem Abrahamssohn herleiten. Aber Isaak und seinen Nachkommen wird zugemutet, Gott auch dort noch wahrzunehmen und ihm zu vertrauen, wo er scheinbar sein eigener Widersacher, scheinbar sein eigener Widerspruch geworden ist.

Zwei nebensächliche Züge mögen diesen Unterschied noch beleuchten. 1) Gegen die Vertreibung Ismaels lehnt Abraham sich anfangs auf, bis Gott sie ihm befiehlt; angesichts der Zumutung Gottes, den geliebten Sohn zu opfern, verstummt er. In Gen 21 versteht Abraham Gott nicht, weil er anderer Ansicht ist; in Gen 22 begegnet ihm Gott in der Maske eines Gegengottes. Gen 21 zeichnet anfangs ein Problemfeld, zu dem es verschiedene Auffassungen der betroffenen Menschen gibt (21,9-11); Gen 22 kennt anfangs nur Gottes schlechterdings unverständliches Wort und Abrahams Tat. 2) Umgekehrt aber ruft Abraham der „Engel Jahwes" vom Himmel her an und nicht mehr der „Engel Gottes" wie in 21,17. Mit dem Jahwenamen wird in 22,11 (und V. 14) ein persönliches Vertrauensverhältnis zwischen Abraham und seinem Gott angedeutet, wie es jenseits aller Erfahrungen von Hagar und Ismael liegt.

IV.

Aus den bisherigen Erörterungen ist längst deutlich geworden, dass der erzählerische Wille, die Ereignisse von Gen 21 und 22 aufeinander zu beziehen, nicht die Treue des Historikers widerspiegelt, also nicht das Interesse an einer vergangenen Epoche der Erzväter, sondern Gegenwartsinteresse. Bevor aber dieses Gegenwartsinteresse näher untersucht wird, soll zunächst ein Blick auf den dritten Text geworfen werden, in dem ebenfalls ein Mensch aus Lebensgefahr gerettet wird, auf *Gen 20*[19]. Die Verwandtschaft mit Gen 21,8ff. und 22,1ff. ist mit Händen zu greifen, auch wenn sie nicht so weit in die Begrifflichkeit hineinreicht wie bei den anderen beiden Texten untereinander. Erheblich stärker als im Falle von Gen 21 ist die Eigengesetzlichkeit einer vorgeprägten Erzählung in Anschlag zu bringen. Gen 20 greift auf Gen

---

19 Dabei halte ich mit H.-C. Schmitt, FS O. Kaiser (o. Anm. 5), 261f., und E. Blum, Komposition, 405f. Anm. 1, Gen 20 für im Wesentlichen einheitlich und die von ihnen bestrittenen literarkritischen Argumente von P. Weimar, I. Fischer, Th. Seidl und F. Zimmer u. a. für nicht überzeugend.

12,10ff. (und Gen 26!) zurück und deutet diese älteren Texte[20]. Er setzt auch
beim Leser die Kenntnis des Stoffes von Gen 12,10ff. voraus und spielt auf
ihn mit einer anfänglichen Situationsangabe an, die in ihrer Kürze kaum noch
verständlich ist (V. 2)[21], um die ältere Erzählung sodann in Gestalt längerer
Reden in eine Problem-Abhandlung zu übersetzen.

Wiederum ist es wie in Gen 21 und 22 Gott selber, der die akute Lebensgefahr Abimelechs herbeiführt, und zwar erneut in einer Rede, mit der die
eigentliche Handlung (nach der Exposition in V. 1f.) einsetzt (V. 3-7). Gott
verhängt über den König von Gerar das Todesurteil, obwohl der König
subjektiv schuldlos ist.

Gott weist Abimelech freilich zugleich, auf dessen Beteuerung lauterer
Gesinnung hin, einen Weg aus der Lebensgefahr. Er gefährdet und rettet, wie
er es auch in Gen 21 und 22 tut.

Wiederum wird der pünktliche Gehorsam des Betroffenen, hier also Abimelechs, mit den Worten: „Da machte sich Abimelech früh morgens auf"
(V. 8) unmittelbar nach der Gottesrede hervorgehoben. Die Gottesrede ist
dabei in Gen 20 explizit als Traum in der Nacht bezeichnet.

Auf ihre Weise, d. h. in ihrem allerdings weit eingeschränkteren Bereich,
sind Abimelech und seine Untertanen wie Abraham (22,12) „gottesfürchtig",
was sich im präzisen Gehorsam gegenüber dem Gotteswort zeigt (20,8b);
davon ahnt Abraham anfangs nichts (V. 11).

Gerade wenn man diese Gemeinsamkeiten mit Gen 21 und 22 gesehen hat,
fallen die Unterschiede nur um so deutlicher ins Auge. Abimelech wird nicht
durch eine unmittelbare Gottesbegegnung in Gestalt des vom Himmel rufenden Engels gerettet, sondern a) nach Beseitigung der Schuldursache, die ihn
ins Unheil führte, und b) durch Vermittlung Abrahams. Nur in Gen 20 wird
die Lebensgefahr des Betroffenen mit geschehener Schuld in Verbindung
gebracht, die zuvor beseitigt bzw. getilgt werden muss, bevor die Rettung
einsetzen kann. Und nur in Gen 20 ist von einem indirekten Gottesverhältnis
die Rede. So gewiss Gott unmittelbar mit Abimelech redet, so erfolgt doch
Abimelechs Bewahrung vor dem Tod weder durch seinen direkten Gottes-
kontakt, der ihm vielmehr nur den möglichen Weg weist, noch durch Beseitigung seiner Schuld allein, so gewiss sie unabdingbare Voraussetzung ist,
sondern letztlich durch die Fürbitte des erwählten „Propheten" Abraham. An

---

20 Das haben für Gen 12 J. Van Seters, Abraham, 167ff., und C. Westermann, BK.AT I/2,
   z. St., für Gen 12 und 26 H. Specht, Die Abraham-Lot-Erzählung, 309ff.; E. Blum, Komposition, 405ff.; S. E. McEvenue, The Elohist, 326ff., u. a. mit zwingenden Argumenten
   gezeigt. Insbesondere die Abraham verteidigenden und entschuldigenden Sätze sind dieser Eigengesetzlichkeit der Thematik zuzuordnen und können für unseren Vergleich unberücksichtigt bleiben (Gen 16 als Vorlage für 21,8ff. war mit weit weniger anstößigen
   Einzelzügen für E belastet.).
21 Erst in V. 11 erfährt der Leser, warum Abraham Sara als Schwester ausgab, erst in V. 17,
   wie Jahwe Abimelech und Gerar betraft hat.

Israel und seiner Erwählung vorbei kann Abimelech nicht gerettet werden, sondern nur aufgrund der Erwählung Israels und nur durch sie vermittelt; diese Erwählung zeigt sich insbesondere in der Gabe der Prophetie und ihrer Vollmacht zur Fürbitte. Wie Gen 12,3 von einem Segen spricht, den die Völker nur über die und nur aufgrund der Erwählung Abraham-Israels gewinnen können, so Gen 20 von einer Bewahrung der Völker am Leben, wie sie nur durch den fürbittenden Einsatz des prophetischen Abraham möglich ist.

Vielleicht muss man im Verfolgen dieses Gedankens sogar noch weiter gehen. Nach Gen 20,15 bietet Abimelech in vorbildlicher Großzügigkeit Abraham ein „Wohnen" (vgl. den analogen Begriff am Abschluss der beiden anderen Erzählungen: 21,20f.; 22,19) an beliebiger Stelle seines Landes an. Lässt sich auch diese Aussage verallgemeinern, so dass eine entsprechende Großzügigkeit gegenüber Israel von den Abimelech-Nachkommen als Voraussetzung ihres „Lebens" (V. 7) bzw. ihrer „Heilung" (V. 17) aufgrund der prophetischen Fürbitte erwartet wird?

V.

Die Parallelität der drei Rettungserzählungen in Gen 20-22 weist darauf hin, dass es grundlegende Gotteserfahrungen gibt, die in Gestalt von Lebensgefährdung und Lebensbewahrung durch Gott alle Menschen betreffen, die aber dennoch verschiedene Kollektive sehr unterschiedlich treffen. *Gen 20-22 teilt die Menschheit in drei Gruppen ein.* Grundlegend ist zunächst die Unterscheidung zwischen Kanaanäern (Gen 20)[22] und Israeliten (Gen 22), insofern Lebensgewinn für erstere nur durch Vermittlung letzterer möglich ist. Eine Mittelstellung nehmen diejenigen Völker ein, die ebenfalls Abrahamskinder sind, aber nicht zur „berufenen Nachkommenschaft Abrahams" (21,13) gehören, die dem „geliebten einzigen" Sohn (22,2) vorbehalten ist[23]. Charakteristisch für sie ist, dass sie nicht wie das erwählte Israel im Kulturland wohnen, sondern in der südlichen Steppe und Wüste (21,20f.), in der auch Israels eigene Anfänge in der klassischen Mosezeit lagen.

Die genannte Dreiteilung hat offensichtlich einen anderen Sinn als die urgeschichtliche Dreiteilung der Menschheit bei J und P in Gen 10. Die weltweite Perspektive der Völkertafel liegt nirgends im Interesse des Erzählers von Gen 20-22. Es geht ihm vielmehr um eine „Ortsbestimmung" Israels gegenüber seinen unmittelbaren Nachbarn, und zwar in typologischer Grup-

---

22 Für Gen 20,2 ist Abimelech „der König von Gerar". Nichts deutet in 20,1-18 darauf hin, dass er wie in 21,32.34 (und in Gen 26) als „Philister" vorgestellt sei.

23 P übernimmt dieses Urteil: Einerseits gilt ebenso wie Isaak auch Ismael der Segen mit der Mehrungsverheißung (Gen 17,20), andererseits betont Gott, dass sein Bund einzig Isaak vorbehalten ist (V. 19).

pierung. Darin berührt sich Gen 20-22 weit enger mit der ebenfalls kleinräumigen Dreiteilung der Nachkommen Noahs in Sem, (Ham bzw.) Kanaan und Japhet in den Fluch- und Segenssprüchen von Gen 9,25-27, die dem Jahwisten offensichtlich schon vorgegeben waren[24]. Der wesentliche Unterschied zwischen Gen 9,25-27 und Gen 20-22 besteht darin, dass die Sprüche das Machtverhältnis der drei Menschengruppen zueinander klären und festigen wollen – man vgl. die stereotyp einhämmernd herausgestellte Knechtschaft Kanaans in V. 25b.26b.27b, auf die der Hauptton fällt –, Gen 20-22 dagegen das je unterschiedliche Gottesverhältnis der drei Völkertypen behandeln und miteinander vergleichen[25]. Bei dieser Thematik ist dann die relative Nähe Ismaels zu Israel beachtenswert, auch wenn sie in Grundzügen dem Erzähler von Gen 21 aus Gen 16 sachlich schon vorgegeben war. So deutlich der Erzähler die Kanaanäer vom erwählten Volk geschieden weiß, so deutlich hält er seinen Lesern gegenüber die geschichtliche Verbundenheit Israels mit den Nomadengruppen des Südens und Ostens fest.

Wer ist dann aber „Ismael"? Denkt der Erzähler an ein begrenztes geographisches Gebiet, oder denkt er weiträumig? Diese Frage ist deshalb schwer zu beantworten, weil „von Ismael weder in diesen Sagen [scil. der Mosezeit] noch in den historischen Erzählungen von Davids Raubzügen in den Negev Sam I 27.30 die Rede ist ...; Ismael haust eben jenseits der Interessenssphäre der um Juda sich gruppierenden Südstämme"[26]. Einzig in Jdc 8,24 und Ps 83,7 tauchen die Ismaeliter kurz als Feinde Israels auf, aber auch dort nicht als selbständig handelnd; in Ps 83,7 sind im Süden Judas alle nur denkbaren Feinde aufgezählt, und der Zusatz in Jdc 8,24 erwähnt sie nur wegen ihres Reichtums, den sie als Handelsvolk besaßen (Gen 37,25ff.). Isaak-Israel ist mit seinem Halbbruder Ismael offensichtlich nie ernsthaft in Konflikt geraten.

In Gen 21,21 wird mit dem Namen Paran, der üblicherweise für die Gegend im Norden der Sinai-Halbinsel und westlich des wādi el-'araba steht, zwar ein eingeschränktes Siedlungsgebiet bezeichnet; aber es kann sich hier um die Angabe des Ursprungs Ismaels handeln, zumal Ismael nach Gen 16 am Brunnen von Beer-Lahai-Roi (im südlichen Negeb; vgl. Gen 24,62; 25,11?) geboren wird. Jedenfalls führt die – P offensichtlich vorgegebene, in sich gewachsene – Liste der 12 Ismaelitersöhne bzw. -stämme in Gen 25,13-15 (18?) in einen viel weiteren Raum, dem E. A. Knauf in seiner Dissertation unter Identifikation von Ismael mit den assyrischen Šumu'il nachgegangen ist[27]. Er rechnet mit einer Grundschicht der Liste, die 6-7 Namen enthielt und frühestens im 8., eher aber im 7. Jh. entstanden sei, da die Stämme

24 Der Jahwist verbindet die Sprüche und ihren Kontext durch 9,18 mit der Sintflut und durch 9,19 mit der Erzählung vom Turmbau (vgl. O. H. Steck, Gen 12,1-3 und die Urgeschichte des Jahwisten, FS G. v. Rad, 1971, 525-554; 537 Anm. 35 = Wahrnehmungen Gottes im AT. Gesammelte Studien, 1982, 130 Anm. 35), rückt sie also entgegen ihrer ursprünglichen Intention in einen universalen Horizont.
25 Denkbar ist, dass der Vf. von Gen 20-22 die Dreiteilung der Menschen in Palästina aus Gen 9 (und möglichen ähnlichen Sprüchen) bei seinen Lesern voraussetzt und bewusst auf eine neue Ebene versetzt.
26 E. Meyer, Die Israeliten und ihre Nachbarstämme, 1906, 325.
27 E. A. Knauf, Ismael. Untersuchungen zur Geschichte Palästinas und Nordarabiens im 1. Jtsd. v. Chr., ADPV 1985, bes. 60ff.

selbst nur teilweise schon im 8. Jh. v. Chr., teilweise aber erstmals im 7. Jh. belegt sind. Als Nabonid Mitte des 6. Jh.s nach Arabien zog und Tema zum Zentrum erhob, habe der Stämmeverband vermutlich schon nicht mehr bestanden; die Aufnahme Temas in die Liste bezeuge, dass der Name „Ismael" in der Folgezeit unspezifisch für ganz Nordarabien stehe[28]. Der Stämmeverband der Ismaeliter habe insgesamt von Nordwestarabien (im Süden bis zur *Nefūd*) bis Edom und an die syrischen Ränder des fruchtbaren Halbmonds gereicht.

Was immer der Name „Ismael" in früherer Zeit bedeutet haben mag, im ausgehenden 8. und im 7. Jh. v. Chr. bezeichnet er, wenn Knauf mit seinen Erwägungen auch nur im Groben Recht hat, eine „protobeduinische Konföderation", die nahezu alle nomadisierenden Nachbarn Israels – genauer: Judas – umfasste. Eine solche umfassende Bedeutung ist auch von der Völkertypologie in Gen 20-22 her überaus wahrscheinlich. Als Abfassungszeit ergäbe sich damit für Gen 20-22 das 7. Jh. Diese Ansetzung lässt sich auch aus theologiegeschichtlichen Gründen wahrscheinlich machen.

VI.

Nähere Auskunft über *den theologischen Ort des Erzählers* wird man am ehesten Gen 22 entnehmen dürfen. In diesem Kapitel konnte der Erzähler freier formulieren, da er nicht wie im Falle von Gen 20 und 21 an eine vorgegebene Erzählung (Gen 16 bzw. 12 und 26) gebunden war und deren Eigengesetzlichkeit berücksichtigen musste. Wenn Israel nach Gen 22 darin vor den anderen Abrahamssöhnen ausgezeichnet ist, dass es der dunkelsten Seite Gottes, ja seines scheinbaren Selbstwiderspruches gewürdigt wird, so setzt eine solche Aussage voraus, dass das Gottesvolk von Gott schwerstes Geschick empfangen hat, ja mehr: Erfahrungen mit Gott gemacht hat, die seinen Erwartungen in jeder Hinsicht widersprachen, scheinbar zum Ende seines Gottesverhältnisses führten und ihm dennoch letztendlich unerhoffte Rettung brachten. Ohne das Erlebnis des Untergangs des Nordreichs, ohne die Erfahrung der Belagerung und Befreiung Jerusalems im Jahre 701 erscheinen mir solche Aussagen kaum denkbar, so gewiss derartige Urteile beim Stand unseres Wissens nur mit großer Behutsamkeit geäußert werden können. Mit dem Zeitalter Jesajas wäre freilich erst ein theologiegeschichtlicher *terminus a quo* gewonnen.

Näheren Aufschluss wird man von den beiden zentralen theologischen Begriffen in Gen 22 erwarten können: von נסה *pi.* „prüfen" im überschriftartigen Einleitungsvers und von der „Gottesfurcht" im entscheidenden Deutevers der Erzählung (V. 12). Bezüglich des ersten der beiden Begriffe hat H.-C. Schmitt in kritischem Anschluss an M. Greenberg und E. Blum überzeugend nachgewiesen, dass seine Verwendung in Gen 22 erkennbar unter-

---

28 Ebd., 89.109.113; vgl. U. Hübner, Art. „Ismaël/Ismaëliter", NBL 2, 244-246.

schieden und älter ist als der vergleichsweise häufigere dtn und dtr. Gebrauch in Dtn 8,2.16; 13,4 bzw. in Ex 15,25; 16,4; Jdc 2,22; 3,1.4[29]. In letzteren Belegen geht es stets um eine Gehorsamsprobe gegenüber dem (schriftlich) überlieferten Gotteswillen, zumeist in Zeiten, da Abfall und Absage nahe liegen. In Gen 22 handelt es sich demgegenüber um ein Handeln Gottes, das auf ein Ziel aus ist, das mit dem Begriff der „Gottesfurcht" umschrieben wird. Als Abrahams „Gottesfurcht" offen zutage liegt, beendet Gott die „Versuchung"; sie hat erreicht, was sie sollte. Die deutschen Begriffe „prüfen", „versuchen" sind als Bezeichnung für diesen Vorgang allenfalls ein Notbehelf, aufgrund ihrer andersartigen Assoziationen aber eher irreführend. Im Unterschied zur deutschen Begrifflichkeit setzt נסה *pi.* in Gen 22,1 zum einen ein schon bestehendes enges Vertrauensverhältnis des „Versuchten" zu Gott voraus, das durch die „Versuchung" gefestigt werden soll, und es betrifft zum zweiten nicht beliebige Erfahrungen, sondern den Extremfall der „Hiobproblematik des Gottvertrauens auch in der Leiderfahrung"[30], freilich im Horizont des Gottesvolkes als Ganzheit.

Für diesen vor-dtr. Gebrauch des Theologumenons der „Versuchung" gibt es im Alten Testament nur eine einzige, aber sachlich überaus gewichtige Parallele: *die elohistische Deutung der Sinaioffenbarung in Ex 20,20.* Dieser Vers ist – zusammen mit seinem Kontext – auf dreifache Weise mit Gen 22 verbunden: a) Als Sinn der Offenbarung Gottes am Sinai ist wie im Falle der Zumutung an Abraham Israels „Versuchung" angegeben; b) das Ziel dieser „Versuchung" ist wiederum die Herbeiführung von „Gottesfurcht" Abraham-Israels; c) das entscheidende Geschehen findet am 3. Tage statt (Ex 19,11.15.16[31]; Gen 22,4). Es kann mithin kein Zweifel daran bestehen, dass die Texte sich gegenseitig auslegen wollen: Gen 22 ist die vorweggenommene Sinaioffenbarung zur Väterzeit, wie umgekehrt Ex 20 zur Deutekategorie von Gen 22 wird[32].

Für unsere Fragestellung ist von Gewicht, dass in Ex 20 die Konsequenz aus „Versuchung" *und* „Gottesfurcht" Israels – also aus der für Menschen unverständlichen Gefährdung durch Gott *und* aus dem Vertrauen auf den

---

29 Erzählung (Anm. 8), 89ff. (bzw. 114ff.) Ihm folgt F. Zimmer, Der Elohist, 237-241. Vgl. zuvor L. Ruppert, Das Motiv der Versuchung durch Gott in vordeuteronomischer Tradition, VT 22 (1972), 55-63, und danach I. Willi-Plein, Die Versuchung steht am Schluss, ThZ 48 (1992), 100-108.

30 H.-C. Schmitt, ebd., 90 (bzw. 114).

31 Dabei sind 19,10-16a* von den anerkannt „elohistischen" Versen kaum zu trennen; vgl. J. Jeremias, Theophanie, ²1977, 195-199.

32 Beobachtungen wie diese, deren es viele gibt, sprechen gegen die Annahme, es habe keine vorpriesterliche Verbindung der großen Pentateuchthemen gegeben (K. Schmid, Erzväter und Exodus, WMANT 81, 1999; J.-C. Gertz, Tradition und Redaktion in der Exoduserzählung, FRLANT 186, 2000, u. a.), so gewiss man zwischen traditionsgeschichtlicher und literarischer Verbindung unterscheiden muss (E. Blum, in: J.-C. Gertz u. a. [Hrsg.], Abschied vom Jahwisten, BZAW 315, 2002, 122f.).

ungreifbaren und unbegreiflichen Gott, auf das sie abzielt – doppelt formuliert ist: 1. V. 20 Ende nennt explizit das Vermeiden von Schuld aller Art; 2. die rahmenden Verse 19 und 21 zielen auf das stellvertretende Handeln des Propheten Mose ab: auf das gefahrvolle Sich Nahen der Gegenwart Gottes und das vermittelnde Reden[33]. Beide Aussagen verbinden Ex 20 mit Gen 20. Freilich ist das Verhältnis von Gen 20 zu Ex 20 zunächst nur antithetisch zu bestimmen. Während Abimelechs Versuch, schuldlos zu bleiben, trotz aller Lauterkeit seiner Gesinnung zum Scheitern verurteilt ist, ist Israel *nach* der Offenbarung Gottes am Sinai ein Vermeiden aller Verfehlungen möglich. So viel bewirkt die „Gottesfurcht" als primäres Ziel der Offenbarung und der mit ihr verbundenen „Versuchung". Allerdings wird das empirische Israel auch künftig schwere Schuld auf sich laden, wie sie nach der Sinaioffenbarung nur umso schwerer wiegt. Nicht nur, aber auch aus diesem Grund verfügt Israel seit seiner grundlegenden Gottesbegegnung über ein mosaisch-prophetisches Amt, das das Gottesvolk vor tödlicher Gottesbegegnung bewahrt. Auch Israel selber also ist auf Vermittlung (des prophetischen Mose) angewiesen, die es nun seinerseits gegenüber dem Heiden Abimelech in Gestalt prophetischer Fürbitte leisten muss, da es in Gerar-Kanaan weder eine Willensoffenbarung Jahwes noch Propheten gibt, obwohl auch in Gerar (auf die Weise, in der es hier möglich ist) Gottesfurcht vorhanden ist.

Theologiegeschichtlich führt diese Aussage in das Vorfeld des dtn (und des dtr.) Prophetenverständnisses von Dtn 18,9-15 (bzw. 18,16-22)[34], das von der Vorstellung beherrscht ist, dass Gehorsam gegenüber Gott mit dem Gehorsam gegenüber dem prophetischen Wort identisch ist, weil die Propheten als Kenner der Zukunft Gottes die eigentlichen Fortführer der Funktionen Moses sind. Die in jüngerer Zeit mehrfach geäußerte Vermutung, dass Gen 22 „in der späteren Königszeit" entstanden sei[35], bewährt sich also.

Freilich darf man die Konzeption der behandelten E-Kapitel auch nicht zu nah an das Kern-Deuteronomium heranrücken. Verglichen mit letzterem sind in ihr die Kanaanäer erstaunlich positiv gesehen, auch wenn sie durch drei zentrale Gaben, die Israel ihnen voraushat, von diesem getrennt sind: die Kenntnis des Gotteswillens, das Moseamt des Propheten und die Erfahrung der äußersten Dunkelseiten Gottes, die zu einem Wissen führt, dass man diesem Gott noch in seiner tiefsten Verborgenheit Heil zutrauen soll und darf.

---

33 G. von Rad hatte im Blick auf die Bitte des Volkes um Moses Vermittlung in Ex 20,19 von einer „Ätiologie des Kultuspropheten" gesprochen (Gesammelte Studien I, 37).

34 Zur literarkritischen Scheidung von Dtn 18,9-15 und 18,16-22 vgl. W. H. Schmidt, Das Prophetengesetz in Dtn 18,9-22, in: M. Vervenne (Hrsg.), FS C. H. Brekelmans, 1997, 55-69.

35 So C. Westermann, BK.AT I/2, 435; vgl. E. Blum, Komposition, 328f.; H.-C. Schmitt, Erzählung (Anm. 8), 104 (bzw. 126); vgl. ders. zu Gen 20 und 21 in der FS O. Kaiser (Anm. 5), 269.

Die Afformativkonjugation mit präfigiertem *waw* in der Genesis

וְהוֹכִחַ in Gen 21,25 und weitere problematische *wᵉqatal*-Formen auf dem Prüfstand

Hans Werner Hoffmann

I.

Seit H. Gunkel[1] wird in der Forschung überwiegend angenommen, dass Gen 21,22-34 aus zwei miteinander verschmolzenen „Schichten", wie immer auch geartet, besteht[2]. Die unterschiedlichen Vorstellungen, wie sich die beiden „Schichten" zueinander verhalten und wie sie ein- und zuzuordnen sind, kann hier ebenso außer Betracht bleiben wie die Frage möglicher weiterer Zusätze bzw. späterer Bearbeitungen bei den letzten Versen des Textabschnittes. Unbestritten ist, soweit man überhaupt eine „Schichtung" annimmt, dass zwi-

---

1 H. Gunkel, Genesis, ³1910, 233ff.
2 Die Palette der Vorstellungen über die miteinander verschmolzenen „Schichten" ist breit: redaktionelle Verknüpfung von zwei ursprünglich selbständigen literarischen Schichten; Aufnahme und Verarbeitung zweier ursprünglich selbständiger Überlieferungen durch einen Verfasser; nachträgliche Ergänzung einer Grunderzählung durch eine in sich geschlossene Szene. Vgl. neben H. Gunkel, a. a. O., z. B. G. von Rad, Das erste Buch Mose. Genesis, ATD 2/4, ⁶1961, 201f.; J. Van Seters, Abraham in History and Tradition, 1975, 183-191; W. Zimmerli, 1. Mose 12-25: Abraham, Zürcher Bibelkommentare, 1976, 104-108; C. Westermann, Genesis. 2. Teilband: Genesis 12-36, BK.AT I/2, 1981, 422-428; J. Scharbert, Genesis 12-50, NEB 16, 1986, 163f.; J.A. Soggin, Das Buch Genesis. Kommentar; 1997, 301-305; L. Ruppert, Genesis. Ein kritischer und theologischer Kommentar. 2. Teilband: Gen 11,27-25,18, 2002, 487-503. – Gegen den Mainstream z. B. E. A. Speiser, Genesis. Introduction, Translation, and Notes, The Anchor Bible, 1964, 158-160; H. Seebass, Genesis II. Vätergeschichte I (11,27-22,24), 1997, 187-196. H. Seebass stellt zwar fest, dass „mit V 25 ... ein neuer Ton" aufkommt (190), betrachtet aber V. 22-31a.33 als erzählerische Einheit (V. 31b.32.34 Bearbeitungen) mit einer vom Erzähler beabsichtigten Unglätte im Übergang von V. 22-24 zu V. 25.

schen V. 24 und V. 25 eine Nahtstelle vorliegt³. Während V. 22-24 eine erste
Erzählung einleitet, die dann in V. 27 ihre Fortsetzung findet, beginnt mit
V. 25f. eine zweite „Schicht", und zwar mit וְהוֹכֵחַ. Der Samaritanus weicht
hier vom MT ab und bietet ויוכיח, also einen Narrativ, der nach der klassischen Grammatik des biblischen Hebräisch וַיּוֹכַח lauten müsste⁴. Das ist
zweifellos *lectio facilior* und als nachträgliche Verbesserung verdächtig;
וְהוֹכֵחַ in Gen 21,25 wurde offenbar seit alters als problematisch empfunden.

Für וְהוֹכֵחַ in Gen 21,25 werden in der Literatur, soweit nicht einfach mit
dem Samaritanus gelesen wird, grundsätzlich zwei Erklärungen versucht,
nämlich:

a) als frequentatives Perfectum consecutivum (pf.cons. bzw. AK cons.)⁵
    in dem Sinne, dass Abraham den Abimelech mehrfach zur Rede ge-
    stellt habe. Diese Möglichkeit erörtert unter Vorbehalt Gesenius-
    Kautzsch⁶. Entsprechend übersetzt z. B. H. Gunkel: „So oft aber
    auch Abraham den Abimelech ‚der Brunnen'⁷ wegen ... zur Rede
    stellte"⁸. Ein frequentatives Verständnis von וְהוֹכֵחַ in Gen 21,25 ist
    freilich, zumal ohne eine kaum zu rechtfertigende Änderung von בְּאֵר
    „Brunnen" in den Plural בְּאֵרֹת, wenig sinnvoll und wird heute
    allgemein nicht mehr vertreten.

b) als Perfekt (pf. bzw. AK) mit *waw*-copulativum. Als Perfekt mit
    waw-copulativum soll es z. B. nach Meinung von H. Seebass, der
    Gen 21,22-31a.33 als erzählerische Einheit des Elohisten ansieht⁹,
    „in erster Linie eine Unterbrechung des Handlungsverlaufs anzeigen;
    es richtet sich zudem adversativ auf V 24"¹⁰; er übersetzt V. 25a wie

---

3   Aber auch H. Seebass, der keine „Schichtung" annimmt, konstatiert hier – wie bereits in
    Anm. 2 erwähnt – eine Unglätte und einen neuen Ton.
4   Vgl. BHS z. St.
5   Die Bezeichnung „Perfectum consecutivum" (pf.cons.) ist zwar üblich und morpholo-
    gisch einsichtig, gleichwohl ist sie nicht glücklich, da sie fälschlicherweise einen perfek-
    tiven Aspekt suggeriert (anders J. Tropper, Althebräisches und semitisches Aspektsys-
    tem, Zeitschrift für Althebraistik 11 [1998], 153-190). In dieser Sache nichts gewonnen
    ist mit der Bezeichnung „Waw-Perfekt" (so z. B. E. Jenni, Lehrbuch der hebräischen
    Sprache des Alten Testaments, ²1981). „AK cons." (AK für Afformativkonjugation) ist
    zwar nicht schön, wäre aber unverfänglicher. Im Folgenden wird gleichwohl die gängige
    Bezeichnung „pf.cons." gebraucht.
6   W. Gesenius / E. Kautzsch, Hebräische Grammatik, ²⁸1909 (Nachdruck 1977), §112rr
    [Abk.: G/K].
7   H. Gunkel, a. a. O., 234, ändert im Anschluss an LXX בְּאֵר „Brunnen" in den Plural
    בְּאֵרֹת, was das frequentative Verständnis unterstützt. Die Lesung nach der LXX hat sich
    aber aus gutem Grund nicht durchgesetzt; sie dürfte eine sekundäre Angleichung an Gen
    26,15ff. sein.
8   H. Gunkel, a. a. O., 234.
9   Vgl. Anm. 2.
10 H. Seebass, Genesis II/1, 188; vgl. 192f.

folgt: „Aber (zugleich) zog Abraham den Abimelech zur Rechenschaft wegen des Wasserbrunnens". Ein adversatives „aber" in V. 25a findet sich in fast allen Übersetzungen, und zwar zumeist unkommentiert[11], so dass offen bleibt, ob vom MT וְהוֹכִחַ ausgegangen wurde oder ob im Anschluss an den Samaritanus וַיּוֹכַח gelesen wurde, da auch der Narrativ eine solche Übersetzung zuließe[12].

Der Sachverhalt drängt gerade dazu, alle Formen der Afformativkonjugation mit präfigiertem *waw* zumindest in der Genesis zu sichten. Der Idealfall wäre natürlich, diese Sichtung auf das ganze AT auszudehnen. Das kann hier nicht geleistet werden.

II.

Im Buch Genesis habe ich 213 Formen der Afformativkonjugation mit präfigiertem *waw* gefunden[13]. In mindestens 204 Fällen handelt es sich zweifellos um pf.cons.[14].

Nach Überzeugung des überwiegenden Teils der neueren Grammatiker und ebenso nach meiner Überzeugung ist das pf.cons. „eine eigenständige Verbalform ..., deren Funktionsspektrum alle Funktionen von *yiqtol* und *q^{e}tol* unter Einbeziehung des Merkmals ‚Progreß' umfaßt"[15]. Sie wurde im Hebräi-

---

11 Zu den wenigen, die überhaupt das Problem markieren, gehören L. Ruppert, Genesis II, 487f., und C. Westermann, BK.AT I/2, 422f., die beide adversativ übersetzen. Letzterer bemerkt dazu, aus einer Arbeit von P. Neuenzeit zitierend: „das perf. ‚zur Bezeichnung eines Zustandes, der ... in die Gegenwart hineinreicht'", um dann abschließend anzufügen: „vielleicht ist aber der Narrativ zu lesen". – Auch bei den Grammatiken ist die Zurückhaltung groß: H. Bauer / P. Leander, Historische Grammatik der hebräischen Sprache des Alten Testamentes, 1922; C. Brockelmann, Hebräische Syntax, 1956; R. Meyer, Hebräische Grammatik. Mit einem bibliographischen Nachwort von Udo Rüterswörden, unveränderter photomechanischer Nachdruck 1992; B.K. Waltke / M. O'Connor, An Introduction to Biblical Hebrew Syntax, 1990, gehen auf Gen 21,25 nicht speziell ein. P. Joüon, S. J. / T. Muraoka, A Grammar of Biblical Hebrew, 1991, §119z, subsumiert die fragliche Form als Perfekt mit *waw*-copulativum unter „Anomalies", und zwar „used instead of the expected wayyiqtol form, required by classical usage".

12 So wird z. B. Gen 19,9 וַיֹּאמְר in vielen Kommentaren und Bibelausgaben mit „sie aber sprachen/schrieen" o. ä. übersetzt.

13 Gen 16,11 וְיָלַדְתְּ ist wahrscheinlich ein nicht segoliertes *f.sg.pt.act.q.* von ילד + ו-*cop.* (vgl. G/K §80d. 94f; H. Bauer / P. Leander, a. a. O., §77z; R. Meyer, a. a. O., §57,2a) und darum nicht mitgezählt. Andere, z. B. KBL[3] s. v. ילד, sehen in וְיָלַדְתְּ eine (masoretische) Mischform aus *f.sg.pt.act.q.* + ו-*cop.* und *2.f.sg.pf.cons.q.*; vgl. auch BHS z. St.

14 Gen 43,9b וְהִצַּגְתִּיו ist zwar sehr wahrscheinlich pf.cons., aber nicht zu den 204 Fällen gezählt, die „zweifellos" pf.cons. sind; vgl. Anm. 35.

15 R. Bartelmus, Einführung in das biblische Hebräisch – ausgehend von der grammatischen und (text-)syntaktischen Interpretation des althebräischen Konsonantentexts des Alten

schen in Analogie zur Narrativbildung geschaffen. Zu Einzelheiten kann auf die sehr solide Darstellung von R. Bartelmus in seiner Einführung in das biblische Hebräisch verwiesen werden[16].

Im Folgenden soll das Funktionsspektrum des pf.cons. innerhalb der Genesis an Beispielen aufgezeigt werden[17].

a) Am häufigsten tritt das pf.cons. im Anschluss an eine *yiqtol*-Form auf, wobei oft mehrere pf.cons.-Formen koordiniert sind. Entsprechend der jeweiligen Verwendungen der *yiqtol*-Form wird auch das pf.cons. gebraucht.

Bevor dazu einige Beispiele aufgeführt werden, sei kurz an die Funktionen der *yiqtol*-Form erinnert[18]: „Das Imperfekt kommt hauptsächlich in drei Verwendungen vor:
-    für zukünftige Handlungen und Vorgänge,
-    für wiederholte und andauernde Handlungen und Vorgänge in der Gegenwart und Vergangenheit,
-    in modaler Bedeutung (sollen, dürfen, können etc.)"[19].

Dies kann man jedenfalls von Prosatexten sagen, auf die wir uns beschränken wollen, da die Poesie – wie bei vielen Sprachen – häufig in größerer Freiheit mit Sprache umgeht.

Zur *yiqtol*-Form zählt nicht nur das hebräische Imperfekt (PK[20] Langform), sondern auch der hebräische Jussiv (PK Kurzform); bei vielen Verbklassen fallen Imperfekt und Jussiv formal zusammen, so dass sich häufig nicht ausmachen lässt, ob es sich um einen Jussiv oder um ein Imperfekt in der modalen Bedeutung „sollen, mögen" handelt.

Gen 1,14-15a: וַיֹּאמֶר אֱלֹהִים יְהִי מְאֹרֹת בִּרְקִיעַ הַשָּׁמַיִם לְהַבְדִּיל בֵּין הַיּוֹם וּבֵין הַלַּיְלָה וְהָיוּ לְאֹתֹת וּלְמוֹעֲדִים וּלְיָמִים וְשָׁנִים: וְהָיוּ לִמְאוֹרֹת בִּרְקִיעַ הַשָּׁמַיִם לְהָאִיר עַל־הָאָרֶץ „und Gott sprach: Es sollen Leuchten entstehen (*3.m.sg.juss.q. von* היה)[21] an der Feste des Himmels, zu scheiden zwischen [dem] Tag und [der] Nacht, und sie sollen als Zeichen dienen (*3.c.pl.pf.cons.q. von* היה), und

---

Testaments durch die tiberische Masoreten-Schule des Ben Ascher – mit einem Anhang: Biblisches Aramäisch für Kenner und Könner des biblischen Hebräisch, 1994, 105.
16 A. a. O., 105-110. Vgl. auch R. Bartelmus, *HYH*. Bedeutung und Funktion eines hebräischen „Allerweltswortes" – zugleich ein Beitrag zur Frage des hebräischen Tempussystems, 1982.
17 Auf eine literarkritische oder redaktionskritische Differenzierung kann hierbei m. E. verzichtet werden (sie bedürfte auch angesichts der unterschiedlichsten Modelle und Hypothesen in der Pentateuchforschung einer breiten Diskussion, die hier nicht zu leisten ist), da diese an Beispielen aufgezeigten Funktionsmöglichkeiten des pf.cons. fast alle mehrfach und an verschiedenen Stellen in der Genesis belegt sind und sich mit Beobachtungen decken, die auch in andern Büchern des AT (auch außerhalb des Pentateuchs) gemacht werden können.
18 Der Aufsatz soll nicht nur Fachgelehrte ansprechen, sondern auch Anfängern im Hebräischen dienen. Der Fachgelehrte möge daher für Anfänger gedachte Erläuterungen wohlwollend hinnehmen.
19 E. Jenni, a. a. O., 97.
20 PK = Präformativkonjugation.
21 Zur inkongruenten Singularform s. G/K §145o; C. Brockelmann, a. a. O., §50a.

zwar[22] für Festzeiten, Tage und Jahre, und sie sollen als Leuchten an der Feste des Himmels sein (*3.c.pl.pf.cons.q. von* היה), um über der Erde zu leuchten" (jussivisch).

Gen 2,24: עַל־כֵּן יַעֲזָב־אִישׁ אֶת־אָבִיו וְאֶת־אִמּוֹ וְדָבַק בְּאִשְׁתּוֹ וְהָיוּ לְבָשָׂר אֶחָד׃
„darum verlässt (*3.m.sg.impf.q. von* עזב) ein Mann seinen Vater und seine
Mutter und hängt (*3.m.sg.pf.cons.q. von* דבק) an seiner Frau, und sie werden
(*3.c.pl.pf.cons.q. von* היה) ein Fleisch" (genereller Sachverhalt, consueti-
visch)[23].

Gen 24,40b: יְהוָה אֲשֶׁר־הִתְהַלַּכְתִּי לְפָנָיו יִשְׁלַח מַלְאָכוֹ אִתָּךְ וְהִצְלִיחַ דַּרְכֶּךָ וְלָקַחְתָּ
אִשָּׁה לִבְנִי מִמִּשְׁפַּחְתִּי וּמִבֵּית אָבִי׃ „Jahwe, vor dem ich gewandelt bin, wird/möge
seinen Engel mit dir senden (*3.m.sg.impf./juss.q. von* שלח) und deine Reise
gelingen lassen (*3.m.sg.pf.cons.hi. von* צלח), so dass[24] du für meinen Sohn
eine Frau bringen kannst (*2.m.sg.pf.cons.q. von* לקח) aus meiner Verwandtschaft und aus meines Vaters Haus" (futurisch/jussivisch und modal).

Gen 32,12b*: כִּי־יָרֵא אָנֹכִי אֹתוֹ פֶּן־יָבוֹא וְהִכַּנִי „denn ich fürchte mich vor ihm,
dass er komme (*3.m.sg.impf.q. von* בוא) und mich erschlage (*3.m.sg.pf.cons.
hi. von* נכה + Suffix 1.c.sg.) ..." (futurisch).

Gerne leitet das pf.cons. den Nachsatz eines Bedingungssatzes ein, so speziell auch, wenn die Bedingung mit einer *yiqtol*-Form ausgedrückt ist[25], etwa
Gen 24,8a: וְאִם־לֹא תֹאבֶה הָאִשָּׁה לָלֶכֶת אַחֲרֶיךָ וְנִקִּיתָ מִשְּׁבֻעָתִי זֹאת „wenn die Frau
aber nicht willens ist (*3.f.sg.impf.q. von* אבה), dir zu folgen, so bist du von
diesem mir geleisteten Eid frei (*2.m.sg.pf.cons.ni. von* נקה)."

b) Wie mit der *yiqtol*-Form korrespondiert das pf.cons. auch mit dem Imperativ (*q^{e}tol*-Form). Beispiele:

Gen 6,21: וְאַתָּה קַח־לְךָ מִכָּל־מַאֲכָל אֲשֶׁר יֵאָכֵל וְאָסַפְתָּ אֵלֶיךָ וְהָיָה לְךָ וְלָהֶם לְאָכְלָה׃
„du aber nimm (*m.sg.imp.q. von* לקח) dir von aller Speise, die gegessen
werden kann, und speichere sie bei dir auf (*2.m.sg.pf.cons.q. von* אסף),
damit[26] sie dir und ihnen zur Nahrung diene (*3.m.sg.pf.cons.q. von* היה)!"

Gen 27,43-44a: וְעַתָּה בְנִי שְׁמַע בְּקֹלִי וְקוּם בְּרַח־לְךָ אֶל־לָבָן אָחִי חָרָנָה׃ וְיָשַׁבְתָּ עִמּוֹ
יָמִים אֲחָדִים „aber nun, mein Sohn, höre (*m.sg.imp.q. von* שמע) auf mich: Auf

---

22 Das *waw*-copulativum ist hier m. E. sinnvollerweise explikativ zu verstehen.

23 Die Luther-Übersetzung (revidierte Fassung von 1984) übersetzt – grammatisch gleichermaßen möglich – futurisch. Als weiteres Beispiel sei darum Gen 29,2f. genannt, wo
die Abfolge impf. – pf.cons. (4x), die innerhalb der Erzählexposition steht, keine andere
Übersetzung zulässt als die von immer wiederkehrenden (Frequentativ) und damit üblichen bzw. gewohnheitsmäßigen (Consuetiv) Handlungen und Vorgängen: „denn aus diesem Brunnen tränkte man immer/pflegte man zu tränken ..."

24 Nicht (nur) zeitliche, sondern logische Folge. Die Ausführungen von E. Jenni, a. a. O.,
236f., zu „Beigeordnete Wunschsätze" berücksichtigen das pf.cons. als beigeordneten
Satz zum Ausdruck eines finalen oder konsekutiven Verhältnisses nicht. Hier wäre eine
Ergänzung angebracht.

25 Zum Bedingungssatz mit Perfekt s. unten.

26 Vgl. Anm. 24.

(*m.sg.imp.q. von* קוּם + ו-*cop.*), flieh (*m.sg.imp.q. von* ברח) zu meinem Bruder Laban nach Haran und bleibe (*2.m.sg.pf.cons.q. von* ישׁב) einige Zeit bei ihm!"

c) Nicht selten nimmt das pf.cons. zudem Nominalsätze – dabei insbesondere Partizipialkonstruktionen – auf, die im Rahmen von Erzählungen ein nachzeitiges Verhältnis zum kontextualen Geschehen ausdrücken. Beispiele:

Gen 17,19*: וַיֹּאמֶר אֱלֹהִים אֲבָל שָׂרָה אִשְׁתְּךָ יֹלֶדֶת לְךָ בֵּן וְקָרָאתָ אֶת־שְׁמוֹ יִצְחָק
וַהֲקִמֹתִי אֶת־בְּרִיתִי אִתּוֹ "und Gott sprach: Nein, deine Frau Sara wird dir einen Sohn gebären (*f.sg.pt.act.q. von* ילד), und du sollst ihn Isaak nennen (*2.m.sg.pf.cons.q. von* קרא). Und ich werde/will meinen Bund mit ihm aufrichten (*1.c.sg.pf.cons.hi. von* קוּם) ..."

Gen 28,15: וְהִנֵּה אָנֹכִי עִמָּךְ וּשְׁמַרְתִּיךָ בְּכֹל אֲשֶׁר־תֵּלֵךְ וַהֲשִׁבֹתִיךָ אֶל־הָאֲדָמָה הַזֹּאת
כִּי לֹא אֶעֱזָבְךָ עַד אֲשֶׁר אִם־עָשִׂיתִי אֵת אֲשֶׁר־דִּבַּרְתִּי לָךְ: "und siehe, ich werde/will mit dir sein[27] und werde/will dich überall, wohin du gehst, behüten (*1.c.sg.pf.cons.q. von* שׁמר + *Suffix 2.m.sg.*) und dich in dieses Land zurückbringen (*1.c.sg.pf.cons.hi. von* שׁוב + *Suffix 2.m.sg.*), denn ich werde dich nicht verlassen (*1.c.sg.impf.q. von* עזב + *Suffix 2.m.sg.*)[28], bis ich ausgeführt habe[29], was ich dir verheißen habe."

Ein pf.cons. kann auch einen Infinitivus constructus (inf.cs.) aufnehmen[30] wie in Gen 27,45a: עַד־שׁוּב אַף־אָחִיךָ מִמְּךָ וְשָׁכַח אֵת אֲשֶׁר־עָשִׂיתָ לּוֹ וְשָׁלַחְתִּי
וּלְקַחְתִּיךָ מִשָּׁם "bis der Zorn deines Bruders sich von dir wendet (*inf.cs.q. von* שׁוב) und er vergisst (*3.m.sg.pf.cons.q. von* שׁכח), was du ihm angetan hast. Dann will ich hinsenden (*1.c.sg.pf.cons.q. von* שׁלח) und dich von dort holen (*1.c.sg.pf.cons.q. von* לקח + *Suffix 2.m.sg.*)[31]."

Auch auf eine einfache nominale Wendung als Zeitangabe mit kontextual bestimmtem Zukunftsaspekt kann ein pf.cons. folgen, so Gen 3,5: כִּי יֹדֵעַ
אֱלֹהִים כִּי בְּיוֹם אֲכָלְכֶם מִמֶּנּוּ וְנִפְקְחוּ עֵינֵיכֶם וִהְיִיתֶם כֵּאלֹהִים יֹדְעֵי טוֹב וָרָע: "Gott weiß vielmehr, dass, sobald ihr davon essen werdet[32], eure Augen geöffnet werden

---

27 Nominalsatz; „werde/will sein" im Deutschen ergänzt.

28 Wegen der Konjunktion und der Negation kann kein pf.cons. stehen; es tritt dafür die korrespondierende *yiqtol*-Form ein.

29 Perfekt in der Funktion eines Futurum exactum, also eigentlich: „bis ich ausgeführt haben werde".

30 Vgl. dazu G/K §114r; P. Jouon, S. J. / T. Muraoka, a. a. O., §119o. Nach L. Ruppert, Genesis. Ein kritischer und theologischer Kommentar. 3. Teilband: Gen 25,19-36,43, 2005, 131ff., ist עַד־שׁוּב אַף־אָחִיךָ מִמְּךָ ein späterer Zusatz (Bearbeitungsschicht), so dass ursprünglich וְשָׁכַח die Imperfektform von V. 44b aufgenommen hätte; vgl. z. B. auch O. Eißfeldt, a. a. O., z. St. – Anders zu beurteilen ist z. B. Gen 30,41: Das pf.cons. וְשָׂם nimmt nicht den inf.cs.pi. יַחֵם (samt Präposition) auf, sondern das diese Infinitivkonstruktion einleitende (frequentative) pf.cons. וְהָיָה; s. dazu Abschnitt II Abs. e; vgl. Gen 9,14; 44,31.

31 Im Kontext besser: „holen lassen".

32 Hebr.: „ja, am Tag eures Essens (*inf.cs.q. von* אכל + *Suffix 2.m.pl.*) von ihm".

(*3.c.pl.pf.cons.ni. von* פקח) und ihr sein werdet (*2.m.pl.pf.cons.q. von* היה) wie Gott, wissend, was gut und böse ist."

d) Speziell in Konditionalgefügen, bei denen ein Perfekt entweder für eine erst in der Zukunft abgeschlossene Bedingung (Funktion eines Futurum exactum) oder für eine bereits erfüllte, in ihren Konsequenzen aber noch nicht wirksame Bedingung steht, kann der Nachsatz mit den erst zu erwartenden bzw. erhofften Folgen durch pf.cons. eingeleitet werden[33]. Beispiele:

Gen 33,10a: וַיֹּאמֶר יַעֲקֹב אַל־נָא אִם־נָא מָצָאתִי חֵן בְּעֵינֶיךָ וְלָקַחְתָּ מִנְחָתִי מִיָּדִי „da sprach Jakob: Nicht doch! Wenn ich doch Gnade in deinen Augen gefunden habe (*1.c.sg.pf.q. von* מצא)[34], dann nimm mein Geschenk von mir an (*2.m.sg. pf.cons.q. von* לקח)!"

Gen 43,9b: אִם־לֹא הֲבִיאֹתִיו אֵלֶיךָ וְהִצַּגְתִּיו לְפָנֶיךָ וְחָטָאתִי לְךָ כָּל־הַיָּמִים: „wenn ich ihn nicht zu dir (zurück)bringe (*1.c.sg.pf.hi. von* בוא + *Suffix 3.m.sg.*) und ihn vor dich hinstelle (*1.c.sg.pf.cons.hi. von* יצא + *Suffix 3.m.sg.*)[35], dann will ich alle Tage bei dir in Schuld stehen (*1.c.sg.pf.cons.q. von* חטא)."

Gen 47,6b: יֵשְׁבוּ בְּאֶרֶץ גֹּשֶׁן וְאִם־יָדַעְתָּ וְיֶשׁ־בָּם אַנְשֵׁי־חַיִל וְשַׂמְתָּם שָׂרֵי מִקְנֶה עַל־ אֲשֶׁר־לִי: „sie sollen sich im Land Goschen niederlassen. Wenn du aber weißt (*2.m.sg.pf.q. von* ידע), dass[36] unter ihnen tüchtige Männer sind, dann setze sie ein (*2.m.sg.pf.cons.q. von* שים + *Suffix 3.m.pl.*) als Verwalter[37] über das, was mir gehört".

d') Nur einmal in der Genesis, aber keineswegs singulär im AT[38], findet sich in Gen 38,9b ein mit Perfekt[39] konstruierter Bedingungssatz, dessen Nachsatz mit pf.cons. eingeleitet ist, das Ganze – also auch die mit Perfekt konstruierte Bedingung! – mit frequentativem Sinn. Allerdings wird dabei der Bedingungssatz durch vorangestelltes frequentatives pf.cons. וְהָיָה bestimmt[40]: וְהָיָה

---

33 Zu einem derart konstruierten Konditionalgefüge mit frequentativem Sinn s. im Anschluss unter Absatz d'.

34 C. Brockelmann, a. a. O., §170c, bemerkt zu dieser Stelle, dass „ein solcher Bedingungssatz geradezu eine Bitte ausdrücken" kann.

35 Sehr wahrscheinlich nicht als ein dem vorausgehenden Perfekt (in der Funktion eines Futurum exactum) mit *waw*-copulativum angereihtes Perfekt zu verstehen, sondern als pf.cons.! Eine vergleichbare Weiterführung eines Perfekts in der Funktion eines Futurum exactum liegt z. B. in Jes 6,11 vor, allerdings wegen der Inversion nicht mit pf.cons., sondern mit Imperfekt. S. auch noch Anm. 53. Gleichwohl habe ich diese Stelle nicht zu den oben genannten 204 Fällen in der Genesis gezählt, wo es sich „zweifellos um pf.cons." handelt.

36 Zur Konstruktion s. P. Joüon, S. J. / T. Muraoka, a. a. O., §177h.

37 Eigentlich „Vorsteher (des) Besitzes/Viehbesitzes".

38 Vgl. z. B. Num 21,9; Jdc 6,3.

39 בָּא könnte formal auch m.sg.pt.act.q. sein. Bei den in Anm. 38 genannten Beispielen mit entsprechender Konstruktion handelt es sich eindeutig um Perfektformen.

40 Vgl. dazu Abschnitt II Abs. e.

אִם־בָּא אֶל־אֵשֶׁת אָחִיו וְשִׁחֵת אַרְצָה לְבִלְתִּי נְתָן־זֶרַע לְאָחִיו: „[und es geschah] je-weils (*3.m.sg.pf.cons.q. von* היה), wenn er der Frau seines Bruders beiwohnte (*3.m.sg.pf.q. von* בוא), ließ er es[41] auf die Erde (fallen und so) verderben (*3.m.sg.pf.cons.pi. von* שחת)[42], dass er seinem Bruder keine Nachkommen-schaft verschaffe[43]."

e) Häufig belegt sind schließlich Fälle, bei denen das pf.cons. nicht mehr als Folgeform auf einen der oben beschriebenen „Auslöser" auftritt, sondern frei einen Tempus- oder Moduswechsel einleitet[44]. Dies gilt vor allem für וְהָיָה, das geradezu zu einem Pendant zur Narrativform וַיְהִי „und es geschah" ge-worden ist, um – semantisch entleert – „an Text- und Redeanfängen den Tempus- bzw. Modalbezug der folgenden Aussage vorweg festzulegen"[45]; in dieser Funktion signalisiert es ein „und es wird/soll geschehen" oder „und es geschah jeweils". Aber das pf.cons. tritt auch sonst frei im oben beschriebe-nen Sinn auf, wenn es im weitesten Sinn eine logische Konsequenz auf einen zuvor genannten Tatbestand darstellt. Beispiele, zunächst für das „Signal-wort" וְהָיָה, dann für andere Fälle:

Auf Gen 12,11: „[und es geschah,] als er nahe an Ägypten herangekom-men war[46], da sprach er zu seiner Frau Saraj: Sieh doch, ich weiß, dass du eine schöne Frau bist", folgt in Gen 12,12: וְהָיָה כִּי־יִרְאוּ אֹתָךְ הַמִּצְרִים וְאָמְרוּ אִשְׁתּוֹ זֹאת וְהָרְגוּ אֹתִי וְאֹתָךְ יְחַיּוּ: „[und es wird geschehen (*3.m.sg.pf.cons.q. von* היה),] wenn dich die Ägypter sehen (*3.m.pl.impf.q. von* ראה), werden sie denken (*3.c.pl.pf.cons.q. von* אמר): Das ist seine Frau!, und sie werden mich umbringen (*3.c.pl.pf.cons.q. von* הרג), dich aber leben lassen (*3.m.pl.impf.pi. von* חיה)."

Auf einen ausschließlich durch Narrativ- und Perfektformen geprägten Erzählungsteil in Gen 30,39f.[47] folgt in Gen 30,41: וְהָיָה בְּכָל־יַחֵם הַצֹּאן הַמְקֻשָּׁרוֹת וְשָׂם יַעֲקֹב אֶת־הַמַּקְלוֹת לְעֵינֵי הַצֹּאן בָּרֳהָטִים לְיַחְמֵנָּה בַּמַּקְלוֹת: „[und es geschah] jeweils (*3.m.sg.pf.cons.q. von* היה), sooft die kräftigen Schafe in der Brunst waren (*inf.cs.pi. von* יחם), legte (*3.m.sg.pf.cons.q. von* שים)[48] Jakob die

---

41 Das Sperma.

42 Frequentatives pf.cons. Im Deutschen wird das „jeweils" nicht wiederholt.

43 Vgl. zur ungewöhnlichen Form G/K §66i.

44 Das pf.cons. hat sich wohl erst im Laufe der Sprachgeschichte aus der Beschränkung auf eine Folgeform gelöst und sich so verselbständigt; vgl. R. Bartelmus, Einführung, 105.

45 R. Bartelmus, Einführung, 109. Vgl. ders., HYH, 74 mit Anm. 132.

46 Hebr.: „als er sich genähert hatte, nach Ägypten hineinzugehen".

47 Zu möglichen Erweiterungen der Grunderzählung s. C. Westermann, BK.AT I/2, 584f. 589.

48 Frequentatives pf.cons.: „er legte jeweils". Im Deutschen wird wegen des vorausgehen-den „jeweils, sooft" auf eine Wiederholung des „jeweils" verzichtet. – Aus unbegreifli-chen Gründen wird diese Form in BibleWorks, Version 6.0, als Perfekt mit *waw*-copulativum analysiert.

Stäbe in die Tränkrinnen vor die Augen der Herde, dass sie bei/vor den Stäben empfingen (*inf.cs.pi. von* יחם + *Suffix 3.f.pl.* + *Präposition* ל)[49]."

Gen 17,20: וּלְיִשְׁמָעֵאל שְׁמַעְתִּיךָ הִנֵּה בֵּרַכְתִּי אֹתוֹ וְהִפְרֵיתִי אֹתוֹ וְהִרְבֵּיתִי אֹתוֹ בִּמְאֹד
מְאֹד שְׁנֵים־עָשָׂר נְשִׂיאִם יוֹלִיד וּנְתַתִּיו לְגוֹי גָּדוֹל: "auch hinsichtlich Ismael habe ich
dich erhört (*1.c.sg.pf.q. von* שמע + *Suffix 2.m.sg.*). Siehe, ich habe ihn
gesegnet (*1.c.sg.pf.pi. von* ברך)[50] und werde/will ihn fruchtbar machen
(*1.c.sg.pf.cons.hi. von* פרה) und überaus zahlreich machen (*1.c.sg.pf.cons.hi.
von* רבה). Zwölf Fürsten wird/soll er zeugen (*3.m.sg.impf.hi. von* ילד), und ich
werde/will ihn zu einem großen Volk machen (*1.c.sg.pf.cons.q. von* נתן +
Suffix 3.m.sg.)."

Gen 20,11: וַיֹּאמֶר אַבְרָהָם כִּי אָמַרְתִּי רַק אֵין־יִרְאַת אֱלֹהִים בַּמָּקוֹם הַזֶּה וַהֲרָגוּנִי
עַל־דְּבַר אִשְׁתִּי: "da sprach/entgegnete Abraham: Ja, ich dachte: Gewiss gibt es
keine Gottesfurcht an diesem Ort[51], und so[52] wird man mich töten (*3.c.pl.
pf.cons.q. von* הרג + *Suffix 1.c.sg.*) wegen meiner Frau."

III.

Perfectum consecutivum und Perfekt haben im biblischen Hebräisch gegen-
sätzliche Funktionen. In 204 von 213 Fällen der Afformativkonjugation mit
präfigiertem *waw* in der Genesis handelt es sich zweifellos um pf.cons. In
einem weiteren Fall, nämlich bei וְהִצַּגְתִּיו in Gen 43,9, ist nach den Überlegungen in Abschnitt II Abs. d (mit Anm. 35) wahrscheinlich ebenfalls mit
einem pf.cons. zu rechnen. Das pf.cons. ist in der Genesis breit gestreut und
begegnet – wie allein die aufgeführten Beispiele belegen – keineswegs in nur
einem literarischen oder redaktionellen Strang.

Ein und demselben Verfasser oder Redaktor die gleichzeitige Verwendung
der *w^eqatal*-Form als Perfectum consecutivum und als Perfekt mit *waw*-
copulativum zuzutrauen, hieße an seiner Sprachkompetenz zu zweifeln. Kein
Verfasser oder Redaktor ist darauf aus, bei seinen Lesern Konfusion auszulö-
sen, was aber dann der Fall wäre.

Ein ganz spezieller Fall, wo ein Perfekt mit *waw*-copulativum neben dem
sonst üblichen Gebrauch der *w^eqatal*-Form als Perfectum consecutivum mög-

---

49 Hebr.: "bezüglich ihrem Empfangen bei/vor den Stäben". – Zur Suffixform vgl. H. Bauer / P. Leander, a. a. O., §29p (mit Abweichung gegenüber Codex Leningradensis!).

50 Auch Koinzidenzfall möglich: "auch hinsichtlich Ismael erhöre ich dich (hiermit). Siehe,
ich segne ihn (hiermit) ..."; vgl. E. Jenni, a. a. O., 265, sowie auch G/K §106m; P. Joüon,
S. J. / T. Muraoka, a. a. O., §112g.

51 Nominalsatz; "gibt es" im Deutschen ergänzt. Anders als bei dem oben (Abschnitt II Abs.
c) aufgeführten Beispiel Gen 28,15 drückt in Gen 20,11 der Nominalsatz kein nachzeitiges Verhältnis zum kontextualen Geschehen aus.

52 "So" zum Ausdruck der logischen Folge, in der dieser Satz zum vorhergehenden Nominalsatz steht.

lich ist, ist die unmittelbare Anreihung eines Perfekts an ein anderes, das erste Perfekt lediglich sachlich variierendes Perfekt mittels *waw*-copulativum wie z. B. in I Sam 12,2: וַאֲנִי זָקַנְתִּי וָשַׂבְתִּי „ich aber bin alt und grau geworden (*1.c.sg.pf.q. von* זקן; *1.c.sg.pf.q. von* שׂיב + ו-*cop.*)", oder in Jes 1,2: בָּנִים גִּדַּלְתִּי וְרוֹמַמְתִּי „Söhne habe ich großgezogen (*1.c.sg.pf.pi. von* גדל) und aufgezogen (*1.c.sg.pf.polel von* רום + ו-*cop.*)". Doch dieser Fall begegnet in der Genesis nicht[53].

Wenn es sich nahe legt, eine *w^eqatal*-Form in der Genesis als Perfekt mit *waw*-copulativum zu bestimmen, kann es sich – soweit nicht ein sehr alter Spruch in vorklassischem Hebräisch vorliegt[54], was bestenfalls für Gen 49,23 mit der problematischen Form וָרֹבּוּ erwogen werden könnte – wohl nur um einen sehr späten und angesichts der maximalen Häufigkeit[55] nur punktuellen Eingriff in den Text handeln. Dafür kommt die Übergangszeit vom klassischen biblischen Hebräisch zum Mittelhebräischen in Frage, wo – wohl unter dem Einfluss des Aramäischen – die Narrativform außer Gebrauch kommt und dafür Perfekt mit *waw*-copulativum eintritt. Einen Niederschlag dieses Wandels findet man z. B. im Buch Qohelet[56].

IV.

Die Interpretation von H. Seebass, dass וְהוֹכִחַ in Gen 21,25 ein vom Verfasser der erzählerischen Einheit Gen 21,22-31a.33 ganz bewusst gesetztes Perfekt mit *waw*-copulativum sei, um „in erster Linie eine Unterbrechung des Handlungsverlaufs" anzuzeigen und um „sich zudem adversativ auf V 24" zu richten[57], ist somit kaum haltbar.

Dieses Urteil wäre nur dann zu revidieren, wenn der Verfasser von Gen 21,22-31a.33 grundsätzlich kein pf.cons. gebrauchen würde; dann gäbe es bei dem von ihm geschaffenen Textkorpus selbst keine Konfusion durch den gleichzeitigen Gebrauch der *w^eqatal*-Form als pf.cons. und als Perfekt mit *waw*-copulativum, und das Problem wäre erst durch die Verbindung mit anderen Textkorpora entstanden[58]. Der Verfasser von Gen 21,22-31a.33 ist für

---

53 In Gen 43,9b steht וַהִצַּגְתִּיו nicht unmittelbar nach הֲבִיאֹתִיו – ein weiteres Argument zu dem in Anm. 35 genannten, um pf.cons. anzunehmen.

54 Vorklassisches Hebräisch z. B. Jdc 5,26. Vgl. P. Joüon, S. J. / T. Muraoka, a. a. O., §119z.

55 Maximal acht Fälle (213 – [204 + 1]), wobei noch offen ist, ob sie alle als Perfecta mit *waw*-copulativum zu bestimmen sind.

56 Vgl. P. Joüon, S. J. / T. Muraoka, a. a. O., §119z.za.

57 H. Seebass, Genesis II/1, 188.

58 Zusätzlich müsste man annehmen, dass der Verfasser von Gen 21,22-31a.33 wegen des andern Sprachgebrauchs zeitlich und/oder räumlich von den Verfassern der andern Textkorpora weit entfernt war.

H. Seebass der Elohist. Elohistisch ist für H. Seebass aber auch z. B. Gen
31,8, wo pf.cons. begegnen[59]. Eine Revision des Urteils ist nicht angebracht.

Für eine Unterbrechung des Handlungsverlaufs einschließlich adversa-
tivem Sinn steht im biblischen Hebräisch als gängiges Stilmittel die Inversion
zur Verfügung, so dass, soll dies besonders hervorgehoben werden, in Gen
21,25 statt ...־אֶת אַבְרָהָם וְהוֹכַח zu erwarten wäre: ...אֶת הוֹכִחַ וְאַבְרָהָם.

So spricht einiges dafür, dass Gen 21,22-34 in seinem Hauptbestand keine
erzählerische Einheit ist, von ein und demselben Verfasser geschaffen, sondern dass eine Grunderzählung später durch eine in sich geschlossene Szene
ergänzt wurde, und zwar mit וְהוֹכַח in V. 25 einsetzend[60]. Dabei deutet וְהוֹכַח
auf eine sehr junge, in die Endzeit des klassischen biblischen Hebräisch fal-
lende Verknüpfung hin, was allerdings nicht heißt, dass die ergänzte Szene
selbst erst in dieser späten Zeit verfasst wurde, da in ihr selbst Narrative in
klassischer Weise gebraucht werden, z. B. in V. 26.28-30.

V.

Bleiben, nachdem oben bereits Gen 43,9b und Gen 21,25 abgeklärt wurden,
noch folgende sieben Fälle in der Genesis, bei denen die Afformativkonjugation mit präfigiertem *waw* nicht oder zumindest nicht zweifellos als
pf.cons. interpretiert werden konnte: Gen 15,6 וְהֶאֱמִן, Gen 28,6 וְשִׁלַּח, Gen
31,7 וְהֶחֱלִף, Gen 34,5 וְהֶחֱרִשׁ, Gen 37,3 וְעָשָׂה, Gen 38,5 וְהָיָה und Gen 49,23
וְרֹבּוּ. Für sie gilt nach den obigen Darlegungen der grundsätzliche Verdacht:
Soweit nicht eine Interpretation als pf.cons. möglich und sinnvoll ist, handelt
es sich – Gen 49,23 als Teil eines möglicherweise sehr alten Stammes-
spruches ausgenommen – entweder um Fehler in der Textüberlieferung oder
die Form deutet als Perfekt mit *waw*-copulativum auf einen zeitlich sehr jungen Eingriff in den Text hin. Die folgenden, wegen des zugestandenen Umfangs nur kurzen und keineswegs umfassenden Beobachtungen zu diesen
„Problemformen" in ihrem Kontext erhärten den Verdacht weiter:

Kann וְהֶאֱמִן in Gen 15,6 als pf.cons. verstanden werden, das frei einsetzt[61]
und frequentativ-durativ ein beständiges Verharren im Glauben ausdrückt,
wie z. B. H. Gunkel annimmt[62]? H. Seebass wendet dagegen ein: „In V 6a

---

59 In diesem Fall frequentativ nach frequentativem Imperfekt (יֹאמַר).
60 Vgl. Abschnitt I mit Anm. 2.
61 Vgl. Abschnitt II Abs. e.
62 H. Gunkel, a. a. O., 180, mit Verweis auf G/K §112g.dd.ss: „er glaubte mehrfach". Vgl.
 J. A. Soggin, a. a. O., 253: „man beachte das Perfekt (*sic!*), das die Dauerhaftigkeit der
 Handlung ausdrückt"; L. Ruppert, Genesis II, 240: „Das Perfekt ist nicht in ein Narrativ
 zu ändern (gegen BHK); es deutet vielmehr ‚ein längeres oder sogar beständiges Verharren in einem vergangenen Zustand' an (GK §112 ss), ein Indiz für einen die Handlung

handelt es sich um ein Pf. mit *w*-cop., das hier keinen iterativen Sinn haben kann (Gunkel u. a.), weil es sich dann auf Akte außerhalb des Kontextes beziehen müßte"[63]; vielmehr könne man mit von Rad annehmen, „daß V 6 sich durch das Pf. mit *w*-cop. vom Kontext abhebt und etwas Grundsätzliches sagt (nicht mehr kultischer Provenienz ...)" und וְהֶאֱמִן als „explizierendes Pf. mit *w*-cop." zu verstehen sei mit folgender Übersetzung von V. 6: „Indem er (A.) sich auf Jahwe verließ (sich in Jahwe beständig machte!), plante er (Jahwe) es ihm als Heilstat"[64]. Sollte וְהֶאֱמִן in Gen 15,6 nicht als pf.cons. interpretiert werden können[65], wäre aufgrund der bisher angestellten Überlegungen anzunehmen, dass Gen 15,6 mit וְהֶאֱמִן als Perfekt mit *waw*-copulativum einer sehr jungen Überarbeitung innerhalb Gen 15,1-21 angehört. Interessanterweise stellt C. Westermann, ohne die problematische *w^{e}qatal*-Form dafür ins Feld zu führen, aufgrund anderer Überlegungen und ganz allgemein „mit der gegenwärtigen Auslegung" fest, dass „dieser Vers eine späte, theologisch reflektierte Interpretation ist"[66].

Zu Gen 37,3 וְעָשָׂה bemerkt H. Seebass zunächst: „Sam korrekter *waw*-impf. Darf man deswegen die schwierige Form des MT aufgeben? Sie dient der Hervorhebung/Handlungsunterbrechung"[67]. In der folgenden Textauslegung schreibt er dann: „Handlungsunterbrechend (Pf.cons.) eröffnet V. 3 die Verwicklung. Daß der Vater Joseph mehr liebte als seine Söhne, zeigte er durch das Geschenk eines besonderen Gewandes"[68]. וְהוֹכִחַ in Gen 21,25 und וְהֶאֱמִן in Gen 15,6 sind nach H. Seebass Perfecta mit *waw*-copulativum zum Zwecke der Handlungsunterbrechung bzw. zur Abhebung vom Kontext. Wie kann dann וְעָשָׂה in Gen 37,3 als pf.cons. dem gleichen Zweck dienen? Ein pf.cons. hat, wie oben wohl hinreichend dargelegt, andere Funktionen! Sollte die Bezeichnung als „Pf.cons." nur ein Fehler sein und von H. Seebass tatsächlich ein Perfekt mit *waw*-copulativum gemeint sein? Doch unabhängig davon: Mit der Bemerkung: „Sam korrekter *waw*-impf.", also Narrativ, bezweifelt H. Seebass im Grunde, dass hier eine Handlungsunterbrechung sinnvoll ist. Soll dann vielleicht וְעָשָׂה als frequentatives pf.cons. ein wiederholtes Machen ausdrücken, wie auch erwogen wird[69]? Weil das wenig sinnvoll ist,

---

unterbrechenden Kommentar des Erzählers". Bei L. Ruppert ist aufgrund des Verweises auf G/K §112ss zumindest klar, dass er mit „Perfekt" hier pf.cons. meint.

63 H. Seebass, Genesis II/1, 70.
64 H. Seebass, Genesis II/1, 71.
65 Und wenn ein Fehler in der Textüberlieferung ausscheidet.
66 C. Westermann, BK.AT I/2, 263, wobei C. Westermann allerdings die Meinung, dass V. 6 für sich eine nachträgliche Hinzufügung sei, abweist und Gen 15,1-6 insgesamt als späte „nachgeahmte Erzählung" verstanden wissen will.
67 H. Seebass, Genesis III. Josephgeschichte (37,1-50,26), 2000, 18.
68 H. Seebass, Genesis III, 20.
69 So z. B. G/K §112h: „sc. so oft er eines neuen Kleides bedurfte".

wird hier gerne mit dem Samaritanus der Narrativ וַיַּעַשׂ gelesen[70], was aber *lectio facilior* ist und damit als nachträgliche Verbesserung verdächtig. M. E. ist am wahrscheinlichsten, dass Gen 37,3b ein späterer Zusatz ist, und zwar aus sehr junger Zeit, weil וְעָשָׂה als Perfekt mit *waw*-copulativum anstelle eines klassisch zu erwartenden Narrativs gebraucht ist[71]. Interessanterweise markiert C. Westermann im Anschluss an D. B. Redford in Gen 37,23 die Passage אֶת־כֻּתָּנְתֹּ הַפַּסִּים אֲשֶׁר עָלָיו und in Gen 37,32 die Passage וַיְשַׁלְּחוּ אֶת־כְּתֹנֶת הַפַּסִּים als spätere Zusätze[72], was unmittelbar einsichtig ist. Damit ist aber im Verlauf der Erzählung der כְּתֹנֶת הַפַּסִּים als besonderes Kleidungs-stück, das Joseph gegenüber seinen Brüdern hervorhob, aus dem Spiel und nur noch von einem normalen כְּתֹנֶת die Rede, den die Brüder dem Joseph auszogen und in Blut getaucht ihrem Vater brachten. Was liegt näher, als auch Gen 37,3b וְעָשָׂה לֹוֹ כְּתֹנֶת פַּסִּים als späteren Zusatz anzusehen? – eine Konsequenz, die C. Westermann allerdings nicht zieht. Der כְּתֹנֶת הַפַּסִּים als materielles Zeichen dafür, dass Israel seinen jüngsten Sohn Joseph lieber hat-te als alle seine andern Söhne, ist mit größter Wahrscheinlichkeit ein sekun-därer, zeitlich sehr junger Eintrag und damit auch וְעָשָׂה als Perfekt mit *waw*-copulativum anstelle eines Narrativs in Gen 37,3 erklärlich.

In Gen 28,6 könnte das problematische וְשִׁלַּח, für das eine Interpretation als pf.cons. ausscheidet, darauf hindeuten, dass V. 6 von שִׁלַּח an ein späterer Zusatz ist, womit sich auch die „Satzverschlingung"[73] bzw. der „umständliche V 6"[74] erklärte. Durch die Streichung dieser Passage wird der Zusammenhang keineswegs gestört, die Erzählung vielmehr stringenter[75].

Gen 31,7 וְהֶחֱלִף ist vielleicht wegen des zehnmaligen Änderns des Lohnes als frei einsetzendes frequentatives pf.cons. zu interpretieren[76], ähnlich Gen 34,5 וְהֶחֱרִשׁ als frequentativ-duratives pf.cons. wegen עַד־בֹּאָם (andauerndes Schweigen bis zu ihrem Kommen)[77].

---

70 Z. B. C. Westermann, Genesis. 3. Teilband: Genesis 37-50, BK.AT I/3, 1982, 24. Viele Ausleger übersetzen narrativisch, ohne auf die Form einzugehen.

71 Vgl. dazu oben, Abschnitt III.

72 C. Westermann, BK.AT I/3, 21ff.

73 G/K §167c, worauf C. Westermann, BK.AT I/2, 544, verweist.

74 H. Seebass, Genesis II. Vätergeschichte II (23,1-36,43), 1999, 305. Die Form וְשִׁלַּח wird von ihm nicht diskutiert. Vgl. J. A. Soggin, a. a. O., 360, zu V. 6: „Der Satz ist übrigens syntaktisch kompliziert und entspricht nicht dem hebräischen Satzbau".

75 Die Fortsetzung eines כִּי-Satzes (mit Perfekt) durch beigeordnete Narrative ist häufig belegt, z. B. Gen 3,17; 27,1 (mit wechselndem Subjekt!); 31,15.

76 Vgl. G/K §112h. Beachte aber den Narrativ in Gen 31,41! Der Samaritanus bietet in Gen 31,7 statt וְהֶחֱלִף den Narrativ; vgl. BHS z. St. Wenig überzeugend H. Seebass, Genesis II/2, 358: „das Pf. mit w in MT hebt das ,ändern' hervor".

77 Vgl. G/K §112ss.

Gen 38,5 וְהָיָה wird häufig als verderbter Text angesehen, und man liest im
Anschluss an LXX stattdessen וְהִיא[78]. Oder ist V. 5b MT eine zeitlich sehr
junge Glosse, zumal diese Bemerkung für die folgende Erzählung unnötig
ist?

Gen 49,23 וָרֹבּוּ[79] kann in seiner unmittelbaren Stellung zwischen zwei
Narrativen kaum als frequentatives pf.cons.[80] verstanden werden. Als Perfekt
mit *waw*-copulativum ist es für das klassische biblische Hebräisch eigentlich
nicht denkbar. Sollte in dem Spruch, der vom Sammler offenbar stärker bearbeitet wurde[81], וָרֹבּוּ ein alter vorklassischer Sprachrest sein? – eine angesichts
des unmittelbaren Kontextes ziemlich schwierige Vorstellung. Oder ist der
Text als verderbt zu ändern[82]? Oder deutet וָרֹבּוּ auf einen zeitlich sehr jungen
Eingriff (Erweiterung?) hin? Die Stelle bleibt rätselhaft.

VI. Zusammenfassung

Eine Untersuchung der *w^eqatal*-Formen in der Genesis und dabei insbesondere der Formen, die wahrscheinlich oder möglicherweise als Perfecta mit
waw-copulativum zu interpretieren sind, hat den Verdacht erhärtet, dass Perfecta mit *waw*-copulativum – von dem in Abschnitt III dargelegten, in der
Genesis selbst nicht belegten Fall einer unmittelbaren Aneinanderreihung
zweier sich ergänzender Perfecta mittels *waw*-copulativum sowie von vorklassischen Sprachresten (evtl. Gen 49,23 וָרֹבּוּ ??) abgesehen – auf sehr junge
Eingriffe in den Text zurückgehen und den Übergang vom klassischen biblischen Hebräisch zum Mittelhebräischen widerspiegeln. Sie machen etwa 3%
der *w^eqatal*-Formen in der Genesis aus. Offensichtlich wurde im klassischen
biblischen Hebräisch die *w^eqatal*-Form – mit Ausnahme der unmittelbaren
Koordination zweier sich ergänzender Perfecta – nur als Perfectum consecutivum gebraucht. Speziell für den Hauptbestand von Gen 21,22-34 bedeutet
dies, dass wahrscheinlich eine Grunderzählung sehr spät durch eine in sich
geschlossene Szene ergänzt wurde, die mit וְהוֹכִחַ in Gen 21,25 einsetzt.

---

78 Vgl. z. B. BHS z. St.; G/K §112uu; C. Westermann, BK.AT I/3, 40ff.; J. A. Soggin,
   a. a. O., 445ff. – Anders H. Seebass, Genesis III, 31f.: „MT formuliert handlungsunterbrechend; es soll betont werden, daß Juda noch im kanaanäischen Bereich war" und übersetzt: „Er war in Kesib, als sie ihn gebar". Für diese Übersetzung wäre aber im klassischen biblischen Hebräisch eher וְהוּא בִכְזִיב zu erwarten.
79 Die Form וָרֹבּוּ ist ungewöhnlich gebildet; vgl. H. Bauer / P. Leander, a. a. O., §58p'.
80 G/K §112rr erwägt dies sehr zurückhaltend.
81 Vgl. C. Westermann, BK.AT I/3, 250ff. 270ff.
82 S. BHS z. St.

Genesis 22 – Revisited

Ulrike Schorn

1. Vorbemerkung

Genesis 22 ist ein Text, der nicht von ungefähr über mittlerweile einige Forschergenerationen hinweg hohe Aufmerksamkeit erfahren hat. Alle großen Alttestamentler haben sich ausführlich mit ihm beschäftigt, aber auch Altphilologen wie E. Auerbach[1] haben sich ihm gewidmet. Dabei reicht der Bogen von der Quellenkritik über die Kompositionsgeschichte bis zur Rezeptionsgeschichte.

Erst kürzlich hat Konrad Schmid[2] den Gesprächsfaden wieder aufgenommen, zu dem auch der verehrte Lehrer und Jubilar Hans-Christoph Schmitt wichtige Beiträge geleistet hat.[3] Der vorliegende Aufsatz soll deshalb den Versuch eines fiktiven Gesprächs über einige grundlegende Fragen zur Einordnung und Interpretation des Textes Genesis 22 darstellen.

Wichtigstes und im Titel vorgegebenes Anliegen der Aufsatzes von K. Schmid ist es, Genesis 22 im Rahmen einer heilsgeschichtlichen Auslegung als einen Text zu verstehen, bei dem die geforderte Opferung Isaaks als Rückgabe der Verheißungsgabe vor dem Hintergrund der weitgespannten literarischen Zusammenhänge von Gen 12-22 bzw. als deren Fortschreibung zu sehen ist. Hier ergibt sich ein erstes mögliches Missverständnis in der Auseinandersetzung mit H.-C. Schmitt, der, wie im Übrigen schon Westermann[4], darauf hingewiesen hat, dass Isaak im Grundbestand von Gen 22 nicht als der „Sohn der Verheißung" bezeichnet und die Gefährdung der Verhei-

---

1 E. Auerbach, Mimesis. Dargestellte Wirklichkeit in der abendländischen Literatur, ⁹2001.

2 K. Schmid, Die Rückgabe der Verheißungsgabe. Der „heilsgeschichtliche" Sinn von Gen 22 im Horizont innerbiblischer Exegese, in: M. Witte (Hrsg.), Gott und Mensch im Dialog, FS O. Kaiser, BZAW 345/1, 2004, 271-300.

3 Vgl. dazu bes. H.-C. Schmitt, Die Erzählung von der Versuchung Abrahams Gen 22,1-19* und das Problem einer Theologie der elohistischen Pentateuchtexte, BN 34 (1986), 82-109 = ders., Theologie in Prophetie und Pentateuch. Gesammelte Schriften, hrsg. v. U. Schorn u. M. Büttner, BZAW 310, 2001, 108-130.

4 C. Westermann, Genesis 12-36, BK.AT I/2, 1981, 437.

ßung nicht explizit gemacht wird. Freilich führt diese Erkenntnis, anders als von Schmid vermutet, bei Schmitt gerade nicht zu der gleichen Folgerung wie bei Westermann, nämlich dass der Text als Einzelperikope zu behandeln sei. Vielmehr ist es ein wichtiges Anliegen H.-C. Schmitts – und auch des vorliegenden Beitrags – Genesis 22 gerade als einen wichtigen Schlüssel zum theologischen Verständnis der Textebene zu begreifen, in die Genesis 22 eingeordnet werden kann. Die Frage nach der Vernetzung des Kontextes (jedoch nicht im Sinne einer Intertextualität[5]) wird deshalb einer ersten Klärung unterzogen, wobei über kanonische Erzählzusammenhänge hinaus der Blick auf literarische, d. h. kompositionelle bzw. redaktionelle Textzusammenhänge gerichtet werden soll.

2. Beobachtungen zur Zusammengehörigkeit von Gen 20-22

In der traditionellen Pentateuchforschung bestand größtenteils Einigkeit darüber, dass die drei Kapitel in einen Zusammenhang gehören und der Quelle E zuzurechnen sind. Dass nun gerade die Forscher, die entweder E in Einzelerzählungen auflösen[6] oder überhaupt keine Quellenschichten annehmen[7], die Zusammengehörigkeit der Texte infrage stellten, kann zu der Vermutung Anlass geben, dass die traditionelle Forschung erst aufgrund der Annahme von E als Prämisse zu ihrem Ergebnis kam. Der anerkanntermaßen fragmentarische Charakter der E-Texte führte in der neueren Forschung zusammen mit anderen grundlegenden Beobachtungen im Anschluss an Hans-Christoph Schmitt zu einer neuen Definition der „elohistischen" Texte als Kompositions-/Redaktionsschicht.[8] „Es handelt sich hier ... um einen Verfasser, der ganze Abschnitte erzählerisch neu gestaltet oder redaktionell bearbeitet und zu einer eigenen Komposition verbindet"[9], wobei auch eigene Stücke und Erzählungen formuliert werden.

---

5   Vgl. G. Steins, Die „Bindung Isaaks" im Kanon (Gen 22). Grundlagen und Programm einer kanonische-intertextuellen Lektüre, HBS 20, 1999.

6   Westermann, BK.AT I/2, 24.

7   E. Blum, Die Komposition der Vätergeschichte, WMANT 57, 1984, 25.

8   Zur Frage des Zusammenhangs einzelner elohistischer Texte mit einem elohistischen Geschichtswerk vgl. neuerdings z. B. O. Kaiser, Grundriß der Einleitung in die kanonischen und deuterokanonischen Schriften des Alten Testaments. Band 1: Die erzählenden Werke, 1992, 70-77.

9   U. Schorn, Ruben und das System der zwölf Stämme Israels. Redaktionsgeschichtliche Untersuchungen zur Bedeutung des Erstgeborenen Jakobs, BZAW 248, 1997, 76; vgl. u. a. F. Zimmer, Der Elohist als weisheitlich-prophetische Redaktionsschicht. Eine literarische und theologiegeschichtliche Untersuchung der sogenannten elohistischen Texte des Pentateuchs, EHS.T 656, 1999.

Einige grundlegende Beobachtungen sollen zunächst an den Texten klären, dass Gen 20-22 einen Gesamtkomplex bilden und Gen 22 nicht als Einzelerzählung verstanden werden kann: Zunächst sind folgende sprachliche
Beobachtungen zu nennen:

a) Eine Gottesbotenerscheinung und -rede begegnet in exakter Parallele
in 21,17 und 22,11.

b) Beide Male wird die Person namentlich angeredet: Hagar (21,17b)
und Abraham (22,11), wobei letztere Formel wiederum eine Parallele in 22,2 hat.

c) Beide Male ist mit dem Auftreten des Gottesboten das wunderbare
Öffnen der Augen und das Sehen (in gleichartiger Formulierung)
verbunden: 21,19 (Hagar) und 22,13 (Abraham).

d) Das Verb ראה führt zu einer alle drei Kapitel betreffenden Beobachtung: Geradezu ins „Auge" springen die zahlreichen Wortspiele
mit den Wurzeln ראה „sehen" (21,9; 21,19; 22,2.4.8.13.14) ירא
„fürchten" (20,8.11; 21,17; 22,12) und ירע „zittern" (21,11.12).
Dabei bildet der Terminus „Gottesfurcht" inhaltlich eine Spitzenaus-
sage: (20,11 vorbereitet in 20,8; 22,12).

e) Auffällig ist in diesem Zusammenhang die Verbindung von ירא und
ראה mit einem „Ort" מקום: Der Ort, an dem Gottesfurcht ist (20,11);
Abraham sieht den von Gott ersehenen Ort (22,4); der Ort אל יראה
(22,14), an dem Abrahams Gottesfurcht geprüft wird; Gott „ersieht"
ein Opfertier (22,8) an diesem Ort (22,9).
Es ist weiter zu beobachten, dass zu diesem Ort, der zwar zunächst
namentlich unbekannt, aber von Gott bestimmt ist, erst hingegangen
werden muss (20,13 und 22,3). Zweimal erfolgt am Ende des erzählten Geschehens eine Benennung des Ortes: 21,31; 22,14; in 21,19
wäre eine solche Benennung ebenfalls zu erwarten.

f) Weitere Verknüpfungen bilden: גור (Fremdling/Schutzbürger sein) in
20,1b; 21,22(.34), חסד (Gunst, Gefallen) in 20,13; 21,23 und אמה
(Magd) in 20,17; 21,10.12.

Sodann kommen stilistische Beobachtungen hinzu:

a) Auffällig ist zunächst die Häufung von Reden und Dialogen: Dabei
begegnen zum einen Gottes- und Gottesbotenreden und zum anderen Reden der handelnden Personen, die vor allem deren Charakter
beleuchten.

b) Innerhalb der einzelnen Szenen treten neben den Handlungsträgern
auch Nebenpersonen auf: In 20,1-19 Abimelech, Abraham, Sarah,
Leute des Abimelech, Knechte und Mägde; in 21,8-21 Abraham,
Sarah, Hagar, Isaak, Ismael; in 21,22-34 Abimelech, Abraham, Pichol; in 22,1-19 Abraham, Isaak, zwei Knechte.

c)   Eigentümlich sind weiterhin Verstärkungen, wie in 20,5 oder in 21,10.

d)   Über die genannten Beobachtungen hinaus hat McEvenue[10] eine „remarkable identity in narrative procedure within the three central stories" erarbeitet, die drei wichtige Beobachtungen aufweist:

1. Vier Phasen in der Sequenz der Ereignisse:
   - Gott gibt einen für die menschliche Situation erschreckenden Befehl (20,13; 21,12; 22,2)
   - Abraham gehorcht (20,1-2a; 21,14; 22,3)
   - Gefährliche Konsequenzen treten ein (20,2b.18; 21,16; 22,9-10)
   - Gott greift ein und wirkt Gutes aus dem Bösen (20,6.7.17; 21,19-20; 22,11-13)

2. Die Rolle Gottes: Er verursacht das Problem, durch das es überhaupt erst zur Spannung im Text kommt. Gleichzeitig ist Gott aber auch die Ursache für die Lösung des Problems: Dies geschieht direkt im Geschehen, denn „the Elohist presents God's … intervention at the same level of action as anyone else in the drama. He is one of the players on stage."[11]

3. „Focus on inter-personal feelings"
   Am Beginn jeder Erzählung steht eine extreme emotionale Spannung:
   - Abraham ist im fremden Land und muss Sarah fortschicken
   - Abraham muss seine Nebenfrau und seinen Sohn fortschicken
   - Abraham soll seinen geliebten Sohn opfern

   Hier wird der Leser durch die Erzähltechnik in Angst und Zwiespalt einbezogen. (Man vergleiche die Redundanz in 21,2f. oder 22,6-8; Anm. d. Verf.in).

Schließlich fällt beim Betrachten des Verlaufs der einzelnen Handlungen inhaltlich auf, dass Abraham – und auch Abimelech – jeweils am Morgen בבקר nach einer Gottesoffenbarung durch Gottesrede und -erscheinung zu handeln beginnt (20,8; 21,14; 22,3). Da in 20,3.6 ausdrücklich betont wird, dass Gott nachts im Traum erscheint und redet, wird dies auch an den anderen Stellen impliziert sein. Auch wenn Gott am Tag redet, spricht er nicht direkt, sondern durch einen Gottesboten מלאך vom Himmel (21,17; 22,11). Das Handeln der Angeredeten, das unmittelbar auf die Gottesrede folgt, ist dabei jeweils von absolutem Gehorsam geprägt (20,8f.14-16; 21,14; 22,3ff.).

---

10 S. E. McEvenue, The Elohist at Work, ZAW 96 (1984), 315-332.
11 McEvenue, Elohist, 318f.

Innerhalb der Erzählungen ist der Erzählbogen so geführt, dass sich die handelnden Personen jeweils am Ende des Geschehens wieder an Ihrem Ausgangsort bzw. im Ausgangszustand befinden (20,1b-15.17f.; 21,22-32.34; 22,1-19.

Zudem sind alle Erzählungen geographisch im Süden des Landes lokalisiert, genauer in Gerar (20,1b.2) und Beerscheba (21,14.31f.; 22,19).[12]

3. Literarkritik von Gen 22,1-19

Der hier vorgeführte enge Bezug zu Gen 20-21 ergibt freilich allein noch keine ausreichende Basis für eine theologische bzw. theologiegeschichtliche Einordnung der vorliegenden Texte, auch wenn dieser Textbereich immer wieder als beispielhaft für das „Problem der elohistischen Texte"[13] gesehen wurde. Immer noch bestünde z. B. die Möglichkeit, dass zumindest Gen 22, wie bei Schmid[14] vorgeschlagen, in enger Verbindung zu Texten des Chronistischen Geschichtswerkes zu sehen ist. Diese Zuordnung hängt freilich stark von der Beurteilung des literarischen Charakters des hier vorliegenden Textbereichs ab, weshalb auf eine eingehendere Literarkritik von Gen 22 nicht verzichtet werden soll.

V. 1 eröffnet nach neuem Erzähleinsatz mit einer zeitlichen Einordnung und der Themenangabe die Erzählung, deren Spannungsbogen in V. 19 mit der Beschreibung eines Zustands endet.

Einer einheitlichen Zuweisung des Textes zu einem Verfasser, in unserem Falle zur elohistischen Schicht, stehen jedoch, wie vielfach diskutiert wurde, mehrere Probleme im Wege: Besonders auffällig ist der sekundäre Charakter der V. 15-18: Einerseits wirken die Verse störend im Rahmen der Erzählstruktur, da nach der Benennung des Ortes die Handlung eigentlich abgeschlossen ist (V. 14) und nur noch die Rückführung zum Ausgangsort fehlt (V. 19). Andererseits ergeben sich stilistische und inhaltliche Spannungen: Der Bote ruft zum zweiten Mal. Seine Rede ist aber stilistisch völlig verschieden von V. 1-14: Eine Antwort Abrahams auf die lange Anrede fehlt, die Sprache ist auffallend gedrängt. Zudem begegnen zwei für die Genesis singuläre Ausdrücke: בי נשבעתי (Schwören Gottes bei sich selbst) und נאם יהוה (Spruch Gottes), die beide erst aus späten schriftprophetischen Kontexten bekannt sind.

---

12 Für weitere inhaltliche Übereinstimmungen zwischen Gen 21,1-21 und Gen 22,1-19* s. O. Kaiser, Die Bindung Isaaks. Untersuchungen zur Eigenart und Bedeutung von Genesis 22, in: ders., Zwischen Athen und Jerusalem. Studien zur griechischen und biblischen Theologie, ihrer Eigenart und ihrem Verhältnis, BZAW 320, 2003, 199-224, 209f.

13 O. Kaiser, Grundriß 1, 74.

14 Schmid, Rückgabe, 294ff. (in Variation der These von Steins).

Wenn der V. 17 eine Zusammenfassung älterer Verheißungen bietet, sollte dies davor warnen, V. 15-18 J zuzuweisen.[15] Vielmehr fällt die Ähnlichkeit mit dem redaktionellen Abschnitt Gen 26,3-5 ins Auge: Die Vermutung liegt nahe, dass es sich um die gleiche redaktionelle Bearbeitungsschicht handelt, die Wert legt auf die Betonung der Nachkommen, auf die Bindung der Verheißung an das Tun des Menschen und auf den stellvertretenden Gehorsam Abrahams. Mit Recht hat jedoch schon R. Moberley[16] darauf hingewiesen, dass Bezeichnungen wie „‚secondary addition', ‚supplement', ‚appendix'" dem Charakter der V. 15-18 nicht gerecht werden. Er sieht hier den ersten „profound theological commentary"[17] zur elohistischen Erzählung, einen Kommentar, der gleichzeitig eine „konzeptionelle Verschiebung ... für die Vätergeschichte insgesamt"[18] bedeutet.

Auf die spätere Zufügung der V. 15-18 dürfte m. E. auch der Gottesname יהוה in V. 11 zurückgehen. Das auch stilistisch eindeutig parallel zu 22,11 formulierte Auftreten des מלאך אלהים in 21,17 weist wohl darauf, dass E diesen Terminus bevorzugt verwendet, und die Angleichung an V. 15 (יהוה) redaktionell erfolgte. Dass, wie als Gegenargument bemerkt wird, der Gottesname dann auch an allen anderen Vorkommen im Text hätte geändert werden müssen, verkennt die Tatsache, dass es hier um die Vorbereitung des erneuten Auftretens des Gottesboten geht.[19]

Das zweimalige JHWH in V. 14 steht inhaltlich (Ortsbenennung) und stilistisch (Wortspiel) in enger Verbindung mit Morijah in V. 2. Die Erwähnung Morijahs führt nun in der neueren Forschung zu weit reichenden Folgerungen für das Verständnis des gesamten Textkomplexes, wie dies besonders bei Konrad Schmid zu beobachten ist.

Bereits der Blick auf die textkritische Fragestellung zeigt, dass die antiken Übersetzer Schwierigkeiten mit dem Verständnis des an dieser Stelle stehenden Begriffs hatten, die nun freilich nicht mit textkritischen Argumenten zu lösen sind. Gleichwohl wird deutlich, dass der Begriff von ihnen nicht als ein bekannter Ortsname verstanden wurde!

15 Gegen J. Van Seters, Abraham in History and Tradition, 1975, 230, der freilich den ganzen Vers J zuweist.
16 R. W. L. Moberley, The Earliest Commentary on the Akedah, VT 38 (1988), 312-323.
17 Moberley, Akedah, 323.
18 Schmid, Rückgabe, 274; vgl. auch die hier vorgelegte Argumentation gegen die Vertreter einer synchronen Einordnung.
19 Die umgekehrte Lösung, die bei Veijola, Das Opfer des Abraham – Paradigma des Glaubens aus dem nachexilischen Zeitalter, ZThK 85 (1988), 129-164, vorgestellt wird (152 Anm. 131) und die die Engelserscheinung in Gen 21,17-18 für einen von Gen 22 her beeinflussten Zusatz hält, bei dem wiederum umgekehrt der Gottesname in *elohim* geändert worden sei, verkennt den inhaltlich-strukturellen Erzählrahmen in Gen 21 und wirkt auch ansonsten derart erzwungen, dass sie kaum rezipiert wird.

Geht man vom MT aus – und es gibt keinen Anlass dazu, dies nicht zu tun, da die Varianten lediglich die *lectio difficilior* bestätigen –, so ist zunächst auffällig, dass ein Land „Morijah" nirgends belegt ist. Die einzige – sehr späte – Parallele zu „Morijah" in II Chr 3,1 bezeichnet den Tempelberg in Jerusalem. Es erscheint daher als plausibel, „daß מריה von II Chr 3,1 her in Gen 22 eingedrungen ist."[20] Anders als Schmid, der hier einen Bezug des Grundbestandes von Gen 22 zur Chronik vermutet, spricht jedoch m. E. vieles dafür, dass der Name im Rahmen einer redaktionellen Bearbeitung, die das Geschehen nach Jerusalem verlegen will, auf literarischer Ebene sekundär in den Text eingedrungen ist. Dass mit dem מקום, an dem das Opfer vollzogen werden soll, eine Anspielung auf die dtn Kultzentralisationsforderung verbunden sei, und deshalb Jerusalem im Hintergrund des Ortes der Opferung stehe, wie dies Schmid in Aufnahme Veijolas[21] vermutet, ist angesichts der Verwendung des Begriffes מקום in den elohistischen Texten und mit den verschiedenen mit diesen Orten verbundenen Gottesbegegnungen hingegen kaum wahrscheinlich. Zu denken geben sollte vor allem die Tatsache, dass die wortspielartige Ortsbenennung in V. 14 den Namen Morijah gerade nicht aufgreift.[22]

Beachtet man, dass II Chr 3,1 Morijah als Berg, nicht aber als ארץ (V. 2a) bezeichnet und dass der Fortgang der Handlung nichts von einem Berg weiß, so wäre sogar denkbar, dass auch על אחד ההרים אשר אמר אליך „auf einem Berg, den ich dir sagen werde" redaktioneller Zusatz ist. Inhaltlich bestätigt sich dies dadurch, dass Abraham den Ort offensichtlich kennt (V. 3) und die Stelle des Opfers typisch für die E-Erzählung als מקום bezeichnet wird. Dies hat zur Konsequenz, dass wohl auch V. 14b mit seinem eindeutigen Bezug zu V. 2b הר der Hand des gleichen Redaktors zuzurechnen ist, der den Tempelberg als ausersehene Opferstätte Isaaks ausweisen will. V. 14b wirkt zudem wie eine inhaltliche Doppelung zu V. 14a und fällt auch stilistisch aus dem Rahmen: 14a erzählt die Benennung des Ortes nahezu parallel zu 21,31 (קרא und Name als Wortspiel) und wird somit – wie dort – unmittelbar vor dem Schlussvers der Erzählung stehen. Mit Kilian[23] und Jaroš[24] ist deshalb auch JHWH in V. 14a als Überarbeitung anzusehen (ursprünglich *el* oder *elohim*).

Eine derart umfassend eingreifende Redaktion muss einen Anhalt im Text vorgefunden haben (Möglichkeit zu einem Anklang an die Wurzel ראה!). So ist wohl die Annahme plausibel, dass im Grundbestand von V. 2 der schon

20 K. Jaroš, Die Stellung des Elohisten zur kanaanäischen Religion, OBO 4, ²1982, 197.

21 Schmid, Rückgabe, 291; T. Veijola, Opfer, 152f.

22 Eine Anspielung auf Jerusalem hält im Übrigen auch Schmid für denkbar unwahrscheinlich.

23 R. Kilian, Isaaks Opferung. Zur Überlieferungsgeschichte von Gen 22, SBS 44, 1970, 278.

24 Jaroš, Elohist, 199.

bei Gunkel vorgeschlagene Begriff אל יראה oder ähnlich ursprünglich sein könnte.[25]

Wenn damit als elohistischer Textbestand 22,1.2a*.3-10.11*.12-13.14a*. 19 anzunehmen sind, zieht dies weit reichende Folgerungen für die zeitgeschichtliche und theologische Einordnung der Texte nach sich.

4. Genesis 22,1-19* in seinem elohistischen Kontext

Aufgrund der aufgezeigten engen Bezüge ist daran festzuhalten, dass die engste Verbindung von Gen 22,1-19* in den unmittelbar vorausgehenden Texten Gen 20-21 zu suchen ist, wodurch ein Textkomplex vorliegt, der der elohistischen Schicht im oben genannten Sinne zugerechnet werden kann. Die hier nicht im Einzelnen vorzuführende Literarkritik ergibt dabei, dass die Erzählung von der Gefährdung der Ahnfrau in Gen 20,1-18 im Wesentlichen einheitlich ist (lediglich in V. 1a.14b.18 finden sich mögliche Nachträge). Bei der Geburtsgeschichte Gen 21,1-7 handelt es sich mit Westermann[26] möglicherweise als Ganzes um die Bildung eines Redaktors, lediglich 21,6 könnte wegen des Gebrauchs von *elohim* und wegen des für elohistische Texte typischen Wortspieles (צחק – יצחק) zu dieser Schicht zu rechnen sein. Die Erzählung der Vertreibung Hagars in 21,8-21 erweist sich als literarisch ebenso komplex wie die Erzählung vom Vertragsschluss zwischen Abraham und Abimelech in 21,22-32. Zur elohistischen Schicht können hier gerechnet werden 21,8-12.14-16.17b.19-21 und 21,22b-24.27.31-32*[27]. Über die ge-

---

25 Vgl. R. Lack, Le sacrifice d'Isaac – Analyse structurale de la couche élohiste dans Gn 22, Bib 56 (1975), 1-12.

26 Westermann, BK.AT I/2, 405. In die gleiche Richtung geht auch M. Köckert, Vätergott und Väterverheißung, FRLANT, 1988, 239 Anm. 394, der auf ein festes Geburtsschema verweist.

27 Die literarkritische Einordnung des in sich geschlossen wirkenden Textabschnitts Gen 21, 8-21 bereitet einige Schwierigkeiten. Dabei konzentriert sich die Problematik auf die V. 13 und V. 17f: Auffällig ist zunächst die identische Formulierung der beiden Volks-/ Mehrungsverheißungen in V. 13 und V. 18b, was auf eine Übertragung schließen lässt. M. E. ist jedoch nicht zu klären, ob und in welcher Richtung diese stattfand. Der gleiche Terminus begegnet sonst in Gen 46,3 weshalb mit einem engen Bezug zu rechnen ist. Die Abhängigkeit von 46,3 bzw. die Eintragung von dort in 21,13.18 weist Köckert umfassend nach, und stellt zugleich fest, dass derartige Verheißungen (Mehrung/Volk) von vornherein für einen über die Vätergeschichte weit hinausgreifenden literarischen Zusammenhang konzipiert sind (Köckert, Vätergott, 320-322). V. 13 und V. 18b sind somit als nicht ursprünglich im elohistischen Textbestand anzusehen. Weitere inhaltliche Beobachtungen bestärken und erweitern diesen Befund: In V. 13 weist nicht nur der Anschluss mit וגם auf eine nachträgliche Begründung; es befremdet auch, dass entgegen der parallelen Gestaltung von Auftrag Gottes und Handeln Abrahams in Gen 22 hier Abraham erst aufgrund einer zusätzlichen Bestätigung/Verheißung gehorcht. Gleiches gilt für V. 17f. im Vergleich zu Gen 22,11-13: Bei der auffälligen Parallelisierung stört die völlig

verschiedene Art der Begründung. Noch auffälliger aber ist die Spannung zwischen V. 16.19 und V. 17: Hagar weint (16) – der Bote Gottes ruft sie an (17b) – Gott öffnet ihr die Augen. Im Widerspruch dazu steht die doppelte Angabe, Gott habe die Stimme des Knaben gehört (17a.c), die Konzentration auf den Knaben (18a) und der Subjektwechsel innerhalb der Rede des Boten (17b – 18b „Ich"). Somit sind wohl 21,13 und 21,17a.c.18 spätere Nachträge der gleichen Redaktionsschicht wie in 46,3, wobei im Zusammenhang der Eintragung ein dem Charakter der elohistischen Schicht nachempfundenes Wortspiel zum Namen Ismael eingefügt wurde. V. 12b hingegen bietet einen sinnvollen Rückbezug zu V. 10 ירש und wohl auch den Hintergrund für 22: Die Nachkommenlinie scheint ja dort durch den Befehl gefährdet. Der Textbestand umfasst somit 21,8-12.14-16.17b.19-21.

Gen 21,22-34 scheint durch den Erzähleinsatz in V. 22 und die abschließende Zustandsbeschreibung in V. 34 (auf die in 22,1 wiederum ein neuer Erzähleinsatz folgt) klar abgegrenzt. Allerdings verweist Westermann richtig darauf, dass V. 22 einen abrupten und schwer verständlichen Übergang zu V. 21 bildet. (Westermann, BK.AT I/2, 425) Da der Terminus „zu dieser Zeit" formelhaften Charakter hat und in inhaltlicher Spannung zu V. 32 steht (dort geht Abimelech weg, obwohl sein Kommen nicht berichtet wird), ist damit zu rechnen, dass in V. 22a eine redaktionelle Überleitungsformel vorliegt und der ursprüngliche Erzählanfang verloren ging. Noch problematischer sind die abschließenden V. 33f.: V. 34 scheint sich durch das Fremdlingsein auf V. 23 zurückzubeziehen, impliziert aber, dass Abraham sich direkt bei Abimelech aufhält. Dagegen wohnt er in der Erzählung eindeutig in Beerscheba (31f.), nachdem er zuvor bei Abimelech als Fremdling gelebt hat (23). Dass V. 34 zusätzlich in Anachronismus vom „Land der Philister" redet, weist ebenfalls auf eine späte Herkunft des Verses. V. 34 ist somit eindeutig ein sekundärer Nachtrag, der wohl zudem für die Einfügung des Philisterlandes in V. 32 verantwortlich ist.

Aber auch V. 33 steht in keinem Zusammenhang mit der Erzählung: Darauf weist schon das Bestreben der Übersetzungen, „Abraham" hier einzufügen. Zudem begegnet der Gottesname JHWH, der nicht als einzelner Zusatz zu streichen ist: Vielmehr handelt es sich bei dem „ewigen Gott" um ein Appellativ, das hier als JHWH-Epitheton eingeführt wird und auch in anderen späten Formeln begegnet (vgl. Köckert, Vätergott, 77f.). Deshalb kann V. 33 nicht zum elohistischen Bestand gehören. Als Schluss des Textes bleibt V. 32, der entsprechend der elohistischen Erzählweise die handelnden Personen wieder in den Ausgangszustand zurückführt und so einen Abschluss des Erzählbogens bildet.

Da die beiden Schichten des Textes (A =22-24.27 und B = 25f.28-30; die V. 31f. sind umstritten) ohne Bezüge nebeneinander stehen, was im elohistischen Erzählstil vollkommen untypisch und einmalig wäre, ist es kaum möglich, den ganzen Text dieser Schicht zuzurechnen. Ebenso fraglich ist auch die Zuweisung beider Schichten zu verschiedenen Quellen, weil für B keinerlei Anhaltspunkte vorliegen. M. E. bilden jedoch die V. 22-24.27 (= A) und 31-32 eine fortlaufende Erzählung, die elohistisch sein kann: Neben dem Gottesnamen elohim in V. 23 ergeben sich Bezüge zu Gen 20 (z. B. die Beziehung Abrahams zu Abimelech גור, „Mit-Sein Gottes", s. unten) und zur Erzählweise (Erzählbogen V. 22-32; Rückverweise wie שניהם in V. 27 u.31; Wortspiel שבע in V. 24 u. V. 31). Innerhalb dieser Erzählung ist möglicherweise V. 32a mit dem nochmaligen Hinweis auf die Abmachung und auf Beerscheba als Nachtrag anzusehen. Die V. 25f.28-30 sind dagegen einer späten Bearbeitung zuzurechnen, die eine zweite Ätiologie des Namens Beerscheba vornahm (so, wenn auch mit anderen Voraussetzungen Blum, Vätergeschichte, 412-418), wobei es sich um eine noch sehr spät mündlich umlaufende Überlieferung handeln könnte.

nannten Berührungen hinaus ist diesen Texten ein verfeinertes ethisches Bewusstsein im Blick auf die Darstellung Abrahams eigen, das als typisch elohistisch angesehen wird und hier in eigentümlicher Weise mit dem Eingreifen
Gottes verbunden wird[28]:

Die genannten Verbindungen zu Gen 20 und die Thematik der Erzählung veranlassen
Blum dazu, in 20,1b-18 und 21,22-24.27.34 eine Episode bzw. eine zusammenhängende
Abraham-Abimelech-Geschichte zu sehen, die erst nachträglich getrennt wurde (Blum,
Vätergeschichte, 417f.). Diese Annahme ist aber nur dann sinnvoll, wenn man mit Blum
die Beerscheba-Elemente in 21,22-34 sämtlich für eine Bearbeitung hält, was aber 21,14;
22,19 widerspräche, wo wiederum Beerscheba der Wohnort Abrahams ist. In der Konzeption der drei Kap. durch E ist der Text an seinem Ort durchaus sinnvoll, weil diese
Anordnung die einzige Möglichkeit bietet, die vorgegebene Ismaeltradition (21,8-21)
einzubauen – abgesehen davon, dass hier vor Textumstellungen grundsätzlich zu warnen
ist. Als elohistisch gelten kann somit: 21,22b-24.27.31-32*.

28 Deutlich wird diese Ethisierung besonders im Blick auf die direkten Vorlagen in Gen
12,10-20 und 16,1-14*. Die neueste Diskussion zu dieser Frage findet sich bei H.-C
Schmitt, Menschliche Schuld, göttliche Führung und ethische Wandlung. Zur Theologie
von Gen 20,1 - 21,21* und zum Problem des Beginns des „Elohistischen Geschichtswerks", in: M. Witte (Hrsg.), Gott und Mensch im Dialog, FS O. Kaiser, BZAW 345/1,
2004, 259-270.

Während sich Abraham in Gen 12,16 dadurch bereichert, dass er Sarah dem Pharao ausliefert, erhält er in 20,14 die Geschenke erst, nachdem Sarah ihm unberührt zurückgegeben wird. Die geradezu selbstsüchtige Weise mit der Abraham in 12,11-13 Sarah befiehlt,
sich als seine Schwester auszugeben, um letztlich auf ihre Kosten am Leben zu bleiben,
wird in 20,13 deutlich abgemildert: Die חסד, um die Abraham Sarah bittet, weist auf eine
enge Beziehung im menschlichen Miteinander, die eine weit über das Selbstverständliche
hinausgehende Haltung Sarahs bewirkt. Schließlich wird in diesem Zusammenhang die
offensichtliche Lüge Abrahams (12,12.18f.) in 20,12 aufgehoben: Sarah ist tatsächlich
Abrahams Halbschwester.

Ähnliches ist in 21,8-21 zu beobachten: Während Abraham in Gen 16 dem Wunsch Sarahs ohne Zögern nachgibt, ist er in 21,11 dazu zunächst nicht bereit. Erst auf die ausdrückliche Weisung Gottes hin entlässt er seine Magd und kümmert sich zudem in 21,14
in fürsorglicher Weise um sie, solange es geht.

Die einfühlsame und gefühlvolle Schilderung des Handelns Abrahams erinnert an Gen
22: So wie dort Abraham als Vorbild des Gottesfürchtigen gezeigt wurde, scheint er auch
in seinem mitmenschlichen Verhalten vorbildlich zu sein. Dennoch bleibt das Geschehen
zunächst unverständlich: So geht es in Gen 20 nicht mehr allein um das Erzählen eines
Vorfalls, sondern um die Frage von Schuld und Unschuld Abrahams und Abimelechs
(vgl. Die auffällige Häufung von Vokabular aus dem Rechtsbereich in V. 4-7.9f.). Während Abimelech aber in V. 6 von Gott freigesprochen wird, münden die dreimaligen An-
klagen an Abraham (V. 9-l0) zwar in eine Entschuldigung bzw. Verteidigung, nicht aber
in einen Freispruch Abrahams. „Abrahams Schuld wird nicht verkleinert, nicht vertuscht,
sie wird ... scharf herausgestellt" (Westermann, BK.AT I/2, 397f.). Die Art der Antwort
in V. 11 impliziert, dass Abraham um die Gottesfurcht des Heiden Abimelech hätte wissen können und seine Aussage über Sarah schwächt die Lüge nur insoweit ab, als Abraham eben nicht die volle Wahrheit gesagt hat. Die Lösung der menschlich verfahrenen
Situation geschieht durch das Eingreifen Gottes in seiner Begegnung mit Abimelech.
Trotz oder gerade angesichts der menschlichen Verstrickung in Unwahrheit und Schuld

Dass eine enge Verbindung zwischen Gen 22 und dem vorangehenden Kapitel 21 mit seinen zwei großen Erzählungen der Vertreibung der Hagar und dem Vertragsschluss zwischen Abraham und Abimelech besteht, sieht auch K. Schmid, der Gen 22 trotzdem als literarhistorischen Solitär bezeichnet, der lediglich literarisch an die Abrahamserzählungen angeschlossen sei und den Zusammenhang von Gen 12-21 voraussetze.[29] Methodisch schwierig erscheint aber die Vorgehensweise, die seit langem beobachteten engen Beziehungen des Textes bis in die Wortwahl mit anderen Texten der Genesis und die von daher erfolgende Zuweisung dieser Texte zusammen mit Gen 22 zur gleichen kompositorischen oder redaktionellen Schicht als nicht hinreichend zu betrachten, die Berührung mit I Chr 21 hingegen, die eine reine Motivberührung darstellt, als direkte Aufnahme in Gen 22 zu sehen.

Die Tatsache, dass die in der Chronik geschilderte Versuchung durch den Satan, nicht durch Gott selbst erfolgt und zudem mit einem völlig anderen Verb formuliert wird, veranlasst Schmid, hier eine „in gewissem Sinne chronik-kritische Theologie"[30] zu erkennen. Freilich erscheint der umgekehrte Vorgang dem Konzept der Chronistischen Texte insgesamt eher zu entsprechen, nämlich dass der Verfasser dieses chronistischen Textes die Radikalität des elohistischen Gottesbildes, bei dem Gott selbst die Ursache des Bösen ist durch die Verlagerung auf den – freilich untergeordneten und nicht selbständigen – Satan im Sinne einer Theodizee zurücknimmt.[31]

---

wendet Gottes Wille alles zum Guten: Sarah wird zurückgegeben, Abraham wird nicht barsch ausgewiesen (12,19f.), sondern reich beschenkt, weil Gott Sarah bewahrt hat – und: Abraham wird zum Fürbitter und Retter Abimelechs, weil er von Gott als Prophet ausgewiesen wurde. Dass somit die Frage nach dem Verhalten Abrahams nur im Blick auf das Gottesverständnis zu klären ist, zeigt sich noch deutlicher an Gen 21: Hier ergibt sich die Spannung daraus, dass Gott die Härte und Grausamkeit Sarahs nicht nur duldet, sondern gegen die Erwartung Abrahams (und der Leser) die Ausstoßung Hagars als seinem Willen entsprechend explizit veranlasst. Diesem Willen zu folgen ist Abraham bereit. Wie in Gen 20 durchkreuzt Gott auch hier die Vorstellungen Abrahams; wie in Gen 22 fordert Gott von Abraham ein Opfer und ist in seiner Forderung zunächst unverständlich; wie in Gen 20 führt Gottes Eingreifen das Geschehen trotz und angesichts des menschlichen Verhaltens zu einer heilvollen Lösung, indem er die Beteiligten die Erfahrung der Rettung machen lässt. In allen drei Kapiteln ist, wenn auch in unterschiedlicher Weise, Abrahams Verhalten mit dem zunächst verborgenen und dann rettenden Eingreifen Gottes verknüpft, und daher nur von der Art dieses Eingreifens her verständlich.

29 Schmid, Rückgabe, 297.

30 Schmid, Rückgabe, 296. Diese Einschätzung erscheint angesichts der perserzeitlichen Datierung des Textes durch Schmid als verwunderlich.

31 S. Japhet, The Ideology of the Book of Chronicles and Its Place in Biblical Thought, BEATJ 9, 1989, 145-149, hat freilich erarbeitet, dass es sich bei der Figur des Satans in I Chr 21 lediglich um einen Gegner Davids handelt, der in keinerlei Bezug zu Gott oder einer von Gott veranstalteten Versuchung steht. Die Aufnahme des Motivs durch Gen 22 wird dadurch umso unwahrscheinlicher.

Nachdem schon von Rad[32] eine heilsgeschichtliche Interpretation des Textes vertreten hatte, tritt die damit verbundene Thematik der Gefährdung der Verheißung in den neueren Untersuchungen vor allem wegen der Nennung Morijahs und wegen des möglichen Bezuges zu Gen 12 wieder in den Vordergrund.

Die von Steins[33] und Schmid festgestellten Berührungen zwischen Gen 22 und Gen 12,1-2 sind im Blick auf einzelne Begriffe, wie das selten begegnende לְךָ לֶךְ, nicht von der Hand zu weisen. Kompositionell bestehen jedoch, wie Blum dargestellt hat, wesentlich engere Bezüge zwischen Gen 12,1-3 zu Gen 26,2f.*; 31,13b* und 46,3f.*[34], so dass es nur im Rahmen des Erzvätergeschichte-Modells von K. Schmid möglich ist, von einer Aktivierung von Gen 12,1-3 als Ecktext im Rahmen des intertextuellen Zusammenhangs von Gen 22; 12 und 21 zu sprechen. Auch wenn „Gen 12,1-3 nicht über Gen hinausblickt"[35], erscheint doch die Einschätzung Blums nach wie vor als plausibel, dass Gen 12,1-3 „in kompositioneller Funktion auf den großen Kontext hin angelegt" ist, „ist hier doch der Anfang des Weges Abrahams programmatisch gestaltet."[36] Der Bezug zu Gen 12,1ff. (und zu 21,2, wo die Verheißung ebenfalls nicht erwähnt wird) kann also kaum die Beweislast eines heilsgeschichtlichen Erzählbogens mit dem großen Thema der Gefährdung der Verheißung der Volkwerdung tragen. Die durch den Bezug zu Jerusalem als Problem für ganz Israel verhandelte Rückgabe der Verheißung, die im Text von Abraham gefordert wird, ist als theologisches Konzept m. E. nicht in der elohistischen Grundschicht, sondern eher in deren Ergänzung in Gen 22,15-18 (und die mit ihr verbundene Einfügung Morijahs) und deren expliziter Wiederholung der Mehrungsverheißung zu erkennen.

Eine Fortführung der in Gen 20-22 vorliegenden elohistischen Schicht, die auch enge theologische Berührungspunkte aufweist, findet sich hingegen, wie von H.-C. Schmitt überzeugend erarbeitet, im Erzählzusammenhang der Jakobserzählungen.[37] Hier lassen sich in Gen 29,31 - 30,24*; 29,24.29; 28,10-22*, 31*; 32f.* kompositionelle Bezüge feststellen[38], die schließlich auch

---

32 G. von Rad, Das erste Buch Mose. Genesis, ATD 2-4, 1952, 203-209.
33 Steins, Bindung, 135-147; Schmid, Rückgabe, 286.
34 Blum, Vätergeschichte, 300.
35 K. Schmid, Erzväter und Exodus. Untersuchungen zur doppelten Begründung der Ursprünge Israels innerhalb der Geschichtsbücher des Alten Testaments, WMANT 81, 1999, 105.
36 Blum, Vätergeschichte, 299. Für eine genaue sprachliche Untersuchung von 12,1ff. s. J. Diehl, Die Fortführung des Imperativs im Biblischen Hebräisch, AOAT 286, 2004, 364-366.
37 H.-C. Schmitt, Die Erzählung vom Kampf Jakobs am Jabbok Gen 32,23-33 und die elohistische Pentateuchschicht, in: ders., Theologie in Prophetie und Pentateuch. Gesammelte Schriften, hrsg. U. Schorn und M. Büttner, BZAW 310, 2001, 165-188.
38 Vgl. hierzu eingehend, Schorn, Ruben, 73-76.

einen Anschluss an Gen 20-22* ermöglichen: Neben der Angabe in 28,10 nach der Beerscheba die Heimat auch Jakobs ist, gehören dazu die Vorstellung vom Mit-Sein Gottes auf dem Weg (Gen 21,22; vgl. 32,2), das Reden Gottes in Träumen (vgl. 28,20-22; 31,11-13), die Benennung eines מקום durch Jakob mit typischer Formel infolge einer Gottesbegegnung (vgl. Pnuel 32,31, Mahanajim 32,3, Bethel 28,19), die Erscheinung von Gottesboten (vgl. 21,17; 22,11 und 28,11ff.) und das Sichtbarwerden Gottes selbst (vgl. Gen 22 und Gen 32,27-30) sowie das Festhalten am Vertrauen auf Gott trotz dessen Verborgenheit, die neben Gen 22 auch in Gen 32* Folgen für das menschliche Miteinander hat.[39] Umgekehrt dient beim Vertragsabschluß Jakobs mit Laban in Gen 31,42.53 der „Gott Abrahams" als Vertragszeuge. Möglicherweise ergeben sich darüber hinaus sogar weitere Bezüge zur elohistischen Schicht in der Josephsgeschichte und zur Bileamgeschichte[40], die jedoch umstritten und für den vorliegenden Beitrag nicht ausschlaggebend sind.

5. Abraham als theologische Gestalt zwischen Gottesfurcht, Gehorsam und Vertrauen

Dass die Erzählung in Gen 22 als eine Erprobungs-/Versuchungsgeschichte der Gottesfurcht Abrahams gezeichnet wird, zeigt zum einen die ausdrückliche Themaangabe in 22,1, zum anderen der Höhepunkt der thematisierten Geschehnisse in V. 12, wo die Gottesfurcht als Ziel und Lösung der Versuchung gleichzeitig auch das Ziel der Erzählung bildet.

Die Grundbedeutung von נסה *pi.* macht deutlich, was durch die Erzählstruktur gestützt wird: Hier geht es um ein von Gott veranstaltetes (Inversion in 22,1!) Auf-die-Probe-Stellen Abrahams, das auf die Erforschung seines Gewissens, vor allem aber auf seine Bewährung zielt, also seine Gottesfurcht zeigen soll. Dabei fällt auf, dass zwar der Leser, nicht aber der auf die Probe gestellte Abraham weiß, dass es sich um eine Prüfung handelt, so dass beider Perspektive erst bei der Lösung durch die Gottesrede in V. 12 zusammenkommt (Gottesfurcht). Selbst wenn in Gen 20 nicht explizit von einer „Versuchung" die Rede ist, könnte man auch dort eine Erprobung der Gottesfurcht sehen, die allerdings Abraham und Abimelech betrifft. Freilich ist Abraham dort nicht völlig ohne Schuld, während er in Gen 22 die Prüfung in vorbildlicher Weise besteht.

Zu fragen ist nun, worin genau die Prüfung besteht und wie sich das Bestehen äußert: Van Seters[41] und Westermann[42] sehen die Versuchung in Gen

---

39 Schmitt, Kampf Jakobs, 187f.

40 Vgl. H.-C. Schmitt, Die nichtpriesterliche Josefsgeschichte, BZAW 154, 1980, 94-100; ders., Kampf Jakobs, 181.

41 Abraham, 239.

22 in der Nähe dtn/dtr. Vorstellungen, wo es um den Gehorsam gegenüber dem in den Geboten unmissverständlich mitgeteilten Gotteswillen geht. Schon Blum verweist aber darauf, dass weder die Phraseologie noch die Vorstellung einer Prüfung des Volkes (dtr.!) mit Gen 22 übereinstimmt.[43] Zudem ist die Problematik unterschiedlich: Statt der Gehorsamsprobe begegnet hier das Problem des uneigentlichen Gotteswillens, da erst in der Lösung des Konflikts (V. 12) der wirkliche Gotteswille sichtbar wird, der im Widerspruch zum Opferauftrag (V. 2) stehen würde, falls dieser das eigentliche Gottesgebot wäre.

Wenn K. Schmid im Anschluss an Veijola für die Interpretation der Gottesfurcht allein auf Gen 22,12 und den dort ausgedrückten „bedingungslose[n] Gehorsam des Abraham gegenüber Gott und seinem Gebot"[44] zurückgreift, so erscheint dies auch angesichts der Komplexität des Textes als zu kurz gegriffen. Offensichtlich steht Abraham hier, wie gezeigt werden soll, in einem Spannungsfeld von Gottesfurcht, Gehorsam und Vertrauen, bei dem keine der Komponenten gegen die andere ausgespielt werden sollte.

Zunächst ist dabei auf Hans-Christoph Schmitt zu verweisen, der betont, dass der eigentliche Inhalt der Versuchung über den reinen Gehorsam hinaus im Gottvertrauen und in der Liebe/Treue zu Gott im Leiden oder in „dunklen" Widerfahrnissen liegt, also gerade da, wo der Wille Gottes zunächst „undurchsichtig" erscheint. Diese Problematik, die über das von Steins beschriebene „Vertrauen auf Gottes gnädige Führung" hinausgeht, ist eher weisheitlichen Vorstellungen eines Festhaltens im Leiden als einer dtn/dtr. Interpretation zuzuordnen[45] und findet ihre inhaltliche Entsprechung im Hiobprolog, dort freilich in einer vom Satan veranstalteten Prüfung (vgl. I Chr 21).

Wie stark das Leiden Abrahams im Text verankert ist, zeigt ein Blick auf die Erzählweise: Gottes Anrede an Abraham ist zunächst offen, und wird mit der ebenso offene Bereitschaft signalisierenden Aussage hinreichend beantwortet. Dann aber erfolgt unerwartet der Befehl zum Opfer des Sohnes, wobei Isaak dreifach bezeichnet wird: Gott fordert den Sohn, den Abraham lieb hat, den einzigen! Abraham wird damit gezeigt im Widerstreit der Gefühle, im Konflikt zwischen Sohnesliebe und Gottesliebe. Der innere Kampf wird durch die die Gedanken der Leser in enger Weise am Text führende redundante Erzählweise in V. 3-10 weiter ausgestaltet: In V. 5 bringt die Rede an die Knechte eine Verzögerung, mit der die Einsamkeit auf dem Weg gesteigert wird; die enge Verbundenheit mit dem Sohn zeigen die Fürsorge in V. 6a, das zweimalige „und gingen die beiden miteinander" in V. 6b.8b (und

---

42 BK.AT I/2, 435f.
43 Blum, Vätergeschichte, 329.
44 Schmid, Rückgabe, 289.
45 Vgl. Veijola, Opfer, 151

V. 19!), und vor allem der Dialog in V. 7-8a („mein Vater" – zweifaches „mein Sohn")[46].

Dass Abraham diesen gehorsamen Weg durchs Dunkel nur aufgrund seines Vertrauens zu Gott besteht, ist hier bereits im Vorgriff für den Zusammenhang von Gottesfurcht und Versuchung zu sagen, bevor wir uns einer weiteren Möglichkeit zuwenden, ebendiesen Zusammenhang zu klären: In der Theophanieszene in Ex 20,1b.20f. findet sich eine weitere Stelle, an der die Versuchung (נסה) in signifikant gleicher Weise mit Gottesfurcht verknüpft ist (Ex 20,20). Die nähere Untersuchung der Texte zeigt aber noch andere Übereinstimmungen mit Gen 22:

Wie in Gen 22 (und 20) entfaltet der nach der älteren Forschung der gleichen Schicht zuzuordnende und somit möglicherweise identische elohistische Verfasser auch in Ex 20 eine reflektierte Deutung bzw. Interpretation einer älteren Vorlage: Ziel des Handelns Gottes durch die Erprobung ist die Bewährung der Gottesfurcht durch Israel (vgl. Abraham/Abimelech). So „kommt" Gott (Ex 20,20, vgl. Gen 20,3, wo dies zusätzlich in die Vorlage eingetragen ist) in die Welt der Menschen, um sie auf die Probe zu stellen. Die Furcht der Menschen bei seinem Erscheinen wehrt der selbst oder durch einen Boten redende Gott durch die Formel entweder ab (Ex 20,20), oder er beruhigt die Furchtsamen (vgl. Gen 21,17).

In Gen 22,12b und Ex 20,20 steht die Gottesfurcht jeweils in einem mit כי eingeleiteten Begründungssatz. Wie in Gen 22 begegnet auch in der Theophanieszene das Wortspiel ראה (Ex 20,18b) / ירא.

Es gilt nun auf diesem Hintergrund „Gottesfurcht" näher zu bestimmen: Da in Ex 20 / Gen 20 חטא als Gegenbegriff zu Gottesfurcht erscheint, liegt es zunächst nahe, hier eine sittlich-menschliche Grundhaltung zu vermuten. Tatsächlich geht es in Gen 20 um Ehrfurcht und Gehorsam gegenüber Gottes Gebot bzw. Achtung und Respekt vor Ehre und Leben des Fremden, also offensichtlich wirklich um eine allgemein geltende Haltung. So stellt denn auch Becker wegen der moralisierenden Tendenz der elohistischen Texte bei den Gottesfurcht-Belegen einen einheitlichen allgemein-menschlichen Begriff sittlicher Prägung fest[47], der eindeutig auf weisheitlichen Einfluss zurückführe und „vom internationalen ‚Humanismus' der Chokma her zu interpretieren"[48] sei. Abgesehen davon, dass dieser Bezug zum Humanismus der Chokma unverständlich ist, und dass Becker den Zusammenhang von Gottesfurcht und Prüfung übersieht, muss weiter auffallen, dass die Gottesfurcht bei Abraham gleichsam zugespitzt eine neue Tiefendimension erhält, die den Bereich des Menschlich-Sittlichen bei weitem übersteigt. Zudem bildet die

---

46 Der Konflikt Abrahams wird durch die Anrede Isaaks (V. 7), die der Anrede Gottes gleicht (V. 1), noch verstärkt. Abraham hört beiden in gleicher Weise zu.
47 J. Becker, Gottesfurcht im Alten Testament, AnBib 25, 1965, 193.283.
48 Becker, Gottesfurcht, 193.

Gottesfurcht in Ex 20 (und in gewisser Weise auch in Gen 20) ja erst die Voraussetzung für ein sittliches Handeln, denn das Volk hat dadurch rechte Gottesfurcht bewiesen, dass es nicht versucht hat, der Gotteserscheinung zu nahe zu treten. Hier zeigt sich m. E. ein Aspekt des Wortspiels „sehen" und „fürchten": Gottesfurcht bedeutet, Gott von ferne zu sehen (Ex 20,18b; auch Abraham sieht von ferne: Gen 22,4!), ihn in seiner Bedrohlichkeit zu erkennen (Gott fordert das Opfer des Sohnes!) und in ehrfürchtiger Unterwerfung seine Transzendenz und Verborgenheit anzuerkennen.[49] Das Wortspiel besitzt freilich noch eine andere, genauso wichtige Komponente: Wenn Abraham in seinem Leiden/Konflikt auf die Frage Isaaks antwortet: „Gott wird sich erse-hen" (22,8), was wortspielartig auf die Stätte des Opfers bezogen ist (22,2.14a), so wird hier nicht die beruhigende Antwort eines liebenden Va-ters gegeben, sondern der eigentliche Schlüssel zum Verständnis: Abraham nimmt den guten Ausgang in Erwartung vorweg, im Vertrauen darauf, dass der Auftrag zum Opfer nicht Gottes letztes Wort war. Im Vertrauen darauf, dass Gott ein Opfertier ausersehen und Isaak verschonen wird, ist Abraham gottesfürchtig.

Von hier aus ist im Sinne der Ausgangsfrage nochmals ein Blick auf die Bewährung der Gottesfurcht durch Abraham zu werfen:

Dass es in Gen 22 nicht ausschließlich um eine Gehorsamsprobe geht, wurde bereits gesagt. Trotzdem wird in der Forschung richtig erkannt, dass beim Erweis der Gottesfurcht der Gehorsam Abrahams von zentralem Ge-wicht ist, dass hier ein Weg des Gehorsams geschildert wird, auf dem Abra-ham sich als absolut gehorsam gegenüber dem göttlichem Wort erweist:

Schon die Antwort Abrahams in V. 1 הנני zeigt seine Bereitschaft, auf den göttlichen Befehl zu hören, der an ihn in dreifacher Weise ergeht: Nimm dei-nen Sohn – geh in das Land – opfere ihn als עלה.

In auffälliger Parallele zu Gen 20,8f., wo Abimelech sofort nach der Rede Gottes gehorcht, und 21,12f., wo Abraham bereitwillig die göttliche Weisung befolgt, die an ihn ergeht, schreitet er auch hier am Morgen ohne Fragen oder Murren zur Tat: In V. 3 nimmt er seinen Sohn, bereitet das Opfermaterial vor und geht in Richtung der Opferstätte. Im weiteren Verlauf zeigt dann die er-wähnte Redundanz der Erzählung nicht nur das Leiden, sondern auch den Gehorsam Abrahams, wenn in V. 9f. die eigentlichen Opfervorbereitungen bzw. der unmittelbar bevorstehende Vollzug des Opfers geschildert wird, der in einer erneuten Bereitschaft zum Gehorsam gipfelt: הנני (V. 12, vgl. V. 1).[50]

---

49 Vgl. Schmitt, Erzählung, 93.
50 Befehl, Befolgung des Befehls und dessen Auflösung erfolgen jeweils dreifach: 2b קח (nimm), 2d ולך (und geh), 2e והעלהו לעלה (und opfere) aufgenommen in 3c ויקח, 3d עצי עלה Feuerholz, 3f וילך, aufgelöst in V. 13: 13d וילך, 13e ויקח, 13f ויעלהו לעלה (figura etymologica aus 2e).

Schon aus der genannten Bestimmung von Gottesfurcht wird aber deutlich, dass dieser Gehorsam kein blinder Kadavergehorsam ist, sondern untrennbar mit dem unerschütterlichen Vertrauen zu Gott verbunden bleibt. Ein nochmaliger Blick auf den Text zeigt, dass dieses Vertrauen erst die Grundlage für jeden Gehorsam bildet.

Offensichtlich handelt Abraham von Anfang an in dem Vertrauen, dass sich Gott als der zuwendende Gott auch dann erweisen wird, wenn er scheinbar Sinnloses fordert. Dies wird nicht nur aus der bereits erwähnten Antwort an Isaak ersichtlich, sondern auch aus dem Wort an die Knechte in V. 5: „wir wollen zu euch kommen". Dieses Vertrauen wird in V. 12f. bestätigt, wo der er-sehende Gott sich in einer neuen Kundgabe seines Wortes zu-wendet und Abraham sehen lässt (וירא, V. 13).

An diesem Höhepunkt der Erzählung mit der abschließenden Benennung des Ortes laufen also die drei aufgezeigten Linien der Erzählung zusammen: In der Erfahrung des Leidens, in das Abraham durch Gottes Prüfung gestellt wird, ist Abraham bereit, dem zugleich deutlichen und verborgenen Willen Gottes gehorsam zu sein, weil er in unbedingtem Vertrauen an seinem Gott festhält, daran festhält, dass der verborgene Gott sich sichtbar und Leben schenkend zuwenden wird. Solchermaßen gekennzeichnet kann Abraham in einzigartiger Weise vorbildlich in seiner Gottesfurcht sein, und der Ort einen entsprechenden Namen erhalten (V. 14).

6. Die Funktion der Gestalt Abrahams und ihre theologiegeschichtliche Einordnung

Die Untersuchungen zur Gestalt Abrahams haben gezeigt, dass der elohistische Verfasser diese Hauptfigur seiner Erzählungen theologisch besonders auszeichnet und ihr damit paradigmatische Züge verleiht. Abraham trägt vorbildhafte Züge, die nicht so sehr dadurch begründet sind, dass er als Stammvater Israels gilt (die Sohnesverheißung steht nicht im Vordergrund), sondern dadurch, dass Abraham als der exemplarisch Glaubende Israel gegenübergestellt wird. Damit ist freilich die Funktion der Gestalt Abrahams noch zu allgemein gefasst: Ziel kann es nicht gewesen sein, eine *theologia perennis* zu verfassen – vielmehr muss eine ganz bestimmte Situation in Ort und Zeit im Blick gewesen sein. Schon allein mit Hilfe der vorliegenden Texte Gen 20-22 lassen sich einige Anhaltspunkte gewinnen, die durch die Verbindung mit den elohistischen Texten der Jakobstraditon noch an Aussagekraft gewinnen:

Vieles spricht für eine Lokalisierung der Erzählungen im Nordreich: Einen Hinweis bietet zunächst die mehrfache Betonung von Beerscheba als Wohnsitz Abrahams, wo auch Jakobs Heimat liegt. Diese Südtradition dürfte auch aus theologischem Interesse aufgenommen sein, da Beerscheba noch zur Zeit des Amos bzw. seiner Schule ein bekannter und beliebter Wallfahrtsort der Nordreich-Pilger war (vgl. Am 5,5; 8,14)[51].

Für einen Bezug zum Nordreich spricht auch die Betonung des Ostjordanlandes, die möglicherweise in der Erzählung über Ismael anklingt, aber besonders deutlich in den Jakobserzählungen hervortritt.[52]

Ebenfalls aus theologischem und aus historischem Interesse wird wohl auch die Tradition des Vertragsabschlusses mit Abimelech Eingang in den Text gefunden haben, denn die dort gezeigte Symbiose mit dem Kanaanäern entspricht in auffälliger Weise der Situation des Nordreichs, wo die Israeliten in Nachbarschaft, „Wirtschaftsbündnissen" und „teilweise auch voller Symbiose"[53] mit den Kanaanäern lebten. In dieser Situation liegt es nahe, dass der Verfasser vor einem „beschränkten Freund-Feind-Denken"[54] warnt, und auf die Möglichkeit der Gottesfurcht und die Möglichkeit der Zuwendung Gottes auch außerhalb Israels weist. Im gleichen Zusammenhang wird aber auch die Sonderstellung Israels deutlich, die durch seine Gottesbeziehung ermöglicht wird.

Der sich zuwendende Gott ist der eine Gott, der Gott Israels, der – und man darf hier Abraham geradezu als Repräsentanten Israels sehen – dieses Volk durch sein Mit-Sein, seinen Beistand auszeichnet.[55] Dies ist von den

---

51 Vgl. dazu u. a. Schmitt, Menschliche Schuld, 268f. Zur religiösen Bedeutung Beerschebas und der daraus resultierenden Positionierung Simeons im Zwölfstämmesystem vgl. Schorn, Ruben, 97-99.

52 Neben den bekannten geographischen Bezügen wie Edom und Moab, Jabbok und Pnuel wird dies vor allem in der Position des im Ostjordanland beheimateten Ruben im Zwölfstämmesystem deutlich, vgl. Schorn, Ruben, 95-97.

53 J. Jeremias, Gott und Geschichte im Alten Testament, EvTh 40 (1980), 381-396, 386.

54 Westermann, BK.AT I/2, 402.

55 Gottesfurcht und richtiges Verhalten sind bedingt auch bei dem Heiden Abimelech möglich. Allerdings hatte sich gezeigt, dass beide Aspekte in Bezug auf Abraham wegen seiner Gottesbeziehung eine größere Tiefendimension aufweisen. Noch offensichtlicher wird die Zuspitzung auf Abraham, wenn er aus dem Munde der Fremden Abimelech und Pichol das Attribut erhält: „Gott ist mit dir, in allem, was du tust" (21,22).
   Da kaum anzunehmen ist, dass E diese im Textzusammenhang auffällige Feststellung aus der Isaak-Tradition übernommen hat und so scheinbar unvermittelt im Text stehen ließ, ohne eine bestimmte Absicht zu verfolgen, muss das „Mit-Sein" Gottes zentrale Bedeutung für das Verständnis der Gestalt Abrahams haben.
   Für die Interpretation dieser Aussage ist R. Albertz (Persönliche Frömmigkeit und offizielle Religion, Stuttgart, 1978) zuzustimmen, der den Ausdruck auf keine bestimmte Lebensform beschränkt sieht, und das „Mit-Sein" umfassend als „Bei-Stehen" Gottes erklärt. Es bleibt zu fragen, wie sich dieses Mit-Sein so äußert, dass es von anderen erkannt, anerkannt und konstatiert wird. Wenn die Forschung zur Stelle die Wahrnehmung von Gedeihen und Gelingen bzw. wirtschaftlichen Erfolg und Glück anspricht (Kilian, Abraham, 191), so wird vollkommen übersehen, dass in 21,22 das Mit-Sein mit Abraham für Abimelech gerade nicht äußerlich sichtbar ist, und deshalb nur theologisch auf dem Hintergrund des bereits Gesagten zu ergründen ist: Bei der Begegnung mit Abraham er-

Nachbarvölkern anzuerkennen, und zu erkennen auch an der Gestalt der Propheten. Die Erwählung Israels durch den alles lenkenden Gott zeigt sich im Besitz von Propheten[56], die – Abraham ist hier Leitbild – in besonderer Vollmacht das Mitsein Gottes verkörpern, weil nur sie sich in vollmächtiger Fürbitte an Gott wenden können. Durch sie muss sich freilich Israel auch in Frage stellen lassen: Die Sonderstellung darf nicht zur Selbstherrlichkeit führen. Wie das Vorbild Abrahams zeigt, geht es nicht um Schuldlosigkeit, sondern um das Angewiesensein auf Gottes Handeln, das menschliche Schuld umspannt.

Gott tritt den Menschen nicht unmittelbar gegenüber, vielmehr erscheint er entweder nachts im Traum (20,3-6; 21,12?; 22,1?) oder er spricht durch einen Boten vom Himmel her (21,17; 22,11) und rückt dadurch in einen großen Abstand von Welt und Menschen. Vermutlich soll die zum Gottesnamen gewordene Gottesbezeichnung *elohim* diese transzendente und im Vergleich zu den (proto)jahwistischen (?) Vorlagen (Gen 12.16) abstraktere Gottesauffassung betonen. Wenn dieser eine Gott auch zu Heiden redet (repräsentiert durch Abimelech 20,3-7; Hagar 21,17-18*; Laban 31,24), so wird damit gleichzeitig betont, dass seine Wirksamkeit nicht zu beschränken ist.[57] Die Unbegreiflichkeit und Unzugänglichkeit Gottes, sein verborgenes und oft zunächst unverständliches Handeln, und sein über alles Menschliche hinausgehendes rettendes Eingreifen zeigen: Gott ist die „menschliches Planen immer wieder durchkreuzende, die Geschichte eigentlich bestimmende Macht"[58]. Hier wird deutlich, warum und wie Abrahams Verhalten trotz der genannten Schwierigkeiten aufgrund der theologischen Durchdringung der Geschehnisse ethisch richtig und vorbildlich ist: Sein Verhalten dient dem Sich-Durchsetzen des „göttlichen Heilswillens in der Anerkennung der grundsätzlichen Überlegenheit der Führung Gottes gegenüber allem menschlichen Wollen. Es ergibt sich „aus der Anerkennung der Allmacht Gottes und der totalen Abhängigkeit des Menschen von Gott"[59]. Solchermaßen „umspannt" von Gottes heilvollem Handeln kann Abraham im rechten Verhalten zu Gott und den Menschen stehen. Er kann auch am verborgenen Gott festhalten, die souveräne Führung Gottes anerkennen und – auch wenn sein eigenes Verhalten aus menschlicher Sicht unverständlich erscheint – ein religiöses und ethisches Vorbild sein.

Es geht aber vor allem darum, die besondere Gottesbeziehung immer neu zu erweisen. Israels Gottesfurcht muss sich dadurch auszeichnen, dass es

---

kennt Abimelech: Auch wenn Abraham schuldhaft handelt, greift sein Gott heilvoll ein, wendet seine Schuld zum Guten und lässt ihn zum Retter werden.

56 Auf die Funktion Abrahams als fürbittender Prophet (Gen 20,7) kann hier nicht eingegangen werden.

57 Gemeint ist jedoch kein echter Universalismus.

58 Schmitt, Josephsgeschichte, 95f.

59 Schmitt, Josephsgeschichte, 96.

nicht nur in der Zeit des Erfolgs an seinem Gott festhält, dass es nicht nur
dem offensichtlichen Gotteswillen gegenüber gehorsam ist, sondern dass es
einem fernen und verborgenen, ja geradezu abgründigen Gott gegenüber
Glaubenstreue und Vertrauen bewahrt und sich der souveränen Führung dieses Gottes „in allem, was es tut", anvertraut und verdankt weiß.

Für die weitere zeitgeschichtliche Einordnung von Gen 20-22 ist vor allem
der Einfluss der jüngeren theologisierenden Weisheit zu nennen. Im Bezug
auf den Gottesnamen *elohim*, die Versuchung der Gottesfurcht und den prophetischen Fürbitter Abraham zeigt sich eine große Nähe zu den weisheitlichen Schichten des Hiobbuchs. Zusätzlich zu dem bereits Gesagten sei hier
nur angemerkt: Wenn *elohim* im weisheitlichen Kontext den einen, allen
Menschen bekannten Gott bezeichnet, so ist damit die Bedeutung in den elohistischen Texten nur teilweise erfasst, da hier die Transzendenz der „Darstellung der Erfahrung des verborgenen UND des rettenden Gottes"[60] dient.
Zwar besteht auch Hiob im Hiobprolog die Erprobung der Gottesfurcht ebenso wie Abraham, die Versuchung wird aber unterschiedlich erfahren: Während bei Hiob die Frage der Theodizee und die Frage, ob er seine Frömmigkeit auch im Schlechten bewahrt, im Vordergrund steht, wird bei Abraham
die Erwartung der heilvollen Zuwendung vertrauensvoll vorausgenommen.
Schließlich wird Hiob zwar als Fürbitter bezeichnet (Hi 42,8.10) dies steht
aber nicht mit einer prophetischen Tätigkeit in Verbindung, die bei Abraham
ausdrücklich betont wird. Dabei ermöglicht die Verbindung zu einzelnen
Chroniktexten ebenso wenig wie die geistige Nähe zum Hiobprolog bei der
Vorstellung der Gottesfurcht mehr als die Aussage eines *terminus ante quem*.
Die elohistischen Texte können damit grundsätzlich auch in einen vorexili-
schen Kontext gehören.

Der bereits genannte, in den Texten erkennbare enge Bezug zum Nordreich[61], bedeutet dabei freilich nicht, wie in der traditionellen Forschung angenommen, dass die elohistischen Texte noch vor dem Untergang Israels 722
v. Chr. entstanden sein müssen.[62] Vielmehr lassen sich die geschilderten To-

---

60 Schmitt, Erzählung, 103.
61 Ausführlicher dazu Schorn, Ruben, 77-80.
62 Umgekehrt erweist sich der Versuch, eine Datierung der Texte in die Perserzeit unter
   Rückgriff auf „archäologische Hintergründe zur Bevölkerungszahl in Palästina" zu unternehmen (Schmid, Rückgabe, 298f. Anm. 125) als höchst problematisch. Beim Heran-
   ziehen archäologischer Befunde zur Datierung einzelner Texte ist größte Vorsicht geboten – allzu leicht werden einzelne Befunde zum zeitgeschichtlichen Hintergrund einer
   Theologie erhoben, die sich bei näherer Betrachtung als letztlich nicht signifikant erweisen, wie auch im vorliegenden Fall: Die siedlungsgeschichtliche Entwicklung in Juda
   (Schmid bezieht sich hier auf die Zahlen für Benjamin und das judäische Bergland) entspricht einer Entwicklung, die im gesamten palästinischen Raum, auch im Ostjordanland,
   zu beobachten ist. Wie die inzwischen zum Standard gehörenden Untersuchungen des
   Madaba Plains Projekts (Dokumentiert bei Ø. S. LaBianca, Sedentarization and Nomadi-
   zation. Food System Cycles at Hesban and Vicinity in Transjordan, Hesban 1, 1990.) er-

poi der erfahrenen Glaubenskrise und einer Lebenssituation eines als Sonderexistenz erfahrenen Lebens in unmittelbarer Nachbarschaft von Nichtisraeliten, denen eine Gottesbeziehung ebenfalls möglich ist und deren religiöse Traditionen und Vorstellungen Aufnahme in den Texten finden (z. B. Mazzeben, heilige Bäume, Erscheinung Gottes im Traum), mithin also die Erfahrung einer Krise der eigenen religiösen (und „nationalen") Identität sehr viel sinnvoller in die Zeit nach dem Untergang des Nordreichs, also in die Zeit des späten 8. bis 6. Jh. v. Chr. mit seiner Auseinandersetzung mit Assur und Babylon und die dadurch begegnenden Fremdeinflüssen einordnen.[63] In nachexilischer Zeit wäre hingegen wohl eine deutlichere Abgrenzung gegenüber allem Fremden zu erwarten und eine Aufnahme von Nordreichtraditionen unverständlich. Die anhand der paradigmatisch gestalteten Patriarchen Abraham und Jakob aus den elohistischen Texten sprechende Sonderstellung und Selbstgewissheit durch eine einmalige Gottesbeziehung Israels wäre jedoch auch zu dieser späten Zeit denkbar.

---

wiesen haben, auf die z. B. auch I. Finkelstein zur Beurteilung der Frage der israelitischen Landnahme zurückgreift (am leichtesten zugänglich in: I. Finkelstein, Keine Posaunen vor Jericho. Die archäologische Wahrheit über die Bibel, [4]2003, 127-135.), findet sich im Bereich des West- und Ostjordanlandes eine über die Jahrtausende hin wiederkehrende zyklische Entwicklung eines Prozesses zwischen Sesshaftigkeit und nomadischer Lebensweise, im Rahmen derer auch das judäische Bergland von Besiedlungswellen erfasst wurde, die jeweils wieder durch Phasen der Aufgabe von Orten abgelöst wurden, wobei die Bevölkerungszahl nicht abgenommen haben muss, sondern aufgrund mangelnder Siedlungen schlicht nicht mehr für uns erfassbar ist. In diesem Zyklus gehört auch das Ende der EisenII-Zeit, das nach einer Phase intensiver Besiedlung durch eine Rückkehr zur Nomadisierung in persischer Zeit gekennzeichnet ist, im Verlaufe derer die meisten Dörfer aufgegeben wurden (LaBianca, Sedentarization, 235-237). Abzulesen ist also höchstwahrscheinlich nicht der dramatische Rückgang der Bevölkerung, sondern eine Veränderung ihrer Lebensweise.

63 Auch die in Gen 21 geschilderte paradigmatische Gefährdung des Stammvaters der Ismaeliter ist in früherer Zeit nicht denkbar, da die Ismaeliter erst aus der Zeit ihrer Auseinandersetzung mit Assyrern und Babyloniern im 8.-6. Jh. v. Chr. als wichtige Größe eines Stämmeverbundes in den Quellen greifbar werden (E. A. Knauf, Ismael. Untersuchungen zur Geschichte Palästinas und Nordarabiens im 1. Jahrtausend v. Chr., ADPV 7, 1984, 88-91).

Im Rahmen der Jakobserzählungen spricht für die Einordnung ins 8.-6. Jh. v. Chr. auch die Darstellung des Gegenübers von Jakob und Esau. Eine Bedrohung Israels/Judas durch Esau/Edom ist nur in diesem Zeitraum denkbar, vgl. dazu Schorn, Ruben, 80f.

Vgl. zu dieser Datierung zuletzt Schmitt, Menschliche Schuld, 268-270.

Die Priesterschrift in der Josefsgeschichte (Gen 37; 39-50)

Ludwig Schmidt

Die Josefsgeschichte enthält Texte, die zur priesterlichen Schicht im Pentateuch gehören und die meist einer ursprünglich selbständigen Priesterschrift zugewiesen werden. Der Umfang dieser Texte ist freilich umstritten. Nach meiner Untersuchung „Literarische Studien zur Josephsgeschichte" kann die priesterliche Fassung aus Gen 45,19* - 50,13* noch vollständig rekonstruiert werden, während P zuvor nur fragmentarisch erhalten ist.[1] Häufig wird aber für P ein schmalerer Bestand angenommen. So gehören z. B. nach R. Lux lediglich 37,1.2a; 41,46a; 46,6f.; 47,5*.6a.7-11.27b.28; 48,3-7; 49,1a.28b. *29-33; 50,12f. zu „einem kritisch gesicherten Minimum". Aus diesen Stellen ergebe sich, dass es sich bei ihnen um eine redaktionelle Bearbeitung der Josefsgeschichte „im Geiste von P" handle.[2] R. G. Kratz rechnet zwar für die Josefsgeschichte mit der selbständigen Priesterschrift, er hat aber die Texte für ihre ursprüngliche Fassung erheblich reduziert.[3] Nach T. Römer erwähnte P Josef nicht, die nichtpriesterliche Josefsgeschichte sei jünger als P.[4] N. Ke-

---

1 Nach L. Schmidt, Literarische Studien zur Josephsgeschichte, BZAW 167, 1986, 121-297, 287, stammen von P: 37,1.2*; 41,46a.56(a?)bβ.57; 42,5; 45,19*-21aα; 46,5b.6; 47,5 (*cj.* nach LXX).6a.7-11.27b.28; 48,(1aβ.2a?)3-6; 49,1a.28b*-33*; 50,12f.; ähnlich A. Graupner, Der Elohist, WMANT 97, 2002, 316-379; und ohne 41,56bβ.57; 42,5 H. Seebass, Genesis III, 2000, 211; D. Carr, Reading the Fractures of Genesis, 1996, 340. D. Carr weist P zusätzlich 50,22.23.26a zu.

2 R. Lux, Geschichte als Erfahrung, Erinnerung und Erzählung in der priesterschriftlichen Rezeption der Josefsnovelle, in: ders. (Hrsg.), Erzählte Geschichte, BThSt 40, 2000, 147-180, 150f.; vgl. auch E. Blum, Die Komposition der Vätergeschichte, WMANT 57, 1984, 420ff., der die priesterlichen Texte in Gen 12-50 auf spätere Bearbeitungen zurückführt.

3 R. G. Kratz, Die Komposition der erzählenden Bücher des Alten Testaments, UTB 2157, 2000, 243, rechnet zum Grundbestand von P lediglich: 37,1.2*; 46,6f.; 47,27.28; 49,33b (50,22). Darauf sei in ihm Ex 1,13f. gefolgt; so schon in seiner Analyse der Josefsgeschichte C. Levin, Der Jahwist, FRLANT 157, 1993, 265ff.

4 T. Römer, La narration, une subversion. L'histoire de Joseph (Gn 37-50*) et les romans de la diaspora, in: G. J. Brooke / J.-D. Kaestli (Hrsg.), Narrativity in biblical and related texts, BEThL 149, 2000, 17-29. Von P stamme: 37,1; 46,6f.; 47,27f.; 49,29-33; 50,12f.

bekus hält an einer vorexilischen Josefserzählung fest. Sie wurde aber nach ihm von der Pentateuchredaktion durch eine Juda-Schicht, in der Juda der Sprecher der Brüder ist, ergänzt. Diese Redaktion habe u. a. auch Fragmente aus P eingearbeitet.[5] In der Josefsgeschichte wird somit der Umfang der priesterlichen Texte unterschiedlich bestimmt, sie werden einer selbständigen Priesterschrift oder einer Bearbeitung zugewiesen, und es stellt sich die Frage, welche Folgerungen aus den priesterlichen Texten für die nichtpriesterliche Josefsgeschichte zu ziehen sind.

Für die Lösung dieser Probleme ergeben sich m. E. aus 47,1-12 wichtige Hinweise. Der Abschnitt enthält deutliche Spannungen. Nach V. 1-4.6b sollten der Vater und die Brüder Josefs „im Land Goschen" wohnen, dagegen gab ihnen Josef nach V. 11 Besitz „im Land Ramses". Die Feststellung des Pharao in V. 5b „dein Vater und deine Brüder sind zu dir gekommen" kommt nach V. 1-4 eindeutig zu spät, da Josef bereits dort den Pharao über die Ankunft seines Vaters und seiner Brüder informiert und fünf seiner Brüder dem Pharao vorgestellt hatte. Auf ihre Bitte (V. 4), im Land Goschen wohnen zu dürfen, antwortet der Pharao mit der Anweisung an Josef in V. 6b. Deshalb muss V. 6b mit einer Redeeinleitung ursprünglich direkt auf V. 4 gefolgt sein. Diese Abfolge ist noch in LXX belegt, die in V. 5f. markant vom MT abweicht. In ihr folgt auf V. 6b ein Stück, das im MT fehlt: „Da kamen nach Ägypten zu Josef Jakob und seine Söhne, und es hörte Pharao, der König von Ägypten". Die Fortsetzung entspricht V. 5.6a im MT. In V. 5f. gibt LXX sicher den ursprünglichen Text wieder. Es lässt sich nicht erklären, warum die Übersetzer oder ihre hebräische Vorlage die massive Spannung zu 47,1-4 geschaffen haben sollten. Dagegen ist verständlich, dass sie im MT später abgemildert wurde.[6] Da die LXX-Fassung in 47,1-12 zwei verschiedene Darstellungen enthält, die jeweils einen geschlossenen Zusammenhang bilden, wurden sie erst redaktionell miteinander verbunden. Aus der einen, die die Fortsetzung von 46,28-34 ist, stammen V. 1-4.6b(mit Redeeinleitung).12[7], aus der anderen V. 5(nach LXX ergänzt).6a.7-11. Bereits aus der Formulierung „Pharao, der König von Ägypten" (V. 5LXX), die in Gen und Ex nur bei P oder von P abhängigen Texten belegt ist[8], ergibt sich, dass 47,5.6a.7-11

---

und Ex 1,1-5a (T. Römer, 23 Anm. 32). Auch J. A. Soggin, Das Buch Genesis, 1997, 427ff., datiert die Josefsgeschichte nachexilisch.

5 N. Kebekus, Die Josefserzählung, 1990. Nach ihm wurde bereits vor P eine „Ruben-Grundschicht" von der jehowistischen Redaktion erweitert („Ruben-Erweiterung"); vgl. zu den Textschichten die Übersicht bei N. Kebekus, 344f.

6 Verschiedentlich wird für V. 5f. an MT festgehalten, vgl. dagegen aber L. Schmidt, Studien, 193f.

7 In ihr wurde nach V. 6b nicht berichtet, dass Josef Vater und Brüder im Land Goschen ansiedelte, weil sie sich bereits dort aufhielten. In 47,1-4 wollte Josef lediglich erreichen, dass der Pharao ihren dortigen Aufenthalt legitimierte; vgl. L. Schmidt, Studien, 195.

8 Gen 41,46a (s. dazu im Folgenden); Ex 6,11; 14,8 P; Ex 6,13.27.29 P[S].

P zuzuweisen ist. Dafür sprechen auch in V. 9 der im Pentateuch nur bei P belegte Begriff מגורים (Gen 17,8; 28,4; 36,7; 37,1; Ex 6,4) und die Altersangabe für Jakob.[9] Wenn aber die Pentateuchredaktion in 47,1-12 eine priesterliche und eine nichtpriesterliche Fassung miteinander verbunden hat, kann die nichtpriesterliche Version, die N. Kebekus seiner Juda-Schicht zuweist, nicht erst von dieser Redaktion geschaffen worden sein. Aus 47,1-12 geht außerdem hervor, dass die priesterlichen Texte in der Josefsgeschichte nicht auf einen Bearbeiter zurückgehen, sondern aus der selbständigen Priesterschrift stammen. Schon sie hat somit Josef erwähnt.

Der Anfang von 47,5 (cj.: „und es kamen nach Ägypten zu Josef Jakob und seine Söhne") entspricht allerdings weitgehend 46,6aβ.b („und es kamen nach Ägypten Jakob und seine ganze Nachkommenschaft mit ihm"). 46,6(7) wird wegen der Parallelen Gen 12,5; 31,18; 36,6 P zugewiesen. Die ursprüngliche Fassung von P kann aber nicht diese Dublette enthalten haben. Aus ihr ergibt sich zunächst, dass die Liste in 46,8ff. mit dem Verfahren der Wiederaufnahme in die noch selbständige Priesterschrift eingefügt wurde. Die Worte des Pharao in 47,5 „dein Vater und deine Brüder sind zu dir gekommen" setzen freilich voraus, dass zuvor von ihrer Ankunft bei Josef berichtet wurde. Das wird jedoch nicht in 46,6aβ.b, sondern erst in 47,5 erwähnt. Nur 46,6a stammt somit von P. 46,6b(„Jakob und seine ganze Nachkommenschaft mit ihm").7 wurde zusammen mit der Liste eingefügt, um sie in dem priesterlichen Kontext zu verankern. Weil durch sie der Zusammenhang in P unterbrochen wurde, wiederholte der Ergänzer am Anfang von 47,5 „und es kamen nach Ägypten" aus V. 6a und stellte so nach seinem Einschub den Anschluss an P wieder her.[10] Nun wird in V. 6a das Subjekt nicht explizit genannt. Dass die Verben hier im Plural stehen, wird verständlich, wenn bei P V. 5b voranging, wo „die Söhne Israels" das Subjekt sind. Freilich wird

---

9 N. Kebekus, 177ff., der ebenfalls der Lesart von LXX folgt, weist dagegen 47,5.6a.11a*.b seiner „Ruben-Erweiterung" zu. Die Pentateuchredaktion habe V. 7-10 und in V. 11aα „und er gab ihnen Besitz" eingefügt. In der „Ruben-Erweiterung" sei „Pharao, der König von Ägypten" ein Vorverweis auf Ex 1,8 (N. Kebekus, 277). Das lässt sich schon wegen der übrigen Belege für diese Formulierung nicht halten. Bereits vor N. Kebekus wurden V. 7-10 oder V. 8f. gelegentlich als spätere Zusätze angesehen, vgl. dagegen L. Schmidt, Studien, 196ff. Auch „und er gab ihnen Besitz" in V. 11aα ist in P fest verankert, wie im Folgenden gezeigt werden wird.

10 46,6b stammt somit gegen L. Schmidt, Studien, 192, nicht von P. Der Bearbeiter (P^S), der V. 6b-27 einfügte, fasste in V. 6b zunächst mit „Jakob und seine ganze Nachkommenschaft mit ihm" die Personen, die nach Ägypten kamen, zusammen und beschrieb dann in V. 7a die Nachkommenschaft. Hier ist „und seine ganze Nachkommenschaft" eine Apposition („nämlich seine ganze Nachkommenschaft"), mit der die Aufzählung zusammengefasst wird. In V. 7b wird mit den Worten „brachte er (Jakob) mit sich nach Ägypten" der Akzent gegenüber P verschoben, weil danach Jakob seine Nachkommen nach Ägypten brachte, während bei P seine Söhne dafür verantwortlich waren (vgl. im Folgenden zu V. 5b).

dieser Halbvers meist nicht P zugewiesen. Das ist aber nicht einsichtig, weil V. 6a glatt an V. 5b anschließt. Da hier die Söhne ihren Vater auf Wagen aufladen, hat er sich nicht schon auf den Weg gemacht. Deshalb kann V. 5b ursprünglich nicht auf V. 5a, wo der Vater ebenfalls Jakob heißt, oder auf V. 1aα, wo er „Israel" genannt wird, gefolgt sein. Mit V. 5b beginnt also ein weiterer Bericht über den Aufbruch nach Ägypten, der sich deutlich von der nichtpriesterlichen Darstellung unterscheidet, in der der Vater die Initiative für die Übersiedlung nach Ägypten ergriff (45,28; 46,1-5a.28ff.). Dagegen waren für sie nach 46,5b seine Söhne verantwortlich. Sie luden ihren Vater, ihre Kinder und ihre Frauen auf die Wagen, die der Pharao gesandt hatte. Der Vater spielt hier keine aktive Rolle.[11] Dass 46,5b von P stammt, wird von den Parallelen zu V. 6a gestützt.[12] Nach ihnen ist zu erwarten, dass von P zuvor Kinder und Frauen erwähnt wurden. Darauf kann P bei der Übersiedlung nach Ägypten schwerlich verzichtet haben. Wenn aber bereits P den in V. 5b genannten Personenkreis erwähnt haben muss, darf dieser Halbvers P nicht abgesprochen werden. Es lässt sich m. E. nicht begründen, warum die Pentateuchredaktion eine für P zu postulierende Notiz durch V. 5b ersetzt haben sollte. Von P stammen somit 46,5b.6a und als Fortsetzung 47,5* (*cj.* ab „zu Josef").

Aus 46,5b geht hervor, dass auch 45,19b-21aα P zuzuweisen ist. Da in 46,5b die Wagen, die der Pharao gesandt hatte, erwähnt werden, wird hier die Anweisung des Pharao über die Wagen in 45,19b vorausgesetzt. Bei ihr werden ebenfalls die Kinder und Frauen der Brüder und ihr Vater genannt. Außerdem wird für die Brüder Josefs in 45,21aα wie in 46,5b die Bezeichnung „die Söhne Israels" gebraucht. 45,19f. wird freilich verschiedentlich als Zusatz beurteilt, mit dem später der Auftrag des Pharao an Josef in 45,17f. ergänzt wurde.[13] Tatsächlich überbietet der Pharao in V. 19f. seinen Auftrag an Josef in V. 17f. Sollte Josef z. B. in V. 18a den Brüdern sagen: „Nehmt euren Vater und eure Häuser und kommt zu mir", so werden die Brüder nun in V. 19b aufgefordert, aus dem Land Ägypten für ihre Kinder und Frauen Wagen zu nehmen, den Vater aufzuladen und zu kommen. Zwischen V. 17f. und V. 19b.20 besteht somit sicher eine literarische Beziehung. Da aber, wie oben gezeigt wurde, 46,5b von P stammt, geht aus ihr hervor, dass P 45,16-18 kannte und in 45,19b.20 steigerte. 45,19a und „auf den Befehl des Pharao" in

---

11 Nach N. Kebekus, 164ff., der sowohl 46,1.28ff. als auch 46,5b seiner redaktionellen Juda-Schicht zuweist, besteht zwischen V. 1 und V. 5b keine Spannung, weil V. 5b das redaktionelle Bindeglied zu V. 6(P) sei. Aber V. 5b widerspricht massiv V. 1aα, wonach Israel bereits aufbrach „und alles, was ihm gehörte". Beide Stellen stammen somit sicher nicht von derselben Hand.

12 Entgegen den üblichen Zuweisungen stammt m. E. nicht nur 31,18 von P, sondern auch 31,17, wonach sich Jakob aufmachte und seine Söhne und seine Frauen auf Kamele auflud. Das kann hier nicht begründet werden.

13 C. Levin, Jahwist, 300; vgl. auch N. Kebekus, 144ff.

V. 21aβ sind deutlich redaktionelle Klammern, mit denen 45,19b-21aα in den nichtpriesterlichen Kontext eingebunden wurden. Das ergibt sich bereits aus der Formulierung „Dir aber ist geboten" in V. 19aα. Nach ihr erwartet man einen Auftrag des Pharao an Josef. Es folgen jedoch ohne Überleitung Aufforderungen an die Brüder, in denen sich der Pharao ursprünglich selbst an die Brüder wandte. Dafür spricht neben der Anrede der Brüder auch die Ausführungsnotiz in V. 21aα, nach der sie die Anweisungen des Pharao befolgten. Da sie sich auf die Brüder und nicht auf Josef bezieht, kommt sie vor V. 21aβ zu früh, wonach ihnen Josef Wagen gab. In der nichtpriesterlichen Josefsgeschichte hatte Josef aus eigenem Antrieb den Brüdern Wagen gegeben, wie aus 45,27 hervorgeht.[14] Danach sah der Vater „die Wagen, die Josef gesandt hatte, um ihn zu tragen". Da die Pentateuchredaktion die Aufforderung des Pharao bei P mit seinen Anweisungen an Josef in der nichtpriesterlichen Fassung verband, musste bei ihr Josef mit den Wagen einen Befehl des Pharao ausgeführt haben. Deshalb fügte sie in V. 21aβ „auf den Befehl des Pharao" ein und verknüpfte V. 19b-21aα mit „Dir aber ist geboten" in V. 19aα mit V. 16-18. Auch V. 19aβ („dies tut") dürfte von der Pentateuchredaktion als Bindeglied zu V. 17f. gebildet worden sein, da nach 45,17 Josef seine Rede an die Brüder mit den Worten „dies tut" beginnen sollte.[15] 45,19b-21aα stammt somit von P. In 45,21aα; 46,5b gebrauchte also P für die Brüder Josefs die Bezeichnung „die Söhne Israels", obwohl der Vater bei P in 46,5b und in 47,5ff.* „Jakob" heißt. Darauf wird später noch einzugehen sein.

Der Begriff טף ist freilich bei P in der Genesis nur in 45,19b; 46,5b belegt. In 36,6 erwähnt P bei Esau „seine Frauen und seine Söhne und seine Töchter".[16] Das Wort kommt in der Josefsgeschichte noch in 43,8; 47,12.24; 50,8.21 vor. N. Kebekus weist alle Stellen mit טף seiner nachexilischen Juda-Schicht zu.[17] Aber 45,19b; 46,5b unterscheiden sich signifikant von den anderen Belegen, weil nur an diesen beiden Stellen neben טף die Frauen erwähnt werden. Da P auch in Num 14,3 beide nebeneinander nennt[18], spricht der Begriff טף nicht gegen die Zuweisung von 45,19b; 46,5b an P. Der Ausführungsbericht in 46,5b.6a schließt nahtlos an die Ausführungsnotiz in 45,21aα an. Da dieser Zusammenhang durch 45,21aβ-46,5a unterbrochen wird, bestä-

---

14 Nach N. Kebekus, 147 Anm. 53, der V. 19.20 und V. 21aβ seiner späten Juda-Schicht zuweist, ist „auf den Befehl des Pharao" in V. 21aβ kein Zusatz. Er verweist zur Begründung u. a. auf D. B. Redford, A Study of the Biblical Story of Joseph (Gen 37-50), VT.S 20, 1970, 159, dass sonst ein Hinweis fehle, wofür die Wagen benutzt werden sollten. Aber dass sie für die Übersiedlung nach Ägypten bestimmt waren, ergab sich schon aus der Aufforderung zur Übersiedlung nach Ägypten in 45,17f.

15 So A. Graupner, 343.

16 Vgl. auch „seine Söhne und seine Frauen" in 31,17.

17 Vgl. N. Kebekus, 344f.

18 Num 14,3 stammt von P; vgl. L. Schmidt, Das 4. Buch Mose. Numeri. Kapitel 10,11-36,13, ATD 7,2, 2004, 38f.

tigt er, dass die priesterlichen Texte in der Josefsgeschichte aus der selbständigen Priesterschrift stammen. In 45,20b hatte der Pharao den Brüdern zugesagt: „denn das Beste (טוב) des ganzen Landes Ägypten, es soll euch gehören." Diese Zusage löste der Pharao mit seiner Anweisung an Josef in
47,6aβ.γ ein: „Im besten Teil (במיטב) des Landes lass deinen Vater und deine
Brüder wohnen." Sie führte Josef nach 47,11 aus: „Da ließ Josef seinen Vater
und seine Brüder wohnen und gab ihnen Besitz im Land Ägypten im besten
Teil des Landes, im Land Ramses." Die P-Fassung ist somit in 45,19b-21aα;
46,5b.6a; 47,5*(*cj.* ab „zu Josef").6a.7-11 noch lückenlos erhalten. Es fehlt
lediglich die Einleitung zu 45,19b, weil die Pentateuchredaktion die Aufforderungen an die Brüder in 45,16-18 und 45,19b.20 miteinander verband. Aus
ihnen geht hervor, dass bereits P eine Josefsgeschichte kannte, in der die
Brüder zur Übersiedlung nach Ägypten mit ihrem Vater und ihren Familien
aufgefordert wurden.

Auch die Fortsetzung bei P ist zumindest weitgehend noch erhalten. Nach
47,11 kommt P wieder in 47,27b zu Wort, da der Halbvers die für P typische
Verbindung der Wurzeln פרה und רבה enthält.[19] Gelegentlich wird auch
47,27a P mit der Begründung zugewiesen, dass die Formulierung 36,8; 37,1
u. a. bei P entspreche. In V. 27a sei „Israel" kollektiv zu verstehen, es werde
in V. 27b mit Verben im Plural aufgenommen.[20] Dagegen spricht aber, dass
sich die Angabe „im Land Goschen" nicht mit „im Land Ramses" in V. 11
vereinbaren lässt. „Das Land Goschen" oder „Goschen" werden in der Josefsgeschichte nur in nichtpriesterlichen Texten erwähnt.[21] In ihr ist „Israel"
mit Ausnahme des späten Segensspruchs 48,20[22] sonst nur als Name des Vaters oder in der Verbindung „die Söhne Israels" belegt. In 47,27a ist also mit
„Israel" der Vater gemeint. Der Halbvers stammt aus der nichtpriesterlichen
Fassung und war in ihr die Einleitung zu 47,29-31, wo der Vater „Israel"
heißt. Von P stammt nur 47,27b. Wie aus der Formulierung „und sie wurden
ansässig (ויאחזו) in ihm" hervorgeht, folgte der Halbvers bei P direkt auf
V. 11. Die Bedeutung „ansässig werden" für אחז *ni.* ist von dem Nomen אחזה
(Besitz) abgeleitet. V. 27b knüpft also unmittelbar an den Bericht in V. 11 an,
wonach Josef seinem Vater und seinen Brüdern Besitz im Land Ramses
gab.[23] P schloss mit 47,11.27b seinen Bericht von der Übersiedlung des Vaters und der Brüder nach Ägypten ab.

---

19 Vgl. Gen 1,22.28; 8,17; 9,1.7; 17,20; 28,3; 35,11.
20 C. Levin, Jahwist, 305; R. Lux, 159 Anm. 40.
21 Gen 45,10; 46,28.29.34; 47,1.4.6b; 50,8.
22 Vgl. zu ihm L. Schmidt, Studien, 259f.
23 Nach N. Kebekus, 193, folgte freilich bei P 47,27b auf 46,6. Gegen eine Verbindung mit
    47,11 spreche, dass dort die Initiative zur Ansiedlung von Josef ausgehe, in 47,27b dage-
    gen von der Jakobsippe selbst (N. Kebekus, 193 Anm. 58). Aber zwischen beiden Stellen
    besteht keinerlei Spannung. Weil Josef Vater und Brüdern im Land Ramses Besitz gege-
    ben hatte, wurden sie „in ihm" ansässig.

Die Angaben über die Dauer des Aufenthalts Jakobs in Ägypten und seines Lebens markieren bei P in 47,28 eine Zäsur. Wegen der chronologischen Notizen wird der Vers allgemein P zugewiesen. Nach C. Levin folgte darauf bei P direkt die Todesnotiz für Jakob in 49,33b, wie das Schema „Summe des Lebensalters – Todesnotiz" bei P in Gen 25,7f.; 25,17 und 35,28.29a zeige.[24] Das lässt sich aber nicht halten. 48,3-6 darf P nicht abgesprochen werden, da sich Jakob in V. 3f. auf die Gotteserscheinung und die Verheißungen in Lus bezieht, die ihm bei P nach seiner Rückkehr von Laban zuteil geworden waren (Gen 35,6aα.9*-13a). R. G. Kratz hält freilich 48,3-7 für einen späten Zusatz, da in V. 5 die Notizen über die Geburt von Manasse und Efraim in 41,50-52 und in V. 7 Gen 35,16ff. vorausgesetzt würden.[25] Aber 48,3-6 ist bei P auch sachlich gut verankert, wie die Mehrungsverheißung in 35,11 zeigt. Nach ihr wird aus Jakob ein גוי und eine Versammlung von גוים entstehen. Aus der Formulierung „eine Versammlung von גוים" geht hervor, dass für P jeder israelitische Stamm ein גוי bzw. ein עם war.[26] Die Söhne Jakobs, die von P in Gen 35,22b-26 aufgezählt werden[27], waren die Ahnherren der Stämme. Es gab aber keinen Stamm Josef, sondern die Stämme Efraim und Manasse, deren Ahnherren als Söhne Josefs galten. Damit alle Stämme Jakob zum Vater hatten, beanspruchte er bei P in 48,5f. Efraim und Manasse als seine eigenen Söhne. Sowohl die Formulierungen als auch sachliche Überlegungen zeigen also, dass 48,3-6 von P stammt.[28] P ist hier von den Geburtsnotizen in 41,50-52 abhängig, beschränkte sich aber auf den Hinweis, dass Efraim und Manasse Josef in Ägypten geboren worden waren, weil in den Geburtsnotizen vorausgesetzt wird, dass Josef die Tochter eines ägyptischen Priesters geheiratet hatte (41,45a). Diese Ehe hielt P anscheinend für bedenklich. Dafür spricht, dass P bei Mose bewusst überging, dass er bei dem Priester von Midian gewesen war und eine seiner Töchter geheiratet hatte. Auf die beiden Söhne Josefs wollte aber P aus den oben genannten Gründen nicht verzichten. Damit geht aus 48,3-6 hervor, dass P eine Josefsgeschichte kannte, in der von der Heirat Josefs und der Geburt seiner beiden Söhne berichtet wurde (41,45a.50a.51f.).[29] Bei P könnte 48,3-6 direkt auf 47,28 gefolgt sein.[30] Mit

---

24 C. Levin, Jahwist, 309f.

25 R. G. Kratz, 243 Anm. 23; ähnlich C. Levin, Jahwist, 311.

26 Bei P besteht zwischen גוי und עם kein Bedeutungsunterschied. Wie in 48,4 soll Jakob auch nach dem Segen Isaaks in 28,3 zu einer Versammlung von עמים werden.

27 Nach C. Levin, Das System der zwölf Stämme Israels (1995), in: ders., Fortschreibungen, BZAW 316, 2003, 111-123, 118, setzt die Liste bereits die Endredaktion voraus. Aber nach V. 26b wurde entgegen 35,16ff. auch Benjamin in Paddan-Aram geboren. Da somit in der Liste 35,16ff. nicht vorausgesetzt wird, darf sie P nicht abgesprochen werden.

28 48,7 ist ein später Zusatz; vgl. die ausführliche Begründung bei L. Schmidt, Studien, 254f.

29 41,50b ist sekundär; vgl. L. Schmidt, Studien, 242.

dem Abschnitt machte P deutlich, dass sich die Nachkommen Jakobs wegen der Landverheißung an den Patriarchen nur vorübergehend in Ägypten aufhalten werden. Nach V. 4b war Jakob für sie das Land Kanaan als „Besitz auf Dauer" zugesagt worden. In der Landverheißung von 35,12 fehlt „Besitz auf Dauer". Dann wollte P in 48,4b auf einen Unterschied zu 47,11 aufmerksam machen. Dort hatte Josef Vater und Brüdern „Besitz" im Land Ramses gegeben, aber das wird kein „Besitz auf Dauer" sein, sondern als einen solchen Besitz werden die Nachkommen Jakobs das Land Kanaan erhalten.[31]

Auf 48,3-6 folgten bei P die Anweisungen Jakobs an seine Söhne für sein Begräbnis (49,1a.28b-32*), und der Bericht über seinen Tod und seine Bestattung (49,33*; 50,12f.). Der Abschnitt ist durch die Bestattungsnotiz bei P fest verankert. P berichtete bei Abraham (25,9) und Isaak (35,29b), dass sie von ihren beiden Söhnen begraben wurden. Es war P somit wichtig, dass ein Erzvater von seinen Söhnen bestattet wurde. Da auch Jakob zu den Patriarchen gehört, darf die Bestattungsnotiz in 50,12f. P nicht abgesprochen werden.[32] Sie ist aber die Ausführungsnotiz zu den Anweisungen Jakobs in 49,29-32*. Da Jakob in Ägypten starb, verstand es sich nicht von selbst, dass er bei seinen Vätern begraben wurde. Deshalb musste Jakob seinen Söhnen gebieten, ihn dort zu begraben und diese Anweisung begründen. Die Begründung gibt Jakob in V. 31 mit dem Rückblick auf die Personen, die bereits auf dem Feld Machpela begraben sind. Auch V. 31 stammt somit von P.[33] Die Darstellung von P wurde freilich später ergänzt. Auf 49,1a folgte bei P „und er segnete sie und gebot ihnen ..." (V. 28bα*.29a). Diese Abfolge entspricht Gen 28,1. Sie wurde später wegen der in Gen 49 eingefügten Stammessprüche (V. 1b-28bα*) durch V. 28bβ unterbrochen. Zusätze sind auch V. 29b, der V. 30a vorgreift und – wie der syntaktisch schwierige Anschluss an V. 31 zeigt – V. 32.[34] Nicht von P stammt außerdem V. 33aβ.[35] P unterbrach mit 48,3-6 und 49,1a.28bα*.29a.30.31.33aα sein Schema „Summe des Lebensalters (47,28) – Tod (49,33b)", weil Jakob in Ägypten gestorben war. In seinen Worten an Josef ging es Jakob um die Zukunft seiner Nachkommen und mit

---

30 Meine Überlegungen in L. Schmidt, Studien, 265f., dass vielleicht auch 48,1aβ.2a P zuzuweisen sind, bleiben hypothetisch.
31 Damit bestätigt 48,3-6, dass 47,5*.6a.7-11 von P stammt.
32 Bei Ismael, wo P wie bei Abraham und Isaak das Schema „Summe des Lebensalters – Tod" gebraucht, fehlt dagegen in Gen 25,17 eine Bestattungsnotiz.
33 Gegen N. Kebekus, 211, darf also V. 31 P nicht abgesprochen werden. Rahel wird hier von P nicht erwähnt, weil das Rahelgrab (35,19) anscheinend fest im Bewusstsein verankert war.
34 Schon P dürfte die Rückverweise auf Gen 23 in 49,30b; 50,13b enthalten haben. Nach E. Blum, Komposition, 441ff., ist Gen 23 jünger als die ursprüngliche priesterliche Schicht, aber m. E. gehört Gen 23 zu P. Im Übrigen ist auch ohne diese Rückverweise ein Grundbestand aus den oben genannten Gründen P zuzuweisen.
35 49,33aβ stammt nicht von P, da hier auf 48,2b Bezug genommen wird.

den Anweisungen für sein Begräbnis sorgte er dafür, dass er im Grab seiner Vorfahren bestattet wurde.

P ist in Gen 50 nach V. 13 nicht mehr vertreten. Verschiedentlich wird freilich V. 22 P mit dem Argument zugewiesen, dass der Vers der P-Notiz in 47,27f. entspreche.[36] D. Carr rechnet darüber hinaus auch V. 23.26a zu P.[37] Aber oben wurde gezeigt, dass die 50,22a entsprechende Formulierung in 47,27a nicht von P stammt. Außerdem ist bei P die Wendung „das Haus seines Vaters" (50,22a) in Gen 37ff. nicht belegt, sie kommt aber mehrfach in der nichtpriesterlichen Josefsgeschichte vor (46,31; 47,12, vgl. auch 41,51; 45,11). Zu der chronologischen Angabe für Josef in 50,22b stellt A. Graupner mit Recht fest: „Die priesterschriftlichen Notizen über das Lebensalter eines Menschen bei seinem Tod sind durchweg anders gestaltet."[38] Die Angaben über die Nachkommen Efraims und Machirs in V. 23 knüpfen an V. 22 an. Sie können nicht von P stammen, da Jakob bei P in 48,5f. Manasse und Efraim als seine Söhne beansprucht hatte. In 50,23 werden dagegen ihre Nachkommen zu Josef in Beziehung gesetzt. Dabei wird 48,11f. gesteigert. Dort hatte Jakob („Israel") dankbar festgestellt, dass ihn Gott die Nachkommen Josefs sehen ließ. Josef aber durfte sogar die Urenkel sehen, die von Efraim abstammten. Mit der Notiz, dass die Söhne Machirs auf den Knien Josefs geboren wurden, wird 48,12 abgewandelt, wonach Josef seine beiden Söhne von den Knien seines Vaters wegnahm. Mit 50,23b sollte herausgestellt werden, dass auch die Söhne Machirs, die im Ostjordanland ansässig wurden (Num 32,39f.), zu Josef und damit zu Israel gehörten. Da V. 22b in der Todesnotiz für Josef in V. 26a aufgenommen wird, stammt auch sie nicht von P.

In 45,19b-50,13* ist also die P-Fassung vollständig enthalten. Unsicher ist lediglich, ob bei P 48,3ff. direkt auf 47,28 folgte. Aber selbst wenn hier eine Lücke bestehen sollte, kann P dazwischen nur knapp berichtet haben, dass Josef zu Jakob kam.

Aus dieser Analyse ergibt sich, dass die priesterlichen Texte vor 45,19b ebenfalls aus der selbständigen Priesterschrift stammen, auch wenn es hier keinen durchlaufenden P-Faden gibt. Zu ihnen gehört 37,1, wie aus der für P charakteristischen Formulierung „im Land der Fremdlingsschaft seines Vaters" hervorgeht. Hier macht P deutlich, dass Jakob im Unterschied zu Esau (36,6-8) weiterhin im Land Kanaan wohnte. Mit der Toledot-Formel in 37,2, mit der P auch sonst seine Vätergeschichte gliedert, beginnt die priesterliche

---

36 J. C. Gertz, Tradition und Redaktion in der Exoduserzählung, FRLANT 186, 2000, 360; R. Lux, 159f. Nach C. Levin, Jahwist, 315, gehört nur V. 22b zu P.

37 D. Carr, 109f. E. Blum, Die literarische Verbindung von Erzvätern und Exodus, in: J. C. Gertz u. a. (Hrsg.), Abschied vom Jahwisten, BZAW 315, 2002, 119-156, 149f., weist V. 22f. der „P-Komposition" zu.

38 A. Graupner, 374. Auch die Zahlenangabe entspricht nicht dem Stil von P, da P bei Jahresangaben über 10 den Singular „Jahr" gebraucht, vgl. z. B. Gen 25,7.17; 35,28; 47,9.28. In Gen 17,1 „90 Jahre und 9 Jahre" steht bei 90 der Singular und bei 9 der Plural von „Jahr". Nach E. Blum, Verbindung, 149 Anm. 141, weicht zwar 50,22b von P ab, es sei aber mit „späteren Transformationen des Wortlauts zu rechnen." Das hält auch J. C. Gertz, 360 Anm. 43, für möglich. Aber die Abweichungen zeigen, dass 50,22 nicht von P stammt.

Josefsgeschichte. Zu P gehört wegen der Altersangabe für Josef und der gegenüber 37,3ff. anderen Begründung für seinen Konflikt mit den Brüdern V. 2a*.[39]b. Wie bei P Josef nach Ägypten und zu dem Pharao kam, überging die Pentateuchredaktion zugunsten der nichtpriesterlichen Darstellung. P kommt erst in 41,46a wieder zu Wort, wie die Altersangabe für Josef und die Formulierung „Pharao, der König von Ägypten" zeigen. Auch 41,46bα stammt von P. Der Satz „da ging Josef hinaus von (מלפני) Pharao" schließt nahtlos an „als er stand vor (לפני) Pharao ..." an.[40] 41,46bα hat bei P in 47,10b eine Parallele, wo es von Jakob heißt: „und er ging hinaus von (מלפני) Pharao." Für die Zuweisung von V. 46bα an P spricht außerdem, dass in der nichtpriesterlichen Fassung V. 46bβ („und er zog durch das ganze Land Ägypten") glatt an V. 45b („und Josef ging hinaus in das Land Ägypten") anschließt.[41] Die Pentateuchredaktion fügte V. 46abα aus P mit dem Verfahren der Wiederaufnahme in die nichtpriesterliche Fassung ein. Bei P endete mit V. 46a.bα der Bericht über die Begegnung Josefs mit dem Pharao, den die Pentateuchredaktion zugunsten der nichtpriesterlichen Version überging.

Da P für die Brüder Josefs in 45,21aα; 46,5b „die Söhne Israels" gebraucht, stammt auch 42,5, wo sie ebenfalls so bezeichnet werden, von P. Dieser Vers muss ursprünglich direkt auf 41,57 gefolgt sein, da in 42,5 auf 41,57 Bezug genommen wird. Dort wird berichtet, dass alle Welt nach Ägypten kam, um Getreide bei Josef zu kaufen, weil die Hungersnot in der ganzen Welt schwer war. Nach 42,5 kamen die Söhne Israels, um Getreide zu kaufen inmitten der Gekommenen, weil die Hungersnot im Land Kanaan war. Wenn 42,5 ursprünglich die direkte Fortsetzung von 41,57 war, wird verständlich, warum in 42,5 nicht erwähnt wird, wohin die Söhne Israels kamen. Dieser Zusammenhang wird durch 42,1-4 unterbrochen, wo bereits vorausgesetzt wird, dass auch in Kanaan Hungersnot herrschte. 41,57 wird durch 41,56a vorbereitet, wonach auf der ganzen Erde Hungersnot war. Auch dieser Halbvers ist somit P zuzuweisen. Das gilt auch für V. 56bβ, dass die Hungersnot im Land Ägypten schwer war, da die Beschreibung der weltweiten Hungersnot in V. 57b dieser Aussage entspricht. V. 56bβ ist außerdem eine Dublette zu V. 55aα in der nichtpriesterlichen Fassung, in der V. 56bα, wonach Josef

---

39 In V. 2a ist „und er war ein Knabe/Diener" eine redaktionelle Klammer zu der nichtpriesterlichen Josefsgeschichte. Im Unterschied zu den Toledot Isaaks beginnen die Toledot Jakobs nicht mit der Geburt seiner Söhne (vgl. bei Isaak das P-Fragment 25,26b), weil sie Jakob bereits in Paddan-Aram geboren wurden. Die Liste 35,22b-26 kann somit gegen C. Levin, System, 118, P nicht mit dem Argument abgesprochen werden, dass sie bei P zu den Toledot Jakobs gehören müsste.

40 Gegen N. Kebekus, 75, besteht zwischen V. 46a und V. 46bα kein inhaltlicher Unterschied. Das Verb עמד hat in V. 46a die konkrete Bedeutung „stehen" und gibt nicht den „Beginn des Dienstverhältnisses Josefs beim Pharao" (so N. Kebekus) an.

41 Meist gilt V. 45b als sekundär, so z. B. L. Schmidt, Studien, 241. Dabei wird aber vorausgesetzt, dass V. 46bα nicht von P stammt.

den Ägyptern Getreide verkaufte, direkt auf V. 55 folgte.[42] 41,56a.bβ.57; 42,5 stammen somit von P, wo sie miteinander verbunden waren. Dann erwähnte P nicht, dass der Vater die Brüder Josefs nach Ägypten sandte. Das entspricht 46,5b.6aα, dass den Brüdern bei der Übersiedlung nach Ägypten die aktive Rolle zukam und Jakob an ihr nur passiv beteiligt war. In 42,6-45,18 ist P nicht vertreten. Von P stammen also auch 37,1.2*; 41,46abα.56abβ.57; 42,5.

Aus dem von P erhaltenen Bestand geht hervor, dass die priesterliche Josefsgeschichte planvoll angelegt war. Mit der Toledot-Formel für Jakob (37,2) begann hier „die Familiengeschichte Jakobs" und sie endete mit der Notiz von seinem Begräbnis (50,12f.), wie die Parallelen bei Terach/Abraham (Gen 11,27 / 25,9f.) und Isaak (Gen 25,19 / 35,29) bestätigen.[43] Das Lebensalter Josefs in 37,2 entspricht der Dauer des Aufenthalts Jakobs in Ägypten (47,28). Josef hatte 17 Jahre bei dem Vater gelebt, bevor er nach Ägypten kam. Der Vater war in Ägypten 17 Jahre in der Nähe Josefs gewesen. Wie die Notiz in 41,46abα zeigt, bestand bei P auch zwischen dem ersten Auftreten Josefs und dem Auftreten Jakobs vor dem Pharao (47,7-10) eine Beziehung. Josef stand (עמד) vor dem Pharao, später brachte er seinen Vater und stellte ihn (עמד *hi.*) vor den Pharao (47,7a). Bereits oben wurde darauf hingewiesen, dass das Ende beider Begegnungen in gleicher Weise berichtet wird. Außerdem wird für Josef und Jakob jeweils das Lebensalter erwähnt (41,46a; 47,9).[44] Die Zahlen sind aufeinander angelegt: Josef war 30 und Jakob 130 Jahre alt. Der Unterschied von 100 Jahren kann kein Zufall sein. Da er von P bewusst gewählt wurde, ergibt sich aus ihm, dass bei P Jakob 100 Jahre alt war, als Josef geboren wurde. Damit greift P 37,3 aus der nichtpriesterlichen Fassung auf, wonach Josef für „Israel" ein Sohn des Greisenalters war.[45] Nach Gen 21,2 (P) wurde dem hundertjährigen Abraham Isaak als „Sohn in seinem Greisenalter" geboren. Wenn aber Jakob 100 Jahre älter als Josef war, ereigneten sich bei P die Begebenheiten zwischen ihren Begegnungen mit dem Pharao innerhalb eines Jahres.[46] Dass Jakob damals

---

42 Vgl. L. Schmidt, Studien, 244.
43 Vgl. dazu E. Blum, Komposition, 432ff.
44 Auf die Übereinstimmungen zwischen 41,46abα und 47,7-10 wies bereits R. Lux, 166 Anm. 58, hin. Sie bestätigen, dass 47,7-10 nicht ganz oder teilweise P abgesprochen werden darf (vgl. dazu oben Anm. 9). Weil bei P Jakob vor dem Pharao stand, hatte hier schon der Pharao selbst die Brüder zur Übersiedlung nach Ägypten aufgefordert (45,19b.20). Bei P standen also zunächst Josef, dann seine Brüder und schließlich Jakob vor dem Pharao.
45 37,3f. ist sicher älter als P, da der hier berichtete Hass der Brüder wegen der Bevorzugung Josefs durch den Vater von P in 37,2* zu einem Konflikt Josefs mit den Söhnen der Nebenfrauen abgemildert wird.
46 Da in 42,5 nicht erwähnt wird, dass die Söhne Israels ohne Benjamin unterwegs waren, ergibt sich aus der Abfolge 41,57 / 42,5, dass P nur von einer Reise der Brüder mit Benjamin erzählte. Bereits bei ihr begegnete ihnen Josef freundlich und brachte sie zu dem Pharao.

130 Jahre alt war, ist anscheinend der Grund, warum er bei der Hungersnot
und der Übersiedlung nach Ägypten nicht selbst aktiv wurde. Weil er bereits
ein Greis war, ergriffen bei P jeweils seine Söhne die Initiative. Sie bezeichnet P in 42,5; 45,21aα; 46,5b als „die Söhne Israels". Hier kann „Israel" nicht
der Name des Vaters sein, da er in der priesterlichen Josefsgeschichte durchgehend Jakob heißt. Die Wendung „die Söhne Israels" hat also an diesen
Stellen die Bedeutung „die Israeliten". Das wird an 46,5b besonders deutlich,
wonach „die Söhne Israels" (= die Israeliten) außer ihren Familien auch „Jakob, ihren Vater" auf Wagen aufluden. Mit diesem Sprachgebrauch wollte P
betonen, dass zwischen den Söhnen Jakobs und den späteren Israeliten eine
Kontinuität besteht. Als Ahnherrn der Stämme waren schon die Söhne Jakobs
Israeliten.[47]

Daraus ergeben sich Konsequenzen für die Beurteilung von Ex 1,1-5. Der Abschnitt wurde früher meist P zugewiesen[48], er wird aber inzwischen zunehmend P abgesprochen und mit
der Aufteilung in die Bücher Genesis und Exodus in Verbindung gebracht.[49] Dafür wird
angeführt, dass „die Söhne Israels" in V. 1 und V. 7 eine verschiedene Bedeutung habe. In
V. 1 seien die Söhne Jakobs gemeint, in V. 7 dagegen die Israeliten. Dieses Argument lässt
sich jedoch nicht halten, da P bereits in Gen 42,5; 45,21aα; 46,5b „die Söhne Israels" in der
Bedeutung „die Israeliten" gebrauchte. Diesen Sinn hat „die Söhne Israels" auch in Ex 1,1a.
In V. 1b („mit Jakob, jeder und sein Haus waren sie gekommen") wird Gen 46,5b aufgenommen, wonach „die Israeliten" „Jakob, ihren Vater" und ihre Kinder und Frauen auf Wagen aufluden.[50] Es gibt somit zwischen Ex 1,1 und der priesterlichen Josefsgeschichte deutliche Beziehungen. Für die Zuweisung von Ex 1,1-4.5b an P[51] spricht auch, dass V. 2-4.5b
abgesehen von der Sonderstellung Josefs mit der Liste der Söhne Jakobs bei P in Gen
35,22b-26 übereinstimmt.[52] Außerdem muss P den Übergang von der Väter- zur Volksgeschichte markiert haben, weil mit Gen 50,12f. die Toledot Jakobs endeten.[53] Da Ex 1,1-
4.5b.7 diese Funktion hat, darf der Abschnitt P nicht abgesprochen werden.[54] P erwähnte hier
die Söhne Jakobs als Ahnherrn der Israeliten, weil die Geschichte des Volks in Ägypten
darauf beruhte, dass sie sich bereits dort aufhielten. P betonte somit auch hier die Kontinuität

---

47 Darauf habe ich bereits in L. Schmidt, Studien, 176, hingewiesen.
48 So z. B. (ohne V. 1b und V. 5a) W. H. Schmidt, Exodus, BK.AT II/1, 1988, 9ff.
49 C. Levin, Jahwist, 315; R. G. Kratz, 243; J. C. Gertz, 354ff.; so u. a. schon G. Fohrer,
   Überlieferung und Geschichte des Exodus, BZAW 91, 1964, 9.
50 Gegen W.H. Schmidt, 9, ist V. 1b nicht sekundär, da hier die Aussage in V. 5b vorbereitet wird, dass Josef in Ägypten war; so mit Recht J. C. Gertz, 356f.
51 V. 5a ist sekundär. Dass Jakob 70 Nachkommen hatte, geht auf Gen 46,26f. zurück, wo
   Jakob freilich zu den 70 Personen gehört, die nach Ägypten kamen.
52 Vgl. zu ihr oben Anm. 27 und 39. Auch die Wiederholung dieser Aufzählung wird als
   Argument gegen P in Ex 1,1ff. angeführt; vgl. C. Levin, Jahwist, 315; J. C. Gertz, 354.
   Aber wie der Wechsel zwischen „die Söhne Jakobs" (Gen 35,22b.26) und „die Israeliten"
   (Ex 1,1a) zeigt, werden die Söhne Jakobs unter einem jeweils anderen Aspekt aufgezählt.
   In Gen 35,22bff. geht es darum, welche Söhne Jakob geboren wurden, in Ex 1,1ff. wer-
   den sie als Ahnherrn der späteren Israeliten genannt.
53 Nach R. G. Kratz, 243, gehört der priesterliche Faden bis Ex 40 zu den Toledot Jakobs.
   Aber sie endeten, wie oben gezeigt wurde, mit Gen 50,12f.
54 So auch D. Carr, 121 Anm. 116. V. 6 stammt nicht von P.

zwischen den Söhnen Jakobs und den späteren Israeliten. Die Inversion in V. 7 zeigt, dass P mit diesem Vers seine Exposition zur Volksgeschichte abschloss.[55] Bereits zu Lebzeiten Jakobs waren in Ägypten seine Nachkommen sehr zahlreich geworden (Gen 47,27b), aber erst nach seinem Tod hatten sich die Israeliten so außerordentlich vermehrt, dass das Land von ihnen voll war. Ex 1,1-4.5b.7 stammt somit als Exposition der priesterlichen Volksgeschichte ab Ex 1,13f. von P.

Aus der Analyse der priesterlichen Texte ergibt sich für die eingangs genannten Probleme: Die priesterliche Schicht ist in der Josefsgeschichte wesentlich umfangreicher, als meist angenommen wird. Da in 45,19b-50,13 ein durchlaufender priesterlicher Faden enthalten ist, der von der Pentateuchredaktion mit der nichtpriesterlichen Fassung verbunden wurde, stammen die priesterlichen Texte nicht von einer Bearbeitung, sondern aus der selbständigen Priesterschrift. Zu dem Grundbestand von P gehören: Gen 37,1.2*; 41,46abα.56abβ.57; 42,5; 46,5b.6a; 47,5*(nach LXX ergänzt ab „zu Josef").6a.7-11.27b.28; 48,3-6; 49,1a.28bα*(nur „und er segnete sie").29a.30. 31.33aαb; 50,12f. Bereits P erzählte somit von Josef. Da P für den Altersunterschied zwischen Josef und Jakob (41,46a; 47,9), die beiden Söhne Josefs (48,5f.) und die Anweisungen des Pharao an die Brüder in 45,19b.20 von der nichtpriesterlichen Josefsgeschichte literarisch abhängig ist, lag sie P im Wesentlichen bereits vor. Wie aus 47,1-12 hervorgeht, machte nicht erst die Pentateuchredaktion Juda zum Sprecher der Brüder. Da sie hier P in den nichtpriesterlichen Abschnitt 46,28 - 47,4.6b.12 einfügte, war ihr diese Funktion Judas schon vorgegeben (vgl. 46,28). 46,28 - 47,4.6b.12 stand bereits in der Vorlage von P.[56] Sie lässt sich freilich im Einzelnen nur durch eine eigene Analyse rekonstruieren.[57] Da P frühnachexilisch anzusetzen ist[58], kann die nichtpriesterliche Josefsgeschichte nicht erst in nachexilischer Zeit entstanden sein.

---

55 Da die Wurzel עצם bei P sonst nicht belegt ist, ist in V. 7 „und sie wurden stark" vielleicht sekundär (so W. H. Schmidt, 12). Ansonsten darf der Vers aber gegen C. Levin, Jahwist, 315; R. G. Kratz, 243, P nicht abgesprochen werden, da er für P charakteristische Formulierungen enthält und Ex 1,13f. bei P nicht direkt auf V. 5b gefolgt sein kann.

56 Deshalb gibt der Pharao auch bei P Josef den Auftrag, Vater und Brüdern ihren Wohnort zuzuweisen (47,5*.6a).

57 Die nichtpriesterliche Josefsgeschichte ist literarisch nicht einheitlich. Sie besteht im Wesentlichen aus einer älteren Israel-Juda- und einer jüngeren Jakob-Ruben-Schicht; so auch H.-C. Schmitt, Die nichtpriesterliche Josephsgeschichte, BZAW 154, 1980; ders., Die Hintergründe der „neuesten Pentateuchkritik" und der literarische Befund der Josefsgeschichte Gen 37-50 (1985), in: ders., Theologie in Prophetie und Pentateuch, BZAW 310, 2001, 89-107. Im Unterschied zu H.-C. Schmitt, der eine Ergänzungshypothese vertritt, halte ich an meiner früheren Position (vgl. L. Schmidt, Studien, 272ff.) mit geringfügigen Modifikationen fest, dass die beiden Schichten aus den Pentateuchquellen J und E stammen.

58 Vgl. zur Begründung L. Schmidt, Studien zur Priesterschrift, BZAW 214, 1993, 251ff.

Gen 47,13-26 – ein irritierender Abschnitt im Rahmen der Josefsgeschichte

Peter Weimar

Das Urteil über diesen Text ist alles andere als günstig[1]. Es sind nicht allein die wirtschaftspolitischen Maßnahmen des Josef, die Unverständnis hervorrufen[2] und entsprechend unterschiedliche Interpretationen herausfordern[3]. Ein Missverstehen des hier in Frage stehenden Abschnitts liegt nicht zuletzt in der Unsicherheit hinsichtlich einer Beurteilung seiner Stellung im literarischen Zusammenhang wie der literarischen Eigenart begründet. Innerhalb des Erzählzusammenhangs wie ein Fremdkörper erscheinend, wird er darin häufiger, und das durchaus mit einem gewissen Recht, als „Nachtrag" bzw. „Zusatz" verstanden[4], sei es dass dieser auf den vorliegenden Zusammenhang hin formuliert ist[5], sei es dass er aus einem anderen Zusammenhang übernommen und für den neuen erzählerischen Rahmen nur adaptiert worden ist[6]. Höchst unterschiedlich wird im Einzelnen auch die literargeschichtliche Einordnung

---

1   K. A. Deurloo, Der Text von der Versklavung Ägyptens im Kontext des Josef-Zyklus (Gen 47,13-26), TeKo 21,4 (1998), 41-49 (41f.).

2   B. Jacob, Das erste Buch der Tora. Genesis, 1934 (Neudruck 2000), 856: „Von jeher bildet es einen Hauptangriffspunkt gegen das AT"; außerdem etwa G. von Rad, Das 1. Buch Mose. Genesis, ATD 2-4, [12]1987, 336: „ein Paradestück im Arsenal antisemitischer Polemik gegen das Alte Testament".

3   Dies gilt allein schon hinsichtlich der Beurteilung der politischen Maßnahmen Josefs; vgl. L. Wilson, Joseph, Wise and Otherwise. The Intersection of Wisdom and Covenant in Genesis 37-50, 2004, 191: „Scholars, however, differ over wether Joseph's policies are portrayed in the narrative as evidence of his wisdom, or his folly, or even sin."

4   H.-C. Schmitt, Die nichtpriesterliche Josephsgeschichte. Ein Beitrag zur neuesten Pentateuchkritik, BZAW 154, 1980, 66; C.Westermann, Genesis III, BK.AT I/3, 1982, 192; H. J. Boecker, Die Josefsgeschichte (Genesis / 1.Mose 37-50), 2003, 81.

5   So etwa N. Kebekus, Die Joseferzählung. Literarkritische und redaktionsgeschichtliche Untersuchungen zu Gen 37-50, 1990, 183ff.

6   Vgl. – mit unterschiedlicher Akzentuierung im Einzelnen – J. Wellhausen, Die Composition des Hexateuchs und der historischen Bücher des Alten Testaments, [4]1963, 59 („ ... könnte annehmen, dass es ursprünglich in einer Parallele zu Kap.41 seinen Platz gehabt hätte") oder H. Gunkel, Genesis, HK I/1, [3]1910 (Neudruck [7]1966), 465 („ ... als die ursprünglich beabsichtigte Fortsetzung von 41 zu betrachten").

von Gen 47,13-26 beurteilt, hierbei ein weites Spektrum abdeckend[7]. Damit nicht genug! Die Einheitlichkeit des Textabschnitts ist ebenso angefragt[8] wie die Undurchsichtigkeit seines Aufbaus[9], ganz abgesehen davon, dass sich seine literarische Höhenlage entschieden gegenüber dem Niveau der übrigen Josefsgeschichte abzuheben scheint[10]. Entsprechend zurückhaltend, ja unentschieden fällt das Urteil über Gen 47,13-26 durch Hans-Christoph Schmitt aus[11], den die nachfolgenden Überlegungen, die ein paar Mosaiksteinchen zu einem Verständnis dieses schwierigen Abschnitts zusammenzutragen beabsichtigen, grüßen wollen.

I.

Wird der Blick zunächst auf den strukturellen Aufbau von Gen 47,13-26 gelenkt, so erweist sich seine Erfassung keineswegs als leicht und unproblematisch[12]. Zu Recht wird immer wieder festgehalten, dass die Gestaltung des Abschnitts unverkennbar etwas Konstruiertes an sich hat und dementsprechend eher eine theoretische Interessenlage verrät, darin somit keineswegs eine lebensvolle Erzählung zu sehen ist[13]. Ein erster markanter Einschnitt im Erzählgefüge ist zwischen V. 17 und 18 gegeben, allein schon durch die Korrespondenz der Zeitangabe „dieses Jahr" in V. 17bβ und 18aα angezeigt, wobei der Neueinsatz in V. 18 zusätzlich durch die nachgeschobene Zeitangabe „im zweiten Jahr" unterstrichen wird[14]. Als kompositorisch sich aushe-

---

7 Zur Diskussion vgl. H.-C. Schmitt, Josephsgeschichte, 64ff.

8 Zu älteren Versuchen vgl. die Darstellung bei W. Rudolph, Die Josefsgeschichte, in: P. Volz / W. Rudolph, Der Elohist als Erzähler. Ein Irrweg der Pentateuchkritik?, BZAW 63, 1933, 168; zur jüngeren Diskussion vgl. das Referat bei H. Seebass, Genesis III. Josephsgeschichte (37,1-50,26), 2000, 193f.

9 So K. A. Deurloo, Text, 41.

10 Im Gegensatz zum hohen literarischen Rang, der der Josephsgeschichte geradezu einmütig attestiert wird, wird der Stil von Gen 47,13-26 immer wieder als „ungelenk" (G. von Rad, Genesis, 335, und C.Westermann, Genesis III, 193), wenn nicht gar als „ungenießbar" bezeichnet (H. Holzinger, Genesis, KHC I, 1898, 251, und K. A. Deurloo, Text, 41).

11 Das besondere Augemerk von H.-C. Schmitt, Josephsgeschichte, 64ff. richtet sich dabei auf die nachhaltig festgehaltene Schwierigkeit, Gen 47,13-26 „literarkritisch einzuordnen".

12 C. Westermann, Genesis III, 193: „Die Gliederung des Textes ist sehr schwierig und gibt eine Reihe von Fragen auf."

13 G. von Rad, Genesis, 335: „Ja, die Erzählung hat ... etwas unverkennbar Schematisches ... In dieser Hinsicht verrät die Erzählung deutlich ein theoretisches Interesse."

14 Durch die Entsprechung der Zeitangaben in Gen 47,17bβ und 18aα wird einerseits ein thematischer Zusammenhang angezeigt, andererseits aber unverkennbar ein Neueinsatz im kompositorischen Gefüge von Gen 47,13-26 sichtbar gemacht. Die Zäsur im Textgefüge zwischen Gen 47,17 und 18 gilt gleichermaßen bei Annahme einer zweiteiligen Disposition des Textabschnitts (V. 13-14+15-17||18-22+23-26 [so H.Gunkel, Genesis,

bender Abschnitt ist V. 13-17 bereits dadurch ausgewiesen, dass sich hier die festgehaltene ausweglose Lage über Ägypten hinaus auch auf Kanaan erstreckt (vgl. das dreimalige Vorkommen des Doppelausdrucks „das Land Ägypten und das Land Kanaan" in V. 13b, 14aα und 15aα)[15], was umso mehr Beachtung verdient, als sich der Blick im Fortgang des Erzählgeschehens ganz auf Ägypten konzentriert, Kanaan dagegen nicht weiter von Interesse zu sein scheint[16]. Verklammert wird V. 13-17 durch das Nomen „Brot" als Leitwort (V. 13aα und 17bα), das außerdem in V. 15aα und 17a begegnet und so diesen Abschnitt aus dem Textgefüge heraushebt. Das zweimalige Vorkommen des Wortes „Hunger" im Eingangsvers (13aβ und 13bβ) gibt den äußeren Anlass an, das fünfmalige Vorkommen des Wortes „Geld" (V. 14aα. 14bα.15aα.15bβ.16b) markiert den inzwischen eingetretenen Mangel an Geld. Damit ist die Ausgangssituation, indirekt auch der Zeitpunkt der hier geschilderten Ereignisse angegeben[17]. Für den Fortgang des Geschehens ist entscheidend, dass nur die Ägypter ihr Vieh verpfänden müssen. So bleibt am Anfang des Textes eine nicht aufgelöste und auch nicht auflösbare Spannung, die sich bis in die strukturelle Aufgliederung des Eingangsabschnitts niederschlägt (V. 13f.||15-17)[18].

Gegenüber V. 13-17 auch in der Gestaltung abgehoben ist das nachfolgend Erzählte in V. 18-26, allein schon dadurch zusammengehalten, dass hier das Geschehen des zweiten Jahres berichtet ist. Die Eröffnung des neuen

---

466]) wie bei Annahme einer Aufgliederung in drei Szenen unterschiedlicher Länge (V. 13-14||15-17||18-26 [C.Westermann, Genesis III, 193, und V. A. Hurowitz, Joseph's Enslavement of the Egyptians (Genesis 47,13-26) in Light of Famine Texts from Mesopotamia, RB 101, 1994, 355-362, hier 356f.]).

15 Nicht zuletzt das Vorkommen des Doppelausdrucks „das Land Ägypten und das Land Kanaan" spricht dagegen, Gen 47,13+14 als Exposition gegenüber Gen 47,15-17 zu isolieren; zwar handelt es sich hierbei um zwei gegeneinander abzuhebende Textabschnitte, die aber in einem kompositorisch unmittelbaren Zusammenhang miteinander zu sehen sind.

16 Gelegentlich wird angenommen, dass die auffällige Erwähnung des „Landes Kanaan" neben dem „Land Ägypten" in Gen 47,13-26 damit zusammenhängt, dass hierin eine redaktionelle Ein- und Überleitung zur nachfolgenden Erzählung zu sehen ist (so beispielsweise L. Ruppert, Die Josephserzählung der Genesis. Ein Beitrag zur Theologie der Pentateuchquellen, StANT 11, 1965, 155; H.-C. Schmitt, Josephsgeschichte, 66 Anm. 271; C. Westermann, Genesis III, 194).

17 Allein schon damit ist indirekt angezeigt, dass die in Gen 47,13-26 geschilderten Ereignisse keineswegs nur „das erste Jahr der Hungersnot im Blick haben" kann (L. Schmidt, Literarische Studien zur Josephsgeschichte, BZAW 167, 1986, 121-297 [204]); demgegenüber geht H.-C. Schmitt, Josephsgeschichte, 65 mit Anm. 267, von einer nur zwei Jahre umfassenden Hungersnot aus.

18 Ist im hier angegebenen Sinne der einleitende Textabschnitt als eine im ganzen spannungsvoll angelegte zweigliedrige Komposition (Gen 47,13f.||15-17) zu verstehen (vgl. Anm. 15), dann darf darin durchaus eine interpretatorisch bedeutsame Vorgabe für das Verständnis von Gen 47,13-26 insgesamt gesehen werden.

Textabschnitts in V. 18aα (ותתם השנה ההוא) lehnt sich unverkennbar an die
entsprechende Aussage ויתם הכסף in V. 15aα an, worauf im übrigen auch mit
V. 18aβ Bezug genommen wird[19]. Mit Hilfe der so hergestellten Verknüpfungen wird die Verschärfung der Notsituation vom einen auf das andere Jahr
anschaulich. Wenn auch V. 18-26 auf den ersten Blick durch den vorausge-
setzten Zeitrahmen wie eine geschlossene literarische Größe wirkt, gibt es bei
näherem Zusehen nicht zu übersehende Hinweise darauf, dass der Abschnitt
jedoch in zwei Textsequenzen aufzufächern ist, wofür nicht zuletzt die Korrespondenz der Aussagen bezüglich der Sonderrechte hinsichtlich des Acker-
bodens der Priester in V. 22a und 26b spricht (רק אדמת הכהנים), beides Aussagen, die wiederholt als Zusätze beurteilt worden sind[20], eine Annahme jedoch, die sich trotz dahingehender Hinweise dann erübrigt, wenn deren kompositorisch bedeutsame Funktion bedacht wird[21]. Jedenfalls markiert V. 22,
der aufgrund der formalen, stilistischen wie thematischen Korrespondenz von
V. 22a und 22bβ einen in sich geschlossenen Eindruck macht, angesichts
seines unterbrechenden Charakters deutlich einen Einschnitt innerhalb des
Textgefüges[22]. Legt sich somit für V. 18-26 eine Auffächerung in die beiden
Textsequenzen V. 18-22 und 23-26 nahe, bleibt näherhin nach der ihnen jeweils zugrundeliegenden Strukturierung zu fragen.

Denkbar einfach erscheint die Baustruktur von V. 18-22, wo sich ein Bitt-
gesuch der Ägypter an Josef (V. 18f.) und ein Bericht über die Maßnahmen
Josefs (V. 20-22) relativ gleichgewichtig gegenübertreten. Mit der Rede der
Ägypter wird ein neues Thema angeschlagen, das durchaus für die ganze
Erzählfolge bis zu V. 26 hin bestimmend ist, wenn auch V. 18-22 in besonderer Weise herausgehoben ist. Gegenüber der Verpfändung des Viehbesitzes
liegt der Akzent nun auf dem Kauf, womit ein die Erzählfolge von V. 18-22
entscheidend strukturierendes Leitwort eingeführt ist (V. 19aβ.20aα.22a),
worauf Josef in V. 23a rückblickend nochmals Bezug nimmt. Rhythmisiert
ist die Rede der Ägypter in V. 18f. durch den Doppelausdruck גויתנו ואדמתנו
(V. 18bβ) bzw. im Anschluss daran, wenn auch in der Formulierungsweise
weniger drastisch, „wir und unser Boden" (V. 19aα.19aβ.19bα.19bβ), nochmals Aufnahme findend in der rekapitulierenden Aussage im Munde des Jo-

---

19 B. Jacob, Genesis, 852.
20 Vgl. C. Westermann, Genesis III, 192f.; zur Kritik L. Schmidt, Studien, 206.
21 Gerade die Koordination der Aussagen von Gen 47,22 und 26b erweist sich als ein näherhin zu beachtendes Indiz, das auf eine kompositorische Rhythmisierung hindeutet,
wobei die unter kompositorischem Aspekt bedeutsame Rolle von Gen 47,22 zusätzlich
noch dadurch unterstrichen wird, dass Gen 47,23 über das Stichwort „das Volk" über
Gen 47,22 hinweg an Gen 47,21 anschließt.
22 In ähnlicher Weise nimmt auch B. A. McKenzie, Jacob's Blessing on Pharaoh: An Interpretation of Gen 46:31-47:26, WThJ 45 (1983), 386-399 (395), eine Aufgliederung von
Gen 47,18-26 in die beiden Textabschnitte Gen 47,18-21 (mit 22 als Anhang) und 23-26
an.

sef in V. 23aβ, wobei die hier begegnende Rhythmisierung des Doppelausdrucks („euch heute"‖„und euren Boden für den Pharao") geradezu als Reflex von V. 19bβ erscheint[23]. Isoliert begegnet das Stichwort „Boden" in den beiden Textsequenzen V. 18-22 und 23-26 noch jeweils dreimal (V. 20aα. 22a.23bβ‖23aβ.26a.26b), wobei der Akzent hier auf der Gegenüberstellung von אדמת מצרים und אדמת הכהנים liegt, damit sich eng mit den strukturell-kompositorischen Gegebenheiten verbindend. Die Gewichtigkeit des Stichwortes „Erdboden" deutet sich dabei nicht zuletzt aufgrund seines insgesamt zwölfmaligen Vorkommens an[24]. Gegenüber der äußerst knapp gefassten Rede der Ägypter an Josef in V. 15, die aus insgesamt drei Satzgliedern von jeweils drei Wörtern besteht, ist V. 18f. geradezu wortreich formuliert, weist auch gegenüber V. 15 eine andere Struktur auf, ebenfalls verändert ist der Tonfall. Im ersten Teil ihrer Rede (V. 18) resümieren die Ägypter nochmals ihre Situation, die sich jetzt erneut deutlich verschlechtert hat (kein Geld und kein Viehbesitz). Dem „rüden Tonfall" dort[25] ist dieser hier unverkennbar verbindlicher, wenn auch devoter (vgl. den dreifach gestaffelten Ausdruck „von meinem Herrn" – „zu meinem Herrn" – „vor meinem Herrn"), darin geradezu die ganze Ausweglosigkeit der Situation aufscheinen lassend. Der auf diese Weise rhythmisierten Bilanz tritt als zweiter Redeteil in V. 19 eine Klage gegenüber, die gerahmt erscheint durch die beiden aufeinander bezogenen Aussagen V. 19aα („Warum sollen wir sterben …?") und 19b („damit wir leben und nicht sterben …"). Zwischen die beiden Rahmenaussagen, deren vordere gezielt an V. 15aβ anknüpft, bedeutungsvoll eingeschaltet ist die zweigliedrig organisierte Aussage V. 19aβbα, bestehend aus der an Josef gerichteten Aufforderung des Kaufs ihrer selbst und ihres Bodens um Brot

---

23 Durch die Aufspaltung des in Gen 47,23aβ begegnenden doppelgliedrigen Ausdrucks „euch und euer Boden" durch Zwischenschaltung des Zeitadverbs „heute" scheint Josef sich einerseits bewusst gegenüber der Ausdrucksweise der Ägypter in Gen 47,18f. abzusetzen, andererseits zugleich aber an die eine solche Differenzierung vorgebende Zweckangabe in Gen 47,19bβ anknüpfen zu wollen, damit insbesondere den dort durch den Gegensatz Leben-Tod ausgedrückten Gedanken des „Lebenswillen" (H. Schweizer, Die Josefsgeschichte, THLI 4, 1991, 281) nachdrücklich aufnehmend; die hier angezeigte gedankliche Verbindung zwischen Gen 47,19bβ („damit wir leben und nicht sterben") und 23aβ („Siehe, ich habe euch gekauft heute") wird überdies durch die Feststellung im Munde der Ägypter in 25a („Du hast uns am Leben erhalten") bekräftigt.

24 Sollte die darin sich ausdrückende Zahlensymbolik nicht zufällig, sondern vom Erzähler beabsichtigt sein, zumal wenn bedacht wird, dass das hier angesprochene Phänomen im Rahmen von Gen 47,13-26 keine Einzelerscheinung ist (vgl. z. B. K. A. Deurloo, Text, 44)?

25 So K. A. Deurloo, Text, 43; weniger herausfordernd charakterisiert H. Seebass, Genesis III, 139, den Ton der Rede der Ägypter in Gen 47,15 als „scharf"; die Knappheit der Diktion kennzeichnet dabei die ganze Rede, die aus drei Gliedern zu je drei Worten besteht; im Unterschied zum mittleren Redeelement („Und warum sollen wir sterben vor dir?") handelt es sich bei den rahmenden Redeelementen um Nominalsatzaussagen, die in ihrer Drastik nicht zu wünschen übrig lassen.

(damit das Leitwort des ersten Textabschnitts V. 13-17 aufnehmend) und der Zusage, dass sie „Sklaven dem Pharao sein" werden, die auf diese Weise nachdrücklich herausgehoben erscheint[26]. Im unmittelbaren Anschluss an die Rede der Ägypter wird sogleich unter Ausblendung der eigentlich erwarteten Antwort des Josef das Ergebnis mitgeteilt[27]. Gegenüber dem Anerbieten der Ägypter setzt der Bericht hierüber in mehrfacher Hinsicht eigene Akzente. Dies gilt nicht allein hinsichtlich der die Priester betreffenden Ausnahme („Und Josef kaufte den ganzen Boden Ägyptens für den Pharao" [V. 20aα] ‖ „nur den Boden der Priester kaufte er nicht" [V. 22a] bzw. „denn es verkauften die Ägypter jeder sein Feld" [V. 20aβ] ‖ „darum verkauften sie nicht ihren Boden" [V. 22bβ]). Bezeichnenderweise bezieht sich die Kaufaktion des Josef nur auf den Boden, nicht aber auf die Ägypter (vgl. demgegenüber aber V. 23aβ)[28]. Nicht gedeckt durch V. 18f. ist schließlich auch die zwischen V. 20 und 22 eingeschaltete Aussage V. 21, die von einer Translozierung des „Volkes" spricht, das in V. 23f. zum Adressaten einer Rede Josefs wird[29].

Markiert V. 20-22 somit einen nicht zu übersehenden Einschnitt innerhalb des Textgefüges, so setzt die Erzählung mit der an das Volk adressierten Rede Josefs (V. 23f.) neu ein, die nicht allein wegen ihres Umfangs geradezu gleichgewichtig neben die Rede der Ägypter an Josef (V. 18f.) tritt. Keineswegs kann V. 23f. als unmittelbare Antwort Josefs auf das Anerbieten der Ägypter verstanden werden[30], dementsprechend lässt sich die Josefrede auch nicht unmittelbar an V. 18f. anschließen, wie es gelegentlich postuliert wird[31]. Dagegen spricht nicht nur der über das Nomen „Volk" hergestellte Zusammenhang mit V. 21, sondern gerade auch V. 23 als erster Teil der Josefrede, der – wie auch V. 18 zu Beginn des voraufgehenden Textabschnitts – die

---

26 Hierzu B. Jacob, Genesis, 857: „*Durch die Knechtsgesinnung dieses Volkes*, dem Brot wichtiger war als die Freiheit und das nur ein Verlangen hatte: am Leben zu bleiben – um jeden Preis ... *Im Sinne Josephs (des früheren Sklaven!)* war dies nicht, denn ihr Verlangen, Sklaven und gleich den Äckern Eigentum des Pharao zu werden, beantwortet er damit, dass er zwar die Äcker kauft, aber die Leute umsiedelt und *für seine Person das Wort Sklave überhaupt nicht in den Mund nimmt.*"

27 In Verkennung der literarischen Technik hat dies zuweilen zu entstehungsgeschichtlichen Operationen geführt, so etwa bei C. Westermann, Genesis III, 193.196; vgl. auch das kritische Referat bei L. Schmidt, Studien, 206.

28 Vgl. schon Anm. 26. – Eine Änderung der masoretischen Lesart von Gen 47,21a, worin man den Versuch gesehen hat, „Joseph anscheinend von dem Odium [zu] befreien, die Ägypter zu Sklaven gemacht zu haben" (L. Ruppert, Josephserzählung, 159), im Anschluss an Sam und LXX erweist sich weder als notwendig noch als sinnvoll. Die dem Erzählerbericht auf den ersten Blick augenscheinlich widersprechende Feststellung in der an das Volk adressierten Rede des Josef in Gen 47,23aβ bindet sich bei näherem Hinsehen aber in das durch Gen 47,19aβ und 25a abgesteckte Bezugsfeld ein (vgl. Anm. 23).

29 Zur Übersetzung von Gen 47,21a vgl. K. A. Deurloo, Text, 42.

30 Vgl. L. Schmidt, Studien, 206.

31 O. Procksch, Die Genesis, KAT I, [2.3]1924, 240f.; ähnlich auch schon H. Holzinger, Genesis, 251.

inzwischen eingetretene veränderte Ausgangslage festhält. Rhythmisiert ist
die redeeröffnende Feststellung V. 23 durch die beiden Interjektionen הן
(V. 23aβ) und הא (V. 23bα), wobei die so eingeleiteten Aussagen auf V. 19aβ
bzw. V. 19bβ (זרע) Bezug nehmen. Die in V. 19bβγ angezeigte Differenzierung zwischen den Ägyptern und dem Boden („damit wir leben und nicht
sterben ‖ und der Boden nicht veröde") findet in V. 23aβ insofern eine Spiegelung, als durch Zwischenschaltung von היום zwischen die beiden Objekt-
angaben eine möglicherweise im Anschluss an V. 20aα vorgenommene Differenzierung angezeigt ist, wobei auch hier die Perspektive entsprechend
V. 19bβ auf die nachfolgende Feststellung und Ansage in V. 23b hinzielt[32].
Der zweite Teil der Josefrede (V. 24) beinhaltet eine Zukunftsansage (והיה)
bezüglich des für die Ernte zugrundezulegenden Verteilungsschlüssels. Unmittelbar im Anschluss an die eine Perspektive eröffnende Rede des Josef
nehmen nochmals die Ägypter das Wort (V. 25); dieses tritt hinsichtlich seines Umfangs wie seines dreigliedrigen Aufbaus in Beziehung zur an Josef
adressierten Rede in V. 15. Nicht allein der veränderte Tonfall zeigt die eingetretene Veränderung an. Die auffälligerweise nur aus einem einzigen Wort
bestehende Feststellung einer Lebenserhaltung durch Josef (V. 25a) steht in
wirkungsvollem Kontrast zur Klage wegen eines befürchteten Todes
(V. 15aβ). Demgegenüber schließt V. 25b bezeichnenderweise nochmals an
V. 18f. an, bringt abschließend so beide Teile der hier übermittelten Rede der
Ägypter zur Geltung. V. 25bα erinnert in der Kennzeichnung Josefs als
„mein Herr" an die dreimalige Erwähnung in V. 18, die Zusage V. 25bβ re-
kurriert auf V. 19bα.

II.

Angesichts der voraufgehenden Überlegungen lässt sich kaum bestreiten,
dass Gen 47,13-26 unzweifelhaft eine wohldisponierte kompositorische Einheit darstellt, deren einzelne Teile sorgsam zueinander in Beziehung gesetzt
erscheinen[33]. Jedenfalls handelt es sich hierbei um ein literarisches Gebilde
von eigenem Zuschnitt, in dessen Anlage sich möglicherweise Umbrüche
sozialgeschichtlicher Art spiegeln, ausgelöst durch das Problem der Lebens-

---

32 Die Bezüge von Gen 47,23b zu 19bβ sind unverkennbar; die dort geäußerte Bitte der
    Ägypter wird jetzt durch Josef erfüllt, wobei der aus zwei Gliedern von jeweils drei Wor-
    ten bestehenden Aussage von Gen 47,23b durchaus eine gewisse Feierlichkeit zu eigen
    ist.

33 Dass der Aufbau von Gen 47,13-26 „unorganisch" sei (C. Westermann, Genesis III, 193),
    wird man angesichts der vorangehenden Überlegungen kaum sagen können; die drei Tei-
    le der Komposition sind dabei nicht von ungleicher, von Szene zu Szene sich steigernder
    Länge (V. A. Hurowitz, Enslavement, 356), sondern treten relativ gleichgewichtig ne-
    beneinander, mit einer gewissen Hervorhebung des mittleren Kompositionsteils.

erhaltung angesichts einer weltweiten Hungersnot[34]. Im Einzelnen stehen
dabei weniger die Verhältnisse in Ägypten selbst im Blick. Vielmehr ist das
dargestellte Geschehen in erster Linie, wenn auch in einem mehrfach gebrochenen Sinn, in seiner Bedeutung im Hinblick auf die Verhältnisse in Israel
gestaltet[35]. Angesichts einer stark typisierenden Darstellungsweise sowie
sprachlicher und stilistischer Besonderheiten erscheint eine Entfaltung der in
Gen 47,13-26 geschilderten Ereignisse im Horizont königszeitlicher Verhältnisse wenig wahrscheinlich[36]. Nicht allein die in V. 21 so auffallend plazierte
Aussage von einer Verstädterung deutet vielmehr auf einen nachexilischen
Entstehungshorizont[37]. Umso mehr stellt sich dann die Frage nach Sinn wie
Perspektive des hier erzählten Geschehens. Soll Josef etwa als Erfinder eines
„wirtschaftlichen Staatsabsolutismus" gefeiert werden[38]? Inwieweit dem Text
eine ätiologische Aussageabsicht zugrunde gelegt werden darf, bleibt aus
verschiedenen Gründen durchaus ungewiss[39]. Worin sind dann aber Funktion
und Bedeutung von Gen 47,13-26 zu sehen? Dass es sich um eine aus der
Tradition entnommene Einzelerzählung handelt, wie öfters angenommen[40],
wird allein schon deshalb kaum anzunehmen sein, weil es sich hierbei nicht
allein um eine einheitlich gestaltete literarische Komposition handelt, sondern auch aus dem Grunde, dass beispielsweise in der Nennung des „Landes
Kanaan" neben dem „Land Ägypten" in V. 13-15 ein Element begegnet, dass
für das nachfolgend erzählte Geschehen überflüssig, ja funktionslos ist[41].

---

34 In diesem Zusammenhang sind die immer wieder festgehaltenen Beziehungen von Gen
   47,13-26 zu Gen 41 ins Spiel zu bringen, die zwar nicht zu der Annahme berechtigen,
   dass Gen 47,13-26 sich „vortrefflich" daran anschlösse und ursprünglich einmal damit
   verbunden gewesen sei (H. Gunkel, Genesis, 465), aber auf eine bestehende thematisch-
   intentionale Verbindung hindeuten (hierzu näherhin N. Kebekus, Joseferzählung, 158).
35 Zu Recht betont selbst F. Crüsemann, Der Widerstand gegen das Königtum, WMANT
   49, 1978, 150, dass „ganz sicher ... in diesem Stück nicht einfach israelitische Verhältnisse vor Augen" stehen.
36 Solche werden vor allem von F.Crüsemann, ebd., 149-153, herausgestellt; zur Kritik vgl.
   nachdrücklich E. Blum, Die Komposition der Vätergeschichte, WMANT 57, 1984, 234f.,
   243f.
37 In diesem Zusammenhang verweist K. A. Deurloo, Text, 42, besonders auf das Phänomen der „Verstädterung in Hellenistischer Zeit"; weitere Besonderheiten wie etwa der a-
   ramäische Ausruf הא in Gen 47,23b müssten ebenfalls bedacht werden.
38 G.von Rad, Genesis, 337.
39 So mit Nachdruck etwa L. Ruppert, Josephserzählung, 154, oder C. Westermann, Genesis
   III, 193.
40 Einer solchen Annahme neigt etwa auch H.-C. Schmitt, Josephsgeschichte, 66, mit Anm.
   271 zu; anders dagegen L. Schmidt, Studien, 204.
41 In Anbetracht der immer wieder konstatierten Funktionslosigkeit der Nennung des „Landes Kanaan" neben dem „Land Ägypten" kann der Grund dafür sinnvollerweise nur darin
   gesehen werden, dass auf diese Weise eine Verknüpfung mit dem literarischen Zusammenhang und darin mit dem Gedanken der Versorgung der Jakobfamilie angesichts des

Umso mehr darf darin ein Anzeichen für eine Verbindung des in vieler Hinsicht irritierenden Abschnitts mit dem literarischen Zusammenhang gesehen werden, der hierfür auch den maßgebenden Interpretationsrahmen abgeben wird[42].

Ein Hinweis im Blick auf eine literargeschichtliche Einordnung eröffnet sich nicht zuletzt aufgrund der Einbindung von Gen 47,13-26 zwischen Gen 47,11f. und 47,27; hier verdient nachdrücklich die Korrespondenz der beiden Aussagen ויתן להם אחזה בארץ מצרים (V. 11aα) und ויאחזו בה (V. 27bα) Beachtung, wodurch zugleich die Spannung zwischen den rahmenden Aussagen und dem eingeschalteten Textabschnitt in Erscheinung tritt[43]. Die literargeschichtliche Problemlage der „Rahmenaussagen" wird im Einzelnen durchaus kontrovers diskutiert, kann auch im vorliegenden Zusammenhang nicht umfassend geklärt werden[44]. Ein gewichtiges Indiz ergibt sich aufgrund der hierfür nicht selten postulierten Verbindung mit einer generell als „priesterschriftlich" qualifizierten Textschicht[45]. Doch ist eine differenziertere Wahrnehmung der literargeschichtlichen Problemlage durchaus hilfreich. In Gen 47,27f. kann als genuin priesterschriftliche Bildung allein V. 27b und 28 angesprochen werden, nicht jedoch V. 27a, der sich gegenüber der Fortsetzung in V. 27b durch das singularische „Israel" heraushebt und damit nicht mehr die einzelnen Jakobsöhne, sondern Gesamtisrael im Blick hat[46]. Dass V. 27a gegenüber V. 27b+28 literargeschichtlich keine Priorität zu beanspruchen hat, sondern vielmehr genau umgekehrt gezielt unter Voraussetzung und im Blick hierauf gestaltet ist[47], legt sich nicht zuletzt auch wegen der duplizierten Ortsangabe „im Lande Ägypten, im Lande Goschen" nahe, wobei die erste nachdrücklich auf V. 13b, 14a und 15aα Bezug nimmt, während die

---

Hungers im „Lande Kanaan" (vgl. insbesondere Gen 47,4, aber auch schon Gen 42,5) angezielt ist.

42 Nicht zuletzt ist daran zu erinnern, dass mit dem Wort „Brot", mit dem Gen 47,13-26 eröffnet wird, gezielt ein Anschluss an Gen 47,12 geschaffen wird (L. Ruppert, Josephserzählung, 155, und L. Schmidt, Studien, 204).

43 Vgl. hierzu G. Fischer, Die Josefsgeschichte als Modell für Versöhnung, in: A.Wénin (Hrsg.), Studies in the Book of Genesis. Literature, Redaction and History, BEThL 155, 2001, 243-271 (254); außerdem R. Lux, Geschichte als Erfahrung, Erinnerung und Erzählung in der priesterschriftlichen Rezeption der Josefsnovelle, in: ders. (Hrsg.), Erzählte Geschichte. Beiträge zur narrativen Kultur im alten Israel, BThSt 40, 2000, 147-180 (169ff.).

44 Zur Erhellung dieses Problems wäre eine weitergehende, auch entstehungsgeschichtlich orientierte Analyse der beiden Gen 47,13-26 umrahmenden Textabschnitte Gen 47,1-12 und 27-31 erforderlich.

45 Hierzu generell R. Lux, Geschichte, insbesondere 159f. und 165-171.

46 Die Bedeutung der Nennung Israels in Gen 47,27a hebt nachdrücklich B. Jacob, Genesis, 860, hervor: „‚Israel', so heißt hier (außer 34,7) zum ersten Mal das Geschlecht, denn jetzt sind sie zu der wahren Einheit in diesem Namen geworden."

47 Zu Recht spricht H.-C. Schmitt, Josephsgeschichte, 66 Anm. 272, so in Bezug auf Gen 47,27a „von einer priesterlich beeinflußten Hand".

zweite eine Verbindung zu V. 1b, 4b und 6b herstellt[48]. Die auf diese Weise sich andeutende literargeschichtliche Perspektive bestätigt sich schließlich von V. 7-10 her, wobei die Nähe dieses durch V. 7 und 10 gerahmten Abschnitts zur Priesterschrift ebenso immer wieder bemerkt worden ist wie seine nicht nur sprachlich davon abweichende Diktion, was am ehesten für eine im Gefolge der Priesterschrift stehende Entstehungssituation spricht[49]. Als ein für die so sich heraushebende Textschicht zu reklamierendes Element ist sodann der gegenüber V. 11 abzugrenzende V. 12 anzusehen, der gerade durch V. 12b mit V. 13-26 stichwortartig verbunden erscheint[50].

Mittels der vorangehenden Beobachtungen ergibt sich unübersehbar eine Perspektive hinsichtlich der für V. 13-26 zu reklamierenden literargeschichtlichen Zuordnung, womit sich zugleich die von dorther sich nahelegenden Hinweise zu einer plausiblen Hypothese verdichten. Die Einbindung von V. 13-26 in den literarischen Zusammenhang, wie sie nicht zuletzt aufgrund der „Rahmenaussagen" V. 11f. und 27f. in Erscheinung tritt und mit denen der so eingeschlossene Abschnitt gezielt verknüpft ist, lässt deutlich werden, dass es sich hierbei auf der einen Seite durchaus um einen „Zusatz" handelt, durch den der bestehende Erzählzusammenhang eine Unterbrechung erfährt, dass die Einbindung auf der anderen Seite aber so gezielt vorgenommen ist, dass er im Blick hierauf auch nicht einfach ausgeblendet werden darf, sondern als ein bewusst eingesetztes literarisches Stilmittel zu verstehen ist. Als „retardierendes Element"[51] kommt dem Abschnitt eine besondere Bedeutung zu, lässt darin auch eine absichtsvoll angelegte Spannung zwischen Rahmung und eingeblendeter Erzähleinheit spüren, die für ein Verständnis von V. 13-26 nicht ungewichtige Perspektiven eröffnet[52]. Eine solche Deutung des Phänomens gilt umso mehr, als innerhalb des gegebenen literarischen Rahmens von Gen 47 eine solche Erscheinung nochmals begegnet, nämlich in V. 7 und 10, worin ebenfalls nicht eine Wiederaufnahme im klassischen

---

48 Die Angabe des Ortes des Wohnens Israels in Gen 47,27a ist eine „Ergänzung zu v.11 in Verfolg von v.6a" (B. Jacob, Genesis, 860); deutlich handelt es sich dabei um eine abschließende Bemerkung, die beide im Vorangehenden getrennt begegnenden Ortsangaben miteinander verknüpft, wobei sowohl „Land Ägypten" als auch „Land Goschen" in Gen 47 in Textzusammenhängen begegnen, die als Elemente der jüngsten schlussredaktionellen Textschicht anzusehen sind.

49 Zur literarisch-theologischen Eigenart dieses Textabschnitts vgl. insbesondere R. Lux, Geschichte, 165ff.; zur Kritik an einer Herleitung von Gen 47,7-10 von P vgl. vorläufig noch P. Weimar, Aufbau und Struktur der priesterschriftlichen Jakobsgeschichte, ZAW 86 (1974), 174-202 (197 Anm.99).

50 Das gilt sowohl für das Stichwort „Brot" (Anm. 43) als auch für den Ausdruck „nach der Zahl der Kinder", dem in Gen 47,24bβ der Ausdruck „zur Speise für eure Kinder" entspricht.

51 L. Schmidt, Studien, 205.

52 Dadurch erfährt gerade das „kontrastierende Nebeneinander" (G. Fischer, Josefsgeschichte, 254) der Brüder und Ägyptens eine starke Akzentuierung.

Sinne gesehen werden kann, sondern ein Stilmittel, um den so umgrenzten Abschnitt V. 7-10 entsprechend herauszustellen[53]. Nicht auszuschließen ist dabei, dass die Gleichartigkeit der stilistischen Erscheinung möglicherweise auch interpretatorisch bedeutsame Zusammenhänge anzeigen will, was allein schon deshalb naheliegt, als sich die Herkunft der beiden Textabschnitte V. 7-10 und 13-26 der gleichen literarischen Hand verdankt.

III.

Angesichts der so in Erscheinung tretenden Zusammenhänge lässt sich Gen 47,13-26 keineswegs aus sich allein heraus verstehen, sondern nur im Blick und als Teil zumindest der übergreifenden Kompositionseinheit Gen 47[54]. Vor einem solchen Hintergrund erweist sich auch die Annahme, dieser Abschnitt sei „kein theologischer Text"[55], zumindest als fraglich, da ein solches Urteil nur bei einer isolierten Betrachtung von V. 13-26 möglich erscheint. Durch die Einschaltung des Abschnitts zwischen die auf eine Ansiedlung Israels bezogenen Aussagen in V. 11f. und 27f., die gezielt nicht nur hinsichtlich eines Wohnens im Lande Ägypten, sondern auch darin, dass „Israel" im Lande Ägypten, gerade hier, Besitz gewinnt, zueinander in Beziehung gesetzt erscheinen, tritt umso nachdrücklicher die besondere Fürsorge des Josef für seine Familie in Erscheinung[56]. Abgesehen von dem spannungsvollen Zusammenhang der „Rahmenaussagen" und der eingeschalteten Geschichte kommt dies nicht zuletzt zu Beginn von V. 13-26 zum Ausdruck, wo durch die nachdrückliche Erwähnung von Kanaan neben Ägypten (V. 13b.14aα. 15aα) herausgehoben wird, dass hinsichtlich der Erschöpfung durch Hunger und Mangel an Geld zwischen beiden Ländern kein Unterschied besteht, dass aber Jakob und seine Familie von den daraus resultierenden Folgen nicht betroffen sind[57]. Wird die Ummantelung von V. 13-26 durch die beiden kompo-

---

53 Die verklammernde Funktion der beiden „Rahmenaussagen" Gen 47,7 und 10 wird insbesondere dadurch augenscheinlich, dass sie in chiastischer Anordnung um Gen 47,8+9 als Mittelstück arrangiert sind (Gen 47,7a‖7b – 10a‖10b). – Kritisch zu einem Verständnis, wonach es sich bei Gen 47,7b und 10a um „eine klassische redaktionelle Wiederaufnahme" handele (E. Blum, Komposition, 252f. Anm.56), hat sich vor allem auch L. Schmidt, Studien, 197f., geäußert.

54 Das gilt umso mehr, wenn Gen 47,13-26 nicht ein aus der Tradition rezipiertes „Versatzstück" darstellt, sondern es sich hierbei um ein gezielt im Blick auf die kompositorische Einheit Gen 47 gestaltetes Kompositionselement handelt.

55 So beispielsweise H. Seebass, Genesis III, 145.

56 Zur theologischen Problematik, die mit der Übersiedlung der Jakobsippe verbunden gewesen ist, vgl. die Ausführungen bei R. Lux, Geschichte, 168-171.

57 Vgl. A. B. Ehrlich, Randglossen zur hebräischen Bibel I, 1908 [Neudruck 1968], 237: „... indirekte Angabe der glänzenden Art ..., wie JHVH zur Zeit der allgemeinen Hungersnot für die Seinen sorgte. Während die Eingeborenen in Ägypten ihr Alles, ja selbst

sitorisch zueinander in Beziehung tretenden Textabschnitte V. 1-12 und 27-
31 bedacht, so steht das hier erzählte Geschehen von vornherein unter einem
zweifachen Vorbehalt: zum einen unter dem Vorbehalt der Vorläufigkeit,
was nachdrücklich festgehalten wird durch die Korrespondenz der Aussagen
von V. 1 („... hingekommen aus dem Lande Kanaan") und V. 29f. („... trage
mich fort aus Ägypten") sowie zum anderen unter dem Vorbehalt des – auch
wenn seine Lebenszeit in Ägypten ganze 17 Jahre umfasst – baldigen Todes
Jakobs[58]. Im Vordergrund der ganzen Darstellung steht die Versorgung der
Familie Jakobs durch Josef angesichts einer universalen Hungersnot.

Durch die Technik der Rahmung tritt V. 13-26 insbesondere in Verbin-
dung mit V. 7-10, was vor allem auch angesichts der Tatsache, dass beide
Abschnitte literargeschichtlich gleicher Herkunft sind, einen nicht unbedeut-
samen Hinweis auf einen Zusammenhang der beiden Textabschnitte gibt.
Eingebunden zwischen die Rede des Pharao V. 5f. und den entsprechenden
Durchführungsbericht V. 11 ist die merkwürdig anmutende, in Form einer
Ringkomposition gestaltete Audienzszene des Jakob beim Pharao[59]. Die
Sorgfalt der Inszenierung lässt auf die Bedeutung des in V. 7-10 Geschilderten schließen, das so keineswegs als nur nebenbei gesagt erscheinen soll,
auch wenn die knappe Wechselrede V. 8f. im vorliegenden Rahmen eher
fremd anmutet. Bedeutsam erscheinen nicht zuletzt die beiden Rahmenaussagen; durch die Duplizierung erfahren gerade die Segensaussagen V. 7b und
10a eine nachdrückliche Hervorhebung, die nicht allein deswegen, sondern
auch weil sie die entsprechenden Aussagen priesterschriftlicher Segensthe-
ologie im Rücken haben, das Verbum „segnen" mit vollem Gewicht gebrauchen[60], womit Jakob zugleich als der Segensvermittler für den Pharao erscheint. Von der doppelten Segnung des Pharao durch Jakob her eröffnet sich
indirekt auch eine Perspektive im Blick auf die ein Überleben sichernden
Maßnahmen des Josef für Ägypten in V. 13-26, nicht allein durch die von der
literarischen Konstruktion her miteinander verknüpften Altersangaben in
V. 9aβ (130 Jahre) und V. 28b (147 Jahre) angezeigt, sondern überdies auch
durch die auffällige Beziehung, in der V. 7a und 10b („Und er [Josef] stellt
ihn [Jakob] vor den Pharao ..., und er ging hinaus vom Pharao weg") gerade
zu der strukturverwandten Aussage Gen 41,46 („Und Josef war 30 Jahre alt,

---

ihre Freiheit für das nötige Brot hergeben mussten, fehlte es der fremden Familie Jacob
an nichts. Dafür hat JHVH durch Joseph gesorgt."

58 Insofern erscheint es durchaus fraglich, ob und inwieweit überhaupt hier eine „lebenslan-
ge Existenz von Israel, bzw. Teilen des Volkes in der Fremde" durch einen priesterschriftlich inspirierten Erzähler legitimiert werden sollte (R. Lux, Geschichte, 171).

59 Hierzu R. Lux, Geschichte, 165f.

60 Vgl. nur C. Westermann, Genesis III, 189f. – In diesem Zusammenhang verdient auch
Beachtung, dass in dem Gen 47,7-12 korrespondierend gegenübertretenden Textabschnitt
Gen 47,27+28 zwar nicht das Verbum „segnen", dafür aber die beiden typisch priester-
schriftlichen Segensverben „fruchtbar sein" und „mehren" (Gen 47,27bβ) begegnen.

als er vor den Pharao ... trat, und Josef ging hinaus, weg vom Pharao") steht[61], womit allem Anschein nach auch die Handlungsweise Jakobs und Josefs zueinander in Beziehung gesetzt werden. Vor diesem Hintergrund kommt dem so anstößig erscheinenden Tun des Josef in V. 13-26 eine theologische Qualität zu, insofern er damit indirekt als universaler Segensbringer gezeichnet werden soll[62].

Innerhalb von V. 13-26 endet die betonte Parallelisierung von Ägypten und Kanaan genau in dem Augenblick, da es um die von Josef ergriffenen Maßnahmen geht, die zu einer fortschreitenden Verarmung Ägyptens, aber zugleich zur Sicherung eines Überlebens führen. Den bezeichnenden Schlussakzent findet die Erzählfolge von V. 13-26 in der Rede der Ägypter V. 25, die mit den Worten „und wir werden Diener sein dem Pharao" endet (vgl. zuvor schon V. 19), damit ein Anerbieten aussprechend, das für israelitische Ohren nicht anders als provozierend gemeint sein kann[63]. Dass innerhalb von V. 13-26 wirtschaftspolitische Maßnahmen im Kontext königlicher Machtausübung angesprochen sein sollen, ist, wie bereits gesehen, schon angesichts des vorauszusetzenden nachexilischen Entstehungshorizontes für Gen 47,13-26 von vornherein ausgeschlossen[64]. Die kontrastierende Gegenüberstellung der Maßnahmen des Josef in Bezug auf seine Brüder und auf Ägypten, wie sie gerade in der kompositorischen Fügung von Gen 47 in Erscheinung tritt, dient der hierfür in Anschlag zu bringenden Redaktionsschicht, die mit der für die Endgestalt der Josefsgeschichte verantwortlichen schlussredaktionellen Bearbeitungsschicht des Genesisbuches in Verbindung zu sehen sein wird, wohl als kritisches Modell, anhand dessen vor dem Hintergrund der gesellschaftlichen Spannungen innerhalb der nachexilischen Zeit die Folgen einer bestimmten Form von Herrschaft vor Augen geführt werden können, aber auch der Entwicklung einer Vision einer anderen Form von Herrschaft, deren Ideal wohl bestimmt ist von der Vorstellung einer solidarischen „Brüdergemeinde", eine Vorstellung, wie sie gerade in einer diasporaähnlichen Situation attraktiv erschienen sein muss. Seine besondere Kraft und Bedeutung entfaltet der für sich allein betrachtete, immer wieder Anlass zu

---

61 Zum Zusammenhang von Gen 47,7a und 10b mit Gen 41,46 vgl. auch R. Lux, Geschichte, 166 Anm. 58.

62 Zum entsprechenden Zusammenhang vgl. B. A. McKenzie, Blessing, 395-398, worauf auch R. Pirson, The Lord of the Dreams. A Semantic and Literary Analysis of Genesis 37-50, JSOT.S 355, 2002, 122 Anm. 9, verweist.

63 Hierzu B. Jacob, Genesis, 857f.

64 Wenn auch für die Josefsgeschichte insgesamt ein nachexilischer Ursprung nicht vorausgesetzt werden kann, darf zumindest davon ausgegangen werden, dass ihre schlussredaktionelle Bearbeitung, die allem Anschein nach einen nicht geringen Umfang gehabt hat, als nachexilisches Produkt einzustufen ist; zur Diskussion um eine nachpriesterschriftliche Entstehung der Josefsgeschichte vgl. K. Schmid, Die Josephsgeschichte im Pentateuch, in: J. C. Gertz u. a. (Hrsg.), Abschied vom Jahwisten. Die Komposition des Hexateuch in der jüngsten Diskussion, BZAW 315, 2002, 83-118 (106-112).

antisemitischer Polemik gebende Textabschnitt Gen 47,13-26 nur innerhalb des hierfür maßgebenden literarischen Zusammenhangs, auf den hin er gestaltet ist.

Die Gebeine Josefs

Markus Witte

> „Mose ging hin, stellte sich an das Ufer des
> Nils und sagte zu ihm: Josef, Josef, die Zeit
> ist erreicht, von der der Heilige – gesegnet sei
> er – geschworen hat: ‚Ich erlöse euch‘, und
> der Schwur ist erreicht, den du Israel hast
> schwören lassen ...“ (bSot 13a).

Zu den vielfältigen methodischen Impulsen, die der sehr verehrte Jubilar seit
nunmehr über vierzig Jahren der alttestamentlichen Wissenschaft gibt, gehört
neben einer konsequent redaktionsgeschichtlichen, dabei zunächst das kompositionelle und theologische Gefälle der Endgestalt eines Textes erhebenden
Exegese auch ein rezeptionsgeschichtlicher Zugang, d. h. eine Annäherung
an biblische Texte, bei der die Wirkungsgeschichte einzelner Erzählzüge,
Motive und Figuren als ein Vergrößerungsglas für im biblischen Text selbst
angelegte, auf den ersten Blick verdeckte Aussageabsichten und Tiefendi-
mensionen verwendet wird. Ein solcher Zugang soll im folgenden Beitrag auf
einen für die wissenschaftliche Arbeit von Hans-Christoph Schmitt ganz wesentlichen Gegenstand, die Josefsgeschichte[1], angewendet werden.

I. Ein wirkungsgeschichtlicher Blick auf Sir 49,15

Die älteste, relativ sicher datierbare Rezeption der Josefsgeschichte bietet die
Josefsnotiz im Väterlob des um 180 v. Chr. schreibenden Weisheitslehrers
Ben Sira in Sir 49,15.[2] Der Text ist mit charakteristischen Varianten in der

---

1 Vgl. H.-C. Schmitt, Die nichtpriesterschriftliche Josephsgeschichte, BZAW 154, 1980;
   ders., Die Hintergründe der „neuesten Pentateuchkritik“ und der literarische Befund der
   Josefsgeschichte Gen 37-50 (1985), in: Theologie in Prophetie und Pentateuch, BZAW
   310, 2001, 89-107; ders., Die Josephsgeschichte und das Deuteronomistische Geschichtswerk. Genesis 38 und 48-50 (1997), in: Theologie, a. a. O., 295-308.
2 Erst in das ausgehende zweite und beginnende erste Jahrhundert v. Chr. gehören die Rezeption der Josefsgeschichte im Jubiläenbuch (Kap. 34; 39-46) und im Testament Josefs.

hebräischen, griechischen, syrischen und lateinischen Fassung sowie den davon abhängigen Versionen erhalten. Insofern der Makrotext der hebräischen
Sirachhandschrift B (H^B) von der griechischen, syrischen und lateinischen
Version im wesentlichen gestützt wird, kann er als Repräsentant des Urtextes
von Sir 49,15 angesehen werden.

כיוסף אם נולד גבר   Wurde etwa ein Mann wie Josef geboren?
וגם גויתו נפקדה   Und selbst sein Leichnam wurde sorgsam behandelt.

Die Josefsnotiz Ben Siras verblüfft in zweifacher Hinsicht. Da das Väterlob nach dem allgemeinen Prolog in Sir 44,1-15 in seinem Hauptteil die biblischen Porträts von Noah bis Nehemia (44,17-49,13) in chronologischer
Folge bietet – wobei die Henochminiatur in 44,16 und 49,14 als Rahmen
dient –, wäre der natürliche kompositionelle Ort der Erwähnung Josefs zwischen 44,23 (Jakob) und 45,1 (Mose). Anstelle dessen bietet Ben Sira die
Reminiszenz an Josef erst am Ende des Väterlobs an der Nahtstelle zum
Lobpreis auf den Hohenpriester Simon (II.) (50,1-24), der als Zielpunkt der
gesamten Komposition Sir 44-50 angesehen werden kann[3]. Die Annahme, Sir
49,15 sei (im Verbund mit V. 14 und V. 16) ein eschatologisch orientierter
Nachtrag[4], überzeugt weder kompositionell noch inhaltlich. Sodann über-

---

Schwer zu datieren sind die Fragmente des jüdisch-hellenistischen Historikers Artapanos
und des jüdisch-hellenistischen Epikers Philo d. Älteren, deren Ansetzung in der Forschung zwischen dem 3./2. Jh. v. Chr. schwankt. Alle weiteren antiken Rezeptionen der
Josefsgeschichte, von denen hier nur auf Act 7,9-16, Hebr 11,21f., den jüdisch-
hellenistischen Roman Josef und Asenat, das Porträt „De Josepho" bei Philo v. Alexandria und die entsprechenden Passagen in den Antiquitates Judaicae des Flavius Josephus
(vgl. besonders die abschließende Würdigung in Ant. 2,198-200) verwiesen werden soll,
gehören in das 1./2. Jh. n. Chr. Zum Nachweis, dass Ben Sira zumindest die „Kanonteile"
Tora und Nebiim voraussetzt, siehe im Blick auf das Väterlob J. L. Ska, L'éloge des
Pères dans le Siracide (Si 44-50) et le canon de l'Ancien Testament, in: Treasures of
Wisdom, FS M. Gilbert, hrsg. v. N. Calduch-Benages / J. Vermeylen, BEThL 143, 1999,
181-193, und A. Goshen-Gottstein, Ben Sira's Praise of the Fathers: A Canon-Conscious
Reading, in: R. Egger-Wenzel (Hrsg.), Ben Sira's God, BZAW 321, 2002, 235-267.
3 Siehe dazu O. Mulder, Simon the High Priest in Sirach 50, JSJ.S 78, 2003.
4 So Th. Middendorp, Die Stellung Jesu Ben Siras zwischen Judentum und Hellenismus,
1973, 125-135; B. L. Mack, Wisdom and the Hebrew Epic, 1985, 199-203. Auch wenn
die Formulierung von V. 15 prinzipiell für eine eschatologische Deutung offen ist, so
weist doch im Text selbst nichts darauf hin, dass hier im Gegensatz zum grundsätzlichen
Todesverständnis des Sirachbuchs an eine Auferstehung Josefs gedacht werde; so mit V.
Hamp, Zukunft und Jenseits im Buche Sirach, in: Alttestamentliche Studien, FS F. Nöt-
scher, BBB, 1950, 86-97; H. C. C. Cavallin, Life after Death, I, CBNTS 7/1, 1974, 193;
O. Kaiser, Das Verständnis des Todes bei Ben Sira, NZSTh 43 (2001), 175-192: 188f.
Selbst wenn Sir 49,15 eschatologisch orientiert sein sollte, wäre dies angesichts der Ver-
bindung eschatologisch-apokalyptischer Vorstellungen in der späten Weisheit kein Ar-
gument gegen die Ursprünglichkeit des Verses (siehe speziell R. T. Siebeneck, May
Their Bones Return to Life! Sirach's Praise of the Fathers, CBQ 21 [1959], 411-428:

rascht die Kürze der Josefsnotiz, die aber sicher kein Hinweis darauf ist, dass Ben Sira die „große Wichtigkeit" Josefs nicht gekannt habe.[5] Vielmehr konzentriert und selektiert Ben Sira bewusst aus der Überlieferung, deren Kenntnis er bei seinen Lesern voraussetzt. Die Tradenten der griechischen und der lateinischen Sirachüberlieferung haben die Knappheit aber offenbar empfunden, wenn sie als dritten Stichos von V. 15 die Kennzeichnung Josefs als „Führer der Brüder und Stütze des Volkes" bieten (vgl. 10,20; 44,4).[6]

Der biblische Texthintergrund ist klar: Ben Sira spielt hier auf den Wunsch Josefs, seine Gebeine (עצמות) mögen beim Auszug der Israeliten aus Ägypten mit ins Heilige Land genommen werden (Gen 50,25), und auf die entsprechenden Erfüllungsvermerke in Ex 13,19 und Jos 24,32 an. Für die

---

424-428; J. Marböck, Structure and Redaction History of the Book of Ben Sira. Review and Prospects, in: P. C. Beentjes [Hrsg.], The Book of Ben Sira in Modern Research, BZAW 255, 1997, 61-79; und allgemein B. G. Wright III / L. M. Wills [Hrsg.], Conflicted Boundaries in Wisdom and Apocalypticism, SBL Symp. Series 35, 2005).

5   G. Sauer, Jesus Sirach / Ben Sira, ATD.A 1, 2000, 335. Auch Th. R. Lee, Studies in the Form of Sirach 44-50, SBL.DS 75, 1986, 208f.230ff., unterschätzt den Eigenwert von Sir 49,15, wenn er den Vers lediglich als Gegenstand des vergleichenden Lobs auf Henoch bzw. auf Simon ansieht. Gegen die Vermutung von J. J. Collins, Jewish Wisdom in the Hellenistic Age, OTL, 1997, 105f., Ben Sira habe die Josefsnotiz aufgrund seiner antisamaritanischen Einstellung (vgl. Sir 50,25f.) so kurz gehalten, spricht, dass er Josef überhaupt erwähnt. Eine Kombination der Thesen Lees und Collins' bietet Mulder, Simon (s. Anm. 3), 95.233 u. ö. Überzeugender ist die Annahme von Siebeneck, Bones (s. Anm. 4), 419f., die V. 14-16 dienten (parallel zur Eröffnung in 44,16) in bewusst gestalteter Prägnanz als Einleitung des Lobs auf Simon.

6   G: ἡγούμενος ἀδελφῶν στήριγμα λαοῦ. L (mit der Kompilation von zwei Varianten): *princeps fratrum firmamentum gentis* ⌜*rector fratrum stabilimentum populi*⌝. Der Stichos dürfte ursprünglich vor 50,1 gestanden haben und das eigentliche Lob auf Simon eingeleitet haben (vgl. H[B] und Sy). F. Vattioni, Ecclesiastico, Testi 1, 1968, bietet den entsprechenden hebräischen Stichos גדול אחיו ותפארת עמו zwischen 49,15 und 49,16; doch weist zur richtigen Positionierung in H[B] P. C. Beentjes, The Book of Ben Sira in Hebrew, VT.S 68, 1997. Innerhalb des Väterlobs ist der Begriff תפארת damit der allgemeinen Kennzeichnung der Väter (44,7), Adams (49,16) und der priesterlichen Figuren Aaron (45,8) und Simon (50,1.11) vorbehalten. In G ergibt sich über die Verwendung des Worts στήριγμα ein schöner intertextueller Bezug zu Tob 8,6, wo in modifizierter Aufnahme von Gen 2,18 Eva als στήριγμα Adams bezeichnet wird. Zum religiösen Gebrauch des Begriffs als Attribut einzelner Götter siehe Orph. H. 18,7; 84,5; zur christologischen Rezeption Clemens Alex., Hymnus Christi servatoris 15. L bietet darüber hinaus die Notiz, dass Josefs Gebeine „nach dem Tod geweissagt haben", womit auf das Motiv der „aufblühenden Gebeine" der Richter bzw. der Zwölf Propheten in Sir 46,12(14) bzw. 49,10(12) zurückgeblickt wird (vgl. auch TestSim 6,2). Im Hintergrund von L steht entweder die Interpretation von Gen 50,25 als Weissagung des Exodus (vgl. Hebr 11,21f.) oder die Vorstellung von der belebenden Wirkung der Gebeine besonderer Menschen (vgl. im Fall Elisas II Reg 13,20f. [rezipiert in Sir 48,13f. und VitProph 22,17(20)] und im Fall Jeremias VitProph 2,4). Zur Annahme, das Josefsgrab in Sichem sei eine mit Delphi vergleichbare Orakelstätte gewesen (vgl. Gen 12,6), siehe G. R. H. Wright, Joseph's Grave under the Tree by the Omphalos at Shechem, VT 22 (1972), 476-486.

Langfassungen von G und L bilden Texte wie Gen 42,6 und 47,12 einen zusätzlichen Hintergrund. Dabei zeigen die Verwendung des Worts גויה
(„Leichnam" vgl. 44,14H^{Mas})[7] und die modifizierte Aufnahme des Begriffs
פקד, der in Gen 50,24-25 zur Beschreibung der gnädigen Heimsuchung Israels durch Gott im Exodus verwendet wird, hier nun zur Kennzeichnung der
Fürsorge um Josefs Gebeine in Sir 49,15 den freien Umgang Ben Siras mit
dem biblischen Text.[8]

Der unmittelbare Kontext in Sir 49,14-16 verdeutlicht, dass Ben Sira auf
weitere Aspekte der Josefsgeschichte anspielt. Die Korrelation von Josef und
Henoch (49,14)[9] basiert nicht nur auf dem besonderen postmortalen Schicksal
beider Figuren (vgl. Gen 5,24), sondern erklärt sich auch aufgrund der beiden
in der antiken jüdischen Tradition zugeschriebenen Weisheit und durch
Träume vermittelten besonderen Erkenntnis. Die Zusammenstellung mit *Sem*
(49,16a$_1$)[10], der gemäß Gen 9,26 als besonders gesegneter Stammvater Israels
gilt[11], entspricht der Hochschätzung Josefs als Lebensretter der „Söhne Israels" (vgl. Gen 41,57; 42,1ff.; 50,20); insofern sind die Varianten von Sir
49,15 in G und L vollkommen sachgemäß. Die Kombination mit *Set*
(49,16a$_2$) erklärt sich primär aus der Funktion beider Figuren als „Ersatz-

---

7   G (τὰ ὀστᾶ αὐτοῦ) und L (*ossa ipsius*) sind „wörtlicher" als H und Sy (*pgrh*), wodurch
    die Beziehung zwischen Sir 49,15 und Gen 50,25; Ex 13,19; Jos 24,32 einerseits und
    zwischen Sir 49,15 und Sir 46,10; 49,10 andererseits deutlicher ist als in H und Sy.
    Gleichwohl steht עצמות auch synekdochisch für „Leichnam" (vgl. neben Gen 50,25; Ex
    13,19 und Jos 24,32 auch II Sam 21,12-14 und I Reg 13,31).

8   Der Begriff פקד erfüllt in seinem unmittelbaren Kontext die Funktion eines Leitworts,
    insofern er auch im Lob auf Sem, Set und Enosch (49,16) und in der Einleitung zum Lob
    auf Simon (50,1) verwendet wird. Eine Übersetzung mit „bestatten" (so Sauer, Sirach [s.
    Anm. 5], 335f.) legt den Text einseitig fest. Eine Änderung von נפקדו in 49,16 in נכבדו,
    wie gelegentlich unter Hinweis auf G (ἐδοξάσθησαν) vorgeschlagen wird (vgl. P. W.
    Skehan / A. A. Di Lella, The Wisdom of Ben Sira, AncB 39, 1987, 540ff.), ist nicht nö-
    tig, da פקד auch im Sinn von „ehren/erinnern" gebraucht werden kann (vgl. äth. *faqada*,
    den Parallelismus von פקד und זכר in Ps 8,5 und dazu B. Grossfeld, The Translation of
    Biblical Hebrew פקד in the Targum, Peshitta, Vulgate and Septuagint, ZAW 96 [1984],
    83-101, sowie St. D. Fraade, Enosh and his Generation, SBL.MS 30, 1984, 14).

9   H^B liest כהניך, was mit G, L und Sy in כהנוך zu korrigieren ist; so auch die Mehrheit der
    Ausleger. Zu einem gezwungenen Versuch, den hebräischen Text im Sinn von „formed
    to your priestly service" als Vorblick auf den Priester schlechthin, den in Sir 50,1ff. be-
    schriebenen Simon, zu bewahren, siehe Mulder, Simon (s. Anm. 3), 92-94.

10 Die „anachronistische" Reihenfolge Sem – Set, die von G geteilt wird, während L und Sy
    der biblischen Erzählfolge entsprechend Set – Sem bieten, spiegelt die besondere Bedeu-
    tung Sems als Stammvater Israels wider. Möglicherweise steht dahinter auch die hagga-
    dische Tradition der Aufzählung nach dem Grad der Weisheit (vgl. bSan 69b).

11 Gen 10,21; 11,10-26. Zur Hochschätzung Sems im jüdischen Schrifttum der hellenis-
    tisch-römischen Zeit vgl. Jub 8,12ff.; 19,24ff.; TPsJ zu Gen 9,27; TestSim 6,5; bSan 69b;
    108b; bJom 10a; bMak 23b und dazu J. H. Charlesworth, Treatise of Shem, in: OTP I,
    1983, 473-486.

männer" (vgl. Gen 4,25 bzw. Gen 30,22-24; 45,5-7; 50,20). Bezieht man die außerkanonische Set-Überlieferung mit ein, ergibt sich als weiteres Bindeglied zu Josef ebenfalls das Motiv der besonderen Gerechtigkeit und Weisheit.[12] Die Erwähnung *Enoschs*, zu dessen Zeiten nach Gen 4,26 die „Anrufung Jahwes" begann[13], wirft ein besonderes Licht auf Josef als Beter (vgl. TestJos 3,3)[14]. Die Zusammenstellung mit *Adam*, dessen „Ruhm alle Lebewesen überragt" (49,16b), weil er nach Gen 5,1 von Gott selbst geschaffen wurde (vgl. Lk 3,38), stellt Josef in den Umkreis des idealen Menschen.[15] Indem Ben Sira die Josefsnotiz auf das Motiv der Sorge um dessen Gebeine konzentriert, spielt er zugleich nochmals die Figuren Moses (vgl. Ex 13,19 und Sir 45,1ff.) und Josuas (vgl. Jos 24,32 und Sir 46,1ff.) in das Lob der Väter ein. So ist der Abschnitt 49,14-16 insgesamt ein schönes Beispiel für die Art und Weise, wie Ben Sira mittels Zitation und Kombination sich gegenseitig erläuternder Bibelstellen die Schrift auslegt und einen neuen Text schafft. Zugleich zeigen die Verknüpfungen der „universalen" Figuren Henoch, Set und Enosch mit den „nationalen" Figuren Josef und Sem sowie der Abschluss mit dem Erstling der Schöpfung Adam, dass die Passage 49,14-16 auf den Beginn des Väterlobs zurückweist[16], dieses prägnant zusammenfasst und zu Kap. 50 überleitet. Insofern Sir 49,14-16 am Ende des Väterlobs auf das besondere Lebens- und Todesgeschick herausragender Figuren der menschlichen Urgeschichte und der Frühgeschichte Israels zurückblickt (vgl. 44,9.14), bildet diese Sequenz ein Gegenbild zu der grundsätzlichen Anthropologie des

---

12 Vgl. z. B. die Rückführung der Schreibkunst auf Set in VitAd 49-51 und dazu A. F. J. Klijn, Seth in Jewish, Christian and Gnostic Literature, NT.S XLVI, 1977.

13 G und L haben das Wort ואנוש („und Enosch") als Gattungsbezeichnung und als Apposition zu Sem und Set aufgefasst („unter Menschen"), so auch Mulder, Simon (s. Anm. 3), 90f.; Sy bietet eine Doppelübersetzung („und Enosch unter Menschen"). Zum Verständnis von Gen 4,26 als Ätiologie der Jahweverehrung siehe M. Witte, Die biblische Urgeschichte, BZAW 265, 1998, 61-65.279f. Zur Beurteilung Enoschs im nachbiblischen jüdischen Schrifttum (vgl. Jub 4,12f.; 19,23-25; II Hen [J] 33,10-11; Philo, Abr 7-16; u. a.) siehe Fraade, Enosh (s. Anm. 8).

14 TestJos 4,3.8; 7,4; 8,1.5; 9,4; 10,1. Zur Tradition Josefs als Beter vgl. auch JosAs 8,9ff.; 29,9(syr.) und das wohl aus dem 1. Jh. n. Chr. stammende „Gebet Josefs" (J. Z. Smith, in: OTP II, 1983, 699-714).

15 Zur Beliebtheit Adams bei Sirach und im jüdischen Schrifttum der hellenistisch-römischen Zeit vgl. Sir 16,16(G-II); 36(33),10; 40,1 bzw. Hi 15,7; Ez 28; Sap 10,1; 1QS 4,23; CD III,20; I Hen 69,11; VitAd 12-17; ApkMos 21; Philo, Op 136-141; bHag 12a und dazu J. Marböck, Henoch – Adam – der Thronwagen. Zur frühjüdischen pseudepigraphischen Tradition bei Ben Sira, in: Gottes Weisheit unter uns, hrsg. v. I. Fischer, HBS 6, 1995, 133-143: 140f.

16 Vgl. für die „universale" Linie Sir 44,16-18 (Henoch und Noah), für den Auftakt der „nationalen" Linie Sir 44,19-22[23] (die Erzvätertrias *par.* Gen 50,24!), für den Rekurs auf den „Anfang" Sir 44,1f.; letzteres ist in G durch die Verwendung des Wortstammes κτίζ- in 44,2 und 49,16 noch deutlicher als in H, Sy und L.

Siraciden, derzufolge der Mensch schon im Leben vom Vergehen gekennzeichnet ist (10,9ff.; 17,1.32).

Dennoch bleibt die Frage, warum Ben Sira die Erinnerung an Josef auf das *eine* Motiv der besonderen Sorge um dessen Leichnam konzentriert hat. Hätte sich für den Weisen Ben Sira nicht viel eher nahegelegt, ausdrücklich Josefs Weisheit (Gen 41,33.39), dessen Führung durch Gott oder dessen Bewährung in Potifars Haus hervorzuheben, wie es Ps 105,22, Sap 10,13, IV Makk 2,2, die Verfasser der Testamente der Zwölf Patriarchen[17], der Roman Josef und Asenat[18] oder auch Act 7,10, Josephus (Ant. 2,198) und die Targumim[19] tun? An diesem Punkt führt ein Blick auf das geistesgeschichtliche Umfeld Ben Siras sowie auf die Form und die Funktion des Väterlobs weiter.

Bekanntlich ist Ben Sira der erste biblische Autor, bei dem sich eindeutig hellenistischer Einfluss literarisch nachweisen lässt. Auch bei der formalen Gestaltung des Väterlobs greift Ben Sira, wie Thomas R. Lee (1986)[20] gezeigt hat, auf eine im Hellenismus beliebte Gattung, das Enkomium, zurück. Die zentrale Funktion des Sirachbuchs insgesamt wie des Väterlobs im besonderen ist die Sicherung der jüdischen Identität. Angesichts des hellenistischen Pluralismus an Welt-, Menschen- und Gottesbildern komponiert Ben Sira auf der Basis der biblischen Tradition mittels einer Synthese aus Toratheologie, Weisheit und priesterlich-kultischen Vorstellungen eine Lebenslehre, die zugleich selbstbewusst auf die eigene Vergangenheit verweist und zu einer von Gottesfurcht und Weltoffenheit geprägten Daseinsbewältigung anleitet. Auch wenn sich das Sirachbuch auf seiner Textoberfläche weitgehend in den Bahnen der biblischen Tradition und Sprache bewegt, so bildet die hellenistische Welt durchgehend einen Subtext, der als Verstehenshintergrund Ben Siras und der ursprünglichen Leser seiner Schrift zu bedenken ist. Damit stellt sich die Frage, ob hinter der Josefsnotiz in Sir 49,15 neben den genannten biblischen Texten auch ein genuin hellenistischer Subtext anzunehmen ist.

> „Da sagte Ptolemaios zu ihnen: Es gibt eine Weissagungsstätte des Babylonischen Zeus. Von ihm wollen wir einen Orakelspruch empfangen, wohin wir den Leichnam ($\sigma\tilde{\omega}\mu\alpha$) Alexanders bringen sollen. ... Nachdem so der Orakelspruch gegeben worden war, brachte ihn Ptolemaios nach Ägypten. Er nahm aber einen bleiernen Sarg ($\lambda\acute{\alpha}\rho\nu\alpha\xi$), legte Honig von den Inseln, Aloe und Myrrhe aus Äthiopien hinein, stellte ihn auf einen von Maultieren gezogenen Wagen ($\ddot{\alpha}\mu\alpha\xi\alpha$) und führte ihn nach Ägypten.“[21]

---

17 Vgl. TestRub 4,8; TestSeb 8,4; TestDan 1,4; TestBenj 3,1; 4,1ff.; 5,5; TestSim 4,5ff.; TestJos 2ff.; TestLev 12,7-13,1 (siehe dazu auch die „Abschiedsrede Josephs" bei K. Beyer, Die aramäischen Texte vom Toten Meer, 1984, 188).

18 Vgl. JosAs 4,7; 18,1.

19 Vgl. dazu M. Niehoff, The Figure of Joseph in the Targums, JJS 39 (1988), 234-250.

20 Lee, Studies (s. Anm. 5).

21 Die zitierte Passage begegnet mit charakteristischen Varianten, vor allem hinsichtlich der Angabe, wer den Alexandersarg überführte (Ptolemaios oder Perdikkas), in den verschie-

Mit der *translatio* des Leichnams Alexanders des Großen nach Ägypten, zwei Jahre nach dessen Tod am 10. Juni 323 v. Chr. in Babylon, scheint mir ein solcher Subtext für Sir 49,15 gefunden zu sein. Wie sich der kometenhafte Aufstieg des Makedonenkönigs und sein alle bisherigen räumlichen und zeitlichen Vorstellungen sprengender Eroberungszug von Kleinasien bis zum Indus tief in das kulturelle Gedächtnis der Levante (und weit darüber hinaus) eingegraben haben, so haben sich auch die letzten Lebenstage und die Behandlung seines Leichnams schon früh in der Literatur niedergeschlagen. Unter den hinsichtlich geographischer und personeller Details differierenden Berichten der antiken Historiker erzählt am ausführlichsten Diodor Siculus von dem letzten Wunsch des Makedonen, im Ammonheiligtum in der Oase Siwa bestattet zu werden, von der Anfertigung eines prunkvollen Leichenwagens (ἁρμάμαξα)[22] durch Arrhidaios und von der Überführung des einbalsamierten Körpers durch Ptolemaios I. nach Alexandria.[23] In den Fragen, ob Alexander zunächst in Memphis und dann erst in Alexandria bestattet wurde und ob schon Ptolemaios I. oder erst Ptolemaios II. für den Bau des Grabmals in Alexandria verantwortlich war, unterscheiden sich die antiken Historiker.[24] Jedenfalls spielte das Grabdenkmal, dessen Bezeichnung in der antiken Überlieferung zwischen σῶμα und σῆμα schwankt[25], eine zentrale Rolle in dem bereits 311 v. Chr. von Ptolemaios I. eingeführten, seine Herrschaft ideologisch einigenden und legitimierenden Reichskult des Alexander. Nachdem Ptolemaios IV. (221-204 v. Chr.) ein neues Mausoleum mit pyramidaler Struktur hatte bauen lassen und Ptolemaios X. Alexander I. (107-88 v. Chr.) den goldenen Alexandersarg gegen einen gläsernen (ὑαλινός) hatte austauschen lassen[26], sind Besuche des Alexandergrabes bis zu Kaiser Caracalla 215 n. Chr. nachgewiesen.[27]

---

denen Rezensionen des Alexanderromans (PsCallisthenes), dessen literar- und überlieferungsgeschichtliche Ursprünge im Umfeld Alexanders selbst liegen, der im wesentlichen aber erst im 1. Jh. v. Chr bis 3. Jh. n. Chr. (bis hin zu mittelalterlichen Fortschreibungen) entstanden ist. Die hier gebotene Übersetzung folgt der recensio α (III,34,1-4).

22 Zu Rekonstruktionsversuchen dieses Wagens siehe J. Seibert, Alexander der Große, EdF, ⁴1994, 177f.

23 Diodor Sic., XVIII,3,5; 26-28; vgl. weiterhin Strabo, XVII,1,8; Arrian, τὰ μετὰ Ἀλέξανδρον (FGrH 156, F 9 §25; F 10); Pausanias, I,6,3; I,7,1 (Bestattung Alexanders durch Ptolemaios I. in Memphis, Überführung durch Ptolemaios II. nach Alexandria); Curtius Rufus, X,5,4; X,10,20; Justinus (Epitome aus Pompeius Trogus), XII,15,7; XIII,4,6. Eine ganz kurze Notiz über die Bestattung in Memphis bietet auch der aus dem Jahr 264 v. Chr. stammende Marmor Parium (FGrH 239, B 11).

24 P. M. Fraser, Ptolemaic Alexandria, I, 1972, 16, und G. Hölbl, Geschichte des Ptolemäerreiches, 1994, 16, votieren für Ptolemaios I., H. H. Schmitt, Herrscherkult, Kleines Lexikon des Hellenismus, ²1993, 247, für Ptolemaios II.

25 Strabo, XVII, 1,8; und dazu Fraser, Alexandria (s. Anm. 24), II,32.

26 Vgl. Strabo, XVII,1,8; Fraser, Alexandria (s. Anm. 24), II,35f. Zu den hinter der Öffnung der Alexandergruft und dem Austausch des Sarges stehenden ideologischen Motiven sie-

Angesichts der Hochschätzung des Reisens in Sir 34,12 und der Tatsache, dass sich seit 301 v. Chr. eine stetig steigende Zahl von Juden in Alexandria befand, ist nicht ausgeschlossen, dass Ben Sira das Grabmal Alexanders, wenn auch nicht aus eigener Anschauung, so doch aus Erzählungen kannte. Dass ein um 180 v. Chr. wohl im hellenistisch geprägten Jerusalem schreibender Autor um die Überführung Alexanders und den sich um seinen Leichnam entfaltenden Kult wusste, ist anzunehmen. Mag auch der Bericht des Flavius Josephus von der Begegnung Alexanders mit dem Jerusalemer Hohenpriester anlässlich des Durchzugs durch Palästina 331 v. Chr. legendarisch sein[28], so spiegelt sich doch in diesem Text das von Erich S. Gruen (1998)[29] treffend als Einschreibung Israels in die Geschichte Alexanders bezeichnete Phänomen wider, das in den Alexander-Anekdoten im babylonischen Talmud eine Fortsetzung findet.[30] Sir 49,15 scheint mir hier nun eine frühe Form der *interpretatio Judaica* des Auftretens Alexanders zu sein, insofern der Siracide der *translatio Alexandri* die *translatio Josephi* gegenüberstellt: Mögen die Heiden den Leichenwagen Alexanders und dessen Grabmal

---

he C. Böhm, Imitatio Alexandri im Hellenismus, Quellen und Forschungen zur antiken Welt 3, 1989, 141-145.

27 Fraser, Alexandria (s. Anm. 24), II,35. Die genaue Lage des Grabes ist unbekannt (siehe dazu auch Seibert, Alexander [s. Anm. 22], 115f.). Zu weiteren berühmten *translationes* der griechischen Antike und zu einer instruktiven Nachzeichnung des Zusammenhangs von der Überführung bedeutender Persönlichkeiten und politischer Legitimierung siehe J. von Ungern-Sternberg, Das Grab des Theseus und andere Gräber, in: W. Schuller, Antike in der Moderne, Xenia 15, 1985, 321-329.

28 Josephus, Ant. 11,326ff. Im Zentrum der literarisch mehrschichtigen Erzählung, die Varianten u. a. im Alexanderroman (rec. γ II,24,1ff.; rec. ε 20,2ff.) sowie in bJom 69a und in der Megillat Ta'anit 21 Kislev besitzt, steht die Herausstellung Alexanders als gottesfürchtigem Herrscher, der die Kulte der anderen Völker respektiert. Damit tritt Jerusalem neben die von den antiken Alexanderbiographen genannten kleinasiatischen, ägyptischen und vorderorientalischen Kultstätten, denen Alexander gleichfalls seine Reverenz erwiesen habe. Inwieweit hier topische und historische Elemente vermischt sind, kann nur die Einzelanalyse zeigen (I. J. Kazis [Hrsg.], The Book of the Gests of Alexander of Macedon, 1962, 4ff.; G. Delling, Alexander der Grosse als Bekenner des jüdischen Gottesglaubens, JSJ 12 [1981], 1-51; J. A. Goldstein, Alexander and the Jews, Proceedings of the American Academy for Jewish Research 59 [1993], 59-101; R. Stoneman, Jewish Traditions on Alexander the Great, SHJ 6 [1994], 37-53).

29 E. S. Gruen, Heritage and Hellenism, Hellenistic Culture and Society 30, 1998, 189.

30 So erscheint Alexander in bSan 91a (BerR 56,7) als Schlichter im Streit um Landansprüche zwischen Israeliten einerseits und Kanaanäern, Ägyptern und Ismaeliten andererseits und wird Zeuge, wie die Rabbinen die Kläger mit Versen aus der Tora widerlegen. Vgl. auch bTam 31b/32a, wo Alexander als Dialogpartner der „Ältesten des Südens" begegnet, als jüdisches Pendant zu den paganen Berichten über Alexanders Gespräche mit Brahmanen (Strabo, XV,1,63-66; Plutarch, Alex. 65; Alexanderroman, rec. β III, 5,1ff. u. ö.; Seibert, Alexander [s. Anm. 22], 154-156) oder mit Kynikern (Diogenes L., VI, 32. 38.60.63.68).

bestaunen, so können die Juden auf die Fürsorge Gottes selbst[31] um die Gebeine Josefs verweisen. Auch die Henochnotiz in Sir 49,14 erstrahlt vor diesem Hintergrund in einem neuen Licht: Nicht nur das stete Vorbild Alexanders, der von den Makedonen als Stammvater und idealer Herrscher angesehene Herakles, wurde entrückt[32], sondern eben auch der jüdische Prototyp an
Frömmigkeit und Gotteserkenntnis Henoch.[33] In der weiteren Fluchtlinie dieser Vorstellung liegt dann die Notiz, Alexander der Große habe selbst die
Überführung der Gebeine Jeremias nach Alexandria veranlasst (VitProph
2,5), was erneut als jüdische Spiegelung der von antiken Autoren Alexander
zugeschriebenen Pietät erscheint.[34]

Dass sich im Bereich der biblischen Figuren gerade Josef für den Rekurs
auf Alexandermotivik eignet, erklärt sich aufgrund der Parallelen, die sich
zwischen Josef und Alexander finden. Den deutlichsten Anknüpfungspunkt
bildet dabei die Kennzeichnung Josefs als „Herrscher Ägyptens"[35], was in
den Josefsequenzen Philos des Älteren[36]und des Artapanos[37], im Roman Josef
und Asenat (29,9[11]) und in der Porträtierung Josefs als Paradigma eines
„Staatsmannes" ($\pi o \lambda \iota \tau \iota \kappa \acute{o} \varsigma$) bei Philo v. Alexandria (Jos t.1) fortgeschrieben
ist. Hinzu treten die Josef und Alexander gemeinsamen Attribute des Emp-

---

31 Zur Interpretation von נפקדה (Sir 49,15b) als *passivum divinum* vgl. Sir 44,16f. und dazu
   D. S. Russell, The Old Testament Pseudepigrapha, 1987, 35f., sowie Num 16,29 und dazu G. André, Art. פקד, ThWAT VI (1989), 719. Die lukianische Rezension von Sir 49,15
   bietet dementsprechend den Langtext ἐπεσκέπη ὑπὸ κυρίου.
32 Vgl. Hesiod, Th. 954; Euripides, Heracl. 12; Diodor Sic., IV,38; Ovid, Metamorph. IX,
   241ff.; Apollodor, II,160; Arrian, An. IV,10,6f.; Pausanias, III,18,11; Hygin, Fab. 102
   oder ikonographisch römische Sarkophagskulpturen mit Heraklesmythen (M. P. Nilsson,
   Geschichte der griechischen Religion, II, HAW V/II,2, 1950, 522). Zur Bedeutung des
   Herakles unter den Makedonen und den Diadochen (vgl. Theokrit, Id. 17 [= Loblied auf
   Ptolemaios I.]) siehe Böhm, Imitatio (s. Anm. 26), 45-51.
33 Zieht man hierzu noch die bei Arrian (An. VII,27,3) überlieferte Legende heran, Alexander habe sich, um seine Herkunft von den Göttern zu unterstreichen und dementsprechend seine Entrückung vorzutäuschen, in den Euphrat stürzen wollen, so erhält Sir 49,14
   eine ironische Note: Was der Makedone vergeblich versuchte, wurde dem Helden der jüdischen Tradition geschenkt (vgl. weiterhin Sir 48,9 [Elia]; IV Esr 14,49f. [Esra]; syrBar
   13,3 [Baruch]; Josephus, Ant. 4,326; Mk 9,4f.; Jud 9 [Mose]).
34 Kazis, Gests (s. Anm. 28), 23f.; Plutarch, Alex. 30,6.
35 Vgl. Gen 41,43 und 42,6 (Josef als שליט); 45,8 (Josef als אדון); 45,26 (Josef als משל);
   49,26 (*par.* Dtn 33,16: נזיר „Fürst"); Ps 105,21; Sir 49,15(G); I Makk 2,53; Jub 40,8; Sap
   10,14; Act 7,10; Memar Marqah I,10; IV,12 (Josef als מלך). Zur Bezeichnung Alexanders
   als ἡγούμενος siehe z. B. den Alexanderroman rec. β II,11,10
36 Josef als σκηπτοῦχος („Zepterträger") vgl. Sap 10,14 und zum Wort Homer, Ilias 1,279;
   Odyssee 2,231; 5,9.
37 Josef als διοικητής und als δεσπότης vgl. Fragment 2 bei A. M. Denis, Fragmenta
   Pseudepigraphorum Graeca, PVTG III, 1970, 186f.

fängers von Traumoffenbarungen bzw. des Weisen.[38] In der nachbiblischen jüdischen Überlieferung begegnet als weitere Parallele die Verbindung beider zu Sarapis.[39]

II. Ein redaktionsgeschichtlicher Rückblick auf Gen 50,25

Mit dem „alexandrischen" Josef des Ben Sira im Gepäck soll nun in einem zweiten Schritt der biblische Spendertext in Gen 50,25 im Zusammenhang mit V. 24 und V. 26 in den Blick genommen werden.[40]

In der *Endgestalt des Hexateuchs* gehört die Passage Gen 50,24-26 zu den wenigen eindeutigen „übergreifenden" Leitmotiven. Die Ankündigung der „Heimsuchung" Israels (V. 24a) weist auf den Exodus voraus (vgl. Gen 48,21f.; Ex 3,16f.; 4,31). Das Motiv des Landes, das den hier erstmals im Pentateuch in einer Reihe genannten Erzvätern „Abraham, Isaak und Jakob" zugeschworen wird (V. 24b), verbindet den Vers mit Gen 26,3; Ex 32,13; 33,1; Num 32,11; Dtn 31,23; 34,4. Die Verpflichtung der Israeliten zur Mitnahme der Gebeine Josefs (V. 25) wird in Ex 13,19 und Jos 24,32 aufgegriffen und steht selbst mit dem Versprechen, das Jakob hinsichtlich seiner Bestattung im Heiligen Land seinen Söhnen abnimmt (Gen 47,29-31; 49,29f.; 50,5), in Verbindung. Die Notiz der Einbalsamierung (חנט)[41] Josefs blickt auf

---

38 Vgl. nur Gen 37,5ff.; Plutarch, Alex. 24,8; 26,5; 50,6; Curtius, IV,2,17 bzw. Gen 41,39; Ps 105,22; Plutarch, Alex. 7,5; 8,5; Strabo, XV,1,64. Zum Topos der Schönheit, die beide Figuren auszeichnet, siehe Gen 39,6; TestJos 2,4; JosAs 21,4 bzw. Arrian, An. VII,28,1.

39 So wird in bAZ 43a Josef aufgrund von dessen Bezeichnung als Stier in Dtn 33,17 und mittels des Wortspiels, er habe über Ägypten geherrscht (סר) und das Land befriedet (מפיס), mit Sarapis (סר אפיס) gleichgesetzt (vgl. dazu B. Heller, Egyptian Elements in the Haggada, in: S. Löwinger / J. Somogyi [Hrsg.], Ignace Goldziher Memorial Volume, I, 1948, 412-418: 412f.; G. Bohak, Rabbinic Perspectives on Egyptian Religion, Archiv für Religionsgeschichte 2 [2000], 215-231: 228). Zur engen Verbindung Alexanders zum Sarapiskult vgl. Arrian, An. VII,26,2; Plutarch, Alex. 76; Alexanderroman rec. β I,3,13; rec. α III,33,19 und zur Sache Nilsson, Religion (s. Anm. 32), II, 1950, 147f.; Fraser, Alexandria (s. Anm. 24), I, 247; Hölbl, Geschichte (s. Anm. 34), 92-94, und Seibert, Alexander (s. Anm. 22), 276f. Zu weiteren Parallelisierungen von Alexander und biblischen Figuren in mittelalterlichen jüdischen Texten siehe Stoneman, Traditions (s. Anm. 28), 50ff.

40 Zu einem originellen Versuch, die Theologien von Sir 49,15 und Gen 50,25 hinsichtlich der postmortalen Bedeutung Josefs für sein Volk und der Aspekte Geschichte, Weisheit und göttliche Vorsehung zu korrelieren, siehe L. Ruppert, Die Josephserzählung der Genesis, StANT 11, 1965, 257.

41 Das Wort חנט, dessen Etymologie umstritten ist, das aber wohl nicht ägyptisch ist, begegnet biblisch nur in Gen 50,2 und Gen 50,26 und in davon abhängigen Texten (TO zu Gen 50,2; bTaan 5b); die LXX übersetzt in 50,2 mit dem Neologismus ἐνταφιάζειν (vgl. Mt 26,12; Plutarch, De esu carnium i,995c), in 50,26 mit θάπτειν; zum Austausch des Begriffs רפא in 50,2 durch das passendere Wort ἐνταφιαστής (vgl. Pap. Oxyr. 476,8 [2. Jh.

eine entsprechende Mitteilung über den Umgang mit dem Leichnam Jakobs
(Gen 50,2) zurück. Die Bettung Josefs in einen als ארון bezeichneten Sarg
(Gen 50,26) ist angesichts des sonst im Alten Testament (mit Ausnahme von
II Reg 12,10) nur für die „Bundeslade" verwendeten Begriffs[42], wie die nachbiblische jüdische Tradition zu Recht bemerkt hat[43], nicht isoliert von den
Nachrichten über diese Lade in den Büchern Ex – II Sam zu sehen. Das letzte
Wort der Sequenz in V. 26 (במצרים), das zugleich das letzte Wort in der Genesis ist, weist voraus auf das folgende Buch (Ex 1,1.5.8). Auf diesen Kon-
nex deutet auch die Wortfolge בארון במצרים: Dem in Ägypten in einen „Kasten" gelegten Toten, der an seinem Lebensabend den Exodus ankündigt, steht
der im Schilf des Nils in einem „Kästchen" (תבה) niedergelegte Neugeborene
gegenüber, der als der aus dem Wasser Herausgezogene zum Führer im Auszug wird (Ex 2,3.10).[44] Sodann korrespondiert die Notiz vom Tod Josefs in
Gen 50,26 über die Altersangabe von 110 Jahren auch mit der Todesnotiz Josuas, der gleichsam als 110jähriger stirbt (Jos 24,29). Über den Rekurs der
Notiz von der Grablegung Josefs „in Sichem" (Jos 24,32) auf die Erzählung
vom sichemitischen Landerwerb Jakobs (Gen 33,18f.) erscheint das Motiv
von den Gebeinen Josefs als ein wichtiges Glied der sich von Gen 12,6 bis
Jos 24,32 erstreckenden Kette von Sichem-Aussagen im Hexateuch.

Schon die Vielzahl der kompositionellen Bezüge, die Gen 50,24-26 auf
der Ebene des „kanonischen" Textes besitzt, deutet darauf hin, dass es sich
bei diesen Versen *redaktionsgeschichtlich* um einen Spätling handelt. Der
Nachtragscharakter zeigt sich auch an der Wiederaufnahme von V. 22bβ in
V. 26aβ und an der Prolepse von Ex 1,6aα in Gen 50,26aα. Mit der Notiz
über die (bleibende) Niederlassung Josefs und seiner Familie (בית אביו) in
Ägypten und der Angabe seines Lebensalters ist ein Erzählabschluss erreicht,
zu dem, wie die Parallele in Hi 42,16-17 zeigt, auch noch die genealogische

n. Chr.]; Pap. Par. 7,6 [1. Jh. v. Chr.]) siehe S. Morenz, Ägyptische Spuren in den Septuaginta, in: Mullus, FS Th. Klauser, JAC.E 1, 1964, 250-258: 257.

42 Vgl. hingegen inschriftlich für einen *Sarg* KAI 1,1.2; 9A2; 9B4; 11,1; 13,2.3.5; Beth
Schearim 17 und 22 (AHL 428f.); für ein *Ossuar* CIS i6043; zum griechischen Äquivalent σόρος als Bezeichnung für einen *Sarg* vgl. Lk 7,14; Herodot I,68, für ein *Ossuar* eine Inschrift aus Jericho (1. Jh. n. Chr., SEG 31.1405 / Rahmani, Catalogue [s. gleich], Nr.
789), für einen *Mumienkasten* Pap. Haun. 17.14 (2. Jh. n. Chr.). TPsJ und TFrag zu Gen
50,26 übersetzen mit dem griech. Wort גלוסקמא / דלוסקמא (γλωσσόκομον), vgl. mOhal
IX,15; bMQ 24b; siehe dazu auch E. M. Meyers, Jewish Ossuaries: Reburial and Rebirth,
BibOr 24, 1971, 49ff.; L. Y. Rahmani, A Catalogue of Jewish Ossuaries in the Collec-
tions of the State of Israel, 1994, 3.

43 Vgl. Mekh zu Ex 13,19 und bSot 13a und dazu Fz. Delitzsch, Neuer Commentar über die
Genesis, 1887, 537; B. Jacob, Das erste Buch der Tora. Genesis, 1934 (ND 2000), 944f.

44 Auch zur Darstellung des Todes des Mose (Dtn 34,5f.) zeigt sich eine Verbindung, insofern die besondere Sorge Israels um die Gebeine Josefs der Bestattung Moses durch Gott
selbst entspricht. Vgl. dazu mSot I,9, wo die Bestattung Moses durch Gott mit dessen
Ausführung der Gebeine Josefs aus Ägypten (Ex 13,19) verknüpft ist.

Angabe in V. 23 und eine einfache Todesnotiz im Stil von Ex 1,6 gehören
dürften.[45] Der Neuansatz einer Rede Josefs zu seinen Brüdern (אל־אחיו) in
V. 24 fügt sich hingegen schwer an V. 22-23 an.

Die Spannung zwischen V. 22-23 einerseits und V. 24-26 andererseits ist
in der Forschung vielfach gesehen worden. Während man sie in früheren Zeiten zumeist quellenkritisch zu lösen versuchte, insofern V. 22-23 auf die
Priesterschrift und V. 24-26 (im Wesentlichen) auf den sogenannten Elohisten zurückgeführt wurden[46], konnte in der neueren Forschung der rein redaktionelle Charakter von V. 24-26 wahrscheinlich gemacht werden. Ein
Dissens besteht lediglich in der Frage der literarischen Einheitlichkeit von
V. 24-26 selbst und in der redaktionsgeschichtlichen Feinzuweisung.

Indizien für eine *literargeschichtliche Binnendifferenzierung* könnten a.)
im unterschiedlichen Gebrauch der Wurzel שבע in V. 24bγ und in V. 25aα,
b.) in der unterschiedlichen Bezeichnung der Gesprächspartner Josefs in
V. 24aα (אחיו) und in V. 25aβ (בני־ישראל), c.) in der Wiederholung der
Wendung פקד יפקד aus V. 24bα bei gleichzeitig wechselndem Gebrauch der
Wurzel עלה (*hif.*) und d.) in dem Subjektswechsel in V. 26a/26b bei gleich-
zeitiger Numerusinkongruenz in V. 26bα (ויחנטו) und V. 26bβ (ויישם)[47]
gesehen werden. Entsprechend nahm Christoph Levin (1993) eine mehrfache
Schichtung an: 50,24 stamme von einem nachendredaktionellen Ergänzer,
50,25.26b gehe auf eine weitere nachendredaktionelle Erweiterung zurück,
50,26aβ stamme von der Endredaktion (d. h. der für die Kombination der
Priesterschrift mit dem sogenannten Jahwisten verantwortlichen Größe) und
50,26aα sei „jahwistisch".[48] Auch wenn ein solches oder ähnliches Textwachstum, zumal an literarischen Nahtstellen und „Buchrändern", nicht ausgeschlossen ist, so zeigt doch die kompositionelle Entsprechung von
V. 24aβ//V. 26aα, V. 24bα//V. 25b und von V. 24bβ//V. 25a, dass zumindest
der Abschnitt V. 24aβ-26aα bewusst gestaltet ist. Da V. 24aβ auf eine Rede-
einleitungsformel angewiesen ist, kann auch V. 24aα zu dieser Passage ge-

---

45 Im Hintergrund des textlich schwierigen V. 23 steht einerseits die Zuordnung Ephraims
und Manasses zu Josef (vgl. Gen 41,50-52; Num 26,29f.; Jos 24,32b), andererseits das
Motiv, Josef habe Nachkommen bis in die vierte Generation gesehen (vgl. Hi 42,16^{LXX}).

46 Vgl. H. Holzinger, Einleitung in den Hexateuch, 1893, Tab. 5; M. Noth, Überlieferungsgeschichte des Pentateuch, 1948, 38; G. Hölscher, Geschichtsschreibung in Israel, SHVL
5, 1952, 294 (außer V. 26bα); Ruppert, Josephserzählung (s. Anm. 40), 190f.; differen-
zierter R. Smend, Die Erzählung des Hexateuch auf ihre Quellen untersucht, 1912, 110
(V. 24 aus „J²", V. 25-26 aus „E"), ähnlich O. Eissfeldt, Hexateuch-Synopse, 1922, 106*
(V. 24 aus „J", V. 25-26 aus „E"); O. Procksch, Die Genesis, KAT I, $^{2-3}$1924, 426ff.
(V. 24abα.25bβ.26 aus „E"; V. 24bβ.25abα sind spätere Zusätze); H. Seebass, Genesis
III, 2000, 207 (V. 25-26 aus „E", V. 24 ist ein dtr. Zusatz); A. Graupner, Der Elohist,
WMANT 97, 2002, 374-377 (abzüglich V. 24bβγ [dtr.] und V. 26bα [R^{JE}]).

47 Auch wenn man der Lesart des SamPt (וַיִּישֶׂם) vgl. auch Vg) folgt, bleibt die Auffälligkeit
im Konstruktionswechsel. LXX bietet die einfache Lesart ἔθηκαν (vgl. auch Sy).

48 C. Levin, Der Jahwist, FRLANT 143, 1993, 313-316.

zählt werden. Gemäß seiner konzentrischen Anlage⁴⁹ bildet V. 26bα dann das Pendant zu V. 24aα. Da V. 26bα ohne folgende Mitteilung darüber, was mit der Mumie Josefs geschieht, in der Luft hängt (vgl. Gen 50,2f.+4ff.), ist schließlich auch V. 26bβ zu diesem Abschnitt zu zählen. D. h. Gen 50,24-26 kann, wenn auch nicht als literarkritisch spannungsfreie, so doch als kompositionelle Einheit betrachtet werden.

In der *redaktionsgeschichtlichen Zuordnung* von Gen 50,24-26 unterscheiden sich die neueren Vorschläge hinsichtlich der Zuweisung an eine „Josua-24-Bearbeitung"⁵⁰, eine „Hexateuch-Redaktion" bzw. eine sehr späte Redaktion mit hexateuchweiter Perspektive⁵¹ oder an namentlich nicht festgelegte nachendredaktionelle Ergänzungen⁵². Hans-Christoph Schmitt, der noch 1980 Gen 50,24-26 literarkritisch auf vier verschiedene Hände verteilt hatte⁵³, führt die Verse jetzt als literarische Einheit auf eine P voraussetzende, spätdtr. Schicht zurück, die den Pentateuch und das Deuteronomistische Geschichtswerk miteinander verbinde, also auf eine Art „Enneateuchredaktion".⁵⁴ Entscheidend für unsere Fragestellung ist, dass die V. 24-26 im Wesentlichen – wie Ex 13,19 und Jos 24,32, worauf hier aus Raumgründen nicht näher eingegangen werden kann – auf nachpriesterschriftliche und nachdeuteronomistische Fortschreibung(en) mit hexateuchweiter Perspektive zurück-

49 Vgl. E. Blum, Die Komposition der Vätergeschichte, WMANT 57, 1984, 256; J. C. Gertz, Tradition und Redaktion in der Exoduserzählung, FRLANT 186, 2000, 361.
50 E. Blum, Die literarische Verbindung von Erzvätern und Exodus in: J. C. Gertz / K. Schmid / M. Witte (Hrsg.), Abschied vom Jahwisten, BZAW 315, 2002, 119-156: 149ff.
51 E. Otto, Das Deuteronomium im Pentateuch und im Hexateuch, FAT 30, 2001, 219; ders., Art. Sichem, RGG⁴ VII (2004), 1295f.; vgl. auch K. Schmid, Erzväter und Exodus, WMANT 81, 1999, in Modifikation der Position Blums von 1990 (Studien zur Komposition des Pentateuch, BZAW 189, 363f.): Gen 50,24 als Teil einer nachpriesterlichen und nach-dtr. *pentateuchübergreifenden* Redaktion und Gen 50,25-26 (im Verbund mit Ex 13,19 und Jos 24,32) als Teil einer nachpriesterlichen und nach-dtr. *hexateuchübergreifenden* Redaktion (105.211.231.250); ders., Die Josephsgeschichte im Pentateuch, in: Gertz/Schmid/Witte, Abschied (s. Anm. 50), 83-118: 117; Gertz, Tradition (s. Anm. 49), 363; R. G. Kratz, Der vor- und der nachpriesterschriftliche Hexateuch, in: Gertz/Schmid/Witte, Abschied (s. Anm. 50), 295-323: 301f.
52 D. B. Redford, A Study of the Biblical Story of Joseph (Genesis 37-50), VT.S XX, 1970, 186 (50,22-26 „Genesis-Editor"); R. Rendtorff, Das überlieferungsgeschichtliche Problem des Pentateuch, BZAW 147, 1977, 75-79 (eine dtr. geprägte Redaktionsschicht); C. Westermann, Genesis. 3. Teilband: Genesis 37-50, BK.AT I/3, 1982, 242; G. W. Coats, Genesis, FOTL 1, 1983, 313-315; Levin, Jahwist (s. Anm. 48), 313ff. (mit Ausnahme von V. 26aα [„J"]).
53 Josephsgeschichte (s. Anm. 1), 78-81: Gen 50,22-23.26aα.b als Teil der ursprünglichen Josefsgeschichte, V. 25 als Teil der Redaktion durch „E", V. 24 als dtn.-dtr. geprägter Zusatz und V. 26aβ als „priesterliche" Ergänzung.
54 Geschichtswerk (s. Anm. 1), 297ff.

geführt werden und damit in die spätesten Phasen auf dem Weg zur Endgestalt des Pentateuchs gehören.[55]

Im Gegensatz zu der vielfachen literargeschichtlichen Behandlung von Gen 50,24-26 wurde die Frage nach dem *traditionsgeschichtlichen Hintergrund* des Motivs der Überführung der Gebeine Josefs in der Forschung nur relativ selten thematisiert. Dass Gen 50,24-26 literarisch in verdichteter Form der Beschreibung von Jakobs letztem Wort, Einbalsamierung und Überführung in Gen 49,27-50,14 nachempfunden ist, ist offensichtlich. Gleichwohl bleibt auf der Ebene der erzählten Epoche die Besonderheit der Einsargung Josefs in Ägypten, der Ausführung seiner Gebeine aus Ägypten durch Mose drei Generationen später (vgl. Ex 6,16-20) und der mit dem Zug durch die Wüste verbundenen langen Transportzeit (vgl. Ex 16,35; Num 14,33f.; Jos 5,6), bevor es dann endlich zur Grablegung kommt.[56]

Für Sigmund Mowinckel (1957) diente Gen 50,24-26 lediglich der Erklärung, *wie* die Gebeine Josefs in das bereits in vorisraelitischer Zeit verehrte Grab des vergöttlichten Ahnen in Sichem gekommen seien. Die alte Tradition eines „hebräo-kanaanäischen *weli*" bilde den Wurzelgrund der Notizen in Gen 50,24-26; Ex 13,19 und Jos 24,32 – und nicht nur dieser, sondern: „Der ‚geschichtliche Kern' der Josephsgeschichte ist eben sein Grab"[57]. Nun müssen Grabtraditionen aber keineswegs ursprünglich sein, sondern können auch auf eine sekundäre Legitimierungstendenz zurückgehen. Hinzu kommt, dass Grabtraditionen lokal nicht festgelegt sind, sondern sich wandeln können. Gerade die vielfältige Geschichte des Josefsgrabes, hinter dessen unterschiedlicher Lokalisierung in Sichem oder in Hebron auch eine Konkurrenz von Ju-

---

55 Dass zumindest Jos 24,32 zu einer sehr späten Redaktionsschicht gehört, wurde vereinzelt auch in der früheren Forschung gesehen (M. Noth, Das Buch Josua, HAT I/7, [2]1953, 141). Quer zu den referierten Positionen liegen einerseits der Vorschlag von J. Van Seters, Gen 50,22-26 (wie Ex 1,6-8; 13,19; Jos 24,32) als redaktionelle Bildung eines nachdtr., aber vorpriesterlich anzusetzenden „Jahwisten" zu lesen (Prologue to History, 1992, 323-327; ders., The Life of Moses, CBET 10, 1994, 16ff.), andererseits von H. Ausloos, Gen 50,22-26 und Ex 13,19 als Beleg für eine ursprüngliche Verbindung von Vätergeschichte und Exodusgeschichte zu verstehen, wovon Jos 24,32 literar- und redaktionsgeschichtlich zu unterscheiden sei (The Deuteronomist and the Account of Joseph's Death [Gen 50,22-26], in: A. Wénin [Hrsg.], Studies in the Book of Genesis, BEThL CLV, 2001, 381-395; ähnlich auch T. Römer, Recherches actuelles sur le cycle d'Abraham, in: Wénin, Genesis, a. a. O., 179-211: 209).

56 Ex 12,40 ist kaum mit weiteren chronologischen Angaben des MT zum Exodus zu korrelieren (vgl. B. Jacob, Das Buch Exodus, 1943 [ND 1997], 1033-1043). Zum haggadischen Motiv, dass aus der Generation Josefs allein Serach, die Tochter Assers (Gen 46,17; Num 26,46), Mose den Aufbewahrungsort des Leichnams Josefs mitteilen konnte (bSot 13a; Mekh zu Ex 13,19; Memar Marqah I,10), vgl. J. L. Kugel, In Potiphar's House, [2]1994, 131-134.

57 S. Mowinckel, „Rahelstämme" und „Leastämme", in: Von Ugarit nach Qumran, FS O. Eissfeldt, hrsg. v. J. Hempel / L. Rost, BZAW 77, 1958, 128-150: 144; vgl. auch Gertz, Tradition (s. Anm. 49), 364.

den und Samaritanern im 2./1. Jh. v. Chr. deutlich wird[58], und der Überführungen der Josefsgebeine aus Ägypten nach Kanaan und von dort durch Kaiser Theodosius II. im Jahre 415 in die Hagia Sofia nach Konstantinopel ist dafür ein gutes Beispiel.[59] So lässt sich die Bestattung Josefs in *Sichem* (שכם) auch literarisch damit erklären, dass Josef eben an dem Ort bestattet wurde, von dem aus er einst versklavt wurde (Gen 37,12.28), und auf dem *Landstück* (שכם) sein Grab fand, das ihm sein Vater gegeben hatte (Gen 48,21f.).[60] Schließlich kann kompositions- und redaktionsgeschichtlich auf die Bedeutung Sichems im Hexateuchaufriss hingewiesen werden: so kulminieren im Motiv der in Sichem bestatteten Josefsgebeine zentrale Elemente der Vätergeschichte (vgl. Gen 50,24), der Mosegeschichte (vgl. Ex 13,19) und der Josuageschichte (vgl. Jos 24,29//32).[61]

Konrad Schmid (1999) äußerte die an sich ansprechende traditionsgeschichtliche Vermutung, hinter den Notizen von den Gebeinen Josefs könne die in Ez 37,12 artikulierte Hoffnung der Wiederbelebung des toten Volkes Israel im Heiligen Land stehen (vgl. Jes 66,14).[62] So reagiere dieses Motiv auf die nachexilische Diasporasituation und artikuliere wie Gen 23 (P/Pˢ) den Wert der Bestattung in der Heimat. Die Überführung der Gebeine Josefs würde damit in die Geschichte der allerdings erst (wieder) für die römische Zeit nachgewiesenen jüdischen Praxis der Sekundärbestattung[63] gehören. Gegen die These Schmids spricht aber nicht nur das durch den archäologischen

---

58 Vgl. die Variante zu TestJos 20,2 im Cod. Vat. Graec. 731, dergemäß Josef – wie seine Brüder – in Hebron bestattet wurde (vgl. jeweils TestXII sowie Josephus, Ant. 2,198). Die Sifre zu Num 12,15 geben als Begräbnisort das „Land Nebo" an (vgl. Dtn 34,1-6). Sirach, dessen antisamaritanische Tendenz aus 50,25f. ersichtlich ist (vgl. Gen 34; Ps 78,9-11; TestSim 6,3f.), umschifft das Problem, indem er gar keine Ortslage nennt.

59 Siehe dazu ausführlich H.-M. Schenke, Jakobsbrunnen – Josephsgrab – Sychar. Topographische Untersuchungen und Erwägungen in der Perspektive von Joh 4,5.6, ZDPV 84 (1968), 159-184: 174-181.

60 Vgl. dazu bereits die Mekh zu Ex 13,19 und bSot 13b, aber auch L. Schmidt, Literarische Studien zur Josephsgeschichte, BZAW 167, 1986, 270. Dass die konstruierte theologische Lehrerzählung in Joh 4 ausgerechnet „in der Nähe des Feldes, das Jakob seinem Sohn Josef gegeben hatte", spielt, hängt natürlich auch mit der Bedeutung Sichems als erstem Ort nach Jakobs Rückkehr aus Mesopotamien und dessen programmatischem Altarbau (Gen 33,18-20) und den Verheißung-Erfüllung-Texten in Gen 50,25, Ex 13,19 und Jos 24,32 zusammen; zu einem möglichen topographiegeschichtlichen Hintergrund von Joh 4,5 siehe Schenke, Jakobsbrunnen (s. Anm. 59), 159-184.

61 S. oben S. 148f. und v. a. Otto, Hexateuch (s. Anm. 51), 221.

62 Schmid, Erzväter (s. Anm. 51), 231ff.247. Zumindest zwischen Sir 49,14-16 und Ez 37 bestehen neben der beiden Texten gemeinsamen Thematisierung von Leben und Tod so enge begriffliche und motivische Beziehungen, dass die Annahme nahe liegt, Ben Sira habe diesen Text vor Augen gehabt, vgl. die Schöpfungstheologie in Sir 49,16 mit Ez 37,3ff., den Bezug auf die Prophetie in Sir 49,8-10 mit Ez 37,4 und die Israelperspektive in Sir 44-50 insgesamt mit Ez 37,11f.

63 Meyers, Ossuaries (s. Anm. 42); Rahmani, Catalogue (s. Anm. 42), 53-55.

Befund geöffnete Zeitfenster, sondern auch das Fehlen eines eindeutigen auf-
erstehungstheologischen Hinweises in Gen 50,24-26, Ex 13,19 und Jos 24,32.
Manfred Görg (2000/1) schließlich stellte unter Hinweis auf das ägyptische Kolorit[64] der Mumifizierung und Einsargung Josefs und der jüdischen
Tradition von den beiden Laden Israels, der einen, mit den Gebeinen eines
Toten, der anderen, mit dem Gesetz des Ewiglebenden[65], die originelle Hypothese auf, hinter dem Motiv des Josefssarges könne die ägyptische Vorstellung des Sargs als Textträger stehen: Entsprechend der Ausgestaltung eines
Sargs im Alten Ägypten mit Texten aus dem Totenbuch, die als Jenseitsfüh-
rer dienten, stelle der Sarg Josefs einen „Kasten mit der Weisung für den
Tod" dar, der von einem „Kasten mit der Weisung für das Leben" begleitet
werde.[66] Auch wenn Görg für den jüdischen Brauch, Verstorbenen Texte mit
in das Grab zu geben, auf die Silberröllchen vom Ketef Hinnom[67] verweisen
kann, so ist doch fraglich, ob 1.) die vorgetragene Hypothese den Skopus der
Textreihe Gen 50,24-26 → Ex 13,19 → Jos 24,32 trifft und 2.) der Josefssarg
tatsächlich vor dem Bildhintergrund der reichhaltig mit Bildern und Schrift-
zeichen versehenen ägyptischen Mumienkästen zu verstehen ist.[68]
Berücksichtigt man, dass das Motiv der Gebeine Josefs aus dem narrativen
Dreischritt „Einbalsamierung und Einsargung (Gen 50,24-26) – Überführung
nach Zwischenlagerung (Ex 13,19) – endgültige Grablegung in besonderer
geschichtlicher Situation (Jos 24,32)" besteht, und bedenkt man die aus der
unter Punkt I. skizzierten wirkungsgeschichtlichen Auslegung gewonnene
Erkenntnis, dass hinter der Gestaltung von Sir 49,14-16 Alexandermotive
stehen, dann soll hier, gewissermaßen als Hypothese zweiten Grades, der
Vorschlag unterbreitet werden, dass bereits hinter der „translatio Josephi"
im Hexateuch die „translatio Alexandri Magni" steht. Wie Sir 49,14-16 bildet dementsprechend die Sequenz Gen 50,24-26 → Ex 13,19 → Jos 24,32
eine paradigmatische Selbstvergewisserung Israels im Spannungsfeld von
biblischer Tradition und durch den Hellenismus bedingter Innovation.[69] Fällt

---

64 Vgl. dazu Redford, Joseph (s. Anm. 52), 187-243, bes. 240f.
65 S. oben Anm. 42 (bSot 13a; Jacob, Genesis [s. Anm. 43], 944f.).
66 M. Görg, Die Lade als Sarg. Zur Traditionsgeschichte von Bundeslade und Josefssarg,
   BN 105 (2000), 5-11: 10; fortgesetzt in: ders., Wohin ist Josef? Weitere Anfragen anläß-
   lich einer Spurensuche, BN 107/108 (2001), 15-21.
67 Zu Text und Diskussion siehe J. Renz, in: HAE I (1995), 447-456.
68 Vgl. dazu kritisch Redford, Joseph (s. Anm. 52), 25, und zum archäologischen Befund
   jüdischer Sarkophage, Urnen und Ossuarien M. Weippert, BRL² (1977), 269-276; Meyers, Ossuaries (s. Anm. 42); ders., Secondary Burials in Palestine, BA 33 (1970), 1-29;
   Rahmani, Catalogue (s. Anm. 42).
69 Zur zutreffenden Beurteilung von Gen 50,24-26 als einem (an Gen 23 [P/P^S]) orientierten
   Versuch, Fragen der Identität des nachexilischen Israel zu klären, siehe Schmitt, Geschichtswerk (s. Anm. 1), 299. Vgl. dazu prinzipiell auch H.-C. Schmitt, Die Suche nach
   der Identität des Jahweglaubens im nachexilischen Israel. Bemerkungen zur theologi-

das Motiv der überführten Josefsgebeine traditions- und literaturgeschichtlich in die frühhellenistische Zeit, dann stellt sich auch die Frage nach der zeitgeschichtlichen Situation der Bestattung in *Sichem*, das nach einer Nichtbesiedelung in persischer Zeit ab 331 v. Chr. einen blühenden Aufschwung erlebte und zur Zeit der Ptolemäer bis zu seiner Zerstörung unter Johannes Hyrkan 107 v. Chr. eine Bedeutung wie zuletzt in der Spätbronzezeit besaß.[70] Doch muss diese Frage hier auf sich beruhen.

Eine Datierung der durchgehend als (nach-)endredaktionell anzusehenden Abschnitte Gen 50,24-26; Ex 13,19 und Jos 24,32 ins ausgehende 4. Jh. v. Chr. ist jedenfalls angesichts ptolemäerzeitlicher Einschübe im Pentateuch nicht prinzipiell ausgeschlossen.[71] In diesem Fall wären die „Gebeine Josefs" dann ein weiteres Beispiel dafür, dass auch die „kanonische" Literatur des antiken Judentums im Bereich der geschichtlichen Überlieferungen ihre Endgestalt erst in der Auseinandersetzung mit dem Hellenismus gefunden hat.

III. Ein ikonographischer Ausblick

Auf eine Merkwürdigkeit des Motivs der Josefsgebeine soll abschließend noch hingewiesen werden. An keiner Stelle des Alten Testaments erfährt der Leser etwas über den Modus der *translatio* Josefs. Wird im Kontext der Überführung des Leichnams Jakobs immerhin von Wagen und Gespannen gesprochen, die den Trauerzug nach Kanaan begleiteten (Gen 50,7ff.) und werden die Leichname der Könige Ahasja (II Reg 9,28) und Josia (II Reg 23,30) zur Überführung nach Jerusalem ausdrücklich auf Wagen (רכב) gelegt, so fehlt ein entsprechender Vermerk im Fall Josefs.[72]

---

schen Intention der Endredaktion des Pentateuch (1995), in: Theologie (s. Anm. 1), 255-276.

70 Siehe dazu G. E. Wright, The Samaritans at Shechem, in: R. Pummer / F. Dexinger, Die Samaritaner, EdF 604, 1992, 263-273; F. Dexinger, Der Ursprung der Samaritaner im Spiegel der frühen Quellen, in: Pummer/Dexinger, a. a. O., 66-140: 117-119; E. F. Campbell, Shechem, NEAEHL IV (1993), 1345-1355: 1353f.

71 Vgl. nur Gen 9,20-26 und 11,1-9 und dazu Witte, Urgeschichte (s. Anm. 13), 315ff., oder Num 24,20ff. und dazu H.-C. Schmitt, Der heidnische Mantiker als eschatologischer Jahweprophet. Zum Verständnis der Bileamperikope, in: Theologie (s. Anm. 1), 238-254: 242. Welche Schubkraft von den Umwälzungen, die der Alexanderzug und die sich etablierenden Reiche der Ptolemäer und Seleukiden mit sich brachten, auch auf die Sammlung und Redaktion autochthoner Literaturen des Vorderen Orients ausging, können allein die Werke eines Berossos und Manetho verdeutlichen (G. P. Verbrugghe / J. M. Wickersham, Berossos and Manetho, 1996).

72 Ähnliches gilt für die sich eng mit Gen 50,25 berührende Notiz von der Überführung der Gebeine des Hasmonäers Jonathan, dem zu Ehren in Modein ein an hellenistischer Grabarchitektur orientiertes pyramidales Mausoleum errichtet wird (I Makk 13,25-30).

Auch die nachbiblische jüdische Haggada, in der das Motiv der Gebeine Josefs weiter ausgemalt wird[73], und die tannaitischen Midraschim, in denen das Motiv der Überführung der Gebeine Josefs aufgrund der Hochschätzung der Sekundärbestattung außerhalb des Heiligen Landes Verstorbener nach Möglichkeit in Jerusalem mehrfach reflektiert wird[74], scheinen an dieser Frage nur bedingtes Interesse gehabt zu haben. Zwar wird in der Mekhilta zu Ex 13,19 beschrieben, wie Mose beim Auszug von der Begräbnisstätte Josefs erfuhr und wie er den Bleisarg aus dem Nil barg (vgl. auch TPsJ zu Gen 50,26 und zu Ex 13,19).[75] Es wird aber nicht mitgeteilt, wie er den aufgefundenen Sarg transportierte. Die Identifikation der unrein gewordenen Männer aus Num 9,6 in den Sifre zu Num mit den Sargträgern Josefs scheint von einem Transport per Hand auszugehen.[76] Hingegen wird in einer von Louis Ginzberg gesammelten Legende erzählt, Mose habe die Gebeine Josefs in ein Schafsfell eingenäht und dieses mit dem Gottesnamen versehen. Das dadurch belebte Schaf folgte dann dem Auszug der Israeliten und begleitete das Gottesvolk durch die Wüste bis ins Heilige Land.[77] Vor dem Hintergrund der *translatio* Alexanders auf einem eigens dafür hergestellten Wagen, scheint mir auch für die Überführung der Gebeine Josefs nur ein solches Gefährt denkbar zu sein.

---

73 So bewirkt nach TestJos 20,2 die Ausführung der Gebeine Josefs, dass Israel im Licht aus Ägypten auszieht, während Ägypten in Finsternis versinkt (vgl. auch TestSim 8,4 und zum möglichen traditionsgeschichtlichen Hintergrund in der Osiris-Mythologie Heller, Elements [s. Anm. 39], 415 [mit Hinweisen zur weiteren Ausschmückung in der muslimischen Tradition]). Die Versenkung des Sargs Josefs im Nil ruft Fruchtbarkeit hervor (bSot 13a; Heller, Elements [s. Anm. 39], 416).

74 Vgl. auch bKet 111a-b (wo die schöne Vorstellung der über unterirdische Kanäle zur Auferstehung gen Jerusalem rollenden Gebeine, der *Gilgul*, der Gerechten diskutiert wird) und zur Sache B. Geller, Joseph in the Tannaitic Midrashim, in: G. W. E. Nickelsburg (Hrsg.), Studies in the Testament of Joseph, SCSt 5, 1975, 139-146; s.o. Anm. 63.

75 Vgl. auch bSot 13a in Kombination mit II Reg 6,5; siehe zu dieser Legende, hinter der sich eine Adaption der Isis-Osiris-Mythe verbirgt, Heller, Elements (s. Anm. 39), 414f.; Bohak, Perspectives (s. Anm. 39), 229. Hingegen wurden nach einem wohl späteren Einschub in das TestSim (8,2b-4) die Gebeine Josefs in den „Schatzkammern der Könige" bewacht. Zu den Vorstellungen, die hinter diesen haggadischen Traditionen, wie auch hinter dem Midrasch zu den Josefsgebeinen in Jub 46,5-10, stehen, siehe Kugel, Potiphar's House [s. Anm. 56], 142-151).

76 Vgl. auch Memar Marqah I,10; eine ähnliche Vorstellung scheint auch hinter Bild 18 aus dem Mose-Zyklus von Uriel Birnbaum (1894-1956) zu stehen (zum Motiv vgl. TestSim 8,3, s. Anm. 76), das zu den wenigen Darstellungen des Tods Josefs in der Kunst gehört (www.ojm.at/ausstellung/auditorium/uebersicht/bild18/; vgl. noch das im Herzog Anton Ulrich-Museum in Braunschweig ausgestellte Gemälde von Frans Francken II. [1581-1642]: www.bijbelencultuur.nl/direct?boek=gen;sid=4b488dae5cf724379554fe4a10a10179).

77 L. Ginzberg, The Legends of the Jews, II, 1910 (ND 1969), 179-184; V, 1925 (ND 1968), 375-377, hier: V, 376.

The Altar Law of Ex 20,24-26 in Critical Debate

John Van Seters

Any scholarly approach to the understanding of the altar law depends very much upon the initial orientation and scholarly presuppositions of the particular scholar involved and the method applied, even when there is a broad general commitment to the historical-critical principles of research. This is certainly the case with respect to the altar law of Ex 20,24-26 where the differences of opinion as to how to understand this law loom very large indeed. These differences have to do with whether one believes that the text has a long and complex literary history or is a literary unity as it stands, to what literary strand of the Pentateuch it belongs and how it is related to texts in the same or different strands that touch upon the same subject, and what methodologies of literary, form-, and textual criticism are most appropriate in the explication of the text. There has been a renewed interest in this law, which is reflected in a number of recent studies, and I will attempt to discuss some of them, especially as they relate to my earlier study.[1] In doing so I hope that the methodological issues that result in the corresponding differences will become apparent. Because one of these recent studies was done by Hans-Christoph Schmitt, I am happy to offer this one in his honour and for his consideration.

The form-critical approach to the study of this law is best reflected in the work of Diethelm Conrad[2], who followed in the tradition of Albrecht Alt[3]. Alt had proposed that the Covenant Code included within it two types of laws from the pre-state period, the casuistic laws inherited from the older Canaanite population and the apodictic laws, which were the contribution of the earliest stages of Israelite society. These laws were now overlaid in places with later accretions and the whole code was embedded in a later Pentateuchal source. Conrad, following Alt, attempted to isolate the older Israelite law within Ex 20,24-26 by identifying three apodictic statements in v. 24aα.25aβ.

---

1 J. Van Seters, A Law Book for the Diaspora, 2003, 60-67.
2 D. Conrad, Studien zum Altargesetz, Ex 20:24-26, 1968.
3 A. Alt, Die Ursprünge des israelitischen Rechts, 1934.

26a: „An earthen altar you shall built for me; you shall not built it with hewn stones; you shall not ascend my altar by steps." On the basis of this reconstructed form and the fact that the Covenant Code was thought to belong to the oldest stratum of the Pentateuch, the law was dated to the pre-state period. This form-critical method of reconstructing ancient law as well as the attempt to find a stratum of oral tradition that goes back to a primitive period of history have been judged to be highly suspect.[4] Nevertheless, it still strongly influences German scholarship and its approach to the history of biblical law, such that the altar law is regarded as having a very long literary history, and in this Hans-Christoph Schmitt is no exception.[5] He accepts Conrad's reconstruction of the pre-state law of the altar, although in an expanded form that no longer corresponds to the short apodictic statements, and he believes that it somehow found its way, in a revised form, into a post-exilic collection of laws.

Schmitt's primary focus in his own recent study of the altar law, however, is to deal with the late additions to this ancient law, all of which he attributes to a late, post-priestly, Deuteronomistic redactor. Schmitt finds this same redactor at work throughout the Pentateuch and the one responsible for the latest edition of the whole historical complex from Genesis to II Regum. It is this larger thesis that governs his evaluation of the various additions that he sees in the altar law. Thus the prologue to the Covenant Code in Ex 20,22-23 and the ratification of the covenant in Ex 24,3-8 in their present form are attributed to his late-Deuteronomist and he looks for indications of the same hand at work in the altar law. Within Ex 20,24a Schmitt finds in the double accusative pairs: „your whole burnt offerings and your wellbeing offerings" and „your sheep and your cattle" evidence of a later addition, and because the same kinds of offerings are mentioned in Ex 24,5, which he considers as part of his late-Deuteronomist, they are attributed to him. There is, however, nothing particularly ungrammatical about the appositional construction, and it seems a little ironic to me to blame a late „editor" of creating a supposed grammatical problem that was then repaired by a still late Samaritan „editor" by means of the insertion of the partitive מן.[6] Apparently, everywhere one finds similarities, they are to be attributed to the same late redactor instead of speaking of a common author, the Yahwist, as I have done.

Beyond this immediate context Schmitt also notes the similarity between the construction of the altar in Ex 20,25 with that in Deut 27,5-7 and Jos

---

4   See my discussion in: A Law Book for the Diaspora, 9-14; also E. Gerstenberger, Wesen und Herkunft des „apodiktischen Rechts", WMANT 20, 1965.

5   H.-C. Schmitt, Das Altargesetz Ex 20,24-26 und seine redaktionsgeschichtlichen Bezüge, in: J. F. Diehl u. a. (Hrsg.), „Einen Altar von Erde mache mir ..." FS. D. Conrad, 2003, 257-267.

6   On this see below.

8,30-31, but rather than seeing this as a case of the altar law of Ex 20,25 being dependent upon the other two, Schmitt again attributes to his late-Deuteronomist only the language in Ex 20,25b that is directly parallel. Where the terminology differs, such as the use of גזית „hewn stones", he makes this part of the original law. However, if an author, the Yahwist, is imitating texts found in another literary work, there is no reason why he must use exactly the same language to represent the same idea. There is simply no good reason to attribute the two parts of the verse in Ex 20,25 to different sources. There are many instances in which there is evidence of literary dependence between two texts but with some change in terminology.[7] Furthermore, if Deut 27,5-7 and Jos 8,30-31 are the work of a redactor who has made use of the altar law in Ex 20,25, then there is even less reason for a change in terminology between the two. However, the law to be written on the stones of the altar in Deut 27,5-7 and Jos 8,30-31 is Deuteronomy and not the Covenant Code, and it is hard to see a common authorship for both sets of texts.

Furthermore, Schmitt wishes to assert that the late-Deuteronomist is later than P and he seeks to find evidence for this in the altar law, in spite of the fact that no priests are mentioned in this law, or in the whole of the Covenant Code, or its sequel in Ex 24,3-8. Schmitt points to the use of חלל *pi.* „to profane" which is common in priestly literature, especially the Holiness Code, as one would except, but also in Ezekiel and other exilic and post-exilic prophecy. If, however, one dates this text to the exilic period as part of the Yahwist's work, there is nothing remarkable about the use of this verb in this period. In a similar manner, Schmitt argues that Ex 20,26b must also be post-P because it is concerned about the exposure of nudity by the one making the offering and points to a similar concern expressed in Ex 28,42. This comparison, however, points in quite the opposite direction, for if it was already the practice that the priests wore undergarments or breeches, as they did in the Persian period, there would be no need for the provision in Ex 20,26b. The law only makes sense before such a clothing practice was adopted. There is nothing in the law that can be clearly identified as influenced by P legislation.

On the most controversial part of the law, Ex 20,24b, Schmitt accepts the text as it is in MT and attributes it to his late-Deuteronomist and the arguments of Christoph Levin (see below), that this part of the law is dependent upon Deuteronomy and not the reverse as was so often claimed. However, Schmitt sees the significance a little differently, emphasizing the close connection between this law and that of Ex 23,13, which is a prohibition against the invoking of the name of other gods. This is also taken in conjunction with the same concern in Ex 20,22-23 against the worship of other deities, so that the verb זכר *hi.* must be understood in the sense: „I permit my name to be

---

7   For multiple examples between the Covenant Code and the other biblical codes see my *A Law Book for the Diaspora.*

remembered". What one would expect, however, is a form of the verb in the second person, „your invoke", rather than the first person, „I invoke", which is problematic and has created all the problems of interpretation.

While Schmitt and I have much in common with respect to how we view the texts in Exodus, which I attribute to J and he attributes to his late redactor, as later than Deuteronomy, there are still some fundamental differences. I view the law of the altar as entirely the work of an author who has compiled the whole of the Covenant Code from various sources and has fitted it into his own composition of the Sinai episode as part of his larger history of Moses. Schmitt operates under the assumption of a final redactor who makes additions of varying length to earlier material throughout the whole of Genesis to II Regum, with little consistency in language or ideological perspective. The two methodological approaches are ultimately irreconcilable.[8]

It might seem at first glance that the treatment of this law by Christoph Levin[9], who also advocates an exilic Yahwist, would have more in common with my own approach, but this is not quite the case. To begin with, Levin's Yahwist is an editor and not an author, with most of his work found in Genesis and very little in Exodus-Numbers, so that none of the Covenant Code or its immediate context belongs to his Yahwist.[10] According to Levin, the altar law has been displaced from its original place within the Covenant Code, perhaps from among the cultic laws in Ex 23,10-19, and placed at the beginning to match the law of centralization in Deuteronomy, which serves as its model. This new position of the altar law was also accompanied by an addition to the law in Ex 20,24b, which breaks the continuity of the description of the altar in vv. 24a.25-26. The view that v. 24b is an addition has been argued by a number of earlier scholars; the question has always been how to understand the text. For Levin this must be interpreted as an addition that was made after the law of Deuteronomy 12.

In keeping with this perspective Levin compares v. 24b, „In every place where I make known my name" (בכל־המקום אשר אזכיר את־שמי), with the statement in Deut 12,13, „In every place that you see" (בכל־מקום אשר תראה), and notes the striking similarity with the wording, on the one hand, but also the completely opposite intention of the passages, on the other. The former allows for worship in every place, while the latter forbids it. In using this comparison he is in agreement with B. Levinson[11], but comes to quite a dif-

---

8 For my larger critique of the redaction-critical method see J. Van Seters, The Edited Bible: The Curious History of the „Editor" in Biblical Criticism, 2006.

9 Das Deuteronomium und der Jahwist, in: ders., Fortschreibungen. Gesammelte Studien zum Alten Testament, BZAW 316, 2003, 96-110.

10 C. Levin, Der Jahwist, FRLANT 157, 1993, 363-369. Nevertheless, the altar law becomes for Levin an example of the relationship between Deuteronomy and the Yahwist.

11 B. M. Levinson, Deuteronomy and the Hermeneutics of Legal Innovation, 1997, 31. The discussion of Levinson's position will be taken up below.

ferent conclusion as to its significance, because Levinson regards Deuteronomy as later than Ex 20,24 and therefore a rejection of the plurality of cult
places, whereas Levin regards Ex 20,24b as the later text and therefore it is a
rejection of the doctrinaire centralization of the cult of Deuteronomy. For
Levin the crisis of the exile necessitated the modification of such a centralization to accommodate new circumstances.[12]

While I agree with Levin in viewing the text of Ex 20,24b as reflecting the
exilic period, I have some difficulty in accepting his understanding of the ex-
pression אזכיר את־שמי. He understands the phrase to mean „I make known
my name", and associates it with the revelation of the divine name, as in the
patriarchal stories.[13] However, it is a complete anomaly for this usage to be
applied to the deity in such acts of self-revelation, whereas it is regularly used
of someone invoking the name of the deity, so that what one would expect in
this text is to have the verb in the second person, תזכיר.[14] Furthermore, one
notices that in the parallel text of Deut 12,13, which Levin and others cite, the
verb is in the second person as an action engaged in by the worshiper. If this
is the case for Ex 20,24b as well, then it is not particularly „anti-
Deuteronomistic" but simply allows for the deity to be approached wherever
a worshiper may happen to be, especially because of the exceptional circumstances of the exile. This is already contemplated in I Reg 8,46-53, in the
prayer of Solomon, which is simply viewed as a necessary qualification
added to a text that obviously places great emphasis upon the central importance of the sanctuary in Jerusalem. Indeed, in the conclusion of the prayer
one finds the statement: „Let your eyes be open to the entreaty of your ser-
vant and of your people Israel, and hear whenever they call to you בכל קראם
אליך"(v. 52 REB). The final phrase בכל קראם אליך is usually construed in a
temporal sense, but it could just as easily be understood in a spacial sense,
„wherever they call to you" and would be the direct equivalent to the statement in Ex 20,24b, „Wherever you invoke my name" בכל־המקום אשר תזכיר
את־שמי. The basic perspectives of the texts are the same.

Another recent treatment of the altar law is offered by Jeffrey Tigay, who
presents a quite different method and perspective.[15] Tigay argues for the literary coherence, not only of the altar law in Ex 20,24-26, but also for the
whole of the unit in Ex 20,22-26. It is this whole unit that serves as the introduction to the Covenant Code and he rejects the notion that Ex 20,22-23 is a

---

12 So also already A. B. Ehrlich, Randglossen zur hebräischen Bibel 1, 1908, 346.

13 C. Levin (Das Deuteronomium, 101-102). In this he follows J. J. Stamm whose work will
   be taken up below. Levin makes much of the very similar perspective represented by the
   redactor of Ex 20:24b and the Yahwist of Genesis without offering any reason why they
   should not be viewed as identical.

14 This emendation will be taken up in greater detail below.

15 J. H. Tigay, The Presence of God and the Coherence of Exodus 20:22-26, in: C. Cohen et
   al. (eds.), *Sefer Moshe*: The Moshe Weinfeld Jubilee Volume, 2004, 195-211.

secondary redactional link between the Covenant Code and its larger context
in the Sinai pericope. However he limits his discussion of literary coherence
to this unit of five verses and does not deal with its connection to the wider
context. Tigay also views the whole of this unit as pre-Deuteronomic without
any discussion of the contrary view. Tigay brings two new methodological
perspectives to his treatment of the altar law, which are worth considering
here. The one has to do with the theme of divine presence, and the other with
the narrative structure of the unit.

Regarding the theme of the divine presence in Ex 20,22-24, Tigay summarizes the medieval Jewish commentators: „God's speaking to Israel directly
from heaven has shown the Israelites that they have no need of idols to serve
as intermediary devices [...] to draw His presence to their midst and commu-
nicate with Him. Instead they are to make a simple earthen altar for sacrifice,
and wherever He authorizes them to call upon Him, he will personally come
to them and bless them".[16] Tigay acknowledges the close parallel between Ex
20,22 and Deut 4,36 regarding the deity speaking from heaven and he must
admit that the connection between God's speaking from heaven and the prohibition against idols is explicitly spelled out in Deut 4:9-18, but is only implicit and assumed in Ex 20,22-23. However, he ignores the fact that this is
the reason why scholars have argued that the latter text is dependent upon the
former.[17] To substantiate further the connection between idolatry and the
theme of divine presence Tigay points out that in the religions of Mesopotamia and Egypt the cult statue plays an important role in bringing the divine
presence to the worshipers in order to bless them, which is also the goal
stated in Ex 20,24b. Hence v. 23 and 24 belong together, but since idolatry is
explicitly rejected in Ex 20,23, Tigay suggests that it is the altar that serves as
a substitute religious symbol for the divine presence. That connection, however, does not appear to me to be so obvious. In Deut 4 the emphasis is on
hearing the words of the law rather than seeing any image and nothing is said
about an altar. Likewise, in Ex 24,3-8 the altar becomes incidental to the
people's reception of the Book of the Covenant after the deity has spoken to
them through Moses. The altar and sacrifices play no role in the theophany
itself. It does not identify the place of the encounter with the deity.

Everything in Tigay's position rests rather heavily upon the argument of
narrative structure. As Tigay points out, there is an interesting parallel between what is prohibited in Ex 20,23 and what is permitted in v. 24-25 with
the frequent repetition of the verb עשה „to make". The prohibition has to do
with the worship of other gods and the making of idols while permission is

---

16 Ibid., 200.

17 See E. W. Nicholson, „The Decalogue as the Direct Address of God", VT 27 (1977),
   422-433; E. Blum, Studien zur Komposition des Pentateuch, BZAW 199, 1990, 96 n.
   222; J. Van Seters, A Law Book, 47-60.

directed at the construction of altars, and from this Tigay concludes that the altar is understood „as the replacement for the idols".[18] This, however, does not seem very plausible because in ancient Near Eastern religion generally altars and cult statues were closely associated with each other so that it is hard to see how the altar could become a substitute for the cult image. It seems much more a case of what is prohibited in the cult – the cult statues, and what is still permitted as necessary for the purpose of worship – the altar. Within the altar law itself there is the contrast between what is permitted – an altar of stones, and what is prohibited – the use of hewn stones and of steps. There is also another contrast to which A. B. Ehrlich has called attention[19], and that is the contrast between the silver and gold of the images in v. 23 and the mundane materials of earth and uncut stones of the altars in v. 24-25. Considering the liberal use of gold, hewn stone and carved wood in the Solomonic temple, as well as the bronze altar, the stark contrast between the materials mentioned here must be significant. Ehrlich sees in this difference a clear indication that the text reflects the situation of poverty and need of the exilic period. In any event, the multiple narrative contrasts between the two parts of the unit in Ex 20,22-26 and within the unit in v. 24-26 cannot be for-tuitous; they contribute to the unity of the whole.

Regarding the problematic rendering of אזכיר את־שמי in Ex 20,24b, Tigay opts for the emendation to תזכיר, as I have done also, based on the Peshitta and some targums and on the regular usage of the verb to mean: to invoke the name of the deity. This issue will be taken up again below. Tigay, however, wants to connect the act of invoking the name of the deity as closely as pos-sible to the construction of the altar, but this is by no means certain. There are many instances in which the divine name is invoked without any reference to altar or sacrifice. If it could be shown that the divine presence is specifically associated with the altar, then Tigay may be able to make his case, but he has not done so.

This brings us to some brief remarks about the theme of the divine pre-sence in the larger context of the non-P (J) source.[20] In Ex 32, which follows directly after Moses ascends the mountain to receive the tablets of stone, the people demand the presence of gods to go before them on their journey and for this purpose they make the golden calf in direct violation of the prohibi-tion in Ex 20,23. After it is built they then set up an altar to this deity and of-fer the same kinds of sacrifices as indicated in Ex 20,24, presumably in the same location as the previous altar built by Moses. When Moses returns he destroys the new cult image (nothing is said about the new altar), and then he intercedes on the people's behalf, not at the previously built altar of Ex 24,4,

18 J. H. Tigay, The Presence of God, 204.
19 Ehrlich, Randglossen zur hebräischen Bibel 1, 346.
20 J. Van Seters, The Life of Moses, 319-360.

but up on the mountain. This is followed in Ex 33 by a long discourse on the problem of the divine presence among the people, in the course of which the tent of meeting is made (Ex 33,7-11) as the means by which the deity will be present with his people throughout the wilderness journey after they leave the mountain. There is no reference to any altar associated with the tent, and no priest in its service. Implicit is the notion that the tent housed the ark, which is made quite explicit in other contexts.[21] In some of the encounters between the deity and his people in J, mention is made of the tent of meeting but in none of them is anything said about an altar. Nevertheless, it is the ark rather than the altar that is symbolic of the divine presence (Num 10,33-36). This is made especially clear in the Priestly source (Ex 25-31; 35-40) where the ark is placed beyond the veil in the most holy place, and the golden altar of incense is set before the ark, just as it would be before a cult statue, in addition to the bronze altar for sacrifice before the tabernacle entrance. Both altars are part of the portable furniture. It is the ark of the testimony, containing the tablets of the Law, and the tabernacle that are most closely associated with the „glory" כבוד and mark the sacred place (Ex 40,34; cf. I Reg 8,6-11).

In a recent review article dealing with my book, A Law Book for the Diaspora, Levinson takes up the altar law in Ex 20,24, as a test case against my position, in which he offers an „immanent reading" of the text.[22] This is opposed to what is viewed as my rather prejudicial interpretation of the text from the perspective of a late exilic context and authorship. Of course, it is important to understand the perspective and viewpoint from which any scholar is trying to interpret a text, and in this regard Levinson's own position is hardly neutral. His earlier study of this text constitutes a central place in his book on Deuteronomy, in which he assumes that the law in Ex 20,24 is earlier than Deuteronomy and attempts to show how the all-important law of centralization of worship at one altar in Deut 12 is to be understood as a reinterpretation of the altar law in the Covenant Code.[23] So his „immanent reading" here is an effort to defend the central thesis of his earlier book, which merely assumes the priority of the Covenant Code without argument. One can never escape entirely from the prejudice of defending a favored point-of-view, but one must not at the same time use another's privileged position as the primary basis for interpreting, and therefore dismissing, the other's arguments. Levinson is at least as vulnerable on this point as I am. It should also be pointed out that this one text is so short and ambiguous in its wording that an „immanent reading" could yield a large number of interpretations and it

---

21 See II Sam 6,17; 7,2.6.
22 B. M. Levinson, Is the Covenant Code an Exilic Composition? A Response to John Van Seters, in: J. Day (ed.), In Search of Pre-exilic Israel, 2004, 297-317. I will deal with the rest of this lengthy review in another place.
23 B. M. Levinson, Deuteronomy and the Hermeneutics of Legal Innovation, 1997, 23-52.

has therefore always been interpreted within a context of other texts and a variety of social settings. It is as much a matter of how one construes that context, as it is a matter of interpreting the text itself.

First, let us address some points raised about translation and my rendering of Ex 20,24. It was pointed out, much to my embarrassment, that I omitted to give any rendering of the prepositional phrase ליו ("upon it", so that I should have translated v. 24a as: „An altar of earth you are to make for me and sacrifice upon it your burnt offerings and your wellbeing offerings *from* your sheep or your cattle". Levinson's primary objection to my translation is the fact that I construed the phrase את־צאנך ואת־בקרך as if the nouns were each introduced by a partitive מן, as in Deut 12,21. Levinson points out that both the Samaritan Pentateuch and the Targum Pseudo-Jonathan do read the text of Ex 20,24 with מן but rather than suggesting that this text may in fact be more original he states that they „embed Deuteronomy's partitive construction into their rendering of the list of sacrificial animals in Ex 20,24a"[24], and strongly suggests that I have done the same thing.

All of this is quite ingenious, but also quite unnecessary. While most translations, including Levinson's translation, render the appositional phrase as „your sheep and your cattle" and thus retain the ambiguity of what this means, it should be obvious that this cannot mean the sacrifice of „*all* your sheep and your cattle". It must in fact mean sacrifices that are drawn „*from* your sheep and cattle". There is, in fact, no difference in meaning between Ex 20,24a and Deut 12,21 on this point. One can, perhaps, illustrate this by comparing two parallel texts within the same unit in Deut 26,1-11. In v. 2 the text speaks of taking „*some* of the firstfruits of all the produce of the soil" מראשית כל־פרי האדמה, but in the recapitulation in v. 10 we find simply „the firstfruits of the produce of the soil" את־ראשית פרי האדמה, which obviously means the same thing, even without the partitive מן. It may still be the case that the author of Ex 20,24 borrowed the phrase מבאקך ומצאנך from Deuteronomy but rendered it in the appositional accusative to agree with the preceding pair of nouns.

The focus of the whole law in Ex 20,24-26, however, is clearly on the altar, and this raises a number of issues that must be addressed. First, the emphasis of the law is specifically on the kind of altar that is to be built, including v. 25-26, which Levinson completely ignores both in this study and in his earlier book. Any discussion of a comparison with Deuteronomy must address this simple fact, because Deuteronomy says nothing about the requirements of altar construction and scarcely mentions an altar at all (Deut 12,27). Second, one must ask about the context that is appropriate for the interpretation of this law. This not only includes the place that it has in the Covenant Code, but also the questions of who is speaking in this law and

---

24 B. M. Levinson, Is the Covenant Code an Exilic Composition?, 299.

who is being addressed. Levinson is so completely focused on interpreting v. 24b as an aspect of altar location, that these other questions are never addressed. In my own study I attempted to answer these questions, but Levinson has chosen to ignore that part of the discussion. Third, once these contextual questions have been addressed, then one must explain why the unit in v. 24b clearly interrupts the description of the kind of altar that is to be built. Most of the critical approaches since Wellhausen, including Levinson's, treat v. 24b as closely bound up with a characterization of the altar as the locus of divine revelation, but this is not at all obvious.

Let us begin with the first question: where do we find in biblical literature altars that are built specifically according to these instructions? Very little is said about altar construction in connection with the temple, with only vague allusions to a golden altar inside the temple (I Reg 7,48) and a bronze altar in the open court (I Reg 8,64). There is also the very elaborate altar proposed by Ezekiel for the future temple (Ez 43,13-17). Apparently, there is no knowledge of any construction requirements as part of divine law in these cases, or they are in blatant violation of such a law. In Deut 27,5-8 Moses commands the people to construct an altar as soon as they enter the land and they are to build it according to specifications that match those of Ex 20,25. Again in Jos 8,30-35, Joshua is said to have built an altar of unhewn stone for the purpose of offering on it burnt offerings and wellbeing offerings.[25] The present MT text locates this altar at Mount Ebal, but we now know from the Qumran texts (4QJos[a]) that its original location was at Gilgal in the proximity of the Jordan as Moses had commanded.[26] Since both these texts are widely viewed as post-deuteronomistic, or at least not at variance with Deuteronomy, they are certainly important for how we understand the law in Ex 20,24-26. Furthermore, we have the reference to an altar built by Zerubbabel in Ezra 3,2 for the purpose of offering burnt offerings and it was made according to the law of Moses, which must refer to this law. Apparently there is nothing in this law that is considered inappropriate for the post-exilic context.

Second, if this is a law or religious edict and part of a larger corpus of laws, then who is the author of this edict, what is his authority, and to whom is it addressed? There is no problem with the law's speaker and recipient for Levinson when he deals with the parallel altar legislation in Deut 12, which begins with a clear introduction identifying Moses as the author and the laws that follow as given to the whole people in anticipation of their entrance into

---

25 On the late dating of Deut 27,1-8 and Jos 8,30-35 see N. Na'aman, The Law of the Altar in Deuteronomy and the Cultic Site Near Shechem, in: S. L. McKenzie et al. (eds.), Rethinking the Foundations. FS J. Van Seters, BZAW 294, 2000, 141-161.

26 See E. Ulrich, Our Sharper Focus on the Bible and Theology Thanks to the Dead Sea Scrolls, CBQ 66 (2004), 5-6. Ulrich argues cogently for the original location of the altar building at the end of Jos 4, based on the Qumran evidence and the witness of Josephus' *Jewish Antiquities*. The shift to Ebal represents a very late sectarian revision of the text.

the promise land. The deity is consistently referred to in the third person. The obvious parallel to this introduction in Exodus is the introduction in Ex 20,22: „Yahweh said to Moses, thus you are to say to the Israelites, „You have seen that from heaven I have spoken with you." This is followed by two laws, the second of which is the altar law, in which the speaker is the deity, and the laws are addressed to the whole people. However, this short introduction in v. 22 immediately connects the laws with the preceding theophany and in doing so it raises the question of whether one must understand these two laws within the context of this composition.[27] Furthermore, as we have noted earlier, the wording of the introduction has lead many to believe that it is directly dependent upon Deut 4,36, which would suggest that the law was formulated much later than the parallel altar law in Deut 12. Levinson may insist on limiting the discussion to his „immanent reading" and thereby avoiding all these difficult issues, but that cannot inspire confidence in his position. One cannot simply get around this problem by invoking a *deus ex machina* – the redactor – as responsible for this introduction, because the divine voice remains to be explained and becomes most important in his discussion of Ex 20,24b.

Consequently, if this context is to be taken seriously, then the law speaks about the construction of the very first altar and every subsequent altar from the wilderness period onwards. It should not be surprising, therefore, to find that immediately after Moses returns to the people (Ex 24,3-8) he does build an altar and offer the burnt offerings and the wellbeing offerings in conjunction with the covenant ceremony. No other altar set up by Moses is mentioned in the rest of the non-priestly J account, although presumably once the people set out from Sinai they would need one at each stage of the journey. No description of the altar in Ex 24,3-8 is given except to suggest that there were twelve standing stones next to it. Yet, as we have observed above, in the original version of the crossing of the Jordan, Joshua does build an altar of unhewn stones at Gilgal, together with the erection of twelve standing stones that have been taken from the Jordan to represent the twelve tribes of Israel (Jos 4,19 + 8,30-35), just as we have it in Ex 24,4, the altar built by Moses. The law, at least as far as that presented in Ex 20,24a.25-26 is concerned, and the altar set up by Moses for the purpose of ratifying the Book of the Covenant, fit the parallel context in Joshua very well. Indeed, just as Moses writes the laws in a book and reads them to the people, so Joshua writes the laws of Moses upon the stones of the altar and then reads them to all the people (Jos 8,30-35). There is a very close literary relationship between the law of the altar (Ex 20,24-26), together with the covenant ceremony (Ex 24,3-8), and the altar set up by Joshua (Jos 8,30-35; cf. Deut 27,1-8), which Levinson has

---

27 See J. Van Seters, A Law Book, 47-53.

quite overlooked.[28] As the law stands in Ex 20,24a.25-26, it could encompass a succession of altars whenever the need for one arose and not necessarily at the same specific place, but that is also true of all the altars of Yahweh in DtrH before the building of the temple. Obviously this could again apply to the situation after the temple's demise.

This brings us to the third and most thorny issue, how to understand Ex 20,24b. As the text now stands in the MT, it must be rendered: „In every place where I invoke (זכיר) my name, I will come to you and bless you." This half-verse is difficult, both with respect to its awkward syntax and its anomalous use of the verb הזכיר and for this reason it has called forth an extensive volume of discussion, to which Levinson has added still more. In addressing this and other similar problems, two different methodologies are set in opposition to each other, the one using the principle of analogy, which emphasizes textual criticism based upon the customary usage of the text, the other using the principle of anomaly, which emphasizes the special significance of unique readings for textual interpretation. These conflicting principles are as old as the textual scholarship of the Hellenistic period.[29] Levinson easily fluctuates between these two principles when it suits the purpose of his argument. Thus he uses the principle of analogy to identify the phrase „and all the *mišpāṭim*" in Ex 24,3 as anomalous and assigns it to a redactor[30], but in the case of Ex 20,24b with its awkward syntax and its anomalous use of הזכיר he uses the principle of anomaly.

Levinson's understanding of the meaning of אזביר seems to be based primarily on the view of a number of *authorities* whose views he feels I have neglected, and chief among these appears to be the short study by J. J. Stamm.[31]So we will briefly look at his argument. In a few texts (Isa 12,4;

---

28 See J. Van Seters, A Law Book, 63-67. I have offered reasons for viewing the law of the altar in Exodus as later than both Deut 27 and Jos 8,30-35.

29 See R. Pfeiffer, History of Classical Scholarship From the Beginnings to the End of the Hellenistic Age, 1968, 202-203, 245.

30 Is the Covenant Code an Exilic Composition?, 281-283. It should be noted that the ancient editors of Alexandria used this same principle of analogy to identify additions in the text and to athetize them as corruptions; they themselves did not make any additions to texts.

31 J. J. Stamm, Zum Altargesetz im Bundesbuch, TZ 1 (1945), 304-306. Levinson (Is The Covenant Code an Exilic Composition?, 302-303) also lists the works by H. Eissing, W. Schottroff, S. D. McBride, P. A. H. de Boer, and T. N. D. Mettinger, but he himself does not discuss any of them in this article. In his book, Deuteronomy and the Hermeneutics of Legal Innovation, the only one of these that he mentions in his discussion of this altar law is Mettinger (p. 31 n. 17). In fact Mettinger's only comment on the law is very short. In a footnote he merely appeals to the article of Stamm for justification in preferring the first person form in the MT to that of the second person in the Peshitta. See T. N. D. Mettinger, The Dethronement of Sabaoth, CBOTS 18, 1982, 126. These other scholars also

26,13; Ps 45,18), Stamm finds that the verb זכר *hi.* can mean „to make known" and he wants to apply this meaning to this text. This, he says, is especially clear in Ps 45,18, which states: „I shall declare your fame (אזכירה שמך) through all generations; Therefore nations will praise you for ever and ever" (REB). This remark is made by the psalmist regarding his song in honour of the king, although nowhere in the psalm is the name of the king actually mentioned. Stamm argues that by way of analogy this meaning can apply to Ex 20,24b in which it is no longer the human who declares the name of the deity (or king), but the deity himself. The analogy, however, breaks down because this text, like all the others, points to the subject or worshiper invoking the name or fame of the king or deity, so that it actually supports the emendation to the second person תזכיר. One could also cite a closely related text, that of Ps 72,17: „May his name (שמו) endure forever, his fame (שמו) continue as long as the sun! May men bless themselves by him, all nations call him blessed!" (RSV). Invoking the name of the king in a prayer can bring blessing on those who do so whenever and wherever they may be.[32] Thus, it can be said, from the point of view of the king or deity: „Wherever you invoke/declare my name, I will come to you and bless", just as we have it in the Syriac version of Ex 20,24b. Consequently Stamm and all those who have depended upon his argument have not made their case by citing these texts, which all support emending the MT to the second person. The verb זכר „to remember" simply cannot be made, in one of its forms, to mean its opposite: „to reveal the hidden identity" of the deity at a particular cult place.

Levinson begins the defense of his own position by setting forth the text-critical evidence for the MT reading זכיר in great detail and conveniently lists all of the texts for comparison. There can be no doubt that the majority reading of the textual witnesses point to a text containing אזכיר, and this is the case for the Septuagint, the Samaritan Pentateuch, and the Targums Onqelos and Pseudo-Jonathan. But as textual criticism has long known, the majority is not always correct.[33] In looking through all of the witnesses supporting the MT, what is clear is that they seem to have had considerable difficulty in understanding this reading of the text and proposed quite unlikely interpretations of it. Not one of them suggests that it refers to a theophany! The Samaritan text במקום אשר אזכיר makes it refer to the previous tenth commandment of the Decalogue requiring the building of a temple on Mount

---

merely cite Stamm as having settled the matter regarding this text and add nothing new. Likewise for H.-C. Schmitt and C. Levin cited above.

32 This royal theme was also extended to the patriarchs (Gen 12,3). For a discussion of this see J. Van Seters, Prologue to History, 1992, 252-255.

33 The great Richard Bentley in the eighteenth century recognized the limitations of textual criticism in establishing the correct reading of a text and introduced conjectural emendation based on a kind of „divination" and biblical scholars have used it liberally ever since. See J. Van Seters, The Edited Bible.

Gerizim. The Septuagint associates the first clause of v. 24b with the preceding unit so that the altar is to be built „in every place where ἐπονομάσω my
name there" and then introduces a καὶ to separate the last two elements from
this clause. The problem, however, is how to understand the verb
ἐπονομάσω as a rendering for אזכיר. Levinson translates it as „I proclaim" in
the same way that he renders the MT and thereby implies that the LXX is the
direct equivalent of the Hebrew. But only in this one place is the verb
ἐπονομάζειν used for any form of the verb זכר, which is regularly rendered
by ἀναμιμνήσκειν. The verb ἐπονομάζειν is most often used as the equivalent of קרא שם in the sense of giving a name to a person or place and in one
particular instance, Deut 12,5, it is used to render the phrase „to set his name
there", as the equivalent of the verb שום „to set". Levinson also acknowledges that „The translator in effect reads the requirement of Deuteronomy 12
[…] back into the altar law of Exodus."[34] For Levinson the motivation for
doing so was entirely ideological, but in my view it was more likely that he
struggled to interpret a difficult text on the basis of one that he more clearly
understood. What is quite remarkable is the fact that the Targums Onqelos
and Jonathan did exactly the same thing, at least in terms of the verb אזכיר,
understanding it with reference to the same texts in Deuteronomy.[35] Consequently, even though all these textual witnesses had the same text as the MT
they could not come up with a rendering of it that was in any way directly
related to a use of the verb זכר in the sense of „I proclaim".

With respect to the minority textual tradition, the Peshitta, the Fragment
Targum and Neofiti, in which the text reflects a Hebrew, תזכיר, the matter is
quite different. The idiom, „to invoke the name of a deity", is clearly understood and expressed. Levinson must assume that the change in each case was
done for ideological reasons, but there is no reason to believe that this was
the case. It is possible that at some point a scribe *corrected* the text to conform to the standard Hebrew idiom, as a careful editor might do, but even this
is not necessary. It is entirely prejudicial to suggest, as Levinson does, that
the texts merely reflect a common exegetical tradition. What is much more
likely is that they reflect a common *textual* tradition and one that removes the
most difficult problems for understanding the text. It should be noted that
there is no difference among any of the textual witnesses as to how the last
part of the text is to be understood. All are consistent in seeing in the remark
about the deity's coming as having to do with the divine presence among his
people in one form or another.

If the minority reading is the preferred text, then how are we to account
for the corruption of the text in the majority textual tradition. There is, in fact,

---

34 B. M. Levinson, Is the Covenant Code an Exilic Composition?, 308.
35 Ibid., 309 n. 63, points out that both Onqelos and Jonathan assume the rendering in Deut
   12,5, exactly the same as does the LXX.

no great mystery to this because it could be a simple scribal error, namely, the change of person in one part of the text to make it conform to the use in the rest of the text. Thus, a scribe inadvertently changed the second person in the first verb of the series to conform to the use of the first person in the second and third verbs.[36] When all is said and done on the matter of text-critical arguments, however, this will do little to settle the question of the original text.

Levinson turns next to the meaning of the text of Ex 20,24b itself and suggests that אזכיר את־שמי is to be understood as „the deity's proclaiming his own name in a theophany" for the purpose of identifying that place as a holy site. Now it must be noted at the outset that there is no place in the Hebrew Bible where this terminology is ever used in connection with a theophany or with the revelation of the divine name. Indeed, the meaning of the phrase as „I proclaim my name" is just guess work, so its association with all of the texts that speak of the revelation of the divine name is a completely circular argument.[37] Second, many of the instances in which the divine name is revealed do not fit his scheme very well. Thus, in Gen 15,7, the statement „I am Yahweh" occurs in the middle of the dialogue between Yahweh and Abraham as part of a larger formula that imitates similar confessional formula in Deuteronomy and the Holiness code. It is followed in due course by a rather special covenant-making ceremony but nothing is said about an altar or the place where the event occurred. The same thing may be said about the revelation in Gen 17,1 in which the deity appears under a different name, „I am El Shaddai", as P's introduction to his covenant narrative and his own theology of revelation. Nothing is said about any altar or sacrifices. There are many instances in which the deity appears to the patriarch where the name of the deity is not announced. By contrast, in Gen 12,6 Yahweh appears to Abraham, without announcement, to issue a divine promise of land, and after the revelation Abraham builds an altar to the deity at that place. However, he then moves on to Bethel (Gen 12,8) and builds another altar to the same deity without any theophany there and at this place he „calls upon the name of Yahweh". It is to this altar in Bethel, not to the one in Shechem, that he returns in Gen 13,3-4. After an interval when Lot has departed from him the deity appears to Abraham, presumably at Bethel, but then Abraham departs from there and moves to Hebron and builds yet another altar (13,18). It is only much later (Gen 18) that the deity appears to him in Hebron, but nothing is said about any altar or sacrifices. Indeed, the altars seem to be primarily

---

36 J. H. Tigay also suggests that it could be a case of scribal „confusion of 'alep and taw in the old Hebrew script" (The Presence of God, 204 n. 29).

37 C. Levin (Deuteronomium und Jahwist, 101-102), building on earlier studies, also makes reference to many of the same texts as Levinson, so this discussion applies to him as well. In Levin's case, however, the parallel texts in Genesis belong to his exilic Yahwist.

places of prayer and of dialogue with the deity; Gen 46,1, which mentions sacrifices, is a rare exception. The pattern of divine instruction and altar-building in Gen 22 hardly fits the subject in Ex 20,24 and needs no further comment here. In the Isaac story, Yahweh does appear to Isaac at Beersheba and reveal himself as Yahweh, the God of Abraham, and gives him his blessing (Gen 26,23-25). Subsequent to this, Isaac builds an altar there and „called upon the name of Yahweh", but without sacrifice. This was not the first divine appearance and it has much more to do with a continuation of the theme of divine promises to the patriarchs than the identification of holy sites.

Up to this point all of the theophanies, whether they announce the divine name or not, have to do primarily with the theme of the divine promises and their transmission through the line of the patriarchs to their offspring, not to the discovery of sacred places, which seems entirely incidental and secondary. The one exception to this appears to be in the story of Jacob in Gen 28,10-22. This story seems to be an attempt to associate the patriarch, Jacob, with the sacred place of Bethel by means of a rather remarkable event that took place there. After the event, which consisted of a dream of angelic beings, he sets up a pillar of stone, as a marker of the future location of the place as the „house of God" (Bethel). Nothing is said about an altar or sacrifices at this point (see also Gen 35,14-15). In this case the revelation of the name of „Yahweh the God of Abraham your father and the God of Isaac" serves as an introduction to the theme of the divine promises, just as we have it in the previous stories, and not as part of the original story about the revelation of the sacred place.[38] Throughout the rest of the Jacob story the God of Bethel simply becomes identified with the God of the patriarchal promises. Many years later, when Jacob returns to the promised land he is told by God to go to Bethel and build an altar to the deity who had appeared to him and does so, but without mention of sacrifice (Gen 35,1-7). Finally, in the course of his journey to Egypt he pauses at Beersheba to offer sacrifices to the God of his father Isaac, undoubtedly at the altar which Isaac had made, and the deity appears again to him as the God of his fathers, and repeats the divine promises.

The point of all these theophanies is that while they may be associated with sacred places at which altars and sanctuaries are subsequently built, they need not be, and most of the examples in Genesis suggest that there is no necessary connection between the two. Thus, even if the phrase אזכיר את־שמי does mean, „I proclaim my name", and that is very doubtful, there is no necessary connection between that act by the deity and the building of the altar. In the one example where this could be argued, Gen 28,10-22, Jacob only

---

38 On the literary history of this text see J. Van Seters, Prologue to History: The Yahwist as Historian in Genesis, 1992, 288-306.

builds an altar at Bethel many years after the event and then only as a response to another divine command to do so. The theophany at Sinai in Ex 3-4, with the revelation of the divine name, does not lead to any altar construction or sacrifice. In fact, in all of the parallels displayed in Table 9 of Levinson's article,[39] none of the other texts use the same terminology or say anything about altars. Furthermore, it is in the last part of Ex 20,24b „I will come to you (אבוא אליך) and I will bless you", that one has a reference to the promise of divine presence. But how can this be stated as subsequent to a remark that is understood as already signifying the divine presence? One would certainly expect the sequence: the coming or appearing of the deity, his declaration of his identity and then his blessing. Or one might expect the statement: „In every place where I *have appeared* to you [i. e. to the forefathers] I will come to you and bless you". That would at least fit the Genesis evidence better. It is the present sequence that makes no sense and has forced so many strained efforts, both ancient and modern, to get around this problem. In spite of the many references in Genesis cited above to the contrary, Levinson insists that „the deity „comes to" (בא אל) the celebrant at the altar in the context of sacrifice, where he grants blessing".[40] What does Levinson mean by the phrase „in the context of sacrifice"? Does the sacrifice come after the revelation of the name but before the deity „comes" to give his blessing? One can reconstruct no sequence of events from the present MT text that makes any sense. Furthermore, there are many references to the deity coming to the patriarchs and offering them blessing without any mention of an altar or sacrifice, before or after. Levinson has created a totally artificial context, with a little help from Wellhausen, by which to understand this text. This is hardly an „immanent reading" of the text.

Starting with the minority text tradition of Ex 20,24 in which the verb תזכיר is used, there is no difficulty whatever with the way these versions understand the text. The idiom of the worshiper invoking the name of the deity is standard and even occurs elsewhere in the Covenant Code (Ex 23,13). The sequence of verbs is completely intelligible and is presupposed in so much of the Psalter. It is, of course, quite possible that such an invocation can take place in a sanctuary and before an altar, but nothing in the syntax of this text requires that such *must* be the case. The text recognizes that cult places can be established, but it does not limit worship and prayer to such places. What the syntax of the text clearly suggests is that Ex 20,24b constitutes a kind of parenthetical qualification of the altar law as a whole. In effect it states: „You may build a simple earthen altar for your sacrificial offerings (although anywhere you invoke my name [in prayer or praise] I will come to you and bless

---

39 B. M. Levinson, Is the Covenant Code an Exilic Composition?, 314.
40 Ibid., 313.

you); and if you wish to build it of stones, [...]" As in the earlier discussion of Stamm's argument, I can find nothing against this understanding of the text.

Does this understanding of the text make sense in the exilic period? I think that it does. The temple is in ruins with little hope of any sudden restoration. It is possible that the text recognizes the rebuilding of at least a simple altar for sacrifice. It may also be that the Yahwist recognizes the legitimacy of Bethel. This seems to be reflected in the many references to Bethel in Genesis, especially in the Jacob story. Bethel continued to be an important cult place in the northern Judah-Benjamin region, in spite of Deuteronomy, by means of associating the God of the patriarchs with this place.[41] The same may apply to the worshipers of Yahweh at Shechem and Mount Gerizim.[42] Yet, even if such cult places were not possible for those in exile, this did not preclude a form of worship in which God's people could still invoke the name of the deity and experience his presence and his blessing.

---

41 J. Blenkinsopp, The Judean Priesthood during the Neo-Babylonian and Achaemenid Periods. A Hypothetical Reconstruction, CBQ 60 (1998), 25-39. Blenkinsopp makes a strong case for the importance of the Bethel sanctuary in the Neo-Babylonian and Persian periods.

42 See G. N. Knoppers, Mt. Gerizim and Mt. Zion. A study in the early history of the Samaritans and Jews, Studies in Religion 34 (2005), 309-338, esp. 325-327. See also N. Na'aman, The Law of the Altar in Deuteronomy, 156-161, who argues for the post-exilic legitimization of the cultic site near Shechem in biblical literature in opposition to cultic centralization in Jerusalem.

The Composition of Ex 32 within the Context of the Enneateuch

Thomas B. Dozeman

The composition of Ex 32 has been extensively researched in the modern period. Two literary problems are central in identifying the author(s) of the story of the calf. The first is the unity of Ex 32, including the larger composition of Ex 32-34. The motif of the tablets and the thematic structure of sin and forgiveness indicate that Ex 32-34 has been fashioned into an overarching story. But the identification of the author is hindered by dislocations in the flow of events, suggesting to many a composite text of several authors. The second problem is the relationship between Ex 32, Dtn 9,7 - 10,11, and I Reg 12,26-32. The three stories are clearly related, even sharing specific motifs. Yet, the inner-biblical interpretation of Ex 32 has tended to focus individually on either Dtn 9,7 - 10,11 or I Reg 12,26-32, only rarely are all three texts read together.[1]

The inseparable nature of the two literary problems of Ex 32 provides the point of departure for my study. Traditionally the history of composition of Ex 32 has preceded the inner-biblical interpretation of the three stories of the calves, yielding an early version of Ex 32 as the parent text for Dtn 9,7 - 10,11 and I Reg 12,26-32.[2] I will argue that, when the inner-biblical comparison remains the central focus of interpretation, Ex 32 emerges as the latest version of the three stories, an argument first advanced by J. Van Seters.[3] The late composition of Ex 32 also suggests a single author, rather than a multi-authored story, whose literary horizon is the Enneateuch. My interpretation

---

1 For a recent review of the literary problems in Ex 32-34 and a summary of the history of interpretation see K. Schmid, Israel am Sinai. Etappen der Forschungsgeschichte zu Ex 32-34 in seinen Kontexten, in: Gottes Volk am Sinai. Untersuchungen zu Ex 32-34 und Dtn 9-10 hrsg. v. M. Köckert u. E. Blum, Veröffentlichungen der Wissenschaftlichen Gesellschaft für Theologie 18, 2001, 9-39.

2 See the review of interpretation by J. Hahn, Das „Goldene Kalb". Die Jahwe-Verehrung bei Stierbildern in der Geschichte Israels, EHS.T 154, [2]1987.

3 J. Van Seters, The Life of Moses: The Yahwist as Historian in Exodus-Numbers, 1994, 290-318.

will progress in two stages. First, I will compare Dtn 9,1-10,11 and I Reg 12,26-32 to demonstrate their distinctive literary themes and limited inner-biblical relationship. Second, I will broaden the comparison to include Ex 32, Dtn 9,7 - 10,11 and I Reg 12,26-33 to illustrate that the author of Ex 32 forges the close literary relationship between the three stories of the calf. The comparison will also provide the springboard for a literary reading of Ex 32, in which the dislocation of themes is not the result of a complex history of composition, but the design of the non-Priestly author to incorporate the distinctive themes of Dtn 9,1-10,11 and I Reg 12,26-33 into one story.

1. I Reg 12,26-32 and Dtn 9,7 - 10,11

The inner-biblical interpretation of I Reg 12,26-32 and Dtn 9,7 - 10,11 will highlight the distinctive themes of the two stories. The cultic practice associated with the golden calves is the point of focus in I Reg 12,26-32, whose construction by Jeroboam is presented as a story of fate, which seals the destruction of the northern kingdom. The theme of Dtn 9,7 - 10,11 is the power of Moses to intercede over the sin of the calf, which introduces the possibility of divine forgiveness and thus qualifies the theme of fate in I Reg 12,26-32, allowing for a more open-ended future for the Israelite people.

I Reg 12,26-32

I Reg 12 narrates the rise of Jeroboam as king of the northern kingdom. I Reg 12,1-20 describes the selection of Jeroboam to rule the northern kingdom. I Reg 12,25-32 recounts the initial building projects of Jeroboam, including cities (v. 25) and new cultic centers (v. 26-32).[4] I Reg 12,33 provides trans-

---

4   The limitations of the article do not allow for a detailed study of the literary structure or the composition of I Reg 12. G. N. Knoppers (Two Nations Under God: The Deuterono-mistic History of Solomon and the Dual Monarchies, vol. 2, 1993, 13-14) summarizes the following tensions in the chapter, which suggest a history of composition: I Reg 12,1-20 is pro-Jeroboam, while v. 26-33 are critical of him; I Reg 12,1-20 is anti-Judah, while v. 21-24 are pro-Judah. The literary tensions prompted J. Wellhausen (Die Composition des Hextateuchs und der historischen Bücher des Alten Testament, [2]1889, 279-280) to separate the chapter into three parts: I Reg 12,1-24 (of which v. 21-24 were a late addition); v. 25-31; and v. 32-33 (as part of I Reg 13). E. Würthwein (Das Erste Buch der Könige. Kapitel 1-16, ATD 11,1, 1977, 150) represents a more complex history of composition: (1) 12,2,20a,25 is an annalistic report about Jeroboam; (2) 12,1,2b-19* is a narrative about Rehoboam; (3) 12,21-24 is a legend in the style of the Chronicler; (4) 12,26-30 is a criticism of Jeroboam's cultic practices from the perspective of the Jerusalem temple; and (5) 12,31f. is a late addition about the problem of Jeroboam's cultic practices. Our concern is with the present form of the text, which is best read from the point

ition to the condemnation of the cultic practice of Jeroboam by the Man of God in 1 Reg 13. I Reg 12,25-32 likely includes source material, such as the notice that Jeroboam built Shechem and Penuel (v. 25).[5] The reference to the calves may reflect the cultic practice of the northern kingdom (v. 28), since it corresponds to the prophet Hosea's criticism of the „calf of Samaria" (Hos 8,5-6). The prophet's reference to Samaria, rather than Bethel or Dan, however, also raises questions about the tradition-historical background of the reference to these cultic sites (v. 29)[6], suggesting to H. D. Hoffman that the entire episode is an historical fiction.[7] What is clear is that in its present form the story provides the springboard for the critique of the northern monarchy in the Deuteronomistic History.

I Reg 12,26-32 recounts Jeroboam's construction of the cult of the golden calves at Bethel and Dan and the worship practices associated with these sites. The story begins with a problem (v. 26-27), the threat to Jeroboam of the cult of Yahweh in Jerusalem. The literary style of this section is unusual, since it provides psychological insight into the motives of Jeroboam, which underscores his self-serving intention. The Deuteronomist has Jeroboam acknowledge that Yahweh is worshiped in Jerusalem: „If this people continues to go up to offer sacrifices in the house of Yahweh in Jerusalem ..." Yet he fears that the worship of Yahweh in Jerusalem will threaten his power and even his life: „The heart of this people will turn ... they will kill me and return to King Rehoboam of Judah."[8] The problem is solved in v. 28-30 with the construction of the two calves along with their cultic sites at Bethel and Dan. The resolution is noted through the progression from private reflection in v. 26-27 to the public declaration in v. 28-30 The progression moves from Jeroboam's personal fear about the worship of Yahweh in Jerusalem to the public proclamation about „gods" in Bethel and Dan: „These are your gods, O Israel, who brought you up out of the land of Egypt (v. 28)." Immediately after Jeroboam's speech, the narrator evaluates the two calves as „sin" (v. 30).

---

of view of the Deuteronomist, regardless of the extent of source material. See, for example, H. D. Hoffmann, Reform und Reformen: Untersuchungen zu einem Grundthema der deuteronomistischen Geschichtsschreibung, AThANT 66, 1980, 64-69; Van Seters, The Life of Moses, 296; and S. L. McKenzie, The Trouble with Kings: The Composition of the Book of Kings in the Deuteronomistic History, 1991, 51.

5   See, for example, M. Noth, Könige, BK.AT IX/1, [2]1983, 280-281.

6   It may be possible to read the reference to Beth-aven in Hos 10,5 as Bethel.

7   Hoffmann, Reform und Reformen, 73.

8   See Würthwein (Könige, 162), „Auch in V. 26f. stoßen wir kaum auf die eigenen Gedanken Jerobeams – wem sollte er so offen seine Ängste dargelegt haben? –, sondern lediglich auf die Motive, die ihn nach Meinung von Dtr bei seinen kultischen Maßnahmen geleitet haben sollen."

The proclamation of Jeroboam about the golden calves is the central
theme in I Reg 12,26-32. All the additional motifs in the story relate to the
cult of the calves, as Hoffmann has demonstrated through the study of the
literary structure.[9] The motifs include the prominent role of the king in the
cult, the foreign worship practices associated with the cultic sites, the creation
of a new festival, and the exclusion of the Levites in the formation of the cultic system. In the process, Jeroboam violates a range of laws from the book of
Deuteronomy, including the making of iconic images (Dtn 5), the demand for
a single cultic location (Dtn 12,5); the worship of one God (Dtn 6,4); the ex-
clusive ordination of the Levitical priesthood (Dtn 18,1-8), and the proper
worship calendar (Dtn 16,15).[10]

The story lacks the dynamic character of sin and forgiveness. The golden
calves are presented as a past event of „sin", whose construction seals the
destiny of the northern kingdom: „This matter became sin to the house of
Jeroboam, so as to cut it off and to destroy it from the face of the earth"
(I Reg 13,34). The story serves as the pivotal judgment on the northern kingdom in the Deuteronomistic History.[11] The criticism of Jeroboam is introduced immediately in the following story about the Man of God who predicts
the destruction of the altar (I Reg 13), which is fulfilled in the reform of
Josiah (II Reg 23). Between these stories, the criticism of Jeroboam and his
„sin" are repeatedly applied to successive monarchs in the north, until the
kingdom is destroyed.[12]

Dtn 9,1-10,11

Modern interpreters debate the central theme, the literary structure, and the
history of composition of Dtn 9,7 - 10,11. The point of departure for interpretation has tended to be the account of the golden calf in Ex 32, which is
judged to be the literary source for the formation of Dtn 9,7 - 10,11. This pre-
supposition has influenced all aspects of interpretation, since Dtn 9,7 - 10,11
is read through careful comparison to Ex 32. Interpreters identify a series of
authors in the formation of each text, who change the theme and the structure

---

9 Hoffmann, Reform und Reformen, 63-70; see also Knoppers, Two Nations under God,
   33-34.
10 See Hahn, Das „Goldene Kalb", 304.
11 See Knoppers (Two Nations Under God, 15) who writes, „[T]he Deuteronomist derives
   royal and national fate from cultic praxis, the very description of Jeroboam's cultus casts
   doubt upon the long-term prospects for the northern kingdom."
12 I Reg 14,16.22; 15,3.26.30.34; 16,2.13.19.26.31; II Reg 3,3; 13,2.6.11; 14,24; 15,9.18.
   24.28; 17,22.

of Dtn 9,7 - 10,11.[13] E. Talstra questioned this approach to Dtn 9,7 - 10,11, arguing, instead, that a synchronic study of form, syntax, and style should precede a diachronic analysis of composition.[14] Following the lead of Talstra, I will begin with a synchronic reading of Dtn 9,7 - 10,11 without comparison to Ex 32. The interpretation of Dtn 9,7 - 10,11 will provide the means to investigate authorship and the inner-biblical relationship to I Reg 12,26-32.

The design of Dtn 9,7-10.11 is obscured by the lack of a clear plot development and the repetition of motifs.[15] The prayers of Moses do not clearly follow each other (Dtn 9,25-28; 10,10), nor is it possible to locate Moses on the mountain at different times in the story (Dtn 9,18-19; 10,5,10). A series of repetitions, including the 40-day period of intercession (Dtn 9,9.11.18.25; 10,10), the giving of the tablets (Dtn 9,10.11); the mediation of Moses (Dtn 9,18.20.26-29); and the sin of the people (Dtn 9,12.13), further complicate the flow of the narrative. The style presented an impenetrable literary problem for G. Seitz, who resolved the lack of consistency by identifying several authors.[16] Many interpreters have expanded the work of Seitz, identifying a multi-authored composition in Dtn 9,1-10,11. A. D. H. Mayes, for example, identified a 7th century B. C. E. composition at the time of the Josianic reform (Deut 9,1-7a.13-14.26-29; 10,10-11), which accentuates the wrath of God in the wilderness. The story in Deuteronomy is expanded in the

---

13 See, for example, S. Lehming, Versuch zu Ex XXXII, VT 10 (1960), 16-50; P. Weimar, Das Goldene Kalb. Redaktionskritische Erwägungen zu Ex 32, BN 38-39 (1987), 117-160; J. Vermeylen, L'affaire du veau d'or (Ex 32-34): Une clé pout la ;question deutéronmiste", ZAW 97 (1985), 1-23; Hahn, Das „Goldene Kalb", C. Begg, The Destruction of the Calf (Exod 32,20 and Deut 9,21), in: Das Deuteronomium, hrsg. v. N. Lohfink, 1985, 208-251; idem., The Destruction of the Golden Calf Revisited (Exod 32,20 / Deut 9,21), in: Deuteronomy and Deuteronomic Literature, FS C. Brekelmans, BEThL 133, 1997, 469-479; S. Boorer, The Promise of Land as Oath: A Key to the Formation of the Pentateuch, BZAW 205, 1992, 203-325; N. Lohfink, Deuteronomium 9,1-10,11 und Exodus 32-34: Zu Endtextstruktur, Intertextualität, Schichtung und Abhängigkeit, in: Gottes Volk am Sinai, 41-47; and M. Franz, Der barmherzige und gnädige Gott. Die Gnadenrede vom Sinai (Exodus 34,6-7) und ihre Parallelen im Alten Testament und seiner Umwelt, BWANT 160, 2003, 176-193.

14 E. Talstra, Deuteronomy 9 and 10: Synchronic and Diachronic Observations, in: Synchronic or Diachronic? A Debate on Method in Old Testament Exegesis. Papers Read at the Ninth Joint Meeting of the Society for Old Testament Study Kampen 1994, 1995, 187-210.

15 Talstra (Deuteronomy 9 and 10, 194-195) identifies the boundaries of Dtn 9,7 - 10,11, noting that the imperatives, „to hear" in Dtn 9,1 and „to remember" in Dtn 9,7 indicate a transition in the text. Compare Lohfink (Deuteronomium 9,1-10,11 und Exodus 32-34, 42-45), who begins the unit at Dtn 9,1.

16 G. Seitz, Redaktionsgeschichtliche Studien zum Deuteronomium, BWANT 13, 1971, 51-69. Seitz identifies four levels of composition: Dtn Rede (Dtn 9,1-7a.13-14.26-29; 10,10); Verbindende Zwischenglieder (Dtn 9,8.10.25); Fortsetzung der Horebereignisse (Dtn 9,9.11-12.15-17.18-19.21; 10,1-5.11) and Spätere Zusätze (Dtn 9,7b.20.22-24; 10,6-9).

Exile by Deuteronomistic redactors (Deut 9,9-12.15-19.21.25; 10,1-5), who
introduce the motif of the tablets and the role of the calf.[17] E. Aurelius also
identifies an original story of intercession by Moses in the wilderness (Deut
9,1-7a.13-14.26a*.27-28; 10,11), which undergoes a two-stage process of
expansion. The first redactor relocates the story from the general setting of
the wilderness to Mount Horeb (v. 8-9), introduces the motif of the tablets
and the calf (v. 11-12.15-17.21), and accentuates the intercessory role of
Moses (v. 26, 29). An additional redaction emphasizes the Decalogue (9,10),
the tablets (10,1-5), and further idealizes the intercessory role of Moses
(9,18-19).[18] These readings suggest that there is little literary consistency to
the present form of Dtn 9,7 - 10,11

N. Lohfink provided a way forward by noting that the repetition of Moses
interceding for a period of 40 days was not an obstacle to the organization of
the text, but the key to its design.[19] Lohfink concluded that the five occur-
rences of the motif (Dtn 9,9.11.18.25; 10,10) mark the introduction to a new
scene, separating the story into five parts: (1) the close of the covenant (9,9-
10); (2) the breaking of the covenant (9,11-17); (3) the intercession of Moses
to repair the broken covenant (9,18-21); (4) the renewal of the covenant (9,25
- 10,9); and (5) the new beginning with the command to journey to the land
(10,10-11).[20] The motif of the 40-day period of intercession is the key to the
literary structure of Dtn 9,7 - 10,11. But, rather than the five episodes that
were identified by Lohfink, I will argue that the motifs yield a three-part
story (Dtn 9,7-17; 9,18-29; and 10,1-11)[21], which develops the role of Moses
as intercessor.[22]

---

17 A. D. H. Mayes, Deuteronomy, NCB, 1979, 34-55.

18 E. Aurelius, Der Fürbitter Israels: Eine Studie zum Mosebild im Alten Testament,
CBOTS 27, 1988, 8-56.

19 N. Lohfink, Das Hauptgebot. Eine Untersuchung literarischer Einleitungsfragen zu Dtn
5-11, 1963, 207; idem., Deuteronomium 9,1-10,11 und Exodus 32-34, 50-51.

20 See also Mayes, Deuteronomy, 195-195; and M. Weinfeld, Deuteronomy 1-11, AB 5,
1991, 427.

21 Compare Lohfink (Deuteronomium 9,1-10,11 und Exodus 32-34, 57), who argues that
Dtn 9,1-10,11 narrates two trips up the mountain by Moses.

22 Interpreters have offered a variety of solutions to the literary structure of Dtn 9,(1)7-
10,11 in addition to the five-part sequence in the work of Lohfink. M. Zipor (The Deuteronomic Account of the Golden Calf and its Reverberation in Other Parts of the Book of
Deuteronomy, ZAW 108 [1996], 20-33) suggests the following structure: 9,1-3 (God
goes before Israel into the Land) and 9,4-10,11 (The Sin of the People). The latter section
separates further into 9,4-6 (Theoretical Debate) and 9,7 - 10,11 (Accusations and Proof).
The Accusations and Proof include three episodes: 9,7-25 (Acts which Provoked God's
Wrath); 9,26-29 (Reconciliation Efforts); and 10,1-11 (Reconciliation and Acceptance).
Compare Talstra (Deuteronomy 9 and 10, 196-200), who divides 9,7 - 10,11 into two
portraits: 9,7-24 (Israel as a Rebellious People, which yields a negative itinerary); and
9,25-10,11 (The Intercession by Moses, which yields a positive itinerary).

The first scene sets the stage for Moses to mediate (Dtn 9,7-17). It begins with Moses on the mountain for a 40-day period (Dtn 9,9.11), while he receives the tablets of the covenant. During this period the people construct a molten image (9,12), prompting Yahweh's desire to destroy them (9,13-14). The scene closes when Moses descends the mountain (9,15), sees the sin of the molten calf (9,16), and destroys the tablets (9,17), signifying the breaking of the covenant.

The second scene describes the mediation of Moses in the wake of the broken covenant (Dtn 9,18-29). The scene is framed by the account of Moses' intercession for a second 40-day period (9,18-19 and 25-28). Dtn 9,18-19 describes Moses prostrate before the deity and the anger of God during the period of mediation, while Dtn 9,25-28 provides the words of Moses' mediation. Thus, the two accounts of Mosaic intercession for 40 days are not separate episodes, as Lohfink argued.[23] They are, instead, one event, whose two-part description frames the account of Moses' destruction of the calf (9,21). Scholars note the ambiguity of the setting throughout this scene.[24] Moses is described as laying prostrate before Yahweh, without a clear location on the mountain. The ambiguity of the setting has prompted many interpreters to argue for multiple authors, in which one writer emphasizes the more general setting of the wilderness, while another narrows the story to the setting of Mount Horeb.[25] But this approach overlooks the important role of setting throughout the three scenes of the story. The ambiguous setting in the second scene (Dtn 9,18-29) contrasts to the clear setting of the mountain in the first (Dtn 9,7-17) and third (Dtn 10,1-11) scenes. It is intentional. The ambiguous setting in the second scene reflects the fragile nature of Mosaic intercession during the threat of the calf. Moses cannot be clearly located on the mountain with God, while the people have cast a molten calf for themselves.

The third scene recounts the writing of new tablets (Dtn 10,1-11). The setting of the mountain is once again clarified, when Moses is commanded to ascend the mountain (10,1) and when he later descends the mountain with the tablets (10,5), which repeats his action from the first scene (9,15). The clarity of the setting in the third scene indicates the success of Mosaic intercession in the second scene. The third scene also emphasizes further the role of Moses as a mediator, which, once again, frames the scene (10,1-4 and 10-11). Dtn 10,1-4 describes Moses on the mountain with God, while Dtn 10,10-11 provides the content of Moses' mediation during the final 40-day period. Dtn 10,10-11 provides a summary conclusion to the story of Moses' intercession. The reference to a prior 40-day period in Dtn 10,10 relates the third scene to

---

23 Lohfink, Deuteronomium 9,1-10,11 und Exodus 32-34, 50-51.
24 See already Seitz, Redaktionsgeschichtliche Studien zum Deuteronomium, 51-69
25 See, for example, Aurelius, Der Fürbitter Israels, 8-40.

the first (Dtn 9,8-17), when Moses initially received the tablets: „I stayed on the mountain forty days and forty nights, as I had done the first time." The additional statement, that Moses interceded further for the people while receiving the new tablets, relates the final scene to the second: „And once again Yahweh listened to me. Yahweh was unwilling to destroy you."

There are likely editorial additions to the story of Mosaic intercession in Dtn 9,7 - 10,11. The reference to Moses' intercession for Aaron (9,20), the rebellion of the people at a variety of wilderness locations (9,22-24), as well as the notice of the death of Aaron, the succession of Eleazar (10,6-7) are additions, which introduce Priestly concerns into the story.[26] But the structure and the setting of Dtn 9,7 - 10,11 do not suggest a complex history of composition. The literary style reinforces a unified composition, since the second person plural references to the people dominate the episode. G. Minette de Tillesse identified the second person plural sections of Deuteronomy with M. Noth's Deuteronomist.[27] H.-C. Schmitt has more recently argued that the author is post-Deuteronomistic.[28] A. D. H. Mayes notes that the author of Dtn 9,7 - 10,11 is also responsible for the Decalogue in Dtn 5, since it recounts the established covenant that is broken in the story: „The theme of chap. 9f., that of covenant breaking and renewal, presupposes an earlier account of covenant making, which is to be found in ch. 5."[29] The interplay between Dtn 5 and 9-10 does not require the story of the calf in Ex 32 as background.

The Inner-Biblical Relationship of I Reg 12,26-32 and Dtn 9,7 - 10,11

The prominent role of the 40 days of intercession indicates that the central theme in Dtn 9,7 - 10,11 is the mediation of Moses and not the rebellious character of the people or the sin of making the calf.[30] The motif of the calf provides important background to the story, since it represents the rejection of the covenant with Yahweh, which propels Moses into the role of intercessor. But the calf, itself, is not the point of focus. In fact, very little information is provided about the calf. The initial reference to it is indirect: Dtn

---

26 See Seitz, Redaktionsgeschichtliche Studien zum Deuteronomium, 51-69; Mayes, Deuteronomy, 195-196; Van Seters, The Life of Moses, 302; Talstra, Deuteronomy 9 and 10, 203-204.
27 G. Minette de Tillesse, Sections „tu" et sections „vous" dans le Deutéronome, VT 12 (1962), 29-87.
28 H.-C. Schmitt, Die Erzählung vom Goldenen Kalb Ex 32* und das Dtr Geschichtswerk, in: Rethinking the Foundations: Historiography in the Ancient World and in the Bible, FS John Van Seters, eds. S. L. McKenzie and T. Römer, BZAW 294, 2000, 244-250.
29 Mayes, Deuteronomy, 195.
30 Compare Zipor (The Deuteronomic Account of the Golden Calf, 20-33) who concludes that the central theme of Dtn 9,1-10,11 is the calf.

9,12 simply refers to „a molten object". Dtn 9,16 specifies that the object is, indeed, „a molten calf". Dtn 9,21 describes the destruction of „the calf", without making reference to its molten character. The three references to the calf provide such a loose inner-biblical relationship to the golden calves of Jeroboam, that one may rightly question whether the texts are related. The author of Dtn 9,7 - 10,11 does not describe the construction of the calf, its theological significance, or the cultic ritual that accompanies it, which dominate I Reg 12,26-32. Rather, the calf signifies the rejection of the covenant from Dtn 5, which provides the necessary condition for Moses to intercede for the people in successive 40-day periods. Even the way in which the text lingers on Moses' destruction of the calf (v. 21) further highlights his central role in the story and not that of the calf. The actions of Moses in burning, crushing, grinding, and reducing the calf to dust signify its total destruction.[31] The destruction of the calf aids in authenticating Moses during his mediation in the second scene.

Two additional descriptions of the molten calf do suggest that the story of Moses' intercession at Horeb is written in conjunction with the account of the two golden calves of Jeroboam. First, the calf is described as a „sin" three times in Dtn 9,18,21,27. C. Begg notes that the qualification of the calf as „sin" relates the two stories, since the narrator in I Reg also judges the calves of Jeroboam as sin: „And this thing became a sin" (I Reg 12,30). Begg notes further that the sin of Jeroboam becomes a leitmotif throughout the Deuteronomistic History.[32] Thus, the „sin" of the calf relates the intercession of Moses to the broader history of the monarchy. Second, Moses' destruction of the calf in Dtn 9 anticipates the actions of Josiah against the foreign altars in II Reg 23. G. Minette de Tillesse noted that the pulverizing of the calf and the throwing of its dust into the brook (Dtn 9,21) is repeated by Josiah in his reform of the Jerusalem cult, when he, too, throws the dust of the altar into the Kidron brook (II Reg 23,12).[33]

The inner-biblical interpretation of I Reg 12,26-32 and Dtn 9,7 - 10,11 has highlighted the distinctive themes of the two stories. The cultic practice associated with the golden calves is the point of focus in I Reg 12,26-32, whose construction by Jeroboam is presented as a story of fate, which seals the destruction of the northern kingdom. Dtn 9,7 - 10,11 employs the motif of the calf, but associates the sin with the entire nation, and not solely with the king, while also modifying the fateful outcome of the sin of calf through the motif of intercession. The intercession of Moses for the entire nation introduces the possibility of divine forgiveness, allowing for a more open-ended future for the Israelite people. The inner-biblical interpretation suggests that

---

31 See C. Begg, The Destruction of the Calf, 208-233.
32 Begg, The Destruction of the Calf, 233-235.
33 De Tillesse, Sections, 60.

the portrayal of Moses as a mediator in Dtn 9,7 - 10,11 is a Deuteronomistic composition, which is intended to introduce a way forward for the nation in the wake of the Exile.

2. The Composition of Ex 32

The traditional solution to the composition of Ex 32 has been to identify an early form of the story as the first version of the golden calf, which has undergone supplementation and revision. The supplementation of Ex 32, in turn, provides insight into the subsequent composition of Dt 9,1-10,11 and of I Reg 12,26-33. J. Wellhausen illustrates the general consensus concerning the composition of Ex 32.[34] He noted a series of problems with the organic unity of Ex 32. The intercession of Moses in Ex 32,7-14 was especially troublesome. In this section the deity informs Moses of the sin of the people on the summit of the mountain, yet Moses only discovers the sin of the calf in Ex 32,15-20. In addition, the successful intercession of Moses in v. 7-14 also conflicts with his subsequent anger (32,15-20), the punishment of the people (32,25-29), and the failed intercession of Moses (32,30-34). These literary problems prompted Wellhausen to identify an original story of the golden calf in the E source consisting of Ex 3,1-6,15-21,35. This story includes the construction of the golden calf (v. 1-6), its destruction by Moses (v. 15-21), and the plague (v. 35). The intercession of Moses (v. 7-14), the exchange between Moses and Aaron (v. 22-24), the role of the Levites (v. 25-29), and the unsuccessful mediation of Moses (v. 30-34) are either independent stories or later additions to the original story of the golden calf.

The composition of Ex 32 has undergone modification since Wellhausen[35], yet the broad outline of his identification of the original story of Ex 32 has endured.[36] The most significant innovation has been the identification of Deuteronomistic literature in the portrayal of Moses as mediator, relating

---

34 Wellhausen, Composition, 91-92.
35 For review see Hahn, Das „Goldene Kalb", 101-143.
36 Hahn (Das „Goldene Kalb", 143) arrives at a similar position to that of Wellhausen, identifying Ex 32,1-6.15(-20), and most likely 35 as the original story of the golden calf, remaining unsure of the authorship of v. 17-18.19-20.21-24. See also Boorer (The Promise of Land as Oath, 231-262), who identifies the original story as Ex 32,1-6.15-20(.21-24?).30-35. Similar readings continue in the interpretation of Aurelius (Der Fürbitter Israels, 60-68), Ex 32,1-6.15a*.19f.30-34. See the additional studies of Lehming, Versuch zu Ex XXXII, 16-50; Weimar, Das Goldene Kalb. Redaktionskritische Erwägungen zu Ex 32, 117-160; Vermeylen, L'affaire du veau d'or (Ex 32-34): Une clé pout la „question deutéronmiste", 1-23.

the intercession of Moses in v. 7-14 with Dtn 9,7 - 10,11.[37] H.-C. Schmitt illustrates a recent development of this thesis, identifying three stages in the composition of Ex 32: (1) an original story of the golden calves, which is dependent on the Bethel tradition preserved in I Reg 12 (Ex 32,1-6.15a*. 19f.30-34); (2) a post-Priestly redaction concerning the tablets (Ex 31,18a; 32,15-16); and (3) a late Deuteronomistic redaction by the same author as Dtn 9,7 - 10,11 emphasizing the mediation of Moses (Ex 32,7-14.17-18.25-29).[38] The problem with the identification of multiply authors in Ex 32 is that it does not resolve the literary problems in the present form of Ex 32, which prompted Wellhausen's identification of the authors in the first place. The identification of distinct authors in Ex 32 leaves unexplained why Moses destroys the tablets (v. 15-20) and purges the camp (v. 25-29) after he successfully interceded for the people (v. 7-14).

It is possible to account for the present form of Ex 32, when the narrative is read as the combination of Dtn 9,7 - 10,11, and I Reg 12,32-36 by a single author. The interpretation of Ex 32 as an inner-biblical composition acquires support when we note that the distinct compositions that are identified in Ex 32 separate, for the most part, between Dtn 9,7 - 10,11, and I Reg 12,32-36. Wellhausen's original version of the golden calf relates to the story of Jeroboam in I Reg 12,32-36, while the intercession of Moses in Ex 32,7-14 relates to Dtn 9,7 - 10,11. The literary relationship between Ex 32 and I Reg 12,26-32 is established most clearly in the similar statements of Aaron/Israel and Jeroboam: „These are your gods, O Israel, who brought you up out of the land of Egypt" (Ex 32,4; and I Reg 12,28). The lack of context for the plural reference to „gods" in Ex 32 indicates that it is meant to be commentary on I Reg 12. The inner-biblical relationship also includes the motif of sin to describe the worship of the calf (Ex 32,21.30; I Reg 12,30), cultic sacrifices (Ex 32,6; I Reg 12,32), a new festival (Ex 32,5; I Reg 12,32), and non-Levitical worship (Ex 32,25-29; I Reg 12,31).[39] The literary relationship between Ex 32 and Dtn 9,7 - 10,11 includes the intercessory prayer of Moses (Ex 32,7-14; Dtn 9,26-29), the reception and the smashing of the tablets (Ex 32,15-16.19; Dtn 9,9-10,17), and the destruction of the calf (Ex 32,20; Dtn 9,21). The larger context of Ex 32-34 also includes the motif of the 40-day period of intercession (Ex 24,18; 34,28; Dtn 9,9.11.18.25; 10,10).

---

37 See, for example, M. Noth, Exodus: A Commentary,, 1962, 244; and L. Perlitt, Bundestheologie im Alten Testament, WMANT 36, 1969, 204-211.

38 Schmitt, Die Erzählung vom Goldenen Kalb Ex. 32* und das Deuteronomistische Geschichtswerk, 237-238.

39 For examination of the literary relationship between these texts see M. Aberbach and L. Smolar, Aaron, Jeroboam, and the Golden Calves, JBL 86 (1967), 129-140; and G. N. Knoppers, Aaron's Calf and Jeroboam's Calves, in: Fortunate the Eyes that See, FS David Noel Freedman, eds. A. Beck et. al., 1995, 92-104.

The motif of the 40-day period of intercession indicates that Ex 32-34 follows the three-part structure of Dtn 9,7 - 10,11: (1) the destruction of the tablets (Ex 24,12-32,35; Dtn 9,7-17); (2) the intercession of Moses (Ex 33; Dtn 9,18-29); and (3) the reissuing of new tablets (Ex 34; Dtn 10,1-11). The three episodes share the same ambiguity of setting, in which Moses is clearly located on the mountain in the first and third episodes, but not in the second episode while he mediates with the deity. Moses is on the mountain with God in first (Ex 24,12-14; 32,1-14) and third (Ex 34) scenes to receive the tablets. But he is not on the mountain with the deity in the second scene (Ex 33), as is also the case in Dtn 9,18-29. The comparison indicates that Ex 32-34 is an expansion and a reinterpretation of Dtn 9,7 - 10,11. The expansion includes the incorporation of the golden calves of Jeroboam into the narrative (Ex 32,1-6) and the prolonged mediation of Moses in the second (Ex 33) and third (Ex 34) episodes. Ex 33 provides an extended dialogue between Moses and Yahweh about the continued presence of God and the favored status of Moses, while Ex 34 includes the private theophany of Moses as the setting in which he receives the new tablets and also seeks divine forgiveness.[40]

The differences between Ex 32-34 and Dtn 9,7 - 10,11 indicate a reinterpretation of the nature of the sin of the calf and the role of mediation. In Dtn 9,7 - 10,11 the sin of the calf results in corporate guilt. Thus, the construction of the calf need not be narrated in the first scene, because all Israel was equally responsible for the sin of the calf (Dtn 9,7-17). The intercession of Moses in the second (Dtn 9,18-29) and third (Dtn 10,1-11) scenes also remains corporate in nature. All are guilty of the sin of the calf and all are included in the covenant of the new tablets. Ex 32-34 introduces individual responsibility for the sin of the calf. The author develops the new theme through four changes to the narrative of Ex 32 from Dtn 9,7 - 10,11: (1) the inclusion of the construction of the calf (Ex 32,1-6); (2) the sequence of Mosaic intercession (Ex 32,7-14); (3) the introduction of the motif of a water ordeal that leads to the Levitical purging of the guilty from the camp (Ex 32,20b.25-29); and (4) the inability of Moses to atone corporately for the nation (Ex 32,30-35). A closer examination of the literary design of Ex 32 will clarify the strategy of the author.

The author of Ex 32 narrates the construction of the golden calf through an inner-biblical interpretation of the calves of Jeroboam. Ex 32,1-6 narrates the demand of the people for the calf, its construction by Aaron, the establish-

---

40 See further J. Blenkinsopp, Structure and Meaning in the Sinai-Horeb Narrative (Exodus 19-34), in: A Biblical Itinerary: In Search of Method, Form and Content, FS George W. Coats ed. E. E. Carpenter, JSOT.S 240, 1997, 109-125; idem., Deuteronomic Contribution to the Narrative in Genesis-Numbers: A Test Case, in: Those Elusive Deuteronomists: The Phenomenon of Pan-Deuteronomism, eds. Linda S. Schearing, S. L. McKenzie, JSOT.S 268, 1999, 84-115, esp. 101-115.

ment of a new festival, and the sacrifices to the calf, all motifs from I Reg 12,26-32. The account of the construction of the calf provides the foundation for the author to explore individual guilt. The construction of the calf prompts the question: Who are „the people" that demand the calf (Ex 32,1) and what is the role of Aaron in its construction, who, unlike the people, proclaims a feast to Yahweh (Ex 32,4-5)?

The successful intercession of Moses follows immediately in Ex 32,7-14, while Moses is still on the mountain with Yahweh. This is a significant departure from Dtn 9,7 - 10,11. In Dtn 9,7 - 10,11 the motif of divine destruction (Dtn 9,13-14) and the intercession of Moses (Dtn 9,25-29) are removed from each other in the development of the story. Yahweh wishes to destroy the nation in the opening scene (Dnt 9,13-14). Moses does not intercede for the nation until the second scene (Dtn 9,25-29), after he destroys the calf (Dtn 9,21). The intercession of Moses leads to the corporate forgiveness of the people, since the following scene begins with the divine command for new tablets (Dtn 10,1-4). In Ex 32 Moses mediates immediately as a response to the divine anger. Thus, the intercession of Moses in Ex 32,7-14 is not about divine forgiveness after the destruction of the calf. It is, rather, aimed at qualifying divine anger and corporate punishment. The intercession of Moses in Ex 32,11-13 is a response to the divine desire to destroy the entire nation indiscriminately for the sin of the golden calf (Ex 32,9-10). Moses seeks to temper the divine anger. The success of his mediation is noted in v. 14, when Yahweh repents of the evil of corporate punishment: „And Yahweh repented of the evil which he intended to do to his people."

The destruction of the calf in Ex 32,20 also departs from Dtn 9,21. Both accounts employ the motifs which signify the total destruction of the cultic object. Moses burns, grinds, and scatters the calf on the water.[41] But Ex 32,20 extends the actions of Moses by adding the water ordeal.[42] After Moses scatters the powder of the golden calf on the water, he makes the Israelites drink it. The last motif is absent in Dtn 9,21 and it indicates that Ex 32,20 is an inner-biblical interpretation, which has expanded its parent text. The water ordeal develops the theme of individual guilt. It provides the means for identifying which people demanded the calf in the opening section. The water ordeal leads to the purging of the camp by the Levites in Ex 32,25-29. The purging of the camp of foreign worship relates Ex 32 to I Reg 12,26-32, where the priests of the calves were also non-Levitical (I Reg 12,31). The prominent role of the Levites authenticates their cultic leadership, which is also noted in Dtn 10,8-9. The unique aspect of the Levites in Ex 32,25-29, however, is their role in purging the camp of the guilty. The action of the

---

41 See Begg, The Destruction of the Calf, 208-251.
42 Noth (Exodus, 249) is certainly correct in reading this motif as a „water of cursing" which introduces divine judgment.

Levites in killing three thousand persons further advances the theme of individual guilt. The selective punishment of the three thousand by the Levites, rather than the destruction of the entire nation, corresponds to Yahweh's early repenting of the evil of corporate punishment.

The closing scene in Ex 32,30-35 explores individual guilt from the perspective of intercession and atonement, thus qualifying the nature of Mosaic intercession. It contains material that is absent in Dtn 9,7 - 10,11. The scene opens with Moses suggesting that he will atone for the nation: „Perhaps I can atone for your sin." The deity firmly rejects Moses' attempt to atone for the many and thus refuses to forgive in an indiscriminate manner. The failed attempt of Moses to atone further clarifies the theme of individual guilt in Ex 32. The opening intercession of Moses (Ex 32,7-14) qualified the divine anger. The implication of the divine repentance of evil is that the many will not be guilty for the few. The purging of the camp by the Levites (Ex 32,25-29) provides the new paradigm of individual guilt, in which three thousand from the camp are singled out for the sin of the golden calf. The closing intercession of Moses now qualifies the nature of mediation within the framework of individual guilt. Just as the many are not guilty for the few, so also the one cannot atone for the many. Thus the request of Moses to represent the nation as a whole is rejected. The deity legislates the law of individual guilt: „Whoever has sinned against me I will blot out from my book."

3. The Author of Ex 32

Several tentative conclusions are possible concerning the authorship of Ex 32. First, Ex 32 merges Dtn 9,7 - 10,11 and I Reg 12,26-32 into one story. Thus, Ex 32 is not early tradition, but a late composition. The author of Ex 32 creates the close inner-biblical relationship between the three texts. Second, the literary context for the composition of Ex 32 is the Enneateuch. The inner-biblical relationship between Ex 32, Dtn 9,7 - 10,11, and I Reg 12,26-32 indicates that the author of Ex 32 intends for the story of the golden calf in the wilderness to be read in the larger context of the history of the failed monarchy. The theme of corporate guilt either in the form of the king (I Reg 12,26-32) or the nation (Dtn 9,7 - 10,11) is qualified in Ex 32, providing a new basis for hope. Third, Ex 32 does not contain a complex history of composition. It is, rather, the work of a single author, who is composing the story of the golden calf to develop the theme of individual guilt. The author explores the implications of individual guilt on divine anger, the maintenance of purity in the camp, and the nature of mediation. Fourth, the commentary on Jeroboam, the idealization of Moses as a mediator, the prominence of the Levites as priests, and the shared vocabulary indicate that the author is closely related to the Deuteronomist. Fifth, the addition of Priestly editing in the description of the tablets (Ex 32,15-16) suggests further that the author of Ex 32 is non-Priestly and pre-Priestly.[43] Finally, the relationship between Ex 32 and Dtn 9,7 - 10,11 remains uncertain. The similar language suggests a single author, but the development in theme suggests that Ex 32 is a later composition.[44]

---

43 Compare J. Gertz (Beobachtungen zu Komposition und Redaktion in Exodus 32-34, in: Gottes Volk am Sinai: Untersuchungen zu Ex 32-34 und Dtn 9-10, 88-106), who sees closer literary ties between Ex 32 and the Priestly account of the Tabernacle.

44 See, for example, Schmitt (Die Erzählung vom goldenen Kalb Ex 32* und das Dtr Geschichtswerk, 235-250), who identifies the author of Ex 32,7-14.17-18.25-29 with the author of Dtn 9,7 - 10,11; and compare Van Seters (The Life of Moses, 290-318) who identifies the author as the post-Deuteronomistic Yahwist.

Das Ende der Toraoffenbarung.
Die Funktion der Kolophone Lev 26,46 und 27,34 sowie Num 36,13 in der Rechtshermeneutik des Pentateuch

Eckart Otto

Der Jubilar[1] hat einen nicht geringen Anteil daran, dass die Einsicht in die postpriesterschriftliche Formierung des Pentateuch nach langer Phase der *captivitas Babylonica* der Pentateuchforschung durch Urkunden- und Kompositionshypothesen, die den Pentateuch als Ergebnis einer Quellenverzahnung mechanischer Art oder einer religionspolitischen Kompromissbildung unter persischer Geburtshilfe deuteten, sich nun durchsetzt.[2] Damit rücken diachrone und synchrone Textinterpretationen im Pentateuch wieder näher zusammen, da unbeschadet der postpentateuchredaktionellen Ergänzungen[3] die durch die Pentateuchredaktion strukturierte Erzählung des Pentateuch und seine synchron gelesene Fabel sachlich wie zeitlich zusammenfließen.[4] Ziel

---

1 Siehe H.-C. Schmitt, Theologie in Prophetie und Pentateuch. Gesammelte Schriften, hrsg. v. U. Schorn u. M. Büttner, BZAW 310, 2001, 203-308.

2 Zum Diskussionsstand siehe Verf., Forschungen zum nachpriesterschriftlichen Pentateuch, ThR 67, 2002, 125-155, mit weiterer Literatur.

3 Siehe dazu Verf., Das Deuteronomium in Pentateuch und Hexateuch. Studien zur Literaturgeschichte von Pentateuch und Hexateuch im Lichte des Deuteronomiumrahmens, FAT 30, 2000, 93-110.230-244.262f., weiter ausgebaut und systematisiert von R. Achenbach, Die Vollendung der Tora. Studien zur Redaktionsgeschichte des Numeribuches im Kontext von Hexateuch und Pentateuch, BZAR 3, 443-628. Methodisch ist konsequent zwischen einer Redaktion, die einer literarischen Einheit als ganzer inhaltlich und formal die Struktur gibt, und einer Ergänzung, die in einem vorgegebenen Zusammenhang nur punktuell neue Akzente setzt, zu unterscheiden. Diese Differenz unterscheidet auch die Gestalt des postpriesterschriftlichen Hexateuch und Pentateuch von den übrigen Büchern der Vorderen Propheten, was die These eines literarisch geschlossenen Enneateuch als Ergebnis einer durchgehenden Enneateuchredaktion problematisch erscheinen lässt; siehe dazu Verf., Das Deuteronomistische Geschichtswerk im Enneateuch. Zu einem Buch von Erik Aurelius, ZAR 11, 2005, 323-345; R. Achenbach, Pentateuch, Hexateuch und Enneateuch. Eine Verhältnisbestimmung, ZAR 11, 2005, 122-154.

4 Siehe Verf., The Pentateuch in Synchronical and Diachronical Perspectives: Protorabbinic Scribal Erudition Mediating between Deuteronomy and the Priestly Code, in:

aller Pentateuchforschung ist es, die Fabel des Pentateuch in seiner Gesamtheit von Gen 1 bis Dtn 34 verständlich werden zu lassen und damit die literaturhistorische Genese dieser Fabel. Eines der Grundprobleme im Verständnis
der pentateuchischen Fabel ist die rechtshermeneutische Frage, wie Sinaitora
und Moabtora zu korrelieren sind. Dies gilt umso mehr, als beide Torot in
Gestalt von Bundesbuch und Heiligkeitsgesetz einerseits und Deuteronomium andererseits nicht unerheblich voneinander abweichen und sich sogar
widersprechen. Schon die nicht unerheblichen Abweichungen der Dekaloge
in Ex 20 und Dtn 5 fordern eine rechtshermeneutische Erklärung heraus. Die
bisherige Pentateuchforschung hat auf die Divergenzen und Widersprüche
auch der Rechtsüberlieferungen im Pentateuch vornehmlich mit literaturhistorisch diachronen Erklärungen geantwortet, ohne ausreichend zu bedenken,
dass der Pentateuch als Tora im Kanon der Hebräischen Bibel Grundlage
religiöser Rechtsordnung und also eindeutig, d. h. widerspruchsfrei interpretierbar sein sollte und wollte.[5]

In die Fabel des Pentateuch sind zwei rechtshermeneutische Interpretati-
onssysteme eingezogen, die den Weg weisen. Einerseits ist ein konsistentes
System der Verschriftung der Rechtsoffenbarungen als ein Klassifizierungs-
system der Rechtsautorität der Gebote in die Fabel eingezogen, die zwischen
Verschriftungen durch JHWH und Mose unterscheidet. In dieses Klassifizie-
rungssystem eingebunden sind geographische Differenzierungen, die der Systematik dienen. So werden mosaische Verschriftungen am Sinai unterschieden von solcher im Land Moab. Andererseits ist in die Fabel des Pentateuch
ein System von Über- und Unterschriften eingezogen, die die mosaische
Funktion der Offenbarungsmittlerschaft zum Thema haben und für die
Rechtshermeneutik des Pentateuch zentral sind. Für das Deuteronomium ist
seit dem 19. Jahrhundert ein derartiges System in Dtn 1,1-5; 4,44 - 5,1aα;

---

ders. / R. Achenbach (Hrsg.), Das Deuteronomium zwischen Pentateuch und Deuteronomistischem Geschichtswerk, FRLANT 206, 2004, 14-35.

5 Das Tora-Konzept ist nicht erst nachträglich im chronistischen Geiste postpentateuchisch
dem Pentateuch in der Rezeptionsgeschichte aufgedrückt worden, sondern, wie ich an
anderer Stelle aufgezeigt habe, bereits in die Pentateuchredaktion und damit auch in die
synchron gelesene Fabel eingegangen; siehe Verf., Vom biblischen Hebraismus der persischen Zeit zum rabbinischen Judaismus in römischer Zeit. Zur Geschichte der spätbibli-
schen und frühjüdischen Schriftgelehrsamkeit, ZAR 10, 2004, (1-49) 27-41. Zur Prob-
lemstellung synchroner Lektüre der pentateuchischen Gesetze siehe jetzt auch die für die
Rechtshermeneutik der Hebräischen Bibel insgesamt sehr empfehlenswerte Studie von O.
Artus, Les lois du Pentateuque. Points de repère pour une lecture exégétique et théologi-
que, LecDiv 200, 2005, 173ff.; vgl. dazu auch meine Rezension in ZAR 12, 2006 (im
Druck). Zur rabbinischen Rezeptionsgeschichte siehe H.-C. Rohne, Kontinuität und Dis-
kontinuität. Kennzeichen der rechtsgeschichtlichen Entwicklung der Quellen des Jüdischen Rechts, ZAR 10, 2004, 50-70, mit weiterer Literatur.

28,69 - 29,1a; 33,1-2aα bekannt.[6] Dtn 1,1-5 bezieht sich als Proömium des
Deuteronomiums, wie die Wiederaufnahme der geographischen Angaben von
Dtn 1,1-5 in Dtn 28,69; 32,49; 33,2-3; 34,5-6 zeigt, auf die Gesamtheit der
mosaischen Reden im Deuteronomium[7], ist aber auch, wie die Anknüpfung
von Dtn 34,1-4 an die Vätergeschichten der Genesis zeigt, mit einer gesamt-
pentateuchischen Perspektive verbunden.[8] Das Überschriften- und Überlei-
tungssystem[9] des Deuteronomiums ist in eine gesamtpentateuchische Perspektive eingebunden, der eine Differenzierung zwischen einem „Buchautor"
des Deuteronomiums und des Pentateuch in synchroner Lesung obsolet ist,
da das Deuteronomium synchron nur als Teil des Pentateuch zu lesen ist[10]
und in diachroner Perspektive seine die synchrone Fabel bestimmende Struktur erst im Zuge der postpriesterschriftlichen und postdeuteronomistischen
Redaktionen erhalten hat.

Für die Fabel des Deuteronomiums haben die Kolophone der Sinaioffenbarung in Lev 26,46 und Lev 27,34 sowie das in Num 36,13 eine rechtshermeneutisch zentrale Funktion. Das Kolophon Num 36,13 ist, wie zu zeigen
ist, bezogen auf das Proömium des Deuteronomiums in Dtn 1,1-5:

V. 1 אֵלֶּה הַדְּבָרִים אֲשֶׁר דִּבֶּר מֹשֶׁה אֶל־כָּל־יִשְׂרָאֵל בְּעֵבֶר הַיַּרְדֵּן בַּמִּדְבָּר בָּעֲרָבָה
מוֹל סוּף בֵּין־פָּארָן וּבֵין־תֹּפֶל וְלָבָן וַחֲצֵרֹת וְדִי זָהָב:

V. 2 אַחַד עָשָׂר יוֹם מֵחֹרֵב דֶּרֶךְ הַר־שֵׂעִיר עַד קָדֵשׁ בַּרְנֵעַ:

V. 3 וַיְהִי בְּאַרְבָּעִים שָׁנָה בְּעַשְׁתֵּי־עָשָׂר חֹדֶשׁ בְּאֶחָד לַחֹדֶשׁ דִּבֶּר מֹשֶׁה אֶל־בְּנֵי יִשְׂרָאֵל
כְּכֹל אֲשֶׁר צִוָּה יְהוָה אֹתוֹ אֲלֵהֶם:

V. 4 אַחֲרֵי הַכֹּתוֹ אֵת סִיחֹן מֶלֶךְ הָאֱמֹרִי אֲשֶׁר יוֹשֵׁב בְּחֶשְׁבּוֹן וְאֵת עוֹג מֶלֶךְ הַבָּשָׁן
אֲשֶׁר־יוֹשֵׁב בְּעַשְׁתָּרֹת בְּאֶדְרֶעִי:

---

6 Siehe bereits P. Kleinert, Das Deuteronomium und der Deuteronomiker. Untersuchungen
zur alttestamentlichen Rechts- und Literaturgeschichte, 1872, 166-168, sowie zuletzt daran anknüpfend N. Lohfink, Die An- und Absageformel in der hebräischen Bibel. Zum
Hintergrund des deuteronomischen Vierüberschriftensystems, in: A. Gianto (Hrsg.),
Biblical and Oriental Essays in Memory of William L. Moran, biblica et orientalia 48,
2005, 49-77. Zur diachronen Analyse des Überschriftensystems im Deuteronomium siehe
Verf., FAT 30, 117.130f.138-142.189.

7 Diese Intention bestätigt die diachrone Analyse; siehe dazu Verf., ZAR 10, 214-225.

8 Siehe Verf., Das postdeuteronomistische Deuteronomium als integrierender Schlußstein
der Tora, in: J. C. Gertz / D. Prechel / K. Schmid / M. Witte (Hrsg.), Die deuteronomistischen Geschichtswerke. Redaktions- und religionsgeschichtliche Perspektiven zur „Deuteronomismus"-Diskussion in Tora und Vorderen Propheten, BZAW 365, 2006 (im
Druck).

9 Zu Dtn 28,69 und der Diskussion, ob es sich um eine Überschrift handelt, so eine LXX-
Hs, Vulgata und Sam., oder ein Kolophon aufgrund von *dibrê habberît* bezogen auf das
voranstehende Gesetz und den Bundesschluss, so mit der Mehrzahl der Kommentatoren
H. F. Van Rooy, Deuteronomy 28,69 – Superscript or Subscript?, JNSL 14 (1988), 215-
222, siehe Verf., FAT 30, 138-142.

10 Siehe Verf., Mose der Schreiber. Zu „poetics" und „genetics" in der Deuteronomiums-
analyse anhand eine Buches von Jean-Pierre Sonnet, ZAR 6, 2000, 320-329.

V. 5 בְּעֵבֶר הַיַּרְדֵּן בְּאֶרֶץ מוֹאָב הוֹאִיל מֹשֶׁה בֵּאֵר אֶת־הַתּוֹרָה הַזֹּאת לֵאמֹר:

„(V. 1) Dies sind die Worte, die Mose zu ganz Israel sprach jenseits des Jordans in der Wüste, in der Araba gegenüber von Suf zwischen Paran und Tofel, Laban, Hazerot und di-Sahab. (V. 2) Elf Tagesreisen sind es vom Horeb auf dem Weg des Gebirges Seir bis Kadesch Barnea. (V. 3) Und es geschah im vierzigsten Jahr am ersten Tage des elften Monats, da sprach Mose zu den Israeliten alles genau wie es JHWH ihm für sie befohlen hatte, (V. 4) nachdem er Sihon, den König der Amoriter, besiegt hatte, der in Hesbon residierte, und Og, den König von Basan, der in Astarot bei Edrei residierte. (V. 5) Jenseits des Jordans im Land Moab begann Mose diese Tora auszulegen."

Die Fabel des Pentateuch setzt rechtshermeneutisch das Deuteronomium von den vorangegangenen Gebotsmitteilungen so ab, dass, wie Dtn 1,5MT und in der Folge LXX, Tg. Neof. und Onk. sowie 1QDM 2,8 es verstehen, das Deuteronomium diese erklärend auslegt.[11] Entsprechend ist auch ein Kolophon zu erwarten, das die dem Deuteronomium im Pentateuch vorangehende Gebotsmitteilung von jenem abgrenzt. Und tatsächlich findet sich Dtn 1,1-5 unmittelbar vorausgehend ein derartiges Kolophon in Num 36,13:

אֵלֶּה הַמִּצְוֺת וְהַמִּשְׁפָּטִים אֲשֶׁר צִוָּה יְהוָה בְּיַד־מֹשֶׁה אֶל־בְּנֵי יִשְׂרָאֵל בְּעַרְבֹת מוֹאָב עַל יַרְדֵּן יְרֵחוֹ:

„Dies sind die *miṣwôt* und die *mišpāṭîm*, die JHWH durch Mose vermittelt den Israeliten geboten hat in der Wüste Moabs am Jordan gegenüber von Jericho."

Kolophon in Num 36,13 und Proömium in Dtn 1,1-5 sind durch die geographischen Angaben sowie die Notizen des Abschlusses und des Beginns (*y'l hi.*)[12] aufeinander bezogen und wollen so auch gelesen werden.[13] Der Vermittlung durch Mose *ṣiwwah JHWH bᵉyad mośæh* steht das *hô'îl mośæh be'er* gegenüber. Diesem kataphorischen Bezug von Num 36,13 korrespondieren auch anaphorische Bezüge von unterschiedlicher Reichweite. Der engste Bogen wird als *inclusio* durch die wörtliche Entsprechung der geographischen

---

11 Siehe Verf., Mose, der erste Schriftgelehrte. Deuteronomium 1,5 in der Fabel des Pentateuch, in: D. Böhler / J. Himbaza / Ph. Hugo (Hrsg.), L'Ecrit et l'Esprit. Etudes d'histoire du texte et de théologie biblique en hommage à Adrian Schenker, OBO 214, 2005, 273-284, sowie T. Veijola, Das 5. Buch Mose. Deuteronomium. Kapitel 1,1 - 16,17, ATD 8,1, 2004, 9f., der ebenfalls zu Recht von Mose als dem „ersten Ausleger" des schriftlichen Gesetzes spricht. Anders dagegen G. Braulik / N. Lohfink, Deuteronomium 1,5 *b'r't htwrh hz't*: „er verlieh dieser Tora Rechtskraft", in: K. Kiesow / Th. Meurer (Hrsg.), Textarbeit. Studien zu Texten und ihrer Rezeption aus dem Alten Testament und der Umwelt Israels. FS P. Weimar, AOAT 294, 2003, 35-51. Dtn 1,1-5 weist eine geschlossene chiastische Struktur auf, die V. 1 und V. 5 in Beziehung setzt; siehe M. E. Biddle, Deuteronomy, Smith & Hellwys Bible Commentary, 2003, 14f.: Die Rede des Mose im Deuteronomium in seiner Gesamtheit soll Erklärung der Tora sein.
12 Siehe LXX, Vg, Tg. Onk.
13 Zu Num 22,1 siehe im folgenden.

Angabe b^e *'arbôt mô'āb 'al yarden y^erehô* mit Num 33,48-49 gebildet, der die Landverteilung einschließlich des Erbtöchtergesetzes in Num 36,1-12 umfasst.[14] Ein weiterer Bogen nimmt auf Num 22,1 b^e *'arbôt mô'āb me'eber l'yarden y^erehô* Bezug. An Num 22,1 knüpft sowohl Num 36,13 b^e *'arbôt mô'āb 'al yarden y^erehô* als auch Dtn 1,1-5 b^e *'ebœr hayyarden* an.[15] Ein noch weiterer Bogen spannt sich zurück von Dtn 1,1-5 zu Lev 26,46 und Lev 27,34:

(26,46) אֵלֶּה הַחֻקִּים וְהַמִּשְׁפָּטִים וְהַתּוֹרֹת אֲשֶׁר נָתַן יְהוָה בֵּינוֹ וּבֵין בְּנֵי יִשְׂרָאֵל בְּהַר סִינַי בְּיַד־מֹשֶׁה:

„Das sind die *ḥuqqîm* und die *mišpāṭîm* und die *tôrot*, die JHWH zwischen sich und den Israeliten durch die Vermittlung des Mose auf dem Berg Sinai erlassen hat."

Die Gesetzesbegriffe in diesem Kolophon spannen einen Bogen über die gesamte Sinaiperikope. Der Begriff der *tôrāh/tôrot* ist im Heiligkeitsgesetz Lev 17-26 sonst nicht belegt, wohl aber gehäuft in Lev 6-15.[16] Auch der Begriff *ḥoq/ḥuqqîm* ist im Heiligkeitsgesetz sonst nur noch in Lev 24,9, wohl aber in der weiteren Sinaiperikope belegt.[17] Der Abschluss des Kolophon mit b^e*har sinay* spannt entsprechend den Bogen über die gesamte Gebotsoffenbarung der bisherigen Sinaiperikope. Schließlich wird mit der Formel *ntn bên ... ûbên* die Bundesthematik[18] in Gen 9,12f. und auf Abraham zuspitzend in Gen 17,2 aufgenommen und nun in der Sinaiperikope der Abrahamsbund als Gnadenbund mit der sinaitischen Offenbarung von *ḥuqqîm*, *mišpāṭîm* und *tôrot* verbunden, die durch Mose b^e*yad mošœh* am Sinai vermittelt werden sollen.[19]

---

14 Siehe R. Knierim / G. W. Coats, Numbers, FOTL 4, 2005, 331.

15 Die unterschiedlichen Präpositionen sind kontextbedingt.

16 In der Sinaiperikope nur Lev 6,2.7.18; 7,1.7.11.37; 11,46; 12,7; 13,59; 14,2.32.54.57; 15,32 und 26,46.

17 In der Sinaiperikope in Ex 29,28; 30,21; Lev 6,11.15; 7,34; 10,13.14; 24,9; 26,46.

18 Dass *bên ... ûbên* an einen Rechtsstreit denken lasse (so H. U. Steymans, Verheißung und Drohung: Lev 26, in: H.-J. Fabry / H.-W. Jüngling [Hrsg.], Levitikus als Buch, BBB 119, 1999, [263-307] 265), hat Anhalt weder am Heiligkeitsgesetz noch an der Sinaiperikope als ganzer.

19 G. Davies (Covenant, Oath, and the Composition of the Pentateuch, in: A. D. H. Mayes / R. B. Salters [Hrsg.], Covenant as Context. Essays in Honour of E. W. Nicholson, 2003, 82-86) zeigt, dass in Lev 26 Väter- und Sinaibund aufeinander bezogen werden. Ob allerdings *b^e rît rišonîm* in Lev 26,45 auf die Exodusgeneration (so G. Davies, a.a.O., 85) oder doch eher auf den Väterbund zu beziehen ist (so H. U. Steymans, a.a.O., 299f., im Anschluss an W. Groß, „Rezeption" in Ex 31,12-17 und Lev 26,39-45. Sprachliche Form und theologisch-konzeptionelle Leistung, in: R. G. Kratz / Th. Krüger [Hrsg.], Rezeption und Auslegung im Alten Testament und in seinem Umfeld. Ein Symposion aus Anlaß des 60. Geburtstags von Odil Hannes Steck, OBO 153, 1997, [45-64] 61), bleibt

An Lev 26 schließen sich noch die Tariflisten in Lev 27 an, die durch Lev 27,34 abgeschlossen werden:

אֵלֶּה הַמִּצְוֹת אֲשֶׁר צִוָּה יְהוָה אֶת־מֹשֶׁה אֶל־בְּנֵי יִשְׂרָאֵל בְּהַר סִינָי׃

„Dies sind die *miṣwôt*, die JHWH Mose anbefahl für die Israeliten auf dem Berge Sinai."

In diachroner Perspektive erklärt sich die Doppelung der Kolophone aus dem literarisch sekundären Charakter von Lev 27 als postpentateuchredaktionellem Zusatz[20] zu Lev 17-26.[21] Hat die Doppelung der Abschlussformeln in Lev 26,46 und Lev 27,34 auch ihren Grund in der literaturgeschichtlichen Genese der Sinaiperikope, so sind sie doch auch einer sich in synchroner Lektüre bewährenden Logik folgend gesetzt worden. Der Angelpunkt der Rechtshermeneutik des Pentateuch in der Relationierung von Sinai- und Moabtora ist Ex 24,12.[22] Dort werden neben dem Dekalog die *tôrāh* und die *miṣwāh* genannt, wobei in Lev 26,46 in der Reihung der Gesetzesbegriffe der der *miṣwāh/miṣwôt* fehlt, was umso erstaunlicher ist, da er in Lev 26,13.17 fest verankert ist. Das Belehrungsgebot in Ex 24,12 wird im Deuteronomium in Gestalt der Gesetzesauslegung (Dtn 1,5) erfüllt. In synchroner Lesung aber fehlt in der Schlussformel der Sinaitora in Lev 26,46 die *miṣwāh*, so dass in diese Lücke in synchroner Lesung nun die Einholung der Regulierung der priesterlichen Kompetenz zur Einschätzung der Auslösung von Gelübden treten konnte. Ausdrücklich aber werden mit *behar sinay* alle *miṣwôt* der Sinaiperikope mit einer Abschlussformel versehen und mit *'ellæh hammiṣwôt* eine Brücke zu Num 36,13 geschlagen, um so die Moaboffenbarung ab Num 22,1 von der Sinaioffenbarung abzugrenzen. Lev 27,34 lenkt wie auch Lev 25,46 mit der Verortung der Offenbarung der Gesetze am Sinai auf Ex 19,2.20 im Unterschied zu Ex 19,1 (s. i. f.) zurück.

Ist soweit die Vernetzung des Systems der Unterschriften in Lev 26,46; 27,34; Num 36,13 in synchroner Lesung deutlich, so bleibt doch zu fragen, warum nicht der Abschluss sinaitischer Gesetzesoffenbarung in Num 10 konstatiert wird und auch die zwischen Sinai und Moab im Numeribuch zwischen Num 10 und Num 22 verortete Gesetzesoffenbarung nicht gegenüber der im Land Moab abgegrenzt wird. Es bedarf also einer Erklärung, warum

---

weiterhin zu diskutieren. Lev 26,46 neben Lev 26,44f. ist eindeutig durch die Bundesmotivik unter Einschluss des Väterbundes gelenkt.

20 R. Achenbach (BZAR 3, 612f.) hat den Nachweis geführt, dass Lev 27 den spätesten Ergänzungen des postendredaktionellen Pentateuch zuzurechnen ist.

21 Zu Lev 17-26 als Teil der Pentateuchredaktion siehe Verf., Innerbiblische Exegese im Heiligkeitsgesetz Leviticus 17-26, in: H.-J. Fabry / H.-W. Jüngling (Hrsg.), Leviticus als Buch, BBB 119, 1999, 125-196, mit weiterer Literatur.

22 Zur Analyse von Ex 24,12 im Bezug u. a. zu Dtn 1,1-5 siehe Verf., FS Schenker, 280-283.

zwischen Lev 27,34 und Num 36,13 das Unterschriftensystem nicht fortgesetzt wird.[23] Der Schlüssel zur Lösung dieser Frage ist der Neueinsatz nach
Lev 27,34 in Num 1,1a:

וַיְדַבֵּר יְהוָה אֶל־מֹשֶׁה בְּמִדְבַּר סִינַי בְּאֹהֶל מוֹעֵד

„Und JHWH sprach zu Mose in der Wüste Sinai im 'ohel mô'ed.“

Der Lokalisierung der Offenbarung *b^ehar sināy* wird die auf Ex 19,1 zurück-
greifende Angabe *b^emidbar sînāy* abgrenzend entgegengesetzt. Damit verbindet sich eine weitere Differenz: Die Gesetzespromulgation erfolgt bis Lev
27,34 nicht *b^e 'ohœl mô'ed*, sondern von Ex 20 bis 40 im direkten Gegenüber
von Gott und Mose *b^ehar sināy*, nach JHWHs Besitzergreifung des *'ohœl
mô'ed* in Ex 40,34 ab Lev 1,1 *m^e'ohœl mô'ed*. In Num 1,1 wird die folgende
Gesetzespromulgation *b^e 'ohœl mô'ed* lokalisiert. Die darin zum Ausdruck
gebrachte Offenbarungstheorie greift auf die der Pentateuchredaktion in Ex
33,7-11[24] zurück, die nun ab Num 1,1 postpentateuchredaktionell für die Offenbarung *b^emidbar sînāy* fruchtbar gemacht wird. Diese Lokalisierungsan-
gaben sind nicht um ihrer selbst willen in nur narrativer Funktion in die Fabel
des Pentateuch eingesetzt worden, sondern dienen der rechtshermeneutischen
Systematik der Pentateuchfabel. Die Sinaioffenbarung wird differenziert in
eine Kernoffenbarung *b^ehar sināy* bis Lev 27,34 und eine anschließende
Randoffenbarung *b^emidbar sînāy*, die sich bis zur Aufbruchsnotiz *mimmidbar
sînāy* in Num 10,12 erstreckt. Entsprechend wird die Formulierung *way^edab-
ber YHWH 'œl mošœh b^emidbar sînāy* aus Num 1,1a in Num 3,14 und Num

---

23 Wenig überzeugend ist die Vermutung, das Unterschriftensystem des Tetrateuch sei weniger entwickelt als das der Überschriften im Deuteronomium. Das System des Deuteronomiums ist in eine gesamtpentateuchische Perspektive unbeschadet seiner literaturgeschichtlichen Entwicklung innerhalb des dtr. Deuteronomiums eingebunden und Teil also
eines die Gesetzespromulgation des Pentateuch insgesamt umgreifenden Systems. Da
dieses System für die Rechtshermeneutik des Pentateuch wie das der Verschriftungsnotizen, in das ebenfalls das Deuteronomium gesamtpentateuchisch eingebunden ist, von
zentraler Bedeutung ist, ist es wenig wahrscheinlich, dass literaturhistorisch die Entwicklung des Systems auf halbem Wege stehen geblieben, Lev 27,34 bis Num 36,13 also Lücke im System sein sollte. Anders N. Lohfink, FS Moran, 69, der meint, „(d)ie Wiederholung oder Aufbesserung der Überschrift von Lev 26,46 in Lev 27,34 ebenso wie die Tatsache, dass es für alle Gesetze in Numeri vor Numeri 22 keine zusammenfassende Absage gibt, zeigt, dass es sich hier um kein systematisch durchgeführtes System für den gesamten Bereich von Exodus bis Numeri handelt“. Man sei „auf halbem Weg zu einem
solchen Unternehmen steckengeblieben“.
24 Zu Ex 33,7-11 in der Pentateuchredaktion siehe Verf., Die nachpriesterschriftliche Pentateuchredaktion im Buch Exodus, in: M. Vervenne (Hrsg.), Studies in the Book of Exodus,
BEThL 126, 1996, (61-111) 91f.; R. Achenbach, Grundlinien redaktioneller Arbeit in der
Sinaiperikope, in: E. Otto / R. Achenbach (Hrsg.), FRLANT 206, (56-80) 79.

9,1 wiederholt[25] und mit Num 1,19 auch die erste Ausführungsnotiz *b^emidbar sînāy* lokalisiert. In Num 7,89a wird noch einmal die in Num 1,1 bis 10,12 vorausgesetzte Weise der Offenbarung *b^emidbar sînāy* als solche *b^e'ohæl mô'ed* expliziert:

וּבְבֹא מֹשֶׁה אֶל־אֹהֶל מוֹעֵד לְדַבֵּר אִתּוֹ וַיִּשְׁמַע אֶת־הַקּוֹל מִדַּבֵּר אֵלָיו מֵעַל הַכַּפֹּרֶת
אֲשֶׁר עַל־אֲרֹן הָעֵדֻת מִבֵּין שְׁנֵי הַכְּרֻבִים

„Und wenn Mose den *'ohæl mô'ed* betrat, um mit ihm (sc. YHWH) zu reden, hörte er die Stimme zu ihm sprechen von der Deckplatte, die auf der Lade der Bundesurkunde lag, zwischen den beiden Kerubim".

Nun, nach Fertigstellung des Zelts einschließlich der Lade und der Keruben, redet JHWH nicht mehr nur wie in Ex 33,11 von Angesicht zu Angesicht mit Mose, sondern unter Anknüpfung an Ex 25,11[26] erschallt die Stimme JHWHs von der *kapporæt* im *'ohæl mô'ed*. Diese Offenbarungsweise soll auch jenseits der Wüste Sinai auf der mit Num 10,12 beginnenden Wanderung und noch im Land Moab gelten. Die dort verortete Rechtsnovellierung des Erbtöchtergesetzes Num 27,1-11 wird im Rückgriff auf Num 7,89 am *'ohæl mô'ed* lokalisiert (V. 2.6). Es wird also rechthermeneutisch nicht zwischen den *b^emidbar sînāy* und den *b^e'arbôt mô'āb* promulgierten Gesetzen wie auch den auf der Wanderung zwischen diesen beiden Gegenden promulgierten Gesetzen unterschieden. Eine Abschlussnotiz als Teil des Systems von Über- und Unterschriften im Pentateuch hat also zwischen Lev 27,34 und Num 36,13 keine Funktion. Der Einschnitt mit Num 36,13 aber wird notwendig, da mit Dtn 1,1-5 etwas Neues, nämlich die Gesetzesauslegung durch Mose beginnt (Dtn 1,5).

Neben den für die Rechtshermeneutik des Pentateuch wichtigen Verschriftungsnotizen steht ein System von Über- und Unterschriften der Gesetzespromulgation, das über den Rechtsstatus der jeweiligen Gesetze Auskunft gibt. Kernbereich von höchster Autorität sind die *b^ehar sînāy* gegebenen Gesetze, der sich bis Lev 27,34 erstreckt. Ein zweiter, von geringerer Autorität gekennzeichneter Bereich der Gesetzgebung beginnt mit Num 1,1, der Promulgation *b^emidbar sînāy* und erstreckt sich bis Num 36,13. Ein dritter Bereich wird durch das Deuteronomium als Auslegung (*b'r*) von *hattôrāh hazzo't* repräsentiert. Wie die Verschriftungsnotizen in der Sinaiperikope zeigen,

---

25 In Num 3,1 wird dagegen die Genealogie der Aaroniden mit *b^eyôm dibbær YHWH 'æt mošæh b^ehar sînāy* in den Bereich der sinaitischen Kernoffenbarung zurückgeführt im Gegensatz zu den Leviten; siehe i. f.

26 Siehe dazu Verf., Forschungen zur Priesterschrift, ThR 62, 1997, (1-50) 26f. In diachroner Perspektive kann man Num 7,89 als Korrektur von Ex 33,11 interpretieren (so R. Achenbach, BZAR 3, 537), doch in synchroner Perspektive ist Num 7,89 nach Fertigstellung des *miškān* notwendige Spezifizierung der Zeltoffenbarung.

wird noch einmal innerhalb des Kernbereichs höchster Autorität *b^{e}har sināy* promulgierter Gesetze zwischen solchen geschieden, die JHWH selbst verschriftet hat, so den Dekalog, und den von Mose verschrifteten. Die Suche nach „Metanormen" jenseits der literarischen Vielfalt der biblischen Gesetze erledigt sich, wenn die Rechtshermeneutik der Fabel des Pentateuch verständlich wird. Darauf, dass auch das Überschriftensystem des Deuteronomiums sowie die Differenzierung von Unterschriften in Levitikus bis Numeri und Überschriften und Überleitungen im Deuteronomium eine komplex differenzierende Rechtshermeneutik zum Ausdruck bringen, sei an dieser Stelle nur hingewiesen. Darüber soll an anderer Stelle gehandelt werden. Fragt man nach der Logik der rechtshermeneutischen Differenzierung von Autoritätsstufen der Pentateuchgesetze durch das System der Über- und Unterschriften, so ist zunächst zu konstatieren, dass sich darin die literaturhistorische Genese der Gesetze im Pentateuch niederschlägt. Mit Lev 26,46 endet die pentateuchische Gesetzesoffenbarung *b^{e}har sināy* der Pentateuchredaktion, die im postdtr. Deuteronomium der Pentateuchredaktion *b^e 'ebær hayyarden b^e 'æræṣ mô 'ab* ausgelegt wird.[27] Alle nach Num 1,1 folgenden Gesetze sind postpentateuchredaktionell an die Gesetzesoffenbarung *b^{e}har sināy* bis Lev 26,46 angefügt worden.[28] Die Fabel des Pentateuch reflektiert in synchroner Lesung die Literaturgeschichte des Pentateuch und diese prägt die synchrone Lesung der Fabel des Pentateuch.[29] Mit der Pentateuchredaktion, die die Sinaiperikope zum Ort der Gesetzesoffenbarung *kat' exochen* als Mitte des Pentateuch ausbaute, erlangte die sinaitische Gesetzgebung im 4. Jh. v. Chr. in der Gestalt der Pentateuchredaktion eine derartige Autorität, dass eine Erweiterung durch neue Gesetze nur noch punktuell möglich war. Ein derartiger Fall liegt in Lev 27 vor, doch ist die Logik, die zu einer Integration dieses Kapitels und einer erneuten Abschlussformel in Lev 27,34 führte, erkennbar. In Num 3,1 wird der postendredaktionelle Aaronidenstammbaum Num 3,1-4 auf die Zeit

---

27 Siehe Verf., FAT 30, 156-233.
28 Siehe R. Achenbach, BZAR 3, 443-611. Der diachrone Einschnitt mit dem Levitikusbuch hat C. Nihan (The Holiness Code between D and P. Some Comments on the Function and Significance of Leviticus 17-26 in the Composition of the Torah, in: E. Otto / R. Achenbach [Hrsg.], FRLANT 206, [81-122] 120ff.) veranlasst, die These eines „Tritoteuch" aus der Taufe zu heben. Zu einer derartigen in sich durchaus konsistent argumentierenden These kommt es notwendigerweise, wenn die für die Literaturgeschichte des Pentateuch konstitutive Bedeutung des Deuteronomiums, das einem DtrG zugerechnet wird, nicht erkannt und einseitig die Literaturgeschichte des Pentateuch aus der Priesterschrift und ihren Erweiterungen rekonstruiert wird. Gegen eine brachiale Reduktion des Pentateuch zu einem „Tritoteuch" hilft schließlich die synchrone Lesung der Fabel des Pentateuch, die ohne das Deuteronomium nicht funktioniert.
29 Siehe dazu Verf., Wie „synchron" wurde in der Antike der Pentateuch gelesen?, in: F.-L. Hossfeld / L. Schwienhorst-Schönberger (Hrsg.), „Das Manna fällt auch heute noch". Beiträge zur Geschichte und Theologie des Alten/Ersten Testaments. FS E. Zenger, HBS 44, 2004, 470-485.

der Offenbarung $b^e har\ sin\bar{a}y$ rückgebunden.[30] Lev 27 handelt von der priesterlichen Kompetenz zur Auslösung von Gelübden und den damit verbundenen Regelungen. Die Aaronidengesetze im Gegensatz zu den Levitenregelungen sollten auch postendredaktionell in den Kernbereich der Gesetzespromulgation $b^e har\ sin\bar{a}y$ als den höchster Autorität eingebunden werden.

Die Rechtshermeneutik der Fabel des Pentateuch gewinnt in synchroner Lesung ihre Logik aus der literaturhistorischen Diachronie des Pentateuch. Das gilt auch für das Verständnis des Deuteronomiums als Auslegung der Sinaitora (Dtn 1,1-5) in der synchron gelesenen Fabel des Pentateuch[31], zeigt doch die literaturhistorische Analyse des Deuteronomiums gerade dies, dass es einen Ausgangspunkt in der Revision des Bundesbuches durch auslegende Fortschreibung hatte, wobei der auslegende Text des Deuteronomiums den hermeneutischen Schlüssel der Interpretation des ausgelegten Bundesbuches bildete.[32] Doch nicht nur darin bestätigt die historisch-kritische Analyse der Gesetzeskorpora die Rechtshermeneutik der Fabel des Pentateuch, sondern auch in der Differenzierung zwischen der Gesetzesoffenbarung $b^e har\ sin\bar{a}y$ als dem Kernbereich höchster Autorität und den nachgeordneten, in der Wüste $b^e\ 'ohæl\ m\^o\ 'ed$ gegebenen Gesetzen, die der durch die Pentateuchredaktion formierten Sinaiperikope postendredaktionell angefügt sind. Die heutige Pentateuchforschung ist durch eine Vielzahl von Hypothesen gekennzeichnet, die in ihrer Beliebigkeit Hinweis darauf sind, dass ein im 18. Jahrhundert formuliertes Wissenschaftsparadigma der Alttestamentlichen Wissenschaft[33] an ein Ende gekommen ist.[34] *Die diachrone Arbeit an der Literaturgeschichte des Pentateuch wird in Zukunft nur dann wieder Grund gewinnen, wenn sie die literaturhistorischen Signale, die der Pentateuch in antiker Leseweise enthält, zum Ausgangspunkt nimmt, also mit und nicht gegen den synchron gelesenen Pentateuch arbeitet.*

---

30 Entsprechend wurde auch die Nadab-Abihu-Erzählung in Lev 10 noch postpentateuchredaktionell in den Kernbereich der Sinaiperikope eingeschoben.

31 Siehe dazu auch Verf., Die Rechtshermeneutik der Fabel des Pentateuch. Die synchrone Logik diachroner Transformationen von Hexateuch, Pentateuch und Enneateuch, in: R. Achenbach / M. Arneth / E. Otto, Tora in der Hebräischen Bibel. Studien zur Redaktionsgeschichte und zur synchronen Logik diachroner Transformationen, BZAR 6, 2007 (im Druck).

32 Siehe dazu den diachron-exegetischen Nachweis in Verf., Das Deuteronomium. Politische Theologie und Rechtsreform in Juda und Assyrien, BZAW 284, 1999, 203-364. Von einem „Recycling" des Bundesbuches im Deuteronomium kann keine Rede sein; siehe dazu Verf., Biblische Rechtsgeschichte als Fortschreibungsgeschichte, BiOr 56, 1999, 5-14.

33 Siehe dazu Verf., Bibelwissenschaft I. Altes Testament, RGG⁴ I, (1517-1528) 1524-1528; ders., Pentateuch, RGG⁴ VI, 1089-1102.

34 Siehe Verf., A Hidden Truth Behind the Text or the Truth of the Text. At a Turning Point of Biblical Scholarship Two Hundred Years after De Wette's *dissertatio critico exegetica*. The First Wilhelm Martin Leberecht De Wette Memorial Lecture 2005, 2006.

Der Jubilar hat uns die Frage aufgegeben, wie sich in diachroner Perspektive ein Enneateuch, der auch synchron einen intendierten Lesezusammenhang bildete, zum Pentateuch oder einem Hexateuch, die ebenfalls intendierte Lesezusammenhänge bildeten, verhält.[35] Schlüssel in dieser Frage wird eine Eindeutigkeit in der Differenzierung von Redaktionen und Bearbeitungen sein. Doch sollte es in diesem Beitrag zunächst nur um die Rechtshermeneutik der Fabel des Pentateuch, der kanonischen Tora, in Relation zu ihrer literaturhistorischen Genese gehen.[36]

---

35 Siehe dazu jetzt R. Achenbach, ZAR 11, 122-154; Verf., ZAR 11, 323-345.
36 Zur Verzahnung der pentateuchischen Fabel der Tora mit den Vorderen und Hinteren Propheten der Samuel- und Königsbücher sowie des *„corpus propheticum"*, den Schriften des Psalters und der Weisheitsliteratur siehe R. Achenbach / M. Arneth / E. Otto, Einleitung in die Literaturgeschichte des Alten Testaments, 2007 (im Druck).

Mose in Äthiopien
Zur Herkunft der Num 12,1 zugrunde liegenden Tradition

Thomas Römer

Der verehrte Jubilar hat sich in zahlreichen Veröffentlichungen mit den Mosetraditionen der Hebräischen Bibel auseinandergesetzt. Besonders wichtig waren dabei seine Beobachtungen zu einer nachpriesterlichen, deuteronomisierenden, seiner Meinung nach den gesamten Enneateuch umfassenden, theologischen Redaktion, welche in der Perserzeit noch neue Perspektiven einbringen konnte[1], wie z. B. die Stilisierung Moses als Fürbitter durch die Einfügung der großen Gebete in Ex 32,11-13; Num 14,13-19 und Dtn 9,19.27-29[2]. Das bedeutet, dass im 5. und 4. Jh. v. u. Z. die Mosetraditionen keineswegs abgeschlossen vorlagen, sondern für vielfältige Ausgestaltungen und Neuinterpretationen zur Verfügung standen. Als der Pentateuch gegen Ende der Achämenidenzeit[3] oder zu Beginn des hellenistischen Zeitalters[4] durch die Figur des Moses zur Grundlage des im Entstehen begriffenen Judentums wurde – in gewisser Weise kann die Tora in der Tat als die „Biogra-

---

1   H.-C. Schmitt, Das spätdeuteronomistische Geschichtswerk Gen I – 2 Regum XXV und seine theologische Intention, in: J. A. Emerton (Hrsg.), Congress Volume Cambridge 1995, VT.S 66, 1997, 261-279 = Theologie in Prophetie und Pentateuch. Gesammelte Aufsätze, BZAW 310, 2001, 277-294.

2   Vgl. dazu auch H.-C. Schmitt, Die Erzählung vom Goldenen Kalb Ex. 32* und das Deuteronomistische Geschichtswerk, in: S. L. McKenzie, T. Römer (Hrsg.), Rethinking the Foundations. Historiography in the Ancient World and in the Bible. Essays in Honour of John Van Seters, BZAW 294, 2000, 235-250 = Theologie in Prophetie und Pentateuch, 311-325.

3   So die gängige Meinung; vgl. z. B. E. A. Knauf, Audiatur et altera pars. Zur Logik der Pentateuchredaktion, BiKi 53, 1998, 118-126; E. S. Gerstenberger, Israel in der Perserzeit. 5. und 4. Jahrhundert v. Chr., Biblische Enzyklopädie 8, 2005, 292-322. Die Theorie der sogenannten Reichautorisation braucht hier nicht zu diskutiert werden; vgl. dazu den Sammelband J. W. Watts (Hrsg.), Persia and Torah. The Theory of the Imperial Authorization of the Pentateuch, SBL Symposium Series 17, 2001.

4   So H.-C. Schmitt, Arbeitsbuch zum Alten Testament. Grundzüge der Geschichte Israels und der alttestamentlichen Schriften, UTB 2146, 2005, 243.

phie des Mose"[5] bezeichnet werden – wurden jedoch kaum alle Geschichten
über Mose *in extenso* integriert. Das in letzter Zeit erwachte Interesse an außerbiblischen Mosestraditionen[6] hat die alttestamentliche Wissenschaft mit
der Tatsache konfrontiert, dass zur ausgehenden Perser- und in der hellenistischen Zeit mannigfache Geschichten über Mose zirkulierten, die keinerlei
bzw. eine nur sehr diskrete Aufnahme in die Hebräische Bibel erfuhren.

Bevor wir uns dem eigentlichen Thema dieses Beitrags zuwenden, nämlich der Eruierung einer Tradition, welche von Moses Heldentaten in Äthiopien zu berichten weiß, sollen kurz zwei andere alttestamentliche Anklänge
an außerbiblische Moseüberlieferungen vorgestellt werden.

Mose und die Landnahme

Die Abschiedsrede Samuels in I Sam 12 enthält in V. 8 folgende erstaunliche
Feststellung: „Jakob war nach Ägypten gekommen. (Als die Ägypter sie un-
terdrückten[7]) schrieen eure Väter zu Yhwh, und Jhwh sandte Mose und Aaron. Er führte eure Väter aus Ägypten und ließ[8] sie an diesem Ort wohnen".
Dieser oft als nachdeuteronomistische Interpolation angesehene Vers[9] könnte
in der Tat, wie Ahlström angenommen hat, eine andere Mosetradition widerspiegeln[10]: „Samuel passes over Joshua in silence and even gives the impres-
sion that it was through the agency of Moses and Aaron that Israel was settled in its ‚place'"[11]. In der Tat ist die Figur Josuas in der Hebräischen Bibel
auf das deuteronomistische Schrifttum begrenzt, nämlich die Bücher Dtn und

---

5 Vgl. R. P. Knierim, The Composition of the Pentateuch, SBL Seminar Papers 24, 1985,
   393-415.
6 Vgl. besonders L. L. Grabbe (Hrsg.), Did Moses Speak Attic ? Jewish Historiography and
   Scripture in the Hellenistic Period, JSOT.S 317, 2001; T. Römer, La construction d'une
   „vie de Moïse" dans la Bible hébraïque et chez quelques auteurs hellénistiques, Transver-
   salités 85 (2003), 13-30. Als Vorläufer dieses Interesses kann S. E. Loewenstamm, The
   Evolution of the Exodus Tradition, 1992, angesehen werden.
7 Dieser Satz fehlt im MT, ist jedoch von LXX und 4QSam bezeugt. Möglicherweise liegt
   ein Homoioteleuton vor, vgl. W. Nowack, Richter, Ruth und Bücher Samuelis, HAT I/4,
   1902, 53.
8 Im MT stehen beide Verben im Plural und beziehen sich auf Mose und Aaron, wohinge-
   gen LXX und andere Versionen den Singular bieten. Falls der Singular Mose und nicht
   Jhwh als Handelnden präsentieren sollte, wäre der MT als *lectio facilior* anzusehen.
9 M. Noth, Überlieferungsgeschichtliche Studien. Die sammelnden und bearbeitenden
   Geschichtswerke im Alten Testament (1943), 1967, 59 Anm. 3; nach E. Aurelius, Zukunft jenseits des Gerichts. Eine redaktionsgeschichtliche Studie zum Enneateuch,
   BZAW 319, 2003, 180-182, setzt I Sam 12,8 die priesterschriftliche Geschichtsdarstellung voraus.
10 G. W. Ahlström, Another Moses Tradition, JNES 39, 1980, 65-69.
11 A. G. Auld, The Former Prophets, in: Samuel at the Treshold. Selected Works of Graeme
    Auld, SOTS Monograph Series, 2004, 11-25, 22-23.

Jos, und einige Stellen im Pentateuch, die seine Rolle in denselbigen vorbereiten[12]. Josua erscheint weder in den Propheten noch in den Geschichtsabrissen der Psalmen. Somit ist es keineswegs ausgeschlossen, dass es eine Tradition gab, nach welcher Mose selbst die Israeliten in ihr Land gebracht hätte[13]. Eine solche Tradition scheint auch Hekataios von Abdera vorauszusetzen, welcher wohl zwischen 320-300 ein ethnographisches Werk über Ägypten und die Ägypter verfasst[14]. In einem Exkurs über die Juden[15] findet sich eine Darstellung, nach welcher Mose, der mit den Gründern griechischer Kolonien gleichgesetzt wird, die aus Ägypten vertriebenen Fremden in Judäa ansiedelt und die Stadt Jerusalem gründet[16]. Man kann natürlich annehmen, dass diese Schilderung mit den griechischen Gründungslegenden konform gehen will. Allerdings hat Hekataios zweifellos jüdische Gewährsleute in Ägypten gehabt[17] und demzufolge seine Angaben über Mose nicht selbst erfunden. Vielleicht hatte er sogar Kenntnis eines schriftlichen Dokuments aus welchem er die Schlussbemerkung zitiert: „Am Schluss der Gesetzestexte steht: ‚Dies ist es, was Mose von Gott gehört und den Juden gesagt hat'". Wenn es sich dabei um eine freie Wiedergabe des Endes von Lev oder Num handeln würde[18], hätten Hekataios' Informanten ihm eine Art Trito- oder Tetrateuch resümiert[19] ohne die Landnahme unter Josua. In dieselbe Richtung könnte

---

12 Ex 17,9-14; 24,13; 32,17; 33,1; Num 11,28; 13,6; 14,6.30.38; 26,65; 27,18.22; 32,12.28; 34,17. Außerhalb von Ex – Jos ist Jos nur noch in I Chr 7,27 erwähnt, dort jedoch ohne jegliche Anspielung auf eine kriegerische Landnahme.

13 Dass die Deuteronomisten Mose außerhalb des Landes hätten sterben lassen, um den unehrenhaften Tod des Josia zu erklären, wie Ph. Guillaume, Did Moses Die Before Entering Canaan? A Reply to S. A. Nigosian, Theological Review 24 (2003), 41-54, behauptet, ist eine am Text nicht zu belegende Spekulation.

14 Zur zeitlichen Ansetzung vgl. G. E. Sterling, Historiography and Self-Definition. Josephos, Luke-Acts and Apologetic Historiography, NT.S 64, 1992, 78, und B. Bar-Kochva, Pseudo Hecateus On the Jews. Legitimizing the Jewish Diaspora, 1996, 15.

15 Dieses Fragment ist bei Photius erhalten, der aus der historischen Bibliothek des Diodoros von Sizilien zitiert. Zum Text vgl. M. Stern, Greek and Latin Authors on Jews and Judaism. Vol. I: From Herodotus to Plutarch, 1974, 26-35.

16 Interessanterweise ist in I Sam 12,8 vom מקום die Rede, welcher im dtr. Umfeld oft die Stadt Jerusalem bezeichnet (vgl. nur Dtn 12).

17 E. Will, C. Orrieux, Iuodaïsmos-Hellénismos. Essai sur le judaïsme judéen à l'époque hellénistique, 1986, 85-87.

18 T. Reinach, Textes d'auteurs grecs et romains relatifs au judaïsme, 1895, 18 Anm. 2, erwägt Lev 27,34 (26,46); L. L. Grabbe, Jewish Historiography and Scripture in the Hellenistic Period, in: Did Moses Speak Attic?, 129-155, 132, denkt an Lev 27,46 oder Num 36,13. Für andere Vorschläge vgl. J. G. Gager, Moses in Greco-Roman Paganism, SBL Monograph Series 16, 1972, 32.

19 Oder besser gesagt: eine Mosegeschichte mit Einzug in das Land unter demselben. Anscheinend kannte Hekataios auch keine Erzvätertradition. Flavius Josephus und Clemens von Alexandrien schreiben ihm zwar ein Werk über Abraham zu, dabei dürfte es sich jedoch um religiöse Propaganda handeln, vgl. dazu Stern, Fragments, 22.

auch Hekataios' Behauptung weisen, dass die Juden nie Könige gehabt hätten, welche sich aus seiner Unkenntnis der Bücher Sam – Reg herleiten könnte. Allerdings kann sich eine solche Negation auch aus der Situation der
Diasporajuden erklären, welche der Idee einer politischen Autonomie Judäas
feindlich gegenüber standen[20]. Immerhin zeigt Hekataios, dass bei den Juden
in Ägypten gegen Ende der Perser- und zu Anfang der hellenistischen Zeit
Moseüberlieferungen im Umlauf waren, welche dem biblischen Geschichtsbild nicht entsprechen. Eine nichtbiblische Mosetradition klingt vielleicht
auch in Ex 4,6-8 an.

Mose und der Aussatz

Im zweiten Teil der Berufungsgeschichte Moses, dessen Zugehörigkeit zu
den spätesten Texten des Pentateuch H.-C. Schmitt bereits 1982 aufgewiesen
hat[21], finden sich drei voraus verweisende Zeichen, mit welchen Jhwh Moses
zukünftige Rolle darstellt. Dabei ist klar ersichtlich, dass das erste Zeichen
(Ex 4,3-4: die Verwandlung von Moses Stock in eine Schlange) auf die Er-
öffnungsgeschichte der Plagenerzählungen anspielt (Ex 7,8-13), und das dritte Zeichen (Ex 4,8-9) auf die erste eigentliche „Plage" (die Verwandlung des
Nilwassers in Blut; Ex 7,14-25). D. h., das erste und dritte Zeichen beziehen
sich zusammen auf die Eröffnung der Auseinandersetzungen Moses mit Pharao in Ex 7. Die dazwischen stehende Episode, in welcher Moses Hand aus-
sätzig und danach wieder geheilt wird (Ex 4,6-9), fügt sich schlecht in diesen
Zusammenhang. Bisweilen wird hier Raschi folgend eine Anspielung auf
Miriams Aussatz in Num 12 angenommen[22], doch dies erscheint im Zusammenhang von Ex 4 wenig überzeugend. Das Motiv des Aussatzes hängt mög-

---

20 D. Mendels, Hecataeus of Abdera and a Jewish *patrios politeia* of the Persian Period
    (Diodorus Siculus XL,3), ZAW 95 (1983), 95-110, 101-104.
21 Vgl. dazu besonders H.-C. Schmitt, Redaktion des Pentateuch im Geiste der Prophetie.
    Beobachtungen zur Bedeutung der „Glaubens"-Thematik innerhalb der Theologie des
    Pentateuch, VT 32 (1982), 170-189 = Theologie in Prophetie und Pentateuch, 220-237.
    Die Spätdatierung von Ex 4,1-17 ist heute über exegetische Schulen hinaus anerkannt.
    Vgl. z. B. C. Levin, Der Jahwist, FRLANT 157, 1993, 326-333; J. C. Gertz, Tradition
    und Redaktion in der Exoduserzählung. Untersuchungen zur Endredaktion des Penta-
    teuch, FRLANT 186, 1999, 305-327 (der 4,1-17 m. E. zu Recht der „Endredaktion" zu-
    schreibt); E. Blum, Die literarische Verbindung von Erzvätern und Exodus. Ein Gespräch
    mit neueren Forschungshypothesen, in: J. C. Gertz / K. Schmid / M. Witte (Hrsg.), Ab-
    schied vom Jahwisten. Die Komposition des Hexateuch in der jüngsten Diskussion,
    BZAW 315, 2002, 119-156, 124-130.
22 G. Fischer, Jahwe, unser Gott: Sprache, Aufbau und Erzähltechnik in der Berufung des
    Mose; Ex. 3-4, OBO 91, 1989, 177 Anm. 12; K. Schmid, Erzväter und Exodus. Untersu-
    chungen zur doppelten Begründung der Ursprünge Israels innerhalb der Geschichtsbü-
    cher des Alten Testaments, WMANT 81, 1999, 205.

licherweise mit einer bei Autoren der hellenistischen Zeit (insbesondere bei Manetho[23]) belegten Tradition zusammen, wonach Mose der Anführer einer Gruppe von in Ägypten lebenden Aussätzigen war[24]. Vielleicht versucht Ex 4,6 diese Tradition polemisch abzuweisen ohne sie jedoch en détail aufzuführen. Auf jeden Fall ergibt Ex 4,6-9 auf dem Hintergrund außerbiblischer Traditionen einen klar verständlichen Sinn. Dies ist auch der Fall für die Behauptung von Num 12,1, gemäß welcher Mose eine kuschitische Frau geheiratet hatte.

Mose in Äthiopien

Der wohl nachpriesterliche Text Num 12[25] verbindet zwei Protestgeschichten, in welchen Mose von Miriam und Aaron angegriffen wird: in V. 2-9 wird Moses Sonderstellung bestritten und von Jhwh bestätigt, in V. 1.10-15 opponiert Miriam[26] gegen die äthiopische Frau ihres Bruders, und wird dafür von Jhwh sanktioniert. Die Erwähnung einer kuschitischen Frau in Vers Num 12,1, der eine erneute Eheschließung des Mose voraussetzt[27], hat bereits Ibn Esra und andere jüdische Kommentatoren verwirrt, die sich deshalb bemüht haben, diese Frau mit Zippora gleichzusetzen. Viele neuere Exegeten sind

---

23 Vgl. die kritische Ausgabe des bei Flavius Josephus (Contra Apionem) zitierten Textes bei G. P. Verbrugge / J. M. Wickersham, Berossos and Manetho Introduced and Translated. Native Traditions in Ancient Mesopotamia and Egypt, 2000; zu Manethos Darstellung des Exodus vgl. weiter J. Yoyotte, L'Egypte ancienne et les origines de l'antijudaïsme, RHR 163, 1963, 133-143; Y. Volokhine, L'Egypte et la Bible: histoire et mémoire. A propos de la question de l'Exode et de quelques autres thèmes, BSEG 24 (2000-2001), 83-106.

24 Vgl. dazu die Übersicht bei Ph. Borgeaud, Aux origines de l'histoire des religions, La Librairie du XXIe siècle, 2004, 173-176. Die Frage, ob die Identifizierung des Osarseph mit Mose nachmanethonisch ist, wie oft angenommen wird (vgl. Stern, Fragments, 86; E. S. Gruen, Heritage and Hellenism: The Reinvention of Jewish Tradition, 1998, 41-72), mag hier auf sich beruhen.

25 Zu neueren Analysen dieses Textes vgl. U. Rapp, Mirjam. Eine feministisch-rhetorische Lektüre der Mirjamtexte in der hebräischen Bibel, BZAW 317, 2002; T. Römer, Das Buch Numeri und das Ende des Jahwisten. Anfragen zur „Quellenscheidung" im vierten Buch des Pentateuch, in: Abschied vom Jahwisten, 215-231; C. Uehlinger, „Hat YHWH denn wirklich nur mit Mose geredet?" Biblische Exegese zwischen Religionsgeschichte und Theologie am Beispiel von Num 12, BZ 47 (2003), 230-259; R. Achenbach, Die Vollendung der Tora: Studien zur Redaktionsgeschichte des Numeribuches im Kontext von Hexateuch und Pentateuch, BZAR 3, 2003, 267-301. Zu einer Zuschreibung der Grundschrift an einen königszeitlichen Jahwisten vgl. dagegen H. Seebass, Numeri, BK.AT IV/2.1-5, 1993-2002, 60-67.

26 Vgl. die *3.pers.fem.sg.* in 12,1.

27 Vgl. dazu ausführlich Seebass, Numeri, 62-63.67-68.

ihnen dabei gefolgt[28]. Allerdings lässt sich diese Gleichsetzung nicht aufrecht
erhalten[29], denn der Text suggeriert klar eine neue Heirat mit einer äthiopischen Frau[30]. Damit stellt sich die Frage nach der Herkunft einer solchen Notiz, die in den einschlägigen Kommentaren und Untersuchungen jedoch kaum
näher behandelt wird. Jüngst ist Achenbach diesem Thema ansatzweise nachgegangen und hat Num 12,1 als „Überlieferungselement einer wohl aus der
ägyptischen Diaspora stammenden Moselegende gedeutet[31]. Dies ist in der
Tat der richtige Ansatz. Im Folgenden soll versucht werden, den Ursprung
und das Profil dieser Tradition näher zu bestimmen, und zwar anhand einer
bei Artapanos und Flavius Josephus begegnenden Erzählung über „Moses in
Äthiopien".

Artapanos, ein zwischen 250 und 100 v. u. Z. in Ägypten wirkender jüdischer Autor, dessen Werk (wohl auszugsweise) über Alexander Polyhistor
bei Eusebius (Praep. IX,27) erhalten ist[32], sowie Flavius Josephus, welche
beide die Septuaginta kennen und benutzen[33], schieben in ihre Nacherzählung
des biblischen Stoffes von Moses Jugend beide eine Episode über einen Aufenthalt Moses in Äthiopien ein[34].

28 Z. B. J. de Vaulx, Les Nombres, Sources Bibliques, 1972, 159; T. Staubli, Die Bücher
   Levitikus und Numeri, NSK.AT 3, 1996, 248, und auch H.-C. Schmitt, Arbeitsbuch, 92.
29 Vgl. auch Achenbach, Vollendung, 275-276 mit Anm. 44.
30 Dies kann nur bestritten werden, indem man dem hebräischen Text Gewalt antut, wie
   z. B. die rabbinische Interpretation, die den Vers auf die Keuschheit des Mose umdeutet,
   welcher sich geweigert hätte, mit seiner Frau zu schlafen. Vgl. J. Milgrom, Numbers. The
   Traditional Hebrew Text with the New JPS Translation, JPS Torah Commentary, 1990,
   93.
31 Achenbach, Vollendung, 281.
32 Der *terminus ad quem* ist das Werk des Polyhistor, der *terminus a quo* ist wohl Manetho,
   den Artapanos widerlegen will; vgl. dazu auch C. R. Holladay, Fragments from Hellenistic Jewish Authors. Volume I: Historians, Texts and Translations 20. Preudepigrapha
   Series 10, 1983, 189-190. Zu Artapanos vgl. weiter ders., Art. „Artapanus", ABD 1,
   1992, 461-463 und E. Koskenniemi, Greek, Egyptians and Jews in the Fragments of Artapanus, JSP 13 (2002), 17-31. Eine deutsche Übersetzung findet sich bei N. Walter,
   Fragmente jüdisch-hellenistischer Historiker, JSHRZ 1/2, 1976.
33 Vgl. dazu bereits J. Freudenthal, Alexander Polyhistor und die von ihm erhaltenen Reste
   judäischer und samaritanischer Geschichtswerke, Hellenistische Studien 1-2, 1875, 152.
   215-216; Holladay, Fragments, 197 Anm. 19; U. Mittmann-Richert, Historische und le-
   gendarische Erzählungen, JSHRZ VI 1/1. Supplementa, 2000, 193.
34 Bei Artapanos findet sich dazu noch eine wahrscheinlich von Hekataios beeinflusste
   Darstellung Moses als Kultur- und Kultusbringer Ägyptens, welcher ihm oft negative
   Einschätzungen („Synkretismus") eingebracht hat (vgl. Freudenthal, Polyhistor, 155:
   „Wirrkopf"). Dies kann hier auf sich beruhen. M. E. kann sich Artapanos Darstellung gut
   aus dem Kontext einer „liberalen" jüdischen Diaspora verständlich machen lassen.

Artapanos zufolge rufen Moses außergewöhnliche Fähigkeiten und Beliebtheit die Eifersucht des Pharaos Chenephres[35] hervor. Dieser sendet Mose mit einer Armee von Bauern gegen die Äthiopier in einen zehn Jahre dauernden Krieg. Moses gründet an dem Ort, an welchem er sein Lager aufgeschlagen hat, die Stadt Hermupolis[36] und heiligt dort den Ibis. Mose ist bei den Äthiopiern, deren Feind er eigentlich ist, so beliebt, dass diese von ihm die Beschneidung übernehmen. Nachdem sein Plan gescheitert ist, teilt Chenephres das Heer des Mose auf, schickt einen Teil zum Grenzschutz nach Äthiopien und beauftragt den anderen Teil Diopolis[37] neu zu erbauen unter der Aufsicht eines gewissen Nacheros[38]. Der Pharao engagiert schließlich einen gewissen Chanethothes, der Mose während des Begräbnisses seiner Adoptivmutter Merris[39] umbringen soll. Diese wird von Mose in der Stadt Meroë bestattet, die Mose ihr zu Ehren gründet. Von seinem Bruder Aaron über das Komplott in Kenntnis gesetzt, tötet Mose Chanethoth und flieht nach Arabien. An diesem Punkt nimmt Artapanos den Faden der biblischen Darstellung (Ankunft bei Raguel) wieder auf.

Dieser Bericht eines äthiopischen Kriegszugs bringt Mose in enge Beziehung mit dem Land Kusch; es ist unwahrscheinlich, dass Artapanos diese Legende frei erfunden hat. Für einige Motive basiert seine Darstellung vielleicht auf der des Hekataios[40]; die enge Beziehung zu Äthiopien findet sich hingegen erst wieder bei Flavius Josephus. Dieser berichtet in Ant. II, 238-256, dass während Moses Jugend die Äthiopier Pharaos Armee besiegt und das Land Ägypten besetzt hatten. Voller Beunruhigung bitten die Ägypter Thermutis, ihren Adoptivsohn an die Spitze der ägyptischen Armee zu stellen, und dieser erweist sich als vorbildlicher Feldherr. Um die bedrohlichen Wüstengebieten sicher durchqueren zu können, nimmt er in Papyruskäfigen

---

35 Die Herkunft dieses Namens ist unsicher. R. Krauss, Moïse le Pharaon, 2000 (die deutsche Ausgabe: Das Moses-Rätsel: auf den Spuren einer biblischen Erfindung, 2001, war mir nicht zugänglich) interpretiert den Namen als Regierungsnamen des Pharaos Amasis (570-526). Aber wie mir freundlicherweise Dr. Youri Volokhine, Genf, mitteilt, ist dieser legendäre Pharao in den griechischen Quellen (auch bei Manetho) nur als Amasis bekannt.

36 Artapanos setzt Mose mit Hermes bzw. Thot dessen hellenistischem Äquivalent gleich.

37 Diese Notiz erinnert an Israels Fronarbeit in Ex 1,11, die sonst bei Artapanos nicht näher erwähnt ist. Diopolis meint hier sicher Theben, die Stadt des Gottes Amon (von den Griechen mit Zeus identifiziert); vgl. Holladay, Fragments, 237 Anm. 64.

38 Der ganze Abschnitt IX,12-14 ist unklar. Polyhistor hat den Text des Artapanos wohl schlecht zusammengefasst bzw. unglücklich gekürzt. Vgl. Koskenniemi, Fragments, 29.

39 Dieser Name kann auf Isis anspielen, oder allgemein ägyptische Frauennamen („die geliebte") nachahmen. Bei Artapanos bereitet der Name die „Etymologie" von Meroë vor. Bei Josephus heißt Moses Adoptivmutter Thermutis. Zu anderen Namen vgl. Holladay, Fragments, 231 Anm. 37.

40 So z. B. Borgeaud, sources, 128. Bei Hekataios findet sich das Motiv des Kulturbringers. Auch in dessen Bericht führt Mose Kriege, allerdings nicht in Äthiopien.

Ibisse mit, welche die sich dort befindenden Schlangen unschädlich machen. Das von Mose geführte, anscheinend aus Hebräern und Ägyptern bestehende Heer belagert schließlich die Stadt Saba, „die Königsstadt Äthiopiens ..., die später Kambyses nach seiner Schwester Meroë nannte"[41]. Während es verliebt sich die äthiopische Königstochter Tharbis[42] in Mose und bietet ihm die Ehe an. Mose akzeptiert unter der Bedingung, dass sie ihm die Stadt übergeben würde. Damit sind die Äthiopier endgültig besiegt. Bei seiner Rückkehr nach Ägypten erwecken seine Erfolge den Neid der Hofbeamten und des Königs, die ihn töten wollen, so dass er nach Madian flieht.

Im Vergleich zu Artapanos bietet Josephus einen weit ausführlicheren Bericht von Moses Kriegszug gegen die Äthiopier, er schweigt hingegen über Mose als Urheber ägyptischer religiöser Bräuche, was nicht weiter erstaunlich ist. Davon abgesehen bieten beide Autoren denselben Erzählfaden[43]:

- die Äthiopier bedrängen Ägypten
- Mose wird (mit Hintergedanken) als Heerführer eingesetzt;
- Ibisse werden besonders erwähnt;
- Mose erringt den Sieg und wird von den Äthiopiern geschätzt;
- seine Rückkehr provoziert neue Intrigen gegen ihn.

Allerdings findet sich ebenfalls eine Reihe von Unterschieden:

- Bei Artapanos leitet Mose ein aus Bauern bestehendes Heer, bei Flavius Josephus eine professionelle aus Ägyptern und Hebräern bestehende Armee (II,243-253);
- der Ibis erscheint in verschiedenen Kontexten: bei Artapanos führt Mose die Verehrung des Ibis ein, nach Flavius Josephus hat er eine lebenswichtige Funktion bei dem Durchzug durch die Wüste[44].

Flavius Josephus erzählt die Bestattung von Moses Stiefmutter nicht; dahingegen spielt jedoch Saba-Meroë auch bei ihm eine wichtige Rolle, denn Moses äthiopische Frau wird in dieser Stadt angesiedelt.

---

41 Zitat aus: Des Flavius Josephus Jüdische Altertümer übersetzt und mit Einleitung und Anmerkungen versehen von Heinrich Clementz, 1959, I, 116.
42 Die Etymologie des Namens ist unklar. Achenbach. Vollendung, 281, erwägt einen Zusammenhang mit תרבית („Zinsertrag") oder תרביץ („Garten"). Bei Titus Livius findet sich die Geschichte einer Tarpeia, welche die Zitadelle von Rom den Sabinern ausliefert (I,11). Für weitere Parallelen zu dem Motiv der Auslieferung einer Stadt durch eine (verliebte) Frau vgl. L. H. Feldman, Josephus's Interpretation of the Bible, 404 Anm. 60.
43 Vgl. auch G. E. Sterling, Historiography, 1992, 269.
44 Immerhin findet sich bei Artapanos die Bemerkung, dass der Ibis für den Menschen gefährliche Tiere tötet (Praep. IX,27,9).

Wie sind nun die Parallelen sowie die Differenzen beider Erzählungen zu erklären? Drei Möglichkeiten können in Erwägung gezogen werden.

a) Flavius Josephus' Erzählung ist von der des Artapanos unabhängig; es handelt sich um eine Art Midrasch, dessen Anliegen es ist, die Bemerkung von Num 12,1 begreiflich zu machen[45]. Allerdings fehlt damit eine Erklärung der zahlreichen zwischen Josephus und Artapanos bestehenden Parallelen. Es ist sehr unwahrscheinlich, dass Josephus völlig frei formuliert hat, wie einige Inkohärenzen im Kriegsbericht zeigen[46]; auch die Erwähnung der Ibisse zeigt die Abhängigkeit von einer Quelle, denn diese „does not suit Josephus at all well for it is unlikely that he carried in his head knowledge of Greek writers' view about ibises"[47].

(b) Könnte also Flavius Josephus direkt von Artapanos oder von einer überarbeiteten Version desselben direkt abhängig sein?[48] Josephus hat wahrscheinlich Artapanos gekannt[49], ohne dessen Text jedoch zu übernehmen, anderweitig müssten sich wörtliche Parallelen aufzeigen lassen (vgl. z. B. die Abhängigkeit der Chr von Sam-Reg, bzw. einer älteren Vorlage von Sam-Reg), die von einer möglichen Ausnahme abgesehen[50], nicht vorliegen. Auch sprechen die bereits erwähnten Differenzen gegen eine direkte Übernahme von Artapanos' Werk bei Josephus.

(c) Somit bleibt als einzige Möglichkeit die Annahme einer gemeinsamen Quelle. Nach I. Lévy ist das Thema der „conquête éthiopienne … un plagiat fait à Hécatée"[51], aber diese Behauptung lässt sich nicht beweisen, da in dessen Judäer-Exkurs Äthiopien nicht erwähnt wird[52]. Anscheinend hat man eine gemeinsame mündliche Tradition anzunehmen, die Artapanos und Josephus frei aufnehmen und ihren Bedürfnissen angepasst gestalten. Diese mündliche Tradition über Mose in Äthiopien hat folgende Elemente enthalten:

---

45 So z. B. H. S. J. Thackeray, Josephus: The Man and the Historian (1929) Neudruck 1967, 269.

46 Nach II,249 werden die Äthiopier in ihrer Hauptstadt belagert; in 253b (vgl. auch 240) befinden sie sich auf ägyptischem Territorium; vgl. F. Josephus, Judean Antiquities 1-4. Translation and Commentary by Louis H. Feldman, Flavius Josephus. Translation and Commentary 3, 2000, 204-205, Anm. 683.

47 T. Rajak, Moses in Ethiopia: Legend and Literature, JJS 29 (1978), 111-122, 117.

48 Vgl. Freudenthal, Polyhistor, 170-174; Walter, Fragmente, 130 Anm. 7b; Holladay, Fragments, 235 Anm. 65. Nach B. Z. Wacholder, Nicolaus of Damascus, University of California Publications in History 75, 1962, 57-58, wäre Josephus von einer von Nikolaus von Damaskus überarbeiteten Version des Artapanos abhängig. Dies ist unbeweisbar.

49 Freudenthal, 169-170; Sterling, Historiography, 279.

50 Vgl. Praep. IX,27,31, und Ant. II,304 (freundlicher Hinweis von Herrn Dr. René Bloch, Bern). Aber auch an dieser Stelle ist die Parallele nicht wortwörtlich.

51 I. Lévy, Moïse en Ethiopie, REJ 53 (1907), 201-211, Zitat 209.

52 Man nimmt zwar an, dass Diodoros weit gehend von Hekataios abhängig ist, da er jedoch nicht zitiert, lässt sich Hekataios' Werk über Ägypten nicht rekonstruieren.

- einen von Mose geführten Krieg gegen die Äthiopier;
- die Verwendung von Ibissen um die Schlangengefahr abzuwehren;
- einen Aufenthalt Moses in der Hauptstadt der Äthiopier;
- seine Heirat mit einer äthiopischen Frau.

Selbst wenn diese Episode bei Artapanos fehlt, muss sie der ursprünglichen Tradition zugerechnet werden; es ist sogar möglich, dass dieses Element erst von Alexander Polyhistor zensiert wurde, der nachweislich auch anderweitig seine Quellen kürzt[53]. Damit können wir die Ursprünge der Mose-in-Äthiopien-Tradition folgendermaßen rekonstruieren.

Eine aus der Perserzeit stammende Erzählung über Moses Erfolge in Äthiopien

(a) Moses Kriege gegen Äthiopien

Eine historische Basis für dieses Motiv ist, obwohl bisweilen angenommen, kaum auszumachen[54]. Man kann jedoch den Antagonismus zwischen Ägypten und Kusch in Anschlag bringen, welcher den in Ägypten lebenden Judäern sicher bekannt war. Präziser könnte man an die äthiopische Invasion Ägyptens zwischen 728-672 denken[55], die mit dem Szenario des Artapanos durchaus übereinstimmt, der anscheinend zwei gleichzeitig regierende Könige in Ägypten voraussetzt (Praep. IX,27,3). Die Kriege gegen Äthiopien werden jedoch auch seit der Perserzeit zu einem literarischen Topos, welcher insbesondere in der populären Sesostris-Legende[56] zum Ausdruck kommt, die beträchtliche Parallelen mit der von Josephus und Artapanos verwendeten Tradition aufweist[57]. Diese Legende, die anscheinend Traditionen über Se-

---

53 Vgl. Koskenniemi, Fragments, 29. Die Heirat mit einer ausländischen Frau hätte den liberalen Artapanos kaum gestört, dessen Darstellung mit den Ideen der sog. Diaspora-Novellen, wie z. B. der Josephsgeschichte in Gen 37-50* durchaus verwandt sind.

54 Vgl. z. B. die Identifikation Moses mit dem unter Ramses II. bezeugten Gouverneur von Kusch Messouy. Jüngst hat der Ägyptologe Krauss vorgeschlagen in dem Usurpator Amon-masesa, den er mit dem Vize-König von Kusch Masesaya identifiziert (Moïse, 123-158), den Ursprung der biblischen und außerbiblischen Moselegenden zu sehen. Diese These scheint jedoch bereits im ägyptologischen Bereich durch zu viele Spekulationen belastet.

55 Vgl. z. B. D. B. Redford, From Slave to Pharao. The Black Experience of Ancient Egypt, 2004.

56 M. Braun, History and Romance in Graeco-Oriental Literature (1938), reprint 1987, 13-18.

57 Vgl. D. L. Tiede, The Charismatic Figure as Miracle Worker, SBLDS 1, 1972, 153-167.

sostris III. und Ramses II. kombiniert[58], ist seit Herodot literarisch bezeugt (II,102-110; vgl. auch Diodoros I; LIII-LVIII). Sesostris ist zugleich ein begnadeter Gesetzgeber und Staatsmann, der Ägypten in Verwaltungseinheiten aufteilt (Herodot II,109; Diod. I, LIV,3); dasselbe sagt Artapanos über Mose (Praep. IX,27,3), welcher wie Diodoros 36 Regionen erwähnt. Wie Artapanos die Beschneidung mit Mose in Zusammenhang bringt, erwähnen Herodot (II,104) und Diodoros (I, LV,5) diese bei Sesostris. Dieser ist jedoch vor allem ein brillanter Feldherr, der siegreich gegen Äthiopien zu Kriege zieht (so auch bei Strabo, XVI,4.4.), wie Mose bei Artapanos und Josephus. Auch Sesostris wird am ägyptischen Hof angefeindet, als er von seinem Äthiopienfeldzug zusammen mit seiner Frau zurückkehrt (vgl. Herod. II,107, Diod. I, LVII, 7-8 mit Praep. IX,27,11-18 und Ant. II,254-256), und kann wie Mose einem geplanten Attentat entgehen.

Demnach hat sich die von Artapanos und Josephus aufgenommene jüdische Tradition wohl von der Sesostris-Legende inspirieren lassen[59], indem sie aus Mose einen jüdischen Sesostris machte; diese Rezeption wurde durch den wohl bekannten Antagonismus zwischen Ägypten und Kusch favorisiert.

(b) Ibisse und Schlangen

Das Ibis-Thema war anscheinend ein fester Bestandteil der Tradition über Mose; anderweitig hätte sie Flavius Josephus kaum aufgenommen[60]. J. Silver hat vermutet, dass dieses Motiv einen synkretistischen Kult der ägyptischen Diaspora reflektiert, in welchem Mose als ein magischer Heiler verehrt wurde[61]. Interessanterweise identifiziert Artapanos Mose mit Hermes-Thot, dessen Symboltier der Ibis ist. Da Artapanos und die von ihm verwendete Quelle einen liberalen, der Aufnahme ägyptischer Praktiken nicht völlig abgeneigten Judaismus widerspiegeln (vgl. Joseph als ägyptischer Mantiker in Gen 44,5) ist die Erwähnung des Ibis durchaus verständlich, desto mehr, als dieses Tier auch als Ausdruck von Loyalität und Patriotismus galt[62], welche zumindest Teile der Diaspora sicher gegenüber ihrem Gastland an den Tag legen wollten. In diesem Zusammenhang könnte man auch erwägen, ob die Schlangen-

---

58 C. Obsomer, Les campagnes de Sésostris dans Hérodote: essai d'interprétation du texte grec à la lumière des réalités égyptiennes, Connaissance de l'Egypte ancienne 1, 1989.

59 Vgl. auch Tiede, Miracle-Worker, 164, der diese Übernahme jedoch Artapanos zuschreibt.

60 Die bei Josephus belegte Idee, dass Ibisse gefährliche Schlangen töten (Ant. II,247), findet sich bereits bei Herodot (II,75), der von geflügelten Schlangen spricht.

61 D. J. Silver, Moses and the Hungry Birds, JQR 64 (1973), 123-153, 141-143. Zu Mose als Magier vgl. auch J. G. Gager, Moses the Magician: Hero of an Ancient Counter-Culture?, Helios 21 (1994), 179-188.

62 Silver, 140; D. Runnalls, Moses' Ethiopian Campaign, JSJ 14 (1993), 135-156, 151.

erzählung in Num 21 nicht eine „orthodoxe" Reaktion gegenüber der bei Artapanos und Josephus aufgenommenen Tradition darstellt[63].

(c) Moses äthiopische Frau

Die von Artapanos und Josephus bezeugte Tradition, nach welcher Moses bis nach Meroë kommt, überträgt die bei Diodoros (aus Hekataios stammende) Überlieferung, nach welcher der seit der Perserzeit zur Hauptstadt von Kusch gewordene Ort[64] von Kambyses gegründet und nach seiner Mutter benannt worden war (Diod. I, XXXIII,1, vgl. auch Strabo XVII,5). Die Heirat Moses mit einer äthiopischen Prinzessin (vgl. die Heirat Josephs mit einer ägyptischen Priestertochter in Gen 41,45) erklärt sich aus dem Anliegen der ägyptischen Diaspora gegenüber den Jerusalemer Autoritäten die Praktik der Mischehen zu legitimieren. Vielleicht kann man, einer Anregung Diebners folgend[65], den Ursprung der Tradition präziser in der jüdischen Militärkolonie von Elephantine situieren, welche sich in unmittelbarem Kontakt zu den Kuschiten befand. Die Geschichte von Moses äthiopischer Heirat ist demnach eine anti-deuteronomistische „Counter-History"[66], welche vielleicht auch die Erinnerung an kuschitische Frauen der großen Pharaonen verarbeitet[67]. Num 12,1 ist somit nicht Ausgangspunkt, sondern ein diskreter Nachhall einer in der ägyptischen Diaspora wohl höchst populären Mosetradition, welche wie Num 12,1.10-15 jüdisch-kuschitische Mischehen auf Mose zurückführen will. Die große Beliebtheit dieser Tradition in den mittelalterlichen jüdischen Legenden[68] bestätigt deren legitimierende Funktion für die Diaspora.

Zusammenfassend kann gesagt werden, dass die Untersuchung der Äthiopienepisode in den Moseerzählungen des Artapanos und Josephus es erlaubt, eine in der seit der zweiten Hälfte der Perserzeit in der jüdischen Diaspora zirkulierenden Moselegende zu eruieren, die seine militärischen Fähigkeiten,

---

63 Vgl. zu dieser Idee Krauss, Moïse, 95-99, und zu dem ägyptischen Einfluss in Num 21 Seebass, Numeri, 325. Nach E. Aurelius, Der Fürbitter Israels. Eine Studie zum Mosebild im Alten Testament, CB.OT 27, 1988, 151-152, ist Num 21 erst nach dem Pentateuchredaktor in die Wüstenerzählung eingefügt worden.

64 Runnalls, Campaign, 148-149; Redford, Slave, 146.

65 B.-J. Diebner, „...er hatte sich nämlich eine kuschitische Frau genommen" (Num 12,1), DBAT 25 (1988), 75-95.

66 Zum Konzept vgl. A. Funkenstein, History, Counter-History and Memory, in: S. Friedlander (Hrsg.), Probing the Limits of Representation: Nazism and the „Final Solution", 1992, 66-81.

67 Vgl. Runnalls, Campaign, 151.

68 A. Shinan, Moses and the Ethiopian Woman. Sources of a Story in *The Chronicles of Moses*, ScrHier 27 (1978), 66-78.

sein „königliches" Profil, sein Wirken zum Wohle Ägyptens und seine Heirat mit einer äthiopischen Prinzessin (vgl. auch Targum Pseudo-Jonathan zu Num 12) betont. Die Hervorhebung von Moses militärischen Kapazitäten und seiner äthiopischen Frau könnten präziser noch Elephantine als Ursprung dieser Traditionen nahe legen. Es ist schwer auszumachen, ob Manetho diese Tradition kennt, oder ob sie auf antisemitische Manifestationen, die sich sporadisch seit dem Ende des 4. Jh. finden, antworten wollte[69]. Die Hauptanlässe für die Entstehung dieser Erzählung sind jedoch interne Gründe: es ging darum einem „liberalen" Judentum Mosetraditionen zur Verfügung zu stellen, in welchen dieser wie bereits Joseph auch für die Diaspora zu einer Identifikationsfigur werden kann. In den Pentateuch hat diese Überlieferung nur sehr ansatzweise und spät Aufnahme gefunden. Num 12,1 ist nicht der Ausgangspunkt dieser Tradition, sondern deren leiser Widerhall.

Methodologisch gesehen bedeutet dies, dass außerbiblische Mosetraditionen der hellenistisch-römischen Zeit nicht *a priori* als späte midraschartige Weiterführungen des biblischen Textes angesehen werden sollten. Die „Kanonisierung" der Tora bedeutet sicher auch Zensur einiger Überlieferungen[70]. Somit muss bei der Frage der Entstehung der Moseerzählungen[71] mitbedacht werden, dass die Darstellung der Tora nur eine Auswahl von Geschichten darstellt, die über ihn in persischer und griechischer Zeit in Umlauf waren, und die von einem engen Kontakt zwischen Griechenland, Ägypten und Palästina zeugen.

---

69 Bei Manetho flieht der Pharao vor den Hyksos nach Ägypten, vgl. Ap. I,241-251. Vgl. weiter J. J. Collins, Reinventing Exodus: Exegesis and Legend in Hellenistic Egypt, in: J. J. Collins, Jewish Cult and Hellenistic Culture. Essays on the Jewish Encounter with Hellenism and Roman Rule, JSJ.Sup., 2005, 44-57. Für Silver, Birds, 140, „it is impossible now to be certain which document is the earlier, Artapanus' or Manetho's".

70 Vgl. G. Garbini, Myth and History in the Bible, JSOT.S 362, 2003, 65-71.

71 Vgl. dazu Schmitt, Arbeitsbuch, 82-95.

Mose und David. Ein überlieferungs- und redaktionsgeschichtliches Desiderat?

Ernst-Joachim Waschke

I.

Dass Mose und David die beiden herausragenden Gestalten des Alten Testaments sind, steht außer Frage. Dies lässt sich nicht nur statistisch belegen[1], sondern auch an ihrer zentralen Bedeutung für den Aufbau und die Abfolge des alttestamentlichen Kanons zeigen. Rechnet man David seinen Sohn Salomo und die nachfolgenden Jerusalemer Könige zu, dann ließe sich zugespitzt sogar die These formulieren: Die Gestalt des Moses beherrscht den Pentateuch und David und seine Dynastie die übrigen alttestamentlichen Schriften, natürlich mit Ausnahmen und mit unterschiedlicher Wertigkeit.

Umso erstaunlicher ist es allerdings, dass dem Verhältnis der beiden Gestalten, die in einem hohen Maße die Überlieferung, die Literatur und schließlich auch die Redaktion des Alten Testaments bestimmt haben, in der wissenschaftlichen Diskussion kaum größere Beachtung geschenkt worden ist.[2] Dafür mag es verschiedene Gründe geben. Hinsichtlich der historischen Rekonstruktion, die sich für Mose eigentlich verbietet[3] und die für David ebenfalls unsicheren Boden betritt[4], waren, da beide nach der Überlieferung unterschiedlichen Epochen angehören, keine Bezüge festzustellen. Vielmehr schien die Überlieferung die historische Fragestellung insofern zu stützen, als es auf der literarischen Ebene keine Hinweise dafür gibt, dass Mose als ein

---

1 Mose: ca. 700 Belege (Ex – Dtn: 644; Jos 58; Jdc – II Reg: 16; Jes – Mal: 5; Ps: 8; Dan: 2; Esr/Neh: 10; I/IIChr: 21); David: ca. 890 Belege (I Sam – II Reg: ca. 550; Jes – Mal: 32; Ps: 73; Prov – Neh 14; I/II Chr: ca. 220).
2 Die Literatur zu Mose und zu David ist unüberschaubar, aber meines Wissens fehlt bis heute eine einschlägige Arbeit zum Verhältnis der beiden.
3 Vgl. nur R. Smend, Mose als geschichtliche Gestalt, in: ders., Bibel, Theologie, Universität, 1997, 5-20.
4 So jetzt selbst W. Dietrich, Art. „David I. Biblisch 1. Altes Testament", in: RGG⁴, Bd. 1, 1999, 593-596, 593f.

„Urbild" Davids oder David als ein „Moses redivivus"[5] gezeichnet worden wäre. Die Überlieferungen sind, auch wenn sie für beide in die Kindheits- (Ex 1f.) bzw. Jugendzeit (I Sam 16f.) zurückführen, auch wenn beide von Jahwe berufen sind (Ex 3,1ff.; I Sam 16,1ff.) und als Geist begabte Männer gelten (Num 11,17.25; I Sam 16,13; 19,23; II Sam 23,2), von so unterschiedlicher Art, dass an der jeweiligen Eigenständigkeit kaum Zweifel angebracht sind. Nicht zuletzt hat auch die lange Zeit unangefochtene These Martin Noths[6] von einem selbständigen Tetrateuch und einem selbständigen Deuteronomistischen Geschichtswerk kaum Anlass geboten, beide miteinander zu vergleichen. Spätestens seitdem die redaktionsgeschichtlichen Bögen wieder sehr viel weiter gefasst werden, hätte dem Verhältnis zwischen Mose und David als überlieferungs- und Literatur bildende Gestalten doch mehr Aufmerksamkeit geschenkt werden müssen, als dies der Fall ist. Vor allem Lothar Perlitts in einer Anmerkung verborgene These von 1977 ist redaktionsgeschichtlich von kaum zu unterschätzendem Gewicht: „Als die Davidverheißung zur jerusalemischen Davidtheologie heranwuchs, stand ihr ‚Mose' in Gestalt der dtn./dtr. Bundestheologie noch gar nicht im Wege".[7] Unabhängig wie man zu dieser im Grundsatz plausiblen These steht, macht sie zweierlei deutlich: Sie setzt zum einen eine je eigenständige David- und Moseüberlieferung voraus und sie zeigt zum anderen an, dass das Verhältnis der beiden traditionsbildenden Gestalten vor allem auf der redaktionsgeschichtlichen Ebene zu reflektieren ist.

Es ist hier natürlich weder der Ort noch der Raum, um das Problem in seiner ganzen Breite und Tiefe zu entfalten. Im Folgenden handelt es sich vielmehr um den Versuch, einige Linien und Aspekte aufzuzeigen, die für die Frage nach der Redaktionsgeschichte der ersten beiden Teile des alttestamentlichen Kanons von Bedeutung sind und an denen zugleich deutlich wird, dass ein Redaktionsmodell, das die Bücher Genesis bis Regum umfasst, das Verhältnis von Mose und David nicht unberücksichtigt lassen kann.

II.

Dass beide Gestalten durch eigene literarische Überlieferungen geprägt worden sind, ist unstrittig. Unsicherheit besteht allerdings hinsichtlich der Anfänge der jeweiligen Überlieferung, ihrer Abgrenzung im Detail und der zeitlichen Ansetzung. Für David ist mit der sog. Aufstiegs- und Thronnachfolgeerzählung (I Sam 16 – I Reg 2) ein fester literarischer Rahmen gegeben, der

---

5   Vgl. den Titel von A. Bentzen, Messias, Moses redivivus. Skizzen zum Thema Weissagung und Erfüllung, AThANT 17, 1948.
6   M. Noth, Überlieferungsgeschichtliche Studien, 1943, [3]1967.
7   L. Perlitt, Bundestheologie im Alten Testament, WMANT 36, 1969, 49 Anm. 50.

den Aufbau der Samuelbücher bestimmt. Dabei sind aufs Ganze gesehen die Erzählungen der Samuelbücher von ihren Anfängen bis hin zur letzten redaktionellen Ausgestaltung in einer auffallenden Unabhängigkeit von den Überlieferungen des Pentateuchs, einschließlich des Dtn verfasst. Im Blick auf die dtr. Bearbeitungen der Samuel- und Königsbücher lässt sich mit Reinhard G. Kratz jedenfalls das Fazit ziehen: „Während in I-II Reg das Rahmenschema mit einigen wenigen, sich hier und da verbreiternden Episoden ursprünglich und das Gros des Erzählstoffes sekundär ist, ist in I-II Sam der Erzählstoff ursprünglich und der deuteronomistische Rahmen sekundär"[8], wobei allerdings, wenn man die Anhangskapitel II Sam 21-24 nicht der dtr. Redaktion zurechnet[9], gefragt werden kann, ob sich hier überhaupt von einem „deuteronomistischen Rahmen" sprechen lässt. Wie auch immer die Bewertung der dtr. Redaktionen in den Samuelbüchern im Einzelnen ausfällt[10], so ist doch deutlich, dass hier eigene und von den deuteronomistischen Redaktionen weithin unabhängige Überlieferungen vorliegen, die sich offensichtlich nicht völlig nahtlos in das Schema des Richterbuches und in das der Königsbücher einbinden ließen.[11]

Während sich literarisch für David eine eigene, ausschließlich an seiner Person orientierte Überlieferung aufzeigen lässt[12], ist dies für Mose nicht der Fall. Zwar wird man postulieren können oder auch müssen, dass die Gestalt des Mose einer ehemals eigenen Überlieferung entstammt, aber diese ist im Laufe der Geschichte derart übermalt, dass ihr ursprünglicher Kern kaum noch zu bestimmen ist.[13] Anders jedenfalls als David, der durch das Anwachsen seiner Überlieferung als der König Israels schlechthin gezeichnet wird,

---

8 R. G. Kratz, Die Komposition der erzählenden Bücher des Alten Testaments, 2000, 175.

9 Siehe dazu unten.

10 Dtr. Einfluss zeigt sich nach allgemeiner Überzeugung vor allem in den königskritischen Texten von I Sam 8-12, in der Verheißung Nathans (II Sam 7) und seiner Strafrede an David (II Sam 12), sowie möglicherweise in weiteren die Geschichte theologisch interpretierenden Aussagen.

11 Natürlich haben sich auch die Dtr. um literarische Brücken zwischen Jdc und Sam auf der einen und Sam und Reg auf der anderen Seite bemüht. Die deutlichste besteht zwischen Gideons Ablehnung eines dynastischen Herrscherhauses (Jdc 8,23) und den königskritischen Texten von I Sam 8-12. Aber mit den Anhangskapiteln Jdc 17-21 und ihrer Beschreibung der chaotischen Zustände in königsloser Zeit wird eine völlig andere Einleitung für die Entstehung des Königtums geschaffen.

12 Vgl. aus der Fülle an Arbeiten etwa W. Dietrich, David, Saul und die Propheten, BWANT 122, [2]1989, bes. 50ff. und 103ff.

13 Nach E. Otto (Art. „Mose I. Altes Testament", in: RGG[4], Bd. 5, 1534-1538) ist Mose von Anfang an mit dem Ursprung der Jahwe-Religion verbunden und wird zusammen mit dem ebenfalls aus dem Süden stammenden Passafest in Juda tradiert. H.-C. Schmitt (Arbeitsbuch zum Alten Testament, UTB 2146, 2005, 92) hingegen hält Moses Verbindung mit der Exodustradition für ursprünglich.

gewinnt Mose dadurch an Kontur, dass er in die meisten Überlieferungen des Pentateuchs hineingewachsen ist.

Das Nebeneinander bzw. die separate Entwicklung beider Überlieferungen bis zum Untergang Judas wird man sich der These Lothar Perlitts folgend so vorstellen können, dass die Moseerzählungen abseits oder im Schatten der in Jerusalem heranwachsenden Davidtheologie tradiert worden sind. Das gilt selbst noch für die erste deuteronomistische Redaktion[14] der Samuel- und Königsbücher, die die Davidüberlieferung ohne direkten Bezug auf Mose und das Dtn in ihr Werk integriert hat. Zwar teilt David hier als einziger König mit Mose und Josua den Ehrentitel „Knecht Jahwes"[15], aber dabei ist durchaus nicht sicher, dass der Ursprung für die systematische Verwendung dieses Titels bei Mose liegt. Vielmehr wird David in dieser Redaktionsschicht als eine Gestalt von eigenem „kanonischen Rang"[16] gezeichnet. Dies ist anerkanntermaßen darin angezeigt, dass in der ältesten dtr. Königsbeurteilung David und nicht Mose bzw. das „Gesetz des Mose" als Vorbild und Maßstab für alle nachfolgenden Könige gilt.[17] Das „Gesetz des Mose", nach dem dann die Könige bewertet werden, tritt erst in späten dtr. Redaktionen in Erscheinung, wobei sich die entsprechenden Einträge auf die letzten drei großen judäischen Könige nach dem Untergang des Nordreiches Hiskia (II Reg 18,6), Manasse (II Reg 21,8f.) und Josia (II Reg 23,25) beschränken.[18] David hatte seinen Platz sowohl in geschichtlicher wie theologischer Hinsicht längst eingenommen, bevor Mose als Vermittler des Gesetzes Eingang in die Überlieferungen der Samuel- und Königsbücher fand.

Demgegenüber gewinnt Mose in den Überlieferungen des Pentateuchs dadurch eine vergleichbare Bedeutung, dass er zum „Retter" und „Führer" im Exodus, zum „Gesetzgeber" am Sinai und zum „Feldherrn" in der Wüste avanciert. Am Ende dieses Prozesses scheint er jedenfalls „beinahe alle Funktionen und Ämter oder zumindest Aspekte von ihnen in sich versammelt" zu haben, mit einer Ausnahme: „Er hat keine spezifisch königlichen Züge ange-

---

14 Im deutschsprachigen Raum hat sich mit unterschiedlicher Bewertung die Abkürzung DtrH bis in die Lexika und Lehrbücher durchgesetzt.

15 T. Veijola (Die ewige Dynastie. David und die Entstehung seiner Dynastie nach der deuteronomistischen Darstellung, AASF.B 193, 1975, 127f.) rechnet dazu II Sam 3,18; 7,5.8.

16 T. Veijola, Dynastie, a. a. O., 132.

17 Zwar gilt die Stellung zum Jerusalemer Kult von Anfang an als Kriterium für die Beurteilung der Könige in der deuteronomistischen Redaktion, aber es ist dabei durchaus nicht sicher, ob dieses Urteil schon auf der literarischen Vorlage des Zentralisationsgesetzes von Dtn 12 basiert, wie K. Schmid (Das Deuteronomium innerhalb der „deuteronomistischen Geschichtswerke", in: E. Otto / R. Achenbach [Hrsg.], Das Deuteronomium zwischen Pentateuch und Deuteronomistischem Geschichtswerk, FRLANT 206, 2004, 193-211) jüngst betont und zugleich darauf verweist, dass „der literarische Horizont der ältesten Königsbewertung ... nicht über Sam–Kön hinaus(reicht)" (ebd., 205).

18 Vgl. zum Problem und zur Diskussion: E. Aurelius, Zukunft jenseits des Gerichts, BZAW 319, 2003, bes. 6ff., 71ff., 111ff.

nommen"[19]. Wenn Erich Zengers Beobachtung zutreffend sein sollte, dann ließe sich der Verzicht auf die königlichen Insignien für Mose am einfachsten dadurch erklären, dass dieses Amt durch David als Israels idealen König fest besetzt war. Die Überlieferungen und Redaktionen des Pentateuchs und des DtrG hätten dann beide Gestalten ganz bewusst schiedlich, friedlich neben- bzw. nacheinander gestellt. Dass dies so nicht der Fall ist und dass sich das Verhältnis zwischen Mose und David am Ende des gesamten Überlieferungsprozess nicht so konkurrenzlos gestaltet hat, wie es auf den ersten Blick erscheint, soll im Folgenden an einigen Stellen belegt werden.

III.

Eckart Otto hat in jüngster Zeit in mehreren Beiträgen wieder dafür plädiert, die Geburtsgeschichte des Mose nicht nur als Adaption der Sargonlegende zu verstehen, sondern auch entsprechend zu interpretieren.[20] Den Beweis der Abhängigkeit bieten ihm – neben der Tatsache, dass die Sargonlegende im 7. Jh. v. Chr. präsent und im Sinne neuassyrischer Herrschaftslegitimation überarbeitet worden ist – acht Motive, die in beiden Texten übereinstimmen.[21] Er versteht diese Adaption dann im Kontext einer nicht nur auf die Geburtsgeschichte begrenzten „subversive(n) Rezeption zentraler Texte der neuassyrischen Königsideologie", durch die „Mose zum Gegenbild des assyrischen Großkönigs" erhoben wird.[22] Zu diesem Vorgang „subversiver Rezeption" neuassyrischer Texte rechnet er im engeren Umfeld der Moseüberlieferungen dann auch dessen Funktion als „Bundesmittler" und „Gesetzgeber".[23]

---

19 E. Zenger, Art. „Mose/Moselied/Mosesegen/Moseschriften I. Altes Testament", in: TRE 23, 1994, 330-341, 335.

20 E. Otto, Mose und das Gesetz. Die Mose-Figur als Gegenentwurf Politischer Theologie zur neuassyrischen Königsideologie im 7. Jh. v. Chr., in: ders. (Hrsg.), Mose. Ägypten und das Alte Testament, SBS 189, 2000, 43-83; ders., Art. Mose, a. a. O., 1534-1538; ders., Mose. Geschichte und Legende, 2006.

21 Für beide gilt: 1. „nichteheliche Herkunft", 2. „von ihrer Mutter ausgesetzt", 3. „in einen Kasten aus Schilf gelegt", 4. dieser ist „mit Bitumen verstrichen", 5. die Kästen „werden am Flußufer abgelegt", 6. sie „werden durch Zufall gefunden", 7. sie „werden von Stiefeltern adoptiert großgezogen" und 8. haben beide „als Erwachsene eine im Horizont der jeweiligen Politischen Theologie wichtige Mission zu erfüllen" (E. Otto, Mose und das Gesetz, a. a. O., 55).

22 E. Otto, Mose und das Gesetz, a. a. O., 75.

23 „Moses Verbindung mit dem Gesetz wie die Verbindung von Exodus und Bundesschluß am Gottesberg vollzieht sich in den Mose-Erzählungen auf dem Hintergrund der subversiv rezipierten neuassyrischen Prophetenorakel Asarhaddons, die der Legitimation seiner Herrschaft dienen" (E. Otto, Mose und das Gesetz, a. a. O., 63f.).

Dies widerspricht ganz grundsätzlich der Annahme, dass Mose „keine spezifisch königlichen Züge angenommen" hätte.[24] Weist seine Geburtsgeschichte im Rückgriff auf die Sargonlegende einen königsideologischen Hintergrund auf, so hat Mose vor allem als „Gesetzgeber" und Mittler im Verhältnis zwischen Gott und Volk klassische Königsfunktionen besetzt. E. Otto sieht in diesem Prozess „subversiver Rezeption" fast ausschließlich eine Infragestellung der hegemonialen Ansprüche der neuassyrischen Könige sowohl auf politischem als auch auf religionspolitischem Gebiet. Das heißt, es handelt sich hierbei um eine grundsätzliche Auseinandersetzung sowohl mit dem assyrischen Großkönig als auch mit dem assyrischen Staatsgott, die sich seiner Überzeugung nach auch in der weiteren Moserezeption des Dtn, der Priesterschrift und den späteren Redaktionen des Hexateuchs und Pentateuchs analog gegenüber dem neubabylonischen Reich und der persischen Herrschaftsideologie aufzeigen lässt.[25]

Sicher ist nicht zu bestreiten, dass königliche Herrschaftsvorstellungen der Umwelt in Juda und Jerusalem rezipiert worden sind. Ebenso wahrscheinlich ist auch, dass deren Adaption einerseits der Legitimation des eigenen Herrscherhauses dienen und andererseits durch Übertragung auf eine Person außerhalb des etablierten Herrschaftsgefüges gegen die Institution des Königtums selbst verwendet werden konnte. Dass die Gestalt des Mose mit der Geburtsgeschichte im Kontext des Exodus ein entsprechendes königskritisches Potential besaß, liegt auf der Hand. Die Frage ist nur, ob die Übertragung königlicher Funktionen auf Mose tatsächlich und in erster Linie einen Angriff auf die Ansprüche der neuassyischen Hegemonialmacht darstellt, oder ob nicht doch die Annahme näher liegt, dass Mose als kritischer Gegenpart zu jener Institution gezeichnet wird, die zur Zeit der assyrischen Vorherrschaft als Vasall die Großmacht im eigenen Land vertritt, nämlich die davidische Dynastie.[26] Das wird von E. Otto selbst nicht bestritten, wenn er

---

24 E. Zenger, Art. Mose/Moselied/Mosesegen/Moseschriften, a. a. O., 335.

25 E. Otto, Art. Mose, a. a. O., 1536f.

26 Der Unterschied hinsichtlich des Deutungsrahmens lässt sich exemplarisch am Motiv des Widerstandes gegen die Fronarbeit verdeutlichen. E. Otto sieht hier eine Verbindung zwischen dem Bau von Vorratsstädten im Zusammenhang des Frondienstes der Israeliten (Ex 1,11) und der Notiz über den Bau von Vorratsstädten unter der Fron Salomos (I Reg 9,19). An beiden Stellen findet sich מסכנות, ein assyrisches Lehnwort. Der assyrische Hintergrund wird seiner Überzeugung nach zudem durch jene Inschrift Asarhaddons gesichert, nach der Fronleistungen Manasses bei der Erweiterung des königlichen Vorratshauses in Ninive erwähnt werden. Für Otto bedeutet dies, dass der Juda durch Assur im 7. Jh. v. Chr. auferlegte Frondienst in die Exoduserzählung projiziert und Mose zum Gegenpart des Großkönigs stilisiert wird, indem er letztlich Israel vom Frondienst befreit (a. a. O., 59ff.). Demgegenüber verweist Rainer Albertz auf die Parallelen zwischen Mose und Jerobeam im Zusammenhang des Frondienstes in Ägypten und unter Salomo (Widerstand gegen den Frondienst [Ex 2,11-15; I Reg 11,26-28], Flucht [Ex 2,15; I Reg 11,40], Rückkehr nach dem Tod des Bedrückers [Ex 2,23aα + 4,19.20a; I Reg 11,40;

schreibt: „Werden königliche Funktionen in den Mose-Erzählungen als Leerstellen freigelassen oder auf Mose projiziert, so sind sie dem aktuellen staatlichen Zugriff und damit, was das Ziel war, auch der assyrischen Hegemonialmacht, *die sich des judäischen Königs bedient*, entzogen"[27]. Dass für ihn an dieser Stelle das davidische Königtum nur indirekt als Vasall Assurs in den Blick kommt, hängt zum einen an seinem Verständnis des Dtn, das, weil ebenfalls unter „subversiver Rezeption" neuassyrischer Texte, schon in vorexilischer Zeit entstanden sein muss[28], und zum anderen daran, dass er in diesem Zusammenhang die Grundzüge Jerusalemer Königstheologie offensichtlich nur im Rahmen der Königsüberlieferungen des DtrG wahrnimmt. Hier verkörpern die Könige in der Tat nicht das Gesetz, sondern sind ihm unterstellt, und keiner von ihnen vertritt unmittelbar Gottes Gegenwart vor dem Volk. Wenn Mose in den Überlieferungen des Pentateuchs die Funktion des „Gesetzes-" und „Offenbarungsmittlers" übernimmt, dann bildet so gesehen nicht der Jerusalemer König, sondern einer der altorientalischen Großkönige das Gegenbild. Außerhalb der dtr. redigierten Überlieferungen stellt sich die Sache allerdings durchaus anders dar, wie die Königspsalmen belegen.

Natürlich wird man nicht behaupten können, dass sich in den Königspsalmen die Königstheologie Jerusalems mit ihren altorientalischen Einflüssen vollständig und ungebrochen erhalten hat. Dies ist schon deshalb unwahrscheinlich, weil sich keiner dieser Psalmen in der vorliegenden Form in vorexilische Zeit datieren lässt.[29] Dennoch ist der Einfluss altorientalischer, einschließlich neuassyrischer Herrschaftsvorstellungen[30] in diesen poetischen Texten weitaus präsenter als in den narrativen Überlieferungen des DtrG. Das gilt – und nur dies interessiert in diesem Zusammenhang – sowohl für die Vorstellung des Königs als irdischen Repräsentanten Gottes als auch für die des Königs als Träger des Rechts. Die erste Vorstellung ist durch die Aussagen der Gottessohnschaft des Königs (Ps 2,7; 110,3; vgl. auch 89,27) und der

---

12,2*cj.*20] und Verhandlung um Erleichterung des Frondienstes mit dem Nachfolger [Ex 5,3-19; I Reg 12,3b-15]), wobei die Erzählung vom Aufstand Jerobeams gegen Salomo durch ihren Rückbezug auf Mose im Exodus zu einem „Propaganda-Text" wird, der sich, wenn auch wenig wahrscheinlich schon historisch in salomonischer Zeit, „gegen die Herrschaftsansprüche der Davididen" wendet (Religionsgeschichte Israels in alttestamentlicher Zeit 1, ATD Erg. 8/1, 1992, 217ff., 219).

27 E. Otto, Mose und das Gesetz, a. a. O., 65 (Hervorhebung von mir).
28 E. Otto, Das Deuteronomium. Politische Theologie und Rechtsreform in Juda und Assyrien, BZAW 284, 1999, 57ff.
29 Vgl. M. Saur, Die Königspsalmen. Studien zur Entstehung und Theologie, BZAW 340, 2004, zusammenfassend 269ff.
30 Vgl. E. Otto / E. Zenger (Hrsg.), „Mein Sohn bis du" (Ps 2,7). Studien zu den Königspsalmen, SBS 192, 2002, und darin: E. Otto, Politische Theologie in den Königspsalmen zwischen Ägypten und Assyrien: Die Herrschaftslegitimation in den Psalmen 2 und 18 in ihren altorientalischen Kontexten, 33-65; M. Arneth, Ps 72 in seinem altorientalischen Kontext, 135-172.

ihm von Gott übertragenen Weltherrschaft (Ps 2,8f.; 72,8; 89,26) hinreichend bezeugt.[31] Für die zweite Vorstellung lässt sich neben der allgemeinen Auffassung vom König als Wahrer von Recht und Gerechtigkeit auf Ps 72 verweisen. Dieser Psalm, redaktionell als Gebet Davids für seinen Sohn Salomo ausgegeben (V. 1aα.20), wird mit der Bitte eröffnet, dass Gott dem König bzw. dem Königssohn seine „Rechtsentscheide" und seine „Gerechtigkeit" übereignen möge (V. 1aβ.b), damit der König als sein Vertreter für die Wohlfahrt des Volkes wirken kann (V. 2-4.12-14). Die *interpretatio Israelitica* besteht nicht einfach darin, dass dem König in diesem Psalm die Verantwortung für die sozial Schwachen der Gesellschaft übertragen wird[32], sondern dass dieser allgemein königsideologische Anspruch des Einsatzes für die *personae miserae* hier von seiner ursprünglich sozialpolitischen in eine „theologische Handlungssphäre" transferiert wird. Wenn dadurch zwar Gott zum eigentlichen König und Gesetzgeber wird, so bleibt doch „der davidische König sein irdischer Repräsentant", wie Bernd Janowski zu Recht mit Verweis auf Jan Assmann feststellt.[33]

Als Träger göttlicher Offenbarung, als Garant für Gottes Gegenwart sowie als Vermittler des Gesetzes tritt Mose in ein deutliches Gegenüber zur Jerusalemer Königsvorstellung, jedenfalls zu der, wie sie in den Königspsalmen belegt ist. Da er diese Funktionen frühestens in der deuteronomistischen und priesterlichen Redaktion des Pentateuchs übernommen hat, also nach dem Ende des davidischen Königshauses, tritt Mose genau genommen nicht mehr in Konkurrenz zu einer bestehenden Institution. Konkurrieren können von diesem Zeitpunkt an nur noch die Tradenten der verschiedenen Überlieferungen, indem sich die Konstitutiva des Jahweglaubens für die einen jetzt mit Mose und der durch ihn vermittelten Tora verbinden, während die anderen an David und den seiner Dynastie gegebenen Verheißungen festhalten.

Für die eine Seite stehen die deuteronomistische und priesterliche Redaktion des Pentateuchs bzw. Hexateuchs und die spätdeuteronomistische Redaktion des DtrG. Für die andere Seite stehen, wenn auch mit Einschränkung, die frühdeuteronomistische Redaktion der Samuel- und Königsbücher, dann aber auch jene Redaktionen, die den Psalter in Bezug auf die Davidtradition gestaltet haben, sowie vergleichbare Redaktionen innerhalb der prophetischen Bücher (vorab Jesaja) und die Chronik.

Aus dieser allgemeinen Gegenüberstellung ergibt sich zunächst ein verwirrendes und im Detail höchst kompliziertes Bild. Um dies zu entschlüsseln, ist es wenig hilfreich, den Faden des Knäuels am Anfang der Überlieferungen

---

31 Vgl. dazu E.-J. Waschke, Der Gesalbte. Studien zur alttestamentlichen Theologie, BZAW 306, 2001, 76ff.

32 Vgl. E. Otto, Politische Theologie, a. a. O., 56f.

33 B. Janowski, Die Frucht der Gerechtigkeit. Ps 72 und die judäische Königsideologie, in: E. Otto / E. Zenger (Hrsg.), „Mein Sohn bist du" (Ps 2,7). Studien zu den Königspsalmen, SBS 192, 2002, 94-134, 119f.

zu suchen oder ihn irgendwo in der Mitte aufzugreifen, sondern man muss versuchen, ihn am Ende aufzunehmen.

IV.

Dass Mose außerhalb des Hexateuchs nur wenig Erwähnung findet, ist angesichts der Bedeutung des Pentateuchs für das Alte Testament im Allgemeinen und der Bedeutung Moses für den Pentateuch im Besonderen schon erstaunlich. Die Erklärung, dass sich die Bewahrung und Fortschreibung des Pentateuchs als Tora des Mose in nachexilischer Zeit „auf kleine priesterliche Zirkel mit einer Frontstellung gegen die Propheten" beschränkte[34], könnte eine mögliche Erklärung sein. Sie gibt aber keine Auskunft darüber, warum im Gegensatz dazu die Erwartungen an das davidische Königshaus in dieser Zeit eine sehr viel prominentere Stellung allein dadurch besitzen, dass sie redaktionell und dann auch teilweise die Struktur bestimmend in Überlieferungen eingetragen werden, in denen sie ursprünglich ebenfalls nicht zu Hause sind. Gerade im Blick auf die Redaktionen des Psalters und der schriftprophetischen Überlieferungen fällt auf, dass die verschiedenen Sammlungen zunächst auf David hin orientiert und erst später und in einem viel geringeren Umfang mit Mose bzw. der Tora in Beziehung gesetzt werden. Für den Psalter stellt sich dies nach der Analyse von Martin Kleer als ein mehrschichtiger Prozess dar.[35] Nachdem ein großer Teil der Psalmen zunächst durch die Überschrift לדוד und dann durch biographische Notizen auf David bezogen werden, stellt die Rahmung der ersten Teilsammlungen durch die Königspsalmen (vor allem Ps 2; 72; 89) eine Art „Messianisierung" des Psalters dar.[36] Der Bezug zur Tora und damit zu Mose wird später einerseits durch Ps 1 als neues Proömium und durch die Gliederung des Psalters in fünf Bücher, der Tora entsprechend, hergestellt. Dennoch bleibt der Psalter in seinen sehr verschiedenen Schichten und Perspektiven bis in die Schlussredaktion insofern auf David zentriert, als David nicht nur als König, sondern als Prophet und „Lehrer der Tora" Mose in einer Weise gleichgestellt bleibt, so dass Erich Zenger von dem Psalter zu Recht als der „Tora Davids" sprechen kann[37].

---

34 E. Otto, Art. Mose, a. a. O., 1538; ders., Mose, a. a. O., 75-81,

35 M. Kleer, „Der liebliche Sänger der Psalmen Israels". Untersuchungen zu David als Dichter und Beter der Psalmen, BBB 108, 1996, zusammenfassend 126-128.

36 E. Zenger, „Es sollen sich niederwerfen vor ihm alle Könige" (Ps 72,11). Redaktionsgeschichtliche Beobachtungen zu Psalm 72 und zum Programm des messianischen Psalters Ps 2-89, in: E. Otto / E. Zenger (Hrsg.), „Mein Sohn bist du" (Ps 2,7). Studien zu den Königspsalmen, SBS 192, 2002, 66-93.

37 E. Zenger, Das Buch der Psalmen, in: ders. u. a., Einleitung in das Alte Testament, ⁵2004, 348-379, 369.

Einen redaktionell ähnlichen Prozess lassen auch die Königstexte inner-halb der schriftprophetischen Überlieferung erkennen, wenn auch nicht in diesem Umfang und aus einer anderen Perspektive.[38] Diese ist nicht wie im Psalter „biographisch" an den Davidüberlieferungen der Samuelbücher und an David als Dichter oder Beter orientiert, sondern an der göttlichen Verhei-ßung an seine Dynastie und der daraus resultierenden Erwartung an eine Er-neuerung des Königtums. Erst der redaktionelle Schluss des Maleachibuches (Mal 3,22-24) bindet den schriftprophetischen Kanon dann an die „Tora des Mose", wobei Mal 3,22 mit der Betonung Moses als „Knecht Jahwes" in Be-zug zu Jos 1,7.13 steht, während Mal 3,23f. mit Rückbezug auf Elia (I Reg 19) und das Schlusskapitel des Jesajabuches (Jes 66) die Prophetie in die Sukzession des „Propheten" Mose stellt.[39]

Schon darin deutet sich eine Dominanz der Davidtradition gegenüber Mo-se außerhalb des Pentateuchs bzw. Hexateuchs an, welche die Vermutung nahe legt, dass Mose und die Tora in exilischer und frühnachexilischer Zeit eben noch nicht jene Bedeutung besessen haben, die ihnen dann am Ende des Kanonprozesses zweifellos zukommt. Dies ist auch an zwei anderen Stellen deutlich erkennbar.

In der Chronik ist Mose mit 21 Belegen weit häufiger bezeugt als in allen anderen alttestamentlichen Schriften außerhalb des Hexateuchs.[40] Davon stammen nur drei Belege aus der Vorlage der Chronik[41], während die übrigen 18 Erwähnungen in den Bereich des Sondergutes gehören. Zwar werden das David- und Mosebild der Chronik wie ihr Verhältnis zueinander in der For-schung nicht einheitlich beurteilt.[42] Aber Davids zentrale und herausragende Bedeutung ist in diesem Geschichtsaufriss in mehrfacher Weise evident. Dies zeigt sich zunächst schon daran, dass die Chronik die Pentateuchüberliefe-rungen in der sogenannten „genealogischen Vorhalle" (I Chr 1-9) mehr oder weniger auf Namen und Listen reduziert, um David entsprechend der Vorlage des DtrG als bedeutendsten König Israels, jetzt noch stärker befreit von mög-

---

38 Vgl. dazu E.-J. Waschke, Der Gesalbte, a. a. O., 141ff.

39 E. Zenger, Das Zwölfprophetenbuch, in: ders. u. a., Einleitung in das Alte Testament, ⁵2004, 517-586, 583. Natürlich beziehen sich auch sonst die Propheten selten auf ihre prophetischen Vorgänger. Die Ausnahmen bilden Micha bei Jeremia (Jer 26,18) und der Prophet, gemeint ist Mose, der nach Hos 12,14 Israel aus Ägypten geführt hat. Dass da-mit nicht einfach das deuteronomistische Prophetenverständnis in das Hoseabuch über-tragen worden ist, hat H.-C. Schmitt (Der Kampf Jakobs mit Gott in Hos 12,3ff. und in Gen 32,23ff, in: ders., Theologie in Prophetie und Pentateuch, BZAW 310, 2001, 165-188, 172) mit guten Gründen aufgezeigt.

40 Siehe oben Anm. 1.

41 II Chr 5,10 I Reg 8,9; II Chr 25,4 / II Reg 14,6; II Chr 33,8 / II Reg 21,8; vgl. zur Statistik der Belege E. M. Dörrfuß, Mose in den Chronikbüchern, BZAW 219, 1994, 1ff.

42 Dies hängt zum erheblichen Teil mit der Diskussion um den Theokratiebegriff zusammen (vgl. E. M. Dörrfuß, Mose, a. a. O., 92-114; speziell zum Königtum siehe: J. Weinberg, Der Chronist in seiner Mitwelt, BZAW 239, 1996, 209-231).

lichen Makeln, erneut zur Darstellung zu bringen (I Chr 11-29). Im Gegensatz zu ihrer Vorlage zeichnet die Chronik David darüber hinaus als den eigentlichen Begründer des Tempels und Organisator des gesamten Kultbetriebes (I Chr 22-29), dessen Nachfolger Salomo beim Tempelbau nur noch das ausführt (II Chr 2-7), was sein Vater begonnen und ihm aufgetragen hat. An diesem Urteil ändert auch nicht, ob die Erwähnungen Moses, die sich gehäuft bei der Abhandlung über Tempel und Kult finden[43], schon teilweise der Grundschicht oder der Analyse Ernst Michael Dörrfuß' folgend einer späteren Bearbeitung, durch die Mose erst im Nachhinein zu einem Thema der Chronik wird, zuzuschreiben sind. Im ersten Fall wäre Davids Werk in Übereinstimmung mit der „Tora des Mose" gestellt und David faktisch als ein „neuer Mose"[44] auch dessen Vollender; im anderen Fall würde „mit dem Rückbezug auf Mose als Repräsentanten der vorköniglichen Geschichte JHWHs mit Israel" Davids in der Chronik herausgestrichene Bedeutung für den Jerusalemer Tempel und seine Kultordnungen kritisch hinterfragt[45].

Die in den Redaktionen des Psalters, des schriftprophetischen Kanons bis in die Chronik hinein ansatzweise erkennbare Spannung zwischen David und Mose lässt sich hinsichtlich der jeweiligen Tradenten kaum auf eine Formel bringen. Es handelt sich in exilisch-nachexilischer Zeit weder allein um den Streit zwischen dem Gesetz auf der einen und der Prophetie auf der anderen Seite[46], noch ausschließlich um den Gegensatz zwischen Theokratie (Mose) und Eschatologie (David)[47]. Grundsätzlich steht dabei auch immer die Frage im Hintergrund, nach welcher Überlieferung, unter welchen theologischen Prämissen und durch welche Vermittlung sich Gottes Heilshandeln in Zukunft realisieren wird. Bis in die Schlussredaktionen des Alten Testaments bleibt dieser Konflikt mit David und Mose verbunden. Ein kurzer Vergleich

---

43 I Chr 15,15; 21,29; 22,13; 23,13-15; II Chr 1,3; 5,10; 8,13.

44 Vgl. G. Steins, Die Bücher der Chronik, in: E. Zenger u. a., Einleitung in das Alte Testament, ⁵2004, 249-262, 262.

45 E. M. Dörrfuß, Mose, a. a. O., 279.

46 So E. Otto, Mose, a. a. O., 75-81; G. Fischer etwa vermutet, dass der Primat Moses über die Prophetie im Pentateuch und die damit einhergehende Relativierung des Königtums und Jerusalems einen Grund bieten, dass im Gegenzug Mose im schriftprophetischen Kanon nur am Rande Erwähnung findet (Das Mosebild der Hebräischen Bibel, in: E. Otto (Hrsg.), Mose. Ägypten und das Alte Testament, SBS 189, 2000, 84-120, 108).

47 Die beiden für das Alte Testament kaum präzise zu bestimmenden Begriffe „Eschatologie" und „Theokratie" stellen allenfalls Hilfskonstruktionen dar. So wenig man z. B. der Chronik ihre theokratische Sicht bestreiten kann, nur weil im Zentrum des Werkes das davidische Königtum steht, so wenig wird man ausschließen können, dass sich mit dem Mosebild des Pentateuchs nicht auch „eschatologisch-prophetische" Momente verbunden haben (vgl. dazu H.-C. Schmitt, Tradition der Prophetenbücher in den Schichten der Plagenerzählung Ex 7,1-11.10, in: ders., Theologie in Prophetie und Pentateuch, BZAW 310, 2001, 38-58, bes. 41ff.).

der letzten Kapitel des Pentateuch (Dtn 31-34) und der Samuelbücher (II Sam 21-24) soll dies abschließend zeigen.

V.

Die Schlusskapitel des Pentateuch (Dtn 31-34) und der Samuelbücher (II Sam 21-24) weisen im direkten Vergleich der Texte kaum wirkliche Gemeinsamkeiten auf. Aber in ihrer redaktionellen Gestaltung lassen sich sowohl formale als auch inhaltliche Entsprechungen ausmachen, die dafür sprechen, dass die Komposition des jeweiligen Buchschlusses kaum unabhängig voneinander erfolgt sein kann.

An beiden Stellen wird ein überlieferungsgeschichtlicher und literarischer Zusammenhang aufgebrochen und durch den neuen Schlusspunkt die Leitfigur der jeweiligen Überlieferung in besonderer Weise herausgestellt.[48] Eine weitere Gemeinsamkeit besteht darin, dass jeweils zwei poetische Texte (Dtn 32 und 33; II Sam 22 und 23,1-7) durch einen narrativen Rahmen (Dtn 31 und 34; II Sam 21 und 23,8 - 24,25) in den vorausgehenden Erzählzusammenhang eingebunden werden, in dem sie formal wie inhaltlich eigentlich als Fremdkörper wirken.

Für II Sam 21-24 ist schon lange erkannt, dass hier unterschiedliche Texte[49] kunstvoll miteinander verbunden worden sind. Dies zeigt sich vor allem daran, dass sich von den Rahmenerzählungen zu den poetischen Stücken eine Art chiastischer Aufbau erkennen lässt[50] und dass die Rahmenerzählungen und die poetischen Stücke aufeinander bezogen sind. Der narrative Rahmen ist durch die Schilderung von Not und Plagen bestimmt, die erst durch Davids Einsatz ein Ende finden, was jeweils durch den Satz kommentiert wird:

---

48 Der Bruch zwischen II Sam und I Reg ist nicht dadurch schärfer, dass erst in I Reg 2 sein Tod mitgeteilt wird, sondern dadurch, dass die „letzten Worte Davids" (II Sam 23,1-7) ein königstheologisches Davidbild in die dtr. redigierten Überlieferungen hineintragen, das im krassen Gegensatz zur dtr. Fassung des Testaments Davids steht (I Reg 2,2-4), nach dem er sich selbst entsprechend dem dtr. Königsgesetz (Dtn 17) der Tora des Mose unterstellt. Von daher kann der Appendix (II Sam 21-24) kaum einer dtr. Redaktion zugeschrieben werden. Zur Begründung siehe: E.-J. Waschke, Die Königsvorstellung nach den „letzten Worten Davids" (II Sam 23,1-7), in: Das Alte Testament – ein Geschichtsbuch?!, hrsg. von U. Becker u. J. van Oorschot, AzBG 17, 2005, 129-144.

49 Zwei Erzählungen (II Sam 21,1-14; 24), zwei Reihen von Heldengeschichten (II Sam 21,15-22; 23,8-39) und zwei poetische Texte: „Davidpsalm" (II Sam 22 // Ps 18) und die „letzten Worte Davids" (II Sam 23,1-7).

50 II Sam 21,1-14 (A), II Sam 21,15-22 (B), II Sam 22 (C) = II Sam 23,1-7 (C'), II Sam 23,8-39 (B'), II Sam 24 (A'); vgl. Herzberg, Die Samuelbücher, ATD 10, 1973, 342f.; McCarter, II Samuel, AncB 9, 1984, 18f.; Veijola, Die ewige Dynastie. David und die Entstehung seiner Dynastie nach der deuteronomistischen Darstellung, AASF.B 193, 1975, 106ff.; M. Kleer, Sänger, a. a. O., 36f.

„Danach wurde Gott bzw. Jahwe dem Lande wieder gnädig" (II Sam 21,14b; 24,25b). Die Einleitung der zweiten Erzählung (II Sam 24,1) weist darüber hinaus auf die erste Erzählung zurück: „Und der Zorn Jahwes entbrannte abermals gegen Israel". Der Bezug der beiden poetischen Stücke im Zentrum der Komposition wird durch die Überschriften (II Sam 22,1; 23,1) und durch das Schlussbekenntnis des Psalms als Vorverweis auf Davids „Letzte Worte" hergestellt (vgl. II Sam 22,51 mit 23,5). Das Verhältnis des narrativen Rahmens zu den poetischen Stücken lässt sich in Anlehnung an Martin Kleer so bestimmen, dass „der (ideale) ‚David des Glaubens' im Zentrum des Appendix zu stehen kommt", während in den rahmenden Erzählungen „der mitunter schwache und vergebungsbedürftige ‚David der Geschichte'" thematisiert wird.[51]

Das Verhältnis von narrativem Rahmen und poetischen Stücken weist in Dtn 31-34 nicht die gleiche Stringenz auf. Aber dennoch besitzt der Rahmen auch hier ein leitendes und übergreifendes Motiv: Das Ende des Mose. So versammelt Mose noch einmal ganz Israel (Dtn 31,1) zu dem Zeitpunkt, an dem sich mit 120 Jahren sein Leben vollendet (Dtn 31,2a; 34,7a). Da er nicht ins verheißene Land ziehen wird (Dtn 31,2b; 34,4b), ist spätestens hier sein Nachlass zu ordnen. Er bestellt Josua zu seinem Nachfolger (Dtn 31,7f.14f.) und lässt die bis dahin mündlich vorgetragene Tora schriftlich niederlegen (Dtn 31,9). In diesen Kontext eingebettet, wird Israel durch das „Moselied" und den „Mosesegen" noch einmal, nun versteckt und in poetischer Form „vor die Alternative von Fluch (Dtn 32) und Segen (Dtn 33)" gestellt[52]. In dem Lied rekapituliert Mose Israels Geschichte in prophetischer und weisheitlicher Vollmacht und darüber hinaus in einer universalen und aus einer vorgeschichtlichen Perspektive, die sich so nicht aus dem Geschichtsrückblick von Dtn 1-3 oder einem der dtr. Geschichtsschemata ableiten lässt, dafür aber eine erkennbare Nähe zu den schriftprophetischen Überlieferungen besitzt.[53] Im Segen tritt Mose dann an die Stelle des Erzvaters Jakob (Gen 49) und vermittelt nun seinen Segen an die Stämme Israels im Rahmen eines Psalms von Jahwes Königtum, der seine Vorstufen und Parallelen im Psalter, aber nicht in der deuteronomistischen Literatur besitzt.[54] So greift auch die

---

51 M. Kleer, Sänger, a. a. O., 37.

52 H.-P. Mathys, Dichter und Beter. Theologen aus spätalttestamentlicher Zeit, OBO 132, 1994, 174.

53 Vgl. Dtn 32,1 mit Jes 1,2f. und Mi 6,2. Daneben ist dieses Lied auch durch Sprache und Motive der Psalmen und der Weisheit geprägt (zu den Belegen insgesamt siehe: M. Rose, 5. Mose. Teilband 2, ZBK AT 5/2, 1994, 576-573). H.-P. Mathys (Dichter und Beter, a. a. O., 166) verweist zu Dtn 32,21 noch auf Hos 1,9 und sieht die Darstellung Israels in der Wüste (Dtn 32,10-15) in enger Nähe zur Konzeption des Hosebuches.

54 Vgl. J. Jeremias, Das Königtum Gottes in den Psalmen, FRLANT 141, 1987, 82-92; zu seiner Datierung in vorstaatliche Zeit siehe die Kritik von B. Janowski, Das Königtum

Redaktion mit dem „Moselied" und dem „Mosesegen" über die im Rahmen von Exodus bis Dtn vorgegebene Moseüberlieferung hinaus.

Wie auch immer man die literarischen Kompositionen am Ende des Pentateuchs und der Samuelbücher redaktionsgeschichtlich beurteilt, es handelt sich in jedem Fall um endkompositionelle Abschlüsse[55], durch die Mose wie David als einzigartige und unvergleichliche Träger göttlicher Offenbarung, göttlichen Wirkens und letztlich auch als bleibende Zeugen für Gottes Gegenwart in Israel zur Darstellung gebracht sind. Der Kompromiss in der Auseinandersetzung um Mose und David scheint am Ende darin gefunden zu sein, dass Mose als der „Prophet" und David als der „König" schlechthin zur Geltung gebracht sind.

Wenn hinsichtlich der Abfolge die Beobachtung zutreffend ist, dass angefangen bei den deuteronomistischen Redaktionen über die Redaktionen des Psalters und des schriftprophetischen Kanons bis hin zur Chronik die jeweiligen Überlieferung zuerst auf David hin ausgerichtet werden und dann erst und in einem sehr viel geringeren Umfang auf Mose, dann gibt es keinen wirklichen Grund, ausgenommen dem der Ausnahme von der Regel, dass es sich im Blick auf die Schlusskomposition des Pentateuchs und der Samuelbücher anders verhalten haben sollte.

Gottes in den Psalmen. Bemerkungen zu einem neuen Gesamtentwurf, in: ders., Gottes Gegenwart in Israel, 1993, 148-213, 181ff.

55 Diese These wird auch von H.-C. Schmitt (Dtn 34 als Verbindungsstück zwischen Tetrateuch und Deuteronomistischem Geschichtswerk, in: E. Otto / R. Achenbach [Hrsg.], Das Deuteronomium zwischen Pentateuch und Deuteronomistischem Geschichtswerk, FRLANT 206, 2004, 181-192, 186ff.), den ich mit diesen Überlegungen zu seinem 65. Geburtstag herzlich grüße, insofern gestützt, als er die Priestergrundschrift in Num 20*, Dtn 32,48-52* und 34,1*.7-9* verteidigt und damit voraussetzt, dass der Tod des Mose, sei es in Form einer Quelle oder Redaktion, den Abschluss des Pentateuchs gebildet hat. Allerdings geht er dann davon aus, dass dieser Schluss noch einmal spätdeuteronomistisch (Dtn 34,10-12) bearbeitet worden ist, so dass Dtn 34 am Ende nicht den Abschluss des Pentateuchs, sondern das Bindeglied zwischen diesem und dem Deuteronomistischen Geschichtswerk bildet (vgl. dazu auch ders., Das spätdeuteronomistische Geschichtswerk Gen I – 2 Regum XXV und seine theologische Intention, in: ders., Theologie in Prophetie und Pentateuch, BZAW 310, 2001, 277-294).

Messiaserwartung in den Geschichtsbüchern?
Bemerkungen zur Funktion des Hannaliedes (I Sam 2,1-10) in seinen diversen literarischen Kontexten (vgl. Ex 15; Dtn 32; II Sam 22)

Martin Beck

1. Zur messianischen Interpretation des DtrG durch G. von Rad und T. Veijola

Ob das dtr. Geschichtswerk (DtrG), bestehend aus den Büchern Dtn – II Reg, eine Zukunftshoffnung enthält, ist strittig. M. Noth betont, dass Dtr diese Frage nicht interessiere: er „hat in dem göttlichen Gericht, das sich in dem von ihm dargestellten äußeren Zusammenbruch des Volkes Israel vollzog, offenbar etwas Endgültiges und Abschließendes gesehen und eine Zukunftshoffnung nicht einmal in der bescheidensten und einfachsten Form [...] zum Ausdruck gebracht."[1]

G. von Rad vertritt jedoch die Auffassung, dass Dtr – obwohl er sein Werk als eine große Gerichtsdoxologie anlege und aufzeige, wie sich die Drohungen und Flüche des Dtn erfüllt hätten – trotzdem auch noch ein positives Wort in der Geschichte wirken sehe, nämlich die Heilszusage der Nathanweissagung II Sam 7, die David den Bestand seiner Dynastie verspricht. Nun ist zwar mit der Eroberung Jerusalems durch die Babylonier 587 die davidische Dynastie zerbrochen. Aber nach G. von Rad weise das DtrG, „indem es mit der Notiz von der Begnadigung Jojachins schließt (2. Kön. 2527ff.), auf eine Möglichkeit hin, an die Jahwe wieder anknüpfen kann"[2].

Somit versteht G. von Rad die Schlusspassage des DtrG II Reg 25,27-30 offensichtlich in Bezug auf die Verheißung an David II Sam 7,12f. als ein Zeugnis der sich vorsichtig äußernden Erwartung eines künftigen Königs aus

---

1 M. Noth, Überlieferungsgeschichtliche Studien. Die sammelnden und bearbeitenden Geschichtswerke im Alten Testament, ³1967, 108.
2 G. von Rad, Theologie des Alten Testaments. Bd. I: Die Theologie der geschichtlichen Überlieferungen Israels, KT 2, ¹⁰1992, 355. Vgl. ders., Theologie des Alten Testaments. Bd. II: Die Theologie der prophetischen Überlieferungen Israels, KT 3, ¹⁰1993, 341.

dem davidischen Geschlecht. Im Sinne G. von Rads handelte es sich damit um ein Zeugnis messianischer Erwartung. Denn G. von Rad definiert den Messias-Begriff in spezifisch atl. Sinn lediglich als „den Gesalbten [d. h. den gesalbten König; M. B.] betreffend"[3], da im AT der משיח ja weniger den eschatologischen Heilsbringer, sondern schlicht den (gesalbten) König meint[4].

G. von Rads Interpretation der Schlussnotiz der Königsbücher ist vielfach – und dies zu Recht – widersprochen worden. Nach M. Noth habe Dtr „dieses letzte ihm bekannte Faktum zum Thema der judäischen Königsgeschichte einfach als solches mitgeteilt", ohne dass damit intendiert sei, „das Morgenrot einer neuen Zukunft" aufscheinen zu lassen.[5] H. W. Wolff weist darauf hin, dass aus der Schlusspassage kein Bezug auf die Nathanweissagung II Sam 7 hervorgehe[6]. L. Schmidt kritisiert, dass die Formulierung „alle Tage seines Lebens" in II Reg 25,29.30 „wahrscheinlich den Tod Jojachins voraus" setze, weshalb Dtr(H) dessen „Begnadigung nicht als Wende verstanden haben" könne. Vielmehr mache Dtr(H) mit dieser Schlussnotiz deutlich, „daß die an die Person Jojachins geknüpften Erwartungen nicht in Erfüllung gingen."[7] Aus der Schlussnotiz des DtrG lässt sich somit kein durch seinen Autor angelegtes Indiz für eine Zukunftsperspektive gewinnen.

Wie G. von Rad vertritt auch T. Veijola eine königsbezogene Zukunftshoffnung des DtrG. T. Veijola differenziert jedoch in drei dtr. Schichten und gründet seine Position auf andere Texte. Eine Hoffnung auf das davidische Königshaus enthielten sowohl die königtumsfreundliche Grundschicht DtrH (bei Veijola „DtrG") als auch die antimonarchische, gleichwohl aber David hoch idealisierende Schicht DtrN. DtrH betone die „Ewigkeit" der davidischen Dynastie (II Sam 7,13b.16), charakterisiere das Königtum Davids mit den Begriffen „Recht und Gerechtigkeit" (II Sam 8,15) und weise auf religiöse Tugenden Davids hin (II Sam 7,17ff.; 15,25f.; 16,11f.; I Reg 1,47b-48)[8]. DtrN gehe vom bleibenden Bestand der davidischen Dynastie aus (I Reg

3   Von Rad, Theologie I, 329 Anm. 14.
4   S. I Sam 2,35; 12,3.5; 16,6; 24,7.11; 26,9.11.16.23; II Sam 1,14.16(.21); 12,7; 19,22; 22,51; 23,1; Hab 3,13; Ps 2,2; 18,51; 20,7; 28,8; 84,10; 89,39.52; 105,15; 132,10.17; Thr 4,20; I Chr 16,22; II Chr 6,42. In diesem Zusammenhang brauchen Jes 45,1 sowie Stellen, die den Hohenpriester als Gesalbten bezeichnen (Lev 4,3.5.16; 6,16; Dan 9,25f.), nicht berücksichtigt werden.
5   Noth, Überlieferungsgeschichtliche Studien, 108.
6   S. H. W. Wolff, Das Kerygma des deuteronomistischen Geschichtswerks (1961), in: ders., Gesammelte Studien zum Alten Testament, TB 22, 1964, 308-334, 311.
7   L. Schmidt, Deuteronomistisches Geschichtswerk, in: H. J. Boecker u. a., Altes Testament, ⁵1996, 127-141, 139.
8   S. T. Veijola, Die ewige Dynastie. David und die Entstehung seiner Dynastie nach der deuteronomistischen Darstellung, AASF.B 193, 1975, 127ff. Vgl. auch ders., Das Königtum in der Beurteilung der deuteronomistischen Historiographie. Eine redaktionsgeschichtliche Untersuchung, AASF.B 198, 1977, 115ff.

11,36; 15,4; II Reg 8,19) und schalte das Gesetz in die Legitimationsaussagen ein (I Sam 13,13f.; I Reg 2,3.4aβ)[9]. T. Veijola macht darauf aufmerksam, dass Zukunftshoffnung „in einem Werk, das die Vergangenheit auf die Gegenwart hin auslegt und die Gegenwart im Lichte der Vergangenheit sieht, natürlich nicht [futurisch] ausgedrückt werden" kann; „sondern der geschichtlichen Ausrichtung des Werkes entsprechend muss auch sie die Gestalt einer Geschichtsaussage erhalten"[10].

Wie G. von Rad begreift auch T. Veijola die Hoffnung auf einen König, „von der sie [nämlich DtrH und DtrN; M. B.] mitten in der bis dahin schwersten Krise Israels Zeugnis ablegen"[11], als eine restaurative Erwartung, die den bleibenden Bestand der Dynastie Davids anvisiert. In diesem Sinn kann T. Veijola wie auch G. von Rad David als eine „messianische Gestalt" bezeichnen[12].

Die Meinung aber, dass das DtrG eine eschatologische Königserwartung enthält, wird in der atl. Wissenschaft nicht vertreten. Doch gibt es m. E. im DtrG einen Text, der es durchaus rechtfertigt, die Darstellung der Königszeit mit der Perspektive einer protomessianischen Hoffnung auf einen künftigen Heilskönig zu lesen. Es handelt sich um das Lied der Hanna in I Sam 2,1-10. Der Begriff „protomessianisch" soll hierbei folgendes anzeigen: unter dem „Messias" möchte ich nicht den gesalbten König des AT, sondern eine eschatologische Heilsgestalt in königlicher (oder priesterlicher) Tradition verstehen[13]. Eine solche Heilsgestalt ist aber mit dem Titel „Messias" erst in der zwischentestamentlichen Literatur zu finden[14]. Deshalb bezeichne ich atl. Texte, die sich auf dem Weg zu einem solchen endzeitlichen Messiasverständnis befinden, als „protomessianisch". Dabei handelt es sich zum einen um die Königspsalmen in ihrer Endgestalt, bei denen zwar der Messias-Begriff begegnet, die eschatologische Dimension aber nur in Anfängen erkennbar ist[15]. Zum anderen ist an die so genannten „messianischen Weissagungen" in den Prophetenbüchern zu denken, die zwar nicht den Messias-Begriff verwenden, aber eine Herrscherfigur im Zusammenhang mit künftigen und zum Teil sogar endzeitlichen Heilsereignissen erwarten.

---

9   S. Veijola, Dynastie, 141f. Vgl. auch ders., Königtum, 119ff.
10 Veijola, Dynastie, 137.
11 Veijola, Dynastie, 142.
12 So T. Veijola, Verheissung in der Krise. Studien zur Literatur und Theologie der Exilszeit anhand des 89. Psalms, AASF,B 220, 1982, 159f.
13 Z. B. mit G. S. Oegema, Der Gesalbte und sein Volk. Untersuchungen zum Konzeptualisierungsprozeß der messianischen Erwartungen von den Makkabäern bis Bar Koziba, SIJD 2, 1994, 28: „Ein Messias ist eine priesterliche, königliche oder andersartige Gestalt, die eine befreiende Rolle in der Endzeit spielt."
14 Etwa 1QSa 2,12; 4QPatr 3; PsSal 17,32; 18,5.7; I Hen 48,10; 52,4; IV Esr 7,28f.
15 S. M. Saur, Die Königspsalmen. Studien zur Entstehung und Theologie, BZAW 340, 2004, 22f.

2. Der nähere literarische und der zeitliche Kontext des Hannaliedes

„Hanna hatte keine Kinder" (I Sam 1,2bβ). So wird zu Beginn der Samuelbücher die Person der Hanna eingeführt. Hanna ist mit Elkana verheiratet, kann aber keine Kinder gebären. Deshalb hat Elkana eine zweite Frau: Peninna. Peninna vermag die an sie gestellten Erwartungen zu erfüllen und bringt Kinder zur Welt. Diese ihre Überlegenheit lässt sie Hanna deutlich spüren. Gedemütigt und traurig erbittet Hanna von YHWH einen Sohn. Zum Dank würde sie dieses Kind für den Dienst YHWHs zur Verfügung stellen. Tatsächlich wird Hanna schwanger und bekommt einen Sohn: sie nennt ihn Samuel. Hanna hält ihr Gelübde: als sie Samuel nicht mehr zu stillen braucht, bringt sie Samuel zum Priester Eli an das Heiligtum zu Silo. Dort äußert Hanna im Gebet ihre Freude.

Im unmittelbaren Erzählkontext – nach Schwangerschaft, Geburt und Stillzeit übergibt Hanna Samuel am Heiligtum dem Priester Eli – hat der Psalm die Funktion eines Danklieds (vgl. Ps 66,13f.). Tatsächlich weist das Lied für die Gattung des Danklieds typische Elemente auf: der Beginn mit dem dankbaren Lob (V. 1*; vgl. Ps 9,2-3; 30,2), die zusammenfassende Begründung (V. 1bβ; vgl. Ps 9,4; 30,2) sowie der Wechsel von Anrede an YHWH in der 2. Person und Bericht über YHWH in der 3. Person (vgl. Ps 9.30). Inhaltlich passt zur Situation der Hanna der Verweis auf Feinde in V. 1bα, bei denen an Peninna, die zweite Frau Elkanas, zu denken ist, und die Erwähnung der Unfruchtbaren in V. 5bα, die nun doch geboren hat. Insofern befindet sich das Lied sinnvoll und stimmig an seinem Platz.

Aber es sind doch auf der anderen Seite einige Auffälligkeiten auszumachen, die darauf schließen lassen, dass der Psalm nicht nur erst nachträglich an seinige jetzige Stelle gesetzt wurde, sondern dass er auch eine über seinen unmittelbaren Erzählkontext hinausgehende Funktion besitzt:

Erstens ist zu bemerken, dass aus dem Gebet nur in sehr geringem Maße die persönliche Situation Hannas deutlich wird. Dies ist der Fall zum einen in Vers 1bα.3a, wo Feinde erwähnt werden: „Weit geworden ist mein Mund gegen meine Feinde". Zum anderen stimmt mit der persönlichen Situation Hannas Vers 5bα überein, wo vom Gebären einer Unfruchtbaren die Rede ist: „Eine Unfruchtbare hat geboren sieben". An diesen beiden Aussagen ist freilich einerseits bemerkenswert, dass die Feinde im Plural genannt werden, während I Sam 1 hingegen allein Peninna als Widersacherin auftreten lässt. Andererseits soll die einst Unfruchtbare sieben Kinder geboren haben, während Hanna aber einzig Samuel zur Welt bringt. Zwar ließe sich gegen eine allzu stark Gewichtung dieser beiden Differenzen einwenden, dass Hanna ihre Situation im Gebet verallgemeinern kann[16]. Aber es kommt hinzu, dass

---

16 So mit Recht H.-P. Mathys, Dichter und Beter. Theologen aus spätalttestamentlicher Zeit, OBO 132, 1994, 130; W. Dietrich, Samuel, BK.AT VIII/1, 2003ff., 72.

die militärischen Töne (V. 4) ganz und gar nicht dazu passen, wie die Sippe Elkanas im Kontext gezeichnet wird, und dass die auf das Königtum verweisenden Zeilen (V. 10) nicht in einer in vorstaatlicher Zeit spielenden Erzählung aufgehen.

Zweitens kann man leicht feststellen, dass – nimmt man versuchsweise einmal den Psalm aus seinem Zusammenhang heraus – die weitere Erzählung in 2,11 hervorragend an 1,28 anschließt.

Drittens zeigt das Hannalied Formelemente, die nicht ins Gattungsschema des Dankliedes gehören. Obwohl nach dem Erzählkontext das Gebet ein Danklied sein müsste, finden sich ab V. 4 und zumal in der Beschreibung des Handelns YHWHs ab V. 6 hymnische Elemente, in V. 10b begegnen zu Königspsalmen (vgl. Ps 20; 21; 72) gehörende Fürbitten an den König und in V. 3 liegt eine in Klagepsalmen (vgl. Ps 6,9) geläufige Anrede an die Feinde vor. Auch die Gesamtstruktur des Textes[17] fügt sich in kein geläufiges Gattungsschema. Deshalb wird er zu Recht von R. Bartelmus[18] als ein „individuell konstruiert[er]" Text, von H. J. Stoebe als „sekundäre Komposition unter Verwendung verschiedener älterer Motive"[19] und von H.-P. Mathys als „Kunstprodukt"[20] beurteilt.

Zwar mangelt es der atl. Forschung nicht an Thesen, die die Unstimmigkeiten des Hannaliedes in Bezug zu seinem Kontext mit einer Vorgeschichte des Textes zu erklären suchen[21]. Das entbindet aber trotzdem nicht von der Frage, wie der Text in seiner Endgestalt in seinem gegenwärtigen Kontext zu verstehen ist[22]. Dabei liegt es angesichts der eben genannten Auffälligkeiten auf der Hand, das die Funktion des Psalms deutlich über die eines Danklieds aus Anlass über die Geburt Samuels hinausgeht.

---

17 Vgl. hierzu etwa R. Bartelmus, Tempus als Strukturprinzip. Anmerkungen zur stilistischen und theologischen Relevanz des Tempusgebrauchs im „Lied der Hanna" (1 Sam 2,1-10), BZ 31 (1987), 15-35, 24f., oder Mathys, Dichter, 144f. (samt Anm. 70: kritisch gegen Bartelmus).

18 Bartelmus, Tempus, 34, der sich gegen die Gattungskritik als Generalschlüssel für das Verständnis ausspricht.

19 H. J. Stoebe, Das erste Buch Samuelis, KAT VIII,1, 1973, 106, wobei angesichts des Kontextes des Zitats unter den „Motiven" guten Gewissens auch Formelemente verstanden werden können.

20 Mathys, Dichter, 129.

21 Entsprechende Thesen referiert Dietrich, BK.AT VIII/1, 76ff. Er selbst postuliert ein Königslied aus der judäischen Königszeit (dazu V. 1.3a.4f.9b.10), ein Lied eines Frommen aus nachexilischer Zeit (dazu V. 2.3b.6-9a) und einem Kompositor, der beide zusammenarbeitete und an seinen jetzigen Platz einfügte.

22 Stoebe, KAT VIII,1, 107, und Mathys, Dichter, 129, votieren sogar dafür, dass der Psalm literarisch einheitlich ist und direkt für seinen Kontext verfasst wurde.

Diese Annahme wird dadurch bestätigt, dass I Sam 2 etliche Bezüge zu
II Sam 22 besitzt[23] und sich diese beiden Texte an prägnanten Positionen befinden. Das Lied der Hanna I Sam 2,1-10 und das Danklied Davids II Sam 22
sind am Anfang und Ende der Samuelbücher platziert und rahmen damit die
Erzählungen von der Entstehung des Königtums und vom Königtum Davids
ein[24]. Mit Worten von W. Dietrich gesprochen: „Der im Hanna- und im Da-
vid-Psalm angeschlagene, gewaltige Doppelakkord durchdringt die gesamte,
sich dazwischen entfaltende Erzählkomposition und unterstellt diese einer
Grundtonart."[25] So erscheinen die Erfolge Sauls und Davids in den Kriegen
gegen die Philister als das Handeln YHWHs, den vermeintliche menschliche
Stärke nicht beeindruckt (s. I Sam 2,4.9b.10aα_1; II Sam 22,33-35.40-41).
Zweitens lesen sich der Aufstieg Davids als des jüngsten Sohnes einer wenig
bedeutenden Familie und die Verwerfung Sauls als Taten YHWHs, der
scheinbar fest zementierte gesellschaftliche Verhältnisse umstürzen kann (s.
I Sam 2,7-8a; II Sam 22,28). Drittens erscheinen die Auseinandersetzungen
zwischen David und Saul, die Tötungsabsichten Sauls auf der einen und das
untadelige und letztlich erfolgreiche Verhalten Davids auf der anderen Seite,
im Licht YHWHs, der die Frommen belohnt und die Frevler bestraft (s.
I Sam 2,3b.9a; II Sam 22,21-31). Viertens gehr David aus zahlreichen Kon-
flikten unversehrt hervor: zu denken wäre an die Verfolgung durch Saul, den
Ärger mit Nabal, den Aufruhr Absaloms und Scheba-Aufstand. Davids Unversehrtheit kann zum einen als Ergebnis der Fürsorge YHWHs verstanden
werden, der vor Feinden hilft (s. I Sam 2,1; II Sam 22,49). Zum anderen ist
Davids Unversehrtheit als Resultat der Fürsorge YHWHs zu begreifen, der
sich als Zuflucht erweist (s. I Sam 2,2b; II Sam 22,2f.). Weiter ist Davids
Unversehrtheit bedingt durch die Fürsorge YHWHs, der aus Todesgefahr
entreißt (s. I Sam 2,6; II Sam 22,5-7). Schließlich arbeiten fünftens beide
Texte YHWHs Souveränität und Macht mit Schöpfungs- und Theophanie-
aussagen heraus (s. I Sam 2,8b.10a; II Sam 22,8-16).

---

23 Diese Übereinstimmungen werden notiert von Dietrich, BK.AT VIII/1, 73; vgl. außerdem
   Mathys, Dichter, 134.135.137.143. Bemerkenswert ist außerdem, dass Ps 18 / II Sam 22
   aufgrund der auf der Ebene seiner Endgestalt divergierenden Formelemente wie I Sam
   2,1-10 als ein Kunstprodukt erscheint: vgl. dazu die Forschungsübersicht bei Saur, Königspsalmen, 54ff. samt Anm. 22f.

24 Daraus folgt weiter, dass das Hannalied nicht die Geburt Samuels interpretiert. Zwar ist
   der Psalm zu Beginn der Darstellung der neuen Epoche platziert worden, deutet aber zusammen mit II Sam 22 das gesamte Erzählmaterial der Samuelbücher. Die Person Samuels ist darin lediglich ein Vorläufer, eine Figur mit der spezifischen Funktion, das Königtum zu organisieren.

25 Dietrich, BK.AT VIII/1, 73.75. So aber auch Mathys, Dichter, 126.129f.146; Bartelmus,
   Tempus, 33; vgl. auch R. C. Bailey, The Redemption of YHWH: A Literary Critical
   Function of the Songs of Hannah and David, Biblical Interpretation 3 (1995), 213-231,
   213ff.

Höchst wahrscheinlich ist diese Rahmung des Erzählmaterials der Samu-elbücher relativ spät erfolgt. Einen ersten Hinweis gibt der Psalm I Sam 2,1-10 selbst zu erkennen: das monotheistische Gottesbekenntnis, die Differen-zierung von Frevlern und Gerechten im Zusammenhang mit dem göttlichen Gericht, die Vorliebe YHWHs für die Schwachen und möglicherweise der sich anbahnende Auferstehungsglaube sprechen für eine spätnachexilische Entstehung[26]. Ein zweiter Hinweis auf die Datierung ist aus der Korrespon-denz mit II Sam 22 zu entnehmen. Sind nämlich die Königspsalmen erst ge-gen Ende des 3. Jh. v. Chr. in ihre Endgestalt gebracht und in den Psalter ein-geschaltet worden[27], ist auch II Sam 22 (eine Kopie von Ps 18) kaum wesent-lich früher anzusetzen. Gewisse Unterschiede zwischen II Sam 22 und Ps 18 verraten freilich, dass der Psalm „ab einer bestimmten Stufe zweilinig über-liefert wurde"[28]. Den *terminus ad quem* für II Sam 22 (und damit auch I Sam 2) stellt jedenfalls die Übersetzung von I/II Sam ins Griechische dar, die üb-licherweise in der ersten Hälfte des 2. Jh. v. Chr. angesetzt wird[29].

3. Das spezifische Königsverständnis des Hannaliedes

Ist der Psalm der Hanna somit als ein spät konzipierter Rahmentext um die Erzählungen von der Entstehung des Königtums und vom Königtum Davids zu begreifen, muss nun inhaltlich danach gefragt werden, welche spezifische Sicht vom Königtum dieses Lied der Lektüre der Samuelbücher voranschickt.

In dem abschließenden Parallelismus V. 10b erwartet die Beterin, dass YHWH seinen Gesalbten mit Macht ausstattet. Dieser Wunsch besitzt das Gewicht des Schlusses des Textes[30].

Bemerkenswert an dieser Königsaussage ist, dass YHWH als handelndes Subjekt erscheint. Einerseits ist YHWH das Subjekt der beiden Verben נתן und רום *hi.*: die Macht und Erhöhung des Königs sind somit allein YHWHs Werk. Andererseits tragen die Substantive מלך und משיח Suffixe, die ana-phorisch auf YHWH verweisen, dessen Handeln in den vorhergehenden Ver-sen eingehend beschrieben worden war. Damit ist man zum Verständnis der Königsaussage des abschließenden Parallelismus zurückverwiesen auf die

---

26 S. weiter in Abschnitt 3 und vgl. Dietrich, BK.AT VIII/1, 76.
27 So die These von Saur, Königspsalmen, 326ff.
28 Saur, Königspsalmen, 51.
29 S. beispielsweise F. Siegert, Zwischen Hebräischer Bibel und Altem Testament. Eine Einführung in die Septuaginta, Münsteraner Judaistische Studien 9, 2001, 34f.37.38.42.
30 Und zwar unabhängig davon, dass manche Forscher behaupten, V. 10b sei sekundär hinzugefügt worden: so z. B. Bartelmus, Tempus, 33.

vorangehenden Verse[31]. Wie wird YHWH, der am Ende des Textes seinen Gesalbten mit Macht ausstatten soll, zuvor also beschrieben?

Erstens erwartet V. 10aβ, nachdem direkt zuvor in V. 10aα$_2$ die Theophanieaussage YHWHs Macht illustriert, ein universales Gericht. Diese eschatologische Vorstellung, dass YHWH die Erde richtet, begegnet noch in Jer 25,31; Ps 58,12; 67,5; 82,8; 94,2; 96,13; 98,9 (jeweils mit dem Verb שׁפט) und Ps 110,6 (wie in I Sam 2,10 mit dem Verb דין). Auch die Wendung „Enden der Erde" findet sich in diesem universal-eschatologischen Sinn etwa in Jes 45,22; Ps 22,28; 67,8; 98,3. Sie bezeichnet aber in Ps 2,2; 72,8 den Machtbereich des Königs und in Mi 5,3; Sach 9,10 den des künftigen Herrschers. Im Hannalied wird ein Machtbereich des Königs nicht expliziert, stattdessen derjenige YHWHs. Der universale Machtbereich wird hier nicht dem König bzw. dem künftigen Herrscher eingeräumt, sondern nur YHWH allein zugebilligt. Ebenso verhält es sich mit der Aufgabe des Richtens: diese erscheint als Funktion YHWHs, nicht jedoch des Königs, wie es in der Königstradition in Psalm 72,1.2 oder in den Herrschererwartungen Jesaja 9,6 (משׁפט); 11,4 (שׁפט); Jer 23,5 (עשׂה משׁפט) der Fall ist. Letztere betonen zwar bereits, dass letztlich YHWH die entscheidende Figur darstellt. Das Hannalied spitzt diesen Gedanken jedoch dadurch zu, dass die Eigenschaft des Richtens allein für YHWH expliziert wird.

Zweitens differenziert V. 9 zwischen Frevlern und Frommen. Da dies angesichts von V. 10a im universalen Gerichtshorizont begegnet, liegt sogar die späte, etwa noch in Jes 66,23-24; Sach 14,16-19 belegte, eschatologische Vorstellung vor, dass quer zu Gottesvolk und den Völkern zwischen Gerechten und Gottlosen unterschieden wird. Ein Richten, das zwischen Frevlern und Frommen differenziert und zum Tod der Gottlosen führt, erwartet auch die Herrschererwartung Jesaja 11,4. Zwar wird die dort vorliegende Gewaltsamkeit bereits dadurch eingeschränkt, dass der Herrscher mit dem Odem seiner Lippen töten wird und überhaupt nur durch YHWHs Geist begabt handelt. Das Hannalied geht jedoch noch weiter, indem das differenzierende Gerichtshandeln ausschließlich als Handeln YHWH benannt wird.

Drittens halten die V. 7 und 8a (nahezu wörtlich mit Ps 113,7f.[32] identisch) YHWH für fähig, in das soziale Gefüge einzugreifen, und schließen mit der

---

31 Ab V. 6 begegnet YHWH fast ausnahmslos explizit als Subjekt in 3. Person. V. 9aβ bietet ein Nifal in der Funktion eines Passiv und steht parallel zu V. 9aα mit YHWH als Subjekt. V 9b enthält eine Negativaussage, und diese in Parallele zu V. 10aα$_1$ mit YHWH als Subjekt. Die V. 4-5 mit ihrer Schilderung werden durch V. 6 organisch weitergeführt, so dass auch hier YHWH als wirkendes Subjekt zu denken ist; außerdem werden die V. 4-5 durch V. 3 und V. 6 eingerahmt, in denen YHWH explizit als handelnden Subjekt begegnet.

32 Im Kontext begegnen auch das Motiv des Gebärens der Unfruchtbaren (V. 9) sowie Schöpfungsaussagen (V. 4ff.), weshalb literarische Abhängigkeit wahrscheinlich ist.

Ankündigung der Erhöhung des Elenden. Letzteres ist eine etwa aus Ps 12,6; 18,49 (II Sam 22,49); 82,4; 112,9; Jes 25,4 vertraute Erwartung an Gott. Die Fürsorge für die Benachteiligten empfiehlt freilich Prov 14,31 als allgemeines Verhalten. In besonderer Weise trägt nach Ps 72,13 aber der König Verantwortung für die Armen. Wieder verzichtet das Hannalied darauf, vom König vergleichbares zu erwarten. Stattdessen ist es erneut YHWH, der hier als allein aktives Subjekt gezeichnet wird.

Die Erhöhung des Elenden in V. 7 ist ein Beispiel für die Umkehrung der Verhältnisse, die ab V. 4 schon Thema ist, ohne dass YHWH explizit als Subjekt begegnet. Da der Psalm aber so sehr die Einzigkeit YHWHs betont, ist klar, dass niemand anders für die Umkehrung der Verhältnisse in Frage kommt. Deshalb ist weiter ein Blick auf die Verse 4 bis 6 erlaubt.

Viertens enthält V. 4 (vgl. auch V. 9b.10aα₁) die paradoxe Aussage, dass entgegen der Erwartung militärische Macht nutzlos, dagegen vermeintliche Schwäche zur Stärke wird. Dieser Gedanke erinnert an die zahlreichen Kriegserzählungen, aus denen Israel mit YHWHs Hilfe siegreich hervorgeht, obwohl es von seinen schier übermächtigen Feinden hart bedrängt ist. In der Formulierung in V. 4a mit קשת (Bogen) und dem Adjektiv חת (zerstört) schwingt aber die eschatologische Vorstellung mit, dass YHWH das Kriegsgerät zerstört. Die Ausdrucksweise von V. 4a ist zwar singulär (mit dem Verb חתת findet sich nur ein Beleg: Jer 51,56), sachlich stimmen jedoch Jer 49,35; Hos 1,5; 2,20; Ps 37,15; 46,10; 76,4[33] (קשת + Verb שבר) sowie die Herrscherweissagung Sach 9,10 (קשת + Verb כרת) überein.[34] Sach 9,10 erhofft ein universales Friedensreich, das aber weder mit Gewalt noch durch den Herrscher selbst durchgesetzt werden wird: er soll lediglich „Frieden verkünden den Völkern", während YHWH allein als handelndes Subjekt erscheint. Strukturell liegt damit das Hannalied auf einer Linie: auch im Hannalied ist YHWH derjenige, von dem die Beseitigung des Kriegsgeräts ausgesagt wird.

Fünftens erwartet V. 5a einen Rollentausch von Satten und Hungrigen – die Realität schildert Prov 27,7 –, was (ebenso wie die Kombination der Lexeme) ein singulärer Gedanke ist. Möglicherweise schwingt hierbei das

---

Dietrich, BK.AT VIII/1, 87.94, hält Ps 113,7-8 für sekundär. Mathys, Dichter, 134, lässt die Richtung der Abhängigkeit offen.

33 Zur eschatologisch-prophetischen Beeinflussung der Zionspsalmen s. G. Wanke, Die Zionstheologie der Korachiten in ihrem traditionsgeschichtlichem Zusammenhang, BZAW 97, 1966, 114f.

34 Die Substantive קשת und גבור begegnen zusammen noch in II Sam 1,22; Jes 21,17; Jer 46,9; 51,56; Sach 9,13; I Chr 8,40; II Chr 14,7; 17,17. In den Jes- und Jer-Stellen liegt der gleiche gedankliche Zusammenhang vor: YHWH vernichtet Kriegsgerät. Die Chr-Belege zeigen lediglich, dass Krieger auch mit Bogen ausgerüstet sind, laut Sach 9,13 benutzt YHWH das Gottesvolk als Waffe, I Sam 1,22 lobt Jonathans Kriegsleistungen. Zu den zuletzt genannten Stellen sind somit keine Beziehungen vorhanden. [Die immerhin vorsichtigen Erwägungen von Mathys, Dichter, 132, sind damit wenig stichhaltig.]

weisheitliche Vertrauen auf Gottes Hilfe für den Gerechten in Hungersnot (s. Ps 33,19; Hi 5,20) mit. Da aber insgesamt eine Umkehrung der gegenwärtigen Verhältnisse erwartet wird, steht aber wahrscheinlich vor allem die prophetisch-eschatologische Erwartung der Beseitigung des Hungers im Hintergrund, wie sie etwa in Ez 34,29 und 36,29f. vorliegt. Nach der Königstradition gehört die Sicherung der Fruchtbarkeit – und damit die Ursache von Lebensmittelproduktion und Sattwerden – zu den Aufgaben des Königs (s. Ps 72,16). Einmal mehr wird deutlich, dass im Hannalied die Funktionen des Königs mit YHWH als Subjekt expliziert werden.

Das Thema der Fruchtbarkeit, und zwar in eschatologischer Perspektive, tangiert sechstens auch V. 5b, der vom Gebären der Unfruchtbaren handelt. Das für das Verwelken der Kinderreichen gewählte Verb אמל (verwelken) beschreibt nämlich in Jes 24,4.7; 33,9; Hos 4,3; Joel 1,10.12; Nah 1,4 das Ausbleiben der Fruchtbarkeit der Natur[35]. In enger Beziehung zu V. 5b steht aufgrund vier gemeinsamer Vokabeln (עקרה [unfruchtbar], ילד [gebären], רב [viel], בנים [Söhne]) Jes 54,1, ein eschatologischer Jubelaufruf mit Mehrungsverheißung. Diese Parallele unterstreicht die eschatologische Perspektive des Hannaliedes.

Siebtens kennt V. 6 YHWH als tötenden und lebendig machenden Gott. Mit der Formulierung, dass YHWH aus der Scheol hinaufführt, kann freilich die Hoffnung auf den Erhalt des Lebens bzw. die Errettung aus Krankheit und Not gemeint sein, wie ähnliche Ausdrucksweisen in etlichen Psalmen zeigen (z. B. Ps 30,4; 41,3; 119,40.107.149.156.159; 143,11 mit dem Verb חיה pi. oder auch II Reg 5,7 mit dem Verb חיה hi.). Möglicherweise befindet sich V. 6 jedoch angesichts des Kontextes, aus dem das Bewusstsein von einer differenzierten Behandlung von Frommen und Frevlern im Gericht sowie die künftige Umkehrung der Verhältnisse hervorgeht, und angesichts der Formulierung, dass YHWH „aus der Scheol hinaufführt" (עלה hi.), bereits auf dem Weg zum Auferstehungsglauben[36].

Achtens sei noch einmal hervorgehoben, dass V. 8b unter Heranziehung des Schöpfungsglaubens und V. 10a mit der Theophanievorstellung[37] YHWHs Macht illustrieren und vergewissern, die bereits V. 2 mit seinen monotheistischen Aussagen (vgl. etwa Dtn 4,35.39; Jes 40,28; 41,17; 44,6; 45,5.14.18.21; 50,10) hervorhebt.

Was bedeuten diese ganzen Beobachtungen nun für das Königsverständnis des Psalms der Hanna? Die abschließende Erwartung der Machtbegabung des Königs erweckt den Anschein, dass der Gesalbte das alles durchführen soll,

---

35 Zur Bezeichnung einer Umkehrung der Verhältnisse begegnet es etwa noch Jer 15,9, wo die beklagt wird, die sieben Kinder gebar, und in Jer 14,2; Thr 2,8, die den Zustand nach einer Feindkatastrophe schildern.
36 So Dietrich, BK.AT VIII/1, 91.
37 Dazu s. Dietrich, BK.AT VIII/1, 94f.

was von YHWH erwartet wird. Weshalb wird denn sonst der König so scheinbar zusammenhanglos mit dem Vorhergehenden erwähnt, wenn er nicht für die Verwirklichung desselben zuständig gedacht ist? Der Textzusammenhang ist eindeutig: die Erwartung einer Machtbegabung eines künftigen Königs steht am Ende einer Reihe von mit YHWH verbundenen Zukunftserwartungen. Allerdings wird genau dies, dass der König die vorher geäußerten Erwartungen durchsetzen soll, so gerade nicht ausgesprochen. Dem König wird – oberflächlich betrachtet – lediglich eine besondere Rolle im Zusammenhang mit den von YHWH erwarteten Eingriffen zugebilligt. Doch kann noch mehr gesagt werden: indem der Text nämlich den König nennt, evoziert er all die königstraditionellen Vorstellungen, und lässt ihn so als durchaus wichtige und bedeutende Figur in Erscheinung treten. Freilich bleibt es bemerkenswert, dass die üblichen Königsvorstellungen nicht im Zusammenhang mit der den Psalm abschließenden Machtbegabung eines Königs verbunden, sondern zuvor als Erwartungen an YHWH expliziert werden. Auf diese Weise wird der Monarch theokratisch rückversichert. Die Königserwartung des Hannaliedes ist theokratisch gefasst. Wie ist diese spezifische Erwartung eines Königs im Zusammenhang eschatologischer Ereignisse, bei der alles Handeln theokratisch als Funktion YHWHs expliziert wird, aber weiter zu verstehen?

Erstens setzt das Hannalied auf diese Weise die Traditionsentwicklung der so genannten „messianischen Weissagungen" fort. Nach Mi 5,3.4a.5b[38] und Jes 11,4[39] kommt dem Herrscher durchaus noch eine eigene Bedeutung zu, doch betonen beide Texte seine Abhängigkeit von YHWH (s. Mi 5,1.3 [„aus dir soll mir {לי} der kommen ...", „in der Kraft YHWHs und in der Hoheit des Namens YHWHs seines Gottes"]; Jes 11,2 [„Auf ihm wird ruhen der Geist YHWHs ..., der Geist der Erkenntnis und der Furcht YHWHs"]). In Hag 2,23[40] repräsentiert Serubbabel als Siegelring seinen Träger. Schließlich

---

38 Nach L. Schmidt, Micha 5,1-5. Ein Beispiel für die historische Auslegung alttestamentlicher Texte, in: O. Wischmeyer / E.-M. Becker (Hrsg.), Was ist ein Text?, NET 1, 2001, 15-27, handelt es sich bei den V. 1.3*(ohne „und sie werden wohnen").4a.5b um den Grundbestand des Textes aus exilischer oder nachexilischer Zeit, bei V. 2.3b*(und sie werden wohnen") um eine aufgrund der ausbleibenden Erfüllung notwendige und auf Jes 7,14 anspielende Ergänzung und schließlich bei den V. 4b.5a um eine der Position des Ester-Buches nahestehende Erweiterung aus dem 3. Jh.

39 Der Grundbestand von Jes 11 ist wohl in den (bereits nachexilischen) V. 1-5 zu suchen, in V. 6-9; V. 10 und V. 11ff. liegen Fortschreibungen vor. Vgl. etwa O. Kaiser, Das Buch des Propheten Jesaja. Kapitel 1-12, ATD 17, ⁵1981, 240ff.

40 Nach A. Deissler, Zwölf Propheten III. Zefanja. Haggai. Sacharja. Maleachi, NEB 21, 1988, 263f., handelt sich bei Hag 2,20-23 um eine redaktionelle Verknüpfung einer Beistandsverheißung an Serubbabel mit einer Ankündigung einer universellen Gerichtstheophanie YHWHs.

betont Sach 9,9⁴¹ durch das Partizip Nifal des Verbs יָשַׁע („gerettet" bzw. „geholfen") und durch das Adjektiv עָנִי („arm" bzw. „demütig") in besonderer Weise die Angewiesenheit des Königs auf YHWHs Hilfe.

Zweitens stimmt das Hannalied dadurch, dass es die Bedeutung des Königs streng theokratisch fasst, Elemente der Königstradition auf YHWH überträgt und ihn als allein handelndes Subjekt herausarbeitet, mit den Königspsalmen in ihrer protomessianischen Endgestalt überein⁴².

Drittens spielen bei der starken Betonung der Alleinwirksamkeit YHWHs auch die Erfahrungen mit den Königen Israels mit hinein. Diese haben nämlich selten dem Willen YHWHs entsprochen. Selbst der glorifizierte David hat in der Bathseba-Affäre gegenüber YHWH versagt und Schuld auf sich geladen (s. II Sam 11-12). Auch von Saul erzählt die Überlieferung, wie er sich dem Willen YHWHs widersetzt hat (s. I Sam 13.15). Indem der Psalm der Hanna darauf verzichtet, die Funktionen des Königs zu explizieren und stattdessen die mit einem Herrscher verbundenen Erwartungen von YHWH aussagt, drückt er die Hoffnung aus, dass ein künftiger Herrscher dem Willen YHWHs vollkommen entspricht und seine Funktionen so erfüllt, dass dabei der Alleinverehrungsanspruch und der Plan YHWHs nicht gefährdet werden.

Viertens wird durch die theokratische Interpretation der Königserwartung eine zeitgeschichtliche Erfahrung⁴³ reflektiert. Das hellenistische Herrscherideal verschmilzt nämlich göttliche und menschliche Eigenschaften in der Person des Königs und verwischt den Unterschied zwischen Göttlichkeit und Menschlichkeit des Königs zunehmend. Entgegen dieser Erfahrung, dass die Fremdherrscher religiöse Verehrung beansprucht haben, formuliert der Psalm der Hanna die protomessianische Hoffnung auf eine theokratisch gefasste Königsherrschaft, bei der die Alleinverehrung YHWHs gewahrt bleibt.

4. Die Interpretationsleistung des Hannaliedes in seinem näheren Kontext

Die Verwandtschaft mit den so genannten „messianischen Weissagungen" der Prophetenbücher, mit den Königspsalmen, und die eschatologische Im-

---

41 Sach 9,9-10 wird von W. H. Schmidt, Die Ohnmacht des Messias. Zur Überlieferungsgeschichte der messianischen Weissagungen im Alten Testament, KuD 15 (1969), 18-34, 29f., als Höhepunkt messianischer Erwartung bezeichnet, und von A. Kunz, Ablehnung des Krieges. Untersuchungen zu Sacharja 9 und 10, HBS 17, 1998, um 200 v. Chr. datiert.
42 Dazu s. Saur, Königspsalmen, 269ff.
43 Dazu s. Kunz, Ablehnung, 229ff.; Saur, Königspsalmen, 331f.

prägnierung zeigen, dass der Psalm der Hanna protomessianisches Bedeutungspotenzial besitzt[44].

Die poetische Sprachform, in der die Neuinterpretation in I Sam 2 begegnet, ist einerseits wahrscheinlich ein typisches Ausdrucksmerkmal des Verfassers. Denn fragt man seiner Identität, wird man aufgrund der Übereinstimmungen mit II Sam 22 (und d. h. mit den Königspsalmen) am ehesten an Gelehrte zu denken haben, die denjenigen theologischen Kreisen nahe stehen, die mittels der protomessianisch-theokratischen Theologie der Königspsalmen den (werdenden) Psalter neu interpretieren[45]. Andererseits besitzt die poetische Sprachform der Neuinterpretation der Daviderzählungen[46] auch theologische Relevanz, vermag sie doch im Bekenntnis zu YHWH und im Lob YHWHs die gegenwärtige Erfahrung zu transzendieren.

Die Erzählungen von der Entstehung der Institution Königtum und von König David sind also von I Sam 2,1-10 her mit der Erwartung eines Königs im Kontext künftigen von YHWH gewirkten Heils zu lesen. Somit wird David von einer in den Erzählungen bewahrten Erinnerungsfigur, die Identität und Orientierung stiftet, zu einem Hoffnungsträger transformiert, der Vertrauen in eine zu erwartende Zukunft freisetzt.

Freilich besitzt David diese positive Bedeutung als Gerechtigkeit und Sicherheit ermöglichender Hoffnungsträger bereits aufgrund der Aufnahme der Davidtradition in einigen der so genannten „messianischen Weissagungen" (s. Jer 23,5; Jes 9,6; Ez 34,23; 37,24). Mit Hilfe des Psalms der Hanna in I Sam 2 wird nun aber auch der David der Erzählungen der Samuelbücher in diesem Sinn gedeutet. Unter der Perspektive von I Sam 2,1-10 sollte sicher gestellt werden, dass die Erzählungen von der Entstehung des Königtums und von David nicht bloß als fundierende, die Identität des eigenen Volkes prägende, sondern als kontra-präsentische Geschichten gelesen werden[47]. So wird es nicht dem Zufall überlassen, dass entgegen gegenwärtiger Defizienz-Erfahrungen die Königserzählungen das Bewusstsein des Verschwundenen und Verlorenen hervorheben. Sondern es wird geradezu vom Leser gefordert,

---

44 So etwa auch die katholische Auslegungstradition: Mathys zitiert den Übersetzer der Jerusalemer Bibel z. St.: „Es handelt sich um ein messianisches Lied, das die Hoffnung der ‚Armen' [...] ausspricht und am Schluß auf den Messiaskönig hinweist." So auch vorsichtig, jedoch ohne Nachweis und Weiterführung dieses Gedankens, Dietrich, BK.AT VIII/1, 97 („Auf den späten Textstufen der Samuelbücher hat der ‚Messias'-Begriff sicher eschatologische Konnotation."). Dagegen Mathys, Dichter, 140; Stoebe, KAT VI-II,1, 105.

45 So Saur, Königspsalmen, 328f.

46 Die Positionierung des Psalms in der so genannten „Jugendgeschichte" Samuels I Sam 1-3 beruht wohl allein darauf, dass hier der Beginn einer neuen Epoche, die mit David an ihr Ziel kommt, gesehen wurde.

47 Dazu vgl. J. Assmann, Das kulturelle Gedächtnis. Schrift, Erinnerung und politische Identität in frühen Hochkulturen, bsr 1307, [4]2002, 79.

die Erzählungen über das frühe Königtum im Horizont der Erwartung auf einen künftigen, Sicherheit und Frieden stiftenden König wahrzunehmen.

Dabei geht es nicht um die Erwartung einer restaurativen Wiederkehr einer guten alten Zeit. Sondern die streng theokratische Fassung des in I Sam 2,1-10 vorliegenden Protomessianismus führt über die gegenwärtige und auch in der Vergangenheit erfahrene Unvollkommenheit der Herrscherfiguren mit ihren Schwächern und Fehlern hinaus. Die theokratische Interpretation des zukünftigen Königs sichert seine YHWH-Entsprechung. Erwartet wird ein König, der nicht mehr gegen YHWHs Willen agiert. So wird mit der durch das Hannalied ermöglichten neuen Lektüre der Daviderzählungen ein Königsverständnis vorbereitet, das – von unserer christlichen Perspektive her gesprochen – in Jesus Christus im Neuen Testament zur vollen Entfaltung kommt.[48]

5. Beziehungen des Hannaliedes in seinem weiteren Kontext

Setzt man das DtrG als Bezugsgröße voraus, wie es oben geschehen ist, könnte vom Psalm der Hanna her gesehen tatsächlich von einer Messiaserwartung im DtrG gesprochen werden. Diese basierte aber weder, wie es G. von Rad und T. Veijola vertreten, auf einer dtr. Redaktion; noch handelte es sich um eine restaurative Hoffnung. Sondern die anhand des Hannaliedes ersichtliche protomessianische Erwartung im DtrG wäre das Resultat einer erst sehr viel später vorgenommenen und eschatologisch ausgerichteten neuen Lektüre. Allerdings ist äußerst fraglich, ob zu dieser Zeit (grob gesprochen im ausgehenden 3. Jh. v. Chr.[49]) von der Existenz eines DtrG[50] ausgegangen werden kann. Denn um die Mitte des 3. Jh. v. Chr. wurde damit begonnen, die Bücher der Tora, und im 2. Jh. v. Chr. damit, auch die der Propheten ins

---

48 Hierzu vgl. auch von Rad, Theologie II, 341.342: das AT musste als „das Buch einer ins Ungeheure anwachsenden Erwartung gelesen werden"; deshalb sei „die Aufnahme des Alten Testaments im Neuen als ein[..] Vorgang zu begreifen [...], der von und im Alten Testament schon vorbereitet wurde [...]". Außerdem vgl. Veijola, Dynastie, 142: die Hoffnung „hat sich bis in das Neue Testament hinein fortgesetzt; hier wird auch ihre Erfüllung durch einen spät geborenen Davididen verkündet, dessen Königtum im vollen Sinn des Wortes *ewig* sein soll (Lk 1:32-33)."

49 Zur Datierungsfrage s. oben S. 237.

50 An dieser Stelle ist es nicht notwendig, die Existenz des Deuteronomistischen Geschichtswerks grundsätzlich zu diskutieren, wie es etwa in J. C. Gertz / D. Prechel / K. Schmid / M. Witte (Hrsg.), Die deuteronomistischen Geschichtswerke. Redaktions- und religionsgeschichtliche Perspektiven zur „Deuteronomismus"-Diskussion in Tora und Vorderen Propheten, BZAW 365, 2006, unternommen wird. Positiv für ein sich von Dtn 1 bis II Reg 25 erstreckendes DtrG votiert etwa H.-C. Schmitt, Arbeitsbuch zum Alten Testament. Grundzüge der Geschichte Israels und der alttestamentlichen Schriften. Mit 5 Karten, UTB 2146, 2005, 243.248ff.

Griechische zu übersetzen[51]. Somit bliebe für das Hannalied, wenn dieses um 200 bzw. im ausgehenden 3. Jh. v. Chr. in seinen Kontext eingetragen worden sein sollte, nur die Größe I/II Sam als sicherer Interpretationsrahmen.

Folgt man hingegen der These meines verehrten Lehrers H.-C. Schmitt, wären Tora und Vordere Propheten jedoch stets eng zusammen zu denken: der Pentateuch dürfe nicht als Sondergröße angesehen werden, die unter antiprophetischer Zielsetzung kanonisiert worden sei; vielmehr sei der enge Bezug von Tora und Vorderen Propheten dadurch gesichert, dass die Vorderen Propheten vom Erzpropheten Mose her (Dtn 34,10-12) ihre Legitimation erhielten[52]; denn der Pentateuch denke in seinen spätesten Schichten durchaus auch prophetisch und enthalte sogar eschatologische Erwartungen[53]. Auch C. Houtman hält die Trennung zwischen Pentateuch und Jos – Reg nicht für ursprünglich, da Josephus (s. JosAp I,8), obwohl auch er unter dem Eindruck der Wertschätzung des Pentateuch als höchster Autorität in bestimmten Kreisen des Judentums stehe, nachdrücklich betone, dass der Pentateuch Geschichte erzähle, wie es auch in den Propheten der Fall sei[54]. So gesehen käme für das Verständnis des Hannaliedes trotz seiner späten Entstehung ein weiterer Interpretationsrahmen in Betracht, nämlich der des Enneateuch (Gen – II Reg). In der Tat zeigen sich Beziehungen zwischen dem Psalm der Hanna und den beiden Moseliedern Ex 15,1-18 und Dtn 32,1-43, die der These des Jubilars günstig sind.

Erstens fällt die kompositionelle Stellung der betreffenden Texte auf. Beide Moselieder befinden sich an prägnanten Positionen: Ex 15 markiert den Abschluss der erfolgreichen Befreiung aus Ägypten, die nicht nur in der späteren Überlieferung als YHWHs Heilstat schlechthin verstanden wird (s. Ex 20,2; Dtn 5,6; Jes 43,16ff.; Jer 16,14f.; 23,7f.), sondern im Kontext auch als Bewährungsprobe des Mose anzusehen ist (vgl. Ex 3,11; 4,1; 14,10ff.). Im Zusammenhang von Dtn 32,1-43 wird die Mosezeit, und damit die für Israel konstitutive Zeit, abgeschlossen: Mose hält eine weit ausholende Abschiedsrede, übergibt seine Geschäfte an Josua, regelt die Verwahrung der Tora und

---

51 S. Siegert, Einführung, 38; S. Kreuzer, Entstehung und Publikation der Septuaginta im Horizont frühptolemäischer Bildungs- und Kulturpolitik, in: S. Kreuzer / J. P. Lersch (Hrsg.), Im Brennpunkt: Die Septuaginta. Studien zur Entstehung und Bedeutung der Griechischen Bibel Band 2, BWANT 161, 2004, 61-75, 70f.

52 So H.-C. Schmitt, Das spätdeuteronomistische Geschichtswerk Genesis I – 2 Regum XXV und seine theologische Intention (1997), in: ders., Theologie in Prophetie und Pentateuch. Gesammelte Schriften, hrsg. v. U. Schorn u. M. Büttner, BZAW 310, 2001, 277-294, 293f.

53 So H.-C. Schmitt, Die Suche nach der Identität des Jahweglaubens im nachexilischen Israel. Bemerkungen zur theologischen Intention der Endredaktion des Pentateuch (1995), in: ders., Theologie in Prophetie und Pentateuch, 2001, 255-276, 273.

54 S. C. Houtman, Der Pentateuch. Die Geschichte seiner Erforschung neben einer Auswertung, Contributions to Biblical Exegesis and Theology 9, 1994, 441ff.

stirbt. Es liegt auf der Hand, dass die beiden Lieder Ex 15,1-18 und Dtn 32,1-43 die Darstellung der Mosezeit rahmen wollen. Genauso verhält es sich aber mit I Sam 2,1-10 und II Sam 22. Die in den Samuelbüchern eingetragenen Lieder rahmen die Daviderzählungen und die Erzählungen von der Entstehung des Königtums. Den vier Psalmen ist somit gemeinsam, dass ihnen an einem neuen Verständnis der Erzählungen von den Gründergestalten Mose und David gelegen ist.

Zweitens sind beide Moselieder sehr spät in der Literaturgeschichte des Pentateuch in ihre Kontexte eingetragen und überhaupt auch erst recht spät komponiert worden[55]. Bei Ex 15 handelt es sich nach R. Bartelmus „um eine späte Komposition des gleichen Autors, der für die redaktionelle Zusammenführung von J und P in Ex 13/14 verantwortlich ist"[56]. Dass das Lied Dtn 32,1-43 erst spät in das Dtn eingetragen wurde, zeigen seine Rahmenteile 31,16-30 und 32,44-47, die von M. Rose der spätdtr. Schicht IV zugerechnet werden[57] und von E. Otto als postredaktionelle Ergänzung beurteilt werden[58].[59] Aber auch das Lied selbst dürfte kaum älter sein[60]: dafür sprechen die Vermischung von Formelementen, die unterschiedlichen Gattungen und Lebensbereichen entstammen[61], die sonst in nachexilischen Texten gebräuchliche weisheitliche Terminologie[62], die Nähe zur exilisch-nachexilischen prophetischen Literatur[63], späte Traditionen[64] und der sich von der Urzeit (V. 8f.)

---

55 Auf immer noch kursierende Frühdatierungsversuche kann hier nicht weiter eingegangen werden.

56 R. Bartelmus, „Schriftprophetie" außerhalb des corpus propheticum – eine unmögliche Möglichkeit? Das Mose-Lied (Ex 15,1-21) als deuterojesajanisch geprägtes „eschatologisches Loblied", in: Schriftprophetie, FS J. Jeremias, hrsg. v. F. Hartenstein u. a., 2004, 55-82, 78.

57 S. M. Rose, 5. Mose. Teilband 2: 5. Mose 1-11 und 26-34. Rahmenstücke zum Gesetzeskorpus, ZBK.AT 5.2, 1994, 561ff.566.572f.

58 S. E. Otto, Das Deuteronomium im Pentateuch und Hexateuch. Studien zur Literargeschichte von Pentateuch und Hexateuch im Lichte des Deuteronomiumrahmens, FAT 30, 2000, 191 („postredaktionell" meint nach „Hexateuch-" und „Pentateuchredaktion").

59 Vgl. bereits M. Noth, Überlieferungsgeschichtliche Studien, 40.

60 Vgl. etwa T. Veijola, Dynastie, 123; G. von Rad, Das fünfte Buch Mose. Deuteronomium, ATD 8, 1964, 143; H. D. Preuß, Deuteronomium, EdF 164, 1982, 167; Otto, Deuteronomium, 191; vgl. auch G. Braulik, Deuteronomium II. 16,18 - 34,12, NEB 28, 1992, 227.

61 V. 1ff. Lehreröffnungsruf, V. 3f.43 Hymnus, V. 8ff. Geschichtsrückblick, V. 15ff. Anklage, V. 20-25.40-42 Unheilsankündigung.

62 V. 1: zu לקח vgl. Jes 29,24; Hi 11,4; Prov 1,5; 4,2; 7,21; 9,9. V. 2: zu אמרי־פי im Sinne von Lehre vgl. Ps 78,1; Prov 4,5; 5,7; 7,24; 8,8.

63 Vgl. V. 10ff. mit Ez 16.20.23; vgl. V. 6.15.18 mit Jes 43,1; 44,2.24; vgl. V. 27 mit Ez 20,9.14.22; 36,20.

64 Nämlich zum einen die spätdtr. Vorstellung des im Zusammenhang mit der Landnahme erfolgten Abfalls zu fremden Völkern und ihren Göttern (V. 16-18), zum anderen das monotheistische Gottesbekenntnis (V. 37-39; vgl. auch V. 16f.), weiter die in der Präzi-

bis zur Endzeit (V. 36.40-42) erstreckende Geschichtsüberblick. Etliche (und teilweise ähnliche) Beobachtungen legen die Annahme einer späten Entstehung bzw. Komposition von I Sam 2,1-10 und II Sam 22 nahe[65]. Die vier die Mosezeit und die Davidzeit rahmenden Psalmen dürften also auch hinsichtlich ihrer Abfassungszeit nicht allzu weit auseinanderliegen.

Drittens ist für die Moselieder eine eschatologische Ausrichtung charakteristisch. Hinsichtlich Ex 15 arbeitet R. Bartelmus[66] mehrere Bezugnahmen auf Jes 40ff.[67] heraus und weist auf die Anachronismen in V. 12ff. hin. Daraus ergebe sich, dass Mose die Gabe gegeben sei, „aus dem ‚Erweiswunder' des Schilfmeerereignisses den angemessenen theologischen Schluß zu ziehen: ‚Jahwe wird König sein für immer und ewig'. Angesichts der Ereignisse am Schilfmeer spricht Mose visionär nicht nur Ereignisse aus der Frühgeschichte Israels an – nein, *sein* Horizont reicht bis ins Eschaton."[68] Also sei hier ein Autor am Werk gewesen, der eine Aufwertung der Mosegestalt intendiert und dabei eine Prophetisierung Moses bewirkt habe[69]. Diese Absicht konstatiert E. Otto[70] genauso für Dtn 32, d. h. genauer für seine redaktionelle Rahmung (Dtn 31,16ff.), die an Terminologie des Prophetenkanons anknüpfe[71]. Jedoch kann auch für das Lied selbst eine prophetische Imprägnierung

---

sierung des Volkes mit „seinen Knechten" sich andeutende Differenzierung innerhalb des Gottesvolkes (V. 36) (So möchte Rose, ZBK.AT 5.2, 571, den Vers verstehen [vgl. auch Ps 135,14]. Mit der Wurzel עבד wird durchaus in späten Texten eine Differenzierung zwischen Frevlern und Frommen angezeigt [s. I Reg 8,32; Jes 56,6; 65,8f.13ff.; 66,14; Mal 3,18; Ps 34,23; 69,37; 135,1f.], wobei auf der anderen Seite etliche spätdtr. Stellen eine solche Differenzierung nicht zwingend erkennen lassen [s. z. B. I Sam 12,19; I Reg 8,36.52.59.66], da „Volk" und „Knecht" in Parallelstellung stehen.) und schließlich das besonders in (nach)exilischer Zeit verwendete Motiv des Felsens (V. 4.15.18.30f.37) zum Ausdruck der Verlässlichkeit und Zuverlässigkeit Gottes (s. I Sam 2,2; II Sam 22,32; Jes 17,10; 26,4; 44,8; Hab 1,12; Ps 18,32.47; 28,1; 31,3; 62,3.8; 71,3; 73,26; 89,27; 92,16; 95,1).

65 S. oben S. 237.
66 S. R. Bartelmus, „Schriftprophetie", 75.79f.
67 V. 13 verwende für den Exodus (גאל: Jes 43,1.14; 44,2; 48,20) und die Führung in der Wüste (נחל: Jes 40,11; 49,10) deuterojesajanische Sprache, V. 3f. stelle eine geraffte Zusammenfassung von Jes 42,8-13 dar, V. 5f. habe Jes 51,9f. als konzeptionellen Hintergrund und V. 7 verdichte Jes 40,22-25.
68 R. Bartelmus, „Schriftprophetie", 81.
69 So R. Bartelmus, „Schriftprophetie", 81 samt Anm. 98.
70 S. E. Otto, Deuteronomium, 193: „Der Autor, der das Moselied in das Deuteronomium einfügte, wollte in der Rahmung des Liedes (Dtn 31,16-22.27-29) an Dtn 4,25-31 anknüpfend Mose als den letzten Propheten zur Geltung bringen und setzte damit die Pentateuchredaktion (Dtn 34,10-12) voraus."
71 Vgl. V. 16 mit Ex 34,15f.; Hos 2,7-9 (hinterher huren), V. 18 mit Hos 3,1 (sich anderen Göttern zuwenden), V. 16.20 mit Jer 11,10 (Bund brechen), V. 17f. mit Jes 8,17; Jer 33,5; Ez 39,23f.29 (Angesicht verbergen) sowie Dtn 18,18; Jer 1,9; 5,14 (in den Mund legen).

festgestellt werden[72]. Die Gemeinsamkeiten mit der prophetischen Literatur zeigen, dass nicht irgendein Mose, sondern Mose als Prophet (vgl. Dtn

---

72 Erstens wird die für Hos typische Vorstellung von der Wüste als Zeit der ersten Liebe und ungeteilten Hingabe an YHWH und dem im Land erfolgten Abfall von YHWH auf-gegriffen (vgl. V. 10-12.15ff. mit Hos 2,16-18; 9,10; 13,4-6; dazu auch 11,3). Wie nur noch Hos 9,10 und Jer 31,2 (vgl. lediglich Gen 16,7 mit dem Engel YHWHs als Subjekt und Hager/Ismael als Objekt) spricht V. 10 vom Fund in der Wüste (מדבר [...] מצא ב). Zweitens nehmen die V. 13-14 die in der prophetischen Literatur enthaltene Tradition von der Versorgung durch YHWH im Land und trotzdem anschließend erfolgtem Abfall auf (vgl. Jer 2,7; Ez 16,13ff.; wörtliche Berührungen („Höhen der Erde" und anschlie-ßend אכל) mit Jes 58,14, wo das Wohlergehen an die Einhaltung des Sabbat gebunden ist). Drittens ist die Ausdrucksweise, dass das Feuer des Zornes YHWHs (in 1. Person) brennt (קדח) (V. 22), so noch in Jer 15,14; 17,4 belegt. Dass Feuer den Ertrag des Landes verzehrt, ist mit den beiden Verben „fressen" (אכל) und „versengen" (להט) nur noch in Joel 1,19; 2,3 belegt; mit Joel 1,6f.; 2,3ff. stimmt außerdem das Bild von den in Israel einfallenden Tieren überein (s. V. 24). Viertens steht aufgrund mit V. 23-25 gemeinsamer Motive auch Ez 5,12.16f. im Hintergrund: im Zusammenhang der Unheilsankündigung wegen des Versagens Israels gegenüber YHWH wird von den Pfeilen als Werkzeugen YHWHs gegen das eigene Volk, vom Schwert (mit dem Verb שכל), von Hunger, Tieren und von Seuche gesprochen. In Ez 9,6 (sowie Jer 51,22) begegnet die Reihe von Jungen und Alten, Jünglingen und Jungfrauen. Fünftens ist der Gedanke, dass die Feinde YHWHs unheilvolles Handeln an Israel missverstehen könnten (V. 27), überwiegend in der prophetischen Literatur bezeugt (s. Jes 48,9-11; Ez 20,21f.; 36,22; Joel 2,17; vgl. Dtn 9,28), genauso wie Selbsterwägungen Gottes (Hos 6,4; 11,8f.; vgl. Gen 6,7). Sechstens stimmt die spezifische Ausdrucksweise von V. 28 mit Fremdvölkersprüchen gegen Edom überein („Rat verloren" אבד עצות: Jer 49,7; „keine Einsicht" אין תבונה: Ob 7). Siebtens findet sich das Sodom-Gomorrha-Motiv (V. 32) häufig zum Schuldaufweis wie zur Un-heilsansage in der prophetischen Literatur (s. Jes 1,19f.; 13,19; Jer 23,14; 49,18 [Edom]; 50,40; Am 4,11; Zeph 2,9). Achtens ist die Ausschließlichkeitsaussage ähnlich in Jes 43,10f.; 44,6; 45,5.18.21; Joel 2,27 belegt; in Jes 43,13 zusätzlich der Hinweis, das nie-mand aus YHWHs (in 1. Person) Hand retten (אין מידי) könne (vgl. aber noch Hi 10,7; Dan 8,4). Neuntens formulieren einen Schwur YHWHs bei sich selbst (חי אנכי / אני) Jes 49,18; Jer 22,24; Zeph 2,9, auch Num 14,28Red.; Dan 12,7 enthält zusätzlich wie V. 40 den Hinweis auf YHWHs Ewigkeit (עולם) und erwähnt das Heben der Hände zum Himmel, differenziert jedoch zwischen dem weiß gekleideten Mann als Schwörendem und dem Schwur bei dem ewigen YHWH. Zehntens: die blutrünstigen Bilder von V. 40ff. sind ebenfalls typisch für die prophetische Unheilsansage: s. Jes 1,24; 34,6f. (Edom); 49,26; 63,1-6; Jer 46,10; Nah 1,2. Elftens begegnet der Aufruf zu jubeln mit der Begründung der Erlösung Israels wie in V. 43 mit dem Verb רנן noch in Jes 44,23; 49,13 und mit den Verb שמח bzw. גיל und der Begründung des Gerichts über die Erde in Ps 96,11; I Chr 16,31. Zwölftens ist von einer Sühne als alleiniges Handeln YHWHs, das keine Rituale benötigt, noch in Jes 27,9; Dan 9,24 die Rede; die Vorstellung von einer Entsühnung des Landes begegnet nur noch in Num 35,33 (wegen Totschlags) und die einer Entsühnung des Volkes in der Kultgesetzgebung (Ex 32,30; Lev 9,7; 16,24.33; Num 17,12). Dreizehntens kennt V. 34 die Tradition vom verborgen gehaltenen Gericht (s. Jes 8,16; 29,11; Mal 3,16; Dan 12,4.9). Vierzehntens ist der Gedanke, dass YHWH die Völker für deren Vergehen an Israel strafen will, in diversen Völkerorakeln belegt (z. B. Jer 50,29ff.; 51,11ff.; Ez 25; Joel 4,3; Ob 10ff.).

18,15.18) singt. Freilich erscheint Mose schon dadurch, dass er kurz vor seinem Tod bis in die Königszeit vorausblickt, als Prophet. Ja Mose lässt am Ende seines Liedes sogar einen bis in die Endzeit reichenden Horizont erkennen. Denn die V. 35ff. handeln von einem Gericht, mit dem YHWH die Feinde Israels strafen und seinem Volk Erbarmen verschaffen will.[73] Was die prophetisch-eschatologische Ausrichtung betrifft, deckt sich also wiederum der Befund in Ex 15 und Dtn 32 mit dem des Hannaliedes (und des Davidpsalms II Sam 22[74]).

Viertens finden sich nun auch inhaltliche Gemeinsamkeiten zwischen den Moseliedern Ex 15,1-18; Dtn 32,1-43 und den in den Samuelbüchern platzierten Psalmen I Sam 2,1-10; II Sam 22:

a) das Handeln YHWHs übertrifft menschliche Stärke (Ex 15,4ff.9f.14-16; Dtn 32,30.36b; I Sam 2,4.9b.10aα_1; II Sam 22,33-35.40f.);

b) YHWH belohnt die Frommen und straft die Frevler um (Dtn 32,36; I Sam 2,3b.9a; II Sam 22,21-31);

c) YHWH hilft vor Feinden (Ex 15,6f.9f.; Dtn 32,41f.; I Sam 2,1; II Sam 22,49);

d) YHWH ist einziger Gott (Ex 15,11; Dtn 32,37-39; I Sam 2,2; II Sam 22,32)

e) und von daher Zuflucht, Rettung bzw. Fels (Ex 15,2; Dtn 32,4.18.30.31.37; I Sam 2,2; II Sam 22,2f.31f.);

f) YHWH vermag zu töten und lebendig zu machen (Dtn 32,39; I Sam 2,6; II Sam 22,5-7);

g) YHWHs Macht hat räumlich wie zeitlich universale Reichweite (Ex 15,18; Dtn 32,8f.40ff.43; I Sam 2,8b.10a$\alpha_2\beta$b; II Sam 22,8ff.48.50f.).

Auch inhaltlich-theologisch zeichnen die vier Psalmen also gemeinsame Vorstellungen aus.

Es zeigt sich somit, dass die poetischen Texte Ex 15,1-18; Dtn 32,1-43; I Sam 2,1-10; II Sam 22 durch vergleichbare Tendenzen geprägt sind – nämlich durch inhaltlich-theologische Übereinstimmungen, die eschatologische Ausrichtung und den Willen zur Rahmung der Erzählkomplexe der zentralen Gestalten Mose und David – und dass sie im (grob gesprochen) gleichen spätnachexilischen Zeitraum konzipiert wurden. Die Annahme liegt nahe, dass sie auf Verfasserkreise zurückgehen, die eine gemeinsame Denkbewegung und einen gemeinsamen theologischen Horizont auszeichnet. Freilich sind auch Unterschiede zwischen den vier Texten auszumachen: sie besitzen

73 Mose ist jedoch mehr als ein Prophet: das zeigen die Bezüge zu Psalmen und weisheitlichen Traditionen (vgl. Num 12,6f.; Dtn 34,10ff.).
74 Vgl. Saur, Königspsalmen, 78f., in Bezug auf Ps 18.

jeweils einen spezifischen Aufbau, eine eigene Struktur, eigene theologische Schwerpunkte, zeigen also ein jeweils eigenes Gepräge. Deswegen ginge man wohl zu weit, wenn man Ex 15,1-18; Dtn 32,1-43; I Sam 2,1-10; II Sam 22 einer psalmistisch orientierten Enneateuch-Redaktion zuweisen wollte. Aber der Eintrag dieser vier Texte scheint doch aus einer gleichen Denkrichtung, ja vielleicht sogar in Abstimmung aufeinander unternommen worden zu sein[75]. Deshalb geben es die Gemeinsamkeiten zwischen den vier Psalmen den Lesern auf, die vier Texte auch in gegenseitigem Bezug aufeinander und d. h. im enneateuchischen Horizont zu lesen. Es kommt hinzu, dass die beiden Moselieder, obwohl sie die Funktion einer Rahmung der Mosezeit besitzen, die durch sie gerahmte Erzählung sprengen. In Ex 15,12ff.[76] wird (sogar zunächst im Präteritum) auf den Durchzug durch den Jordan (V. 16b) und die Landnahme angespielt (V. 13a.14a.17a), was erst im Josuabuch erzählt wird. Hierbei genannt werden Kanaan und die Philister (V. 14b.15b). Zusätzlich erwähnt werden jedoch auch Moab und Edom (V. 15a); diese Völker lassen jedoch an das Großreich der David-Salomo-Überlieferung denken. Ebenfalls auf (David bzw.) Salomo verweist die Gründung der Wohnung YHWHs (V. 13b.17b). Dtn 32 behandelt die Landnahme (V. 13ff.) sowie den Abfall Israels von YHWH im Land (V. 15ff.) und blickt auf das darauf reagierende Strafhandeln YHWHs (V. 19ff.). Damit wird die Richter- sowie die Königszeit bis zu ihrer endgültigen Katastrophe anvisiert. Über sie hinaus (man wird wohl kaum an die Notizen II Reg 17,18 oder 25,27-30 denken wollen) und damit auf die Realität der Leser weist der sich durchsetzende Wille YHWHs zur Verschonung (V. 26ff.).

Ist nun für das Hannalied der Enneateuch als legitimer Interpretationsrahmen erkannt, bedeutet das für sein Verständnis, dass seine protomessianische Erwartung, die anhand der *relecture* des Erzählungen von der Entstehung des Königtums und der Erzählungen von König David zum Ausdruck kommt, im Zusammenhang mit der Neudeutung der Mosegestalt zu sehen ist. Dann ist die protomessianische Hoffnung Teil der Ereignisse, die Mose – der von der Landnahmezeit über die Richter- und Königszeit bis ins Eschaton sehende Prophet – überblickt und mit der Betonung der Königsherrschaft YHWHs (Ex 15,18) theokratisch autorisiert.

Dementsprechend bindet auch I Makk 14,41[77] die Herrschaft Simons, die in I Makk 14,4-15 unter Vermeidung des Königstitels mit den idealen Vor-

---

75 Dazu vgl. etwa auch K.-P. Adam, Der königliche Held. Die Entsprechung von kämpfendem Gott und kämpfendem König in Psalm 18, WMANT 91, 2001, 209; D. Erbele-Küster, Lesen als Akt des Betens. Eine Rezeptionsästhetik der Psalmen, WMANT 87, 2001, 81ff.; Saur, Königspsalmen, 75.

76 Dazu s. R. Bartelmus, „Schriftprophetie", 69f.75ff.

77 Ein herzliches Dankeschön gilt apl. Prof. Dr. Martin Meiser, der mich auf diese Stelle aufmerksam gemacht hat.

stellungen der Königstradition (vgl. etwa I Reg 5,5; Ps 72,4.8.9.16) beschrieben wird, und die seiner Nachfolger zurück an die Autorität des Mose:

> „Darum haben das jüdische Volk und die Priester eingewilligt, dass Simon für immer ihr Fürst und Hoherpriester sein sollte, so lange, bis ihnen Gott einen rechten Propheten erwecken würde" (revidierte Luther-Übersetzung, 1984).

I Makk 14,41 begründet auf der einen Seite für das Hasmonäerhaus eine Erbfolge. Auf der anderen Seite wird die „wahre und endgültige Entscheidung, wem die Herrschaft zusteht" allein Gott überlassen. Er wird diese „zu gegebener Zeit Israel durch einen dazu beauftragten Propheten" kundtun.[78] Damit aber formuliert I Makk 14,41 in Anlehnung an Dtn 18,15.18 (προφήτην, ἀνίστημι). Somit werden hier protomessianische Hoffnung und Autorisierung durch den Propheten Mose[79] unter Wahrung der Alleinwirksamkeit Gottes zusammengedacht. Dies mag ein Indiz dafür sein, dass sich die durch das Hannalied eröffnete neue Lektüre der Erzählungen von der Entstehung des Königtums und des Königtums Davids tatsächlich unter Berücksichtigung der durch die Moselieder mitgeprägten spätesten Mosetradition und damit im enneateuchischen Horizont vollzogen hat.

---

78 S. von Dobbeler, Die Bücher 1/2 Makkabäer, NSK.AT 11, 1997, 135. Vgl. auch W. Dommershausen, 1 Makkabäer. 2 Makkabäer, NEB 12, 1985, 100.

79 Und damit letztlich die Tora: vgl. H. Donner, Der verlässliche Prophet. Betrachtungen zu I Makk 14,41ff und zu Ps 110 (1991), in: ders., Aufsätze zum Alten Testament aus vier Jahrzehnten, BZAW 224, 1994, 213-223, 217.

„Gibt es keinen Gott in Israel?"
Zum literarischen, historischen und religions-
geschichtlichen Ort von II Reg 1

Matthias Köckert

Von König Ahasja, Sohn Ahabs und Isebels, wissen wir nur wenig. Er war der vorletzte Herrscher aus der Dynastie der Omriden und regierte über das Nordreich Israel wahrscheinlich noch nicht einmal zwei Jahre. II Reg 1 erzählt, dass er nach einem Sturz aus dem Obergeschoss[1] seines Palastes zum Baal Zebub, dem Gott von Ekron, schickt, um einen Gottesbescheid über sein weiteres Geschick zu erhalten. Da tritt Elia zunächst den Boten des Königs und nach einigen Verwicklungen schließlich dem König selbst entgegen (II 1,16):

> „So spricht Jahwe:
> Weil du Boten gesandt hast, zu befragen Baal Zebub, den Gott von Ekron –
> gibt es denn keinen Gott in Israel, zu befragen sein Wort?[2] –
> darum: Vom Lager, auf das du hinaufgestiegen bist, wirst du nicht herabsteigen;
> denn du bist gewiss des Todes!"

Kein Wunder, dass sich Ahasja nicht mehr erholt und schließlich an den Folgen stirbt.

---

1 Das „Geflecht in seinem Obergemach" (?), durch das der König fällt, hat S. Mittmann als dreieck- oder rautenförmig durchbrochene Brüstung einer Dachterrasse gedeutet (Architektonisches „Geflecht" von Ahasjas Palast in Samaria, ZDPV 119 [2003], 106-118).

2 Der Fragesatz enthält in der Verbindung von בלי mit מן (vgl. Ex 14,11) ein kausales Moment (Ges./K. §152y), worauf mich E. Blum brieflich aufmerksam gemacht hat. Das lässt sich allerdings in V. 16 kaum wiedergeben, ohne dass man die parenthetische Stellung der Frage preisgibt („als ob es keinen Gott gäbe ..."). Den Fragesatz in V. 16 kennt die LXX (noch) nicht; er ist vielleicht erst später aus V. 6 nachgetragen worden (H.-J. Stipp, Elischa – Propheten – Gottesmänner. Die Kompositionsgeschichte des Elischazyklus und verwandter Texte, rekonstruiert auf der Basis von Text- und Literarkritik zu 1 Kön 20.22 und 2 Kön 2-7, ATSAT 24, 1987, 26f.).

I. Das Problem

Die Szenen anekdotischen Charakters um Elias Einschreiten gegen Ahasja in
II Reg 1 stehen ganz im Schatten der literarisch eindrücklichen Gestaltung,
die Elias Konfrontation mit König Ahab in I Reg 17-18.19 gefunden hat. Bis
auf den Tisbiter (I 17,1; II 1,3) und dessen Kampf gegen Baal scheint beide
Stücke nicht viel zu verbinden. Auch wird das gemeinsame Thema – jedenfalls auf den ersten Blick – recht verschieden behandelt. Auf dem Karmel
entscheidet sich, wer *allein* Gott genannt zu werden verdient in Israel und
überhaupt: Jahwe oder Baal (I 18,21.24.39). In II Reg 1 jedoch geht es – will
man der bisherigen Forschung folgen[3] – lediglich um die Frage, wer *in Israel*
Gott sei, bzw. die Kompetenz in Fragen von Krankheit und Heilung habe:
Jahwe oder der Baal Zebub von Ekron. In dieser Deutung liegen beide Erzählungen religionsgeschichtlich weit auseinander. Die Karmelszene gipfelt in
einem Bekenntnis zu Jahwe, das seine nächsten Seitenstücke bei Deuterojesaja hat, dem alle numinosen Größen außer Jahwe nichts anderes sind als Ein-
bildungen ihrer Verehrer.[4] Der Elia vor Ahasja kämpft dagegen wie das Erste
Gebot lediglich um die Anerkennung Jahwes als einzigen Gott in Israel, neben dem es durchaus noch andere Gottheiten gibt, nur eben für Israel nicht
geben soll. Exklusivität eignet beiden, wenn auch mit unterschiedlicher
Reichweite. Das eine nennt man Monotheismus, das andere Monolatrie.[5]
    Mit dieser Bestimmung sind literarische und historische Unterscheidungen
verbunden. Die behauptete religionsgeschichtliche Differenz nötigt zu einer
Verteilung beider Stücke auf zwei verschiedene Hände und Zeitalter. Die
findet man im unterschiedlichen literarischen Charakter wieder: hier eine
kleinräumige Einzelerzählung, dort eine kunstvolle Komposition in mehreren
Szenen. Aus alledem ergibt sich die historische Ansetzung beinahe von
selbst. Es verwundert nicht, dass II Reg 1 in der neueren Forschung nahezu
unisono als „alte, urspr. E[lia]-Tradition" gilt, die in ihrem Kern wohl schon
„sehr bald nach dem angesprochenen Vorfall" entstanden ist.[6] Zu den weni-

---

3   S. zuletzt M. Beck, Elia und die Monolatrie. Ein Beitrag zur religionsgeschichtlichen
    Rückfrage nach dem vorschriftprophetischen Jahwe-Glauben, BZAW 281, 1999, 139-
    149; S. Otto, Jehu, Elia und Elisa. Die Erzählung von der Jehu-Revolution und die Kom-
    position der Elia-Elisa-Erzählungen, BWANT 152, 2001, 144-149; B. Lehnart, Prophet
    und König im Nordreich Israel. Studien zur sogenannten vorklassischen Prophetie im
    Nordreich Israel anhand der Samuel-, Elija- und Elischa-Überlieferungen, VT.S 96, 2003.

4   M. Köckert, Elia. Literarische und religionsgeschichtliche Probleme in 1 Kön 17-18, in:
    M. Oeming und K. Schmid (Hrsg.), Der eine Gott und die Götter. Polytheismus und Mo-
    notheismus im antiken Israel, AThANT 82, 2003, 111-144.

5   Zur Problemgeschichte s. M. Köckert, Von einem zum einzigen Gott, BThZ 15 (1998),
    137-175.

6   Vgl. W. Thiel, Zu Ursprung und Entfaltung der Elia-Tradition, in: K. Grünwaldt / H.
    Schroeter (Hrsg.), Was suchst du hier, Elia?, Hermeneutika 4, 1995, 27-39 (S. 32: V. 2-
    8.17a stehen der mündlichen Überlieferung noch nahe); ders., Art. „Elia", RGG[4], Bd. 2,

gen Ausnahmen gehört die 1970 in Marburg angenommene Dissertation zu den Elisaüberlieferungen von Hans-Christoph Schmitt. Er rechnet II Reg 1 erstaunlicherweise nicht zur alten Eliaüberlieferung, sondern ordnet sie zusammen mit der Naboth-Erzählung I Reg 21 nach dem Untergang Samarias ein. Vor allem aber sieht er die neueren Arbeiten zu Elia alle daran kranken, dass sie das Bild vom Kämpfer gegen den Baal, das doch erst in einer längeren Geschichte entstanden ist, schon „auf den historischen Elia projizieren".[7]

Die folgenden Beobachtungen werden zeigen, dass der junge Promovend vor beinahe vierzig Jahren klarer sah als manche Kollegen heute. Außerdem hoffe ich einige Gesichtspunkte beisteuern zu können, die zu einer genaueren Bestimmung des geistigen Ortes dieser Erzählung verhelfen. Dabei steht insbesondere die immer wieder behauptete religionsgeschichtliche Differenz auf dem Prüfstand.

II. Literarische Analyse

Die Erzählung beginnt in V. 2 unvermittelt mit einem Narrativ, der den Sturz Ahasjas aus seinem Obergemach berichtet und die Erzählhandlung in Gang setzt. Er ist offensichtlich als unmittelbare Fortsetzung des vorderen Königsrahmens von II 22,52ff. formuliert.[8] Damit erscheinen Sturz und Krankheit des Königs wie schon die mit 3,4ff. verbindende Notiz vom Abfall Moabs in V. 1[9] als Folge seines Wandels in den Wegen seiner Eltern, der beispiellosen Götzendiener Ahab und Isebel. Mehr noch: Ahasjas Orakelanfrage bei dem Gott von Ekron erzählt an einem exemplarischen Fall, was die dtr. Erweiterung des Rahmens in I 22,54 mit den dekalogischen Formulierungen aus I 16,31.33 („dem Baal, der Aschera dienen und ihn/sie anbeten ...") auf die theologischen Begriffe bringt. Noch stärker ist das Ende der Erzählung über die Notiz vom Tode Ahasjas unlöslich mit dem dtr. Königsrahmen verzahnt,

---

1999, 1210, mit O. H. Steck, Überlieferung und Zeitgeschichte in den Elia-Erzählungen, WMANT 26, 1968, 132. Lehnart (Anm. 3), 353, denkt an die „religionspolitischen Auseinandersetzungen" im 9. Jh., S. Otto (Anm. 3), 149, an das Ende der Jehu-Dynastie um 750 und Beck (Anm. 3), 146, an das 8., wenn nicht sogar erst an das 7. Jh. v. Chr. Alle genannten Vertreter zählen freilich V. 9-16 nicht zum Kernbestand der Erzählung (dazu s. sogleich).

7 H.-C. Schmitt, Elisa. Traditionsgeschichtliche Untersuchungen zur vorklassischen nordisraelitischen Prophetie, 1972, 187 Anm. 41, vgl. auch S. 27 Anm. 56 sowie S. 183 mit Anm 26.

8 Als Erzählanfang erwartet man wenigstens Inversion x-qatal („Ahasja aber war gefallen ..."). Außerdem kommt die Charakterisierung des Protagonisten als König für eine Einzelerzählung in V. 6 reichlich spät. Der Einsatz in V. 2 befremdet nur dann nicht, wenn er in Kenntnis und als Fortsetzung des Königsrahmens I 22,52ff. formuliert worden ist.

9 Sie verbindet mit II 3,4ff. und dürfte durch Dtr. aus II 3,5 vorgezogen worden sein.

der vielleicht im Schlussteil II 1,17a ursprünglich so gelautet hat: „Da starb
er ..., und Joram wurde König an seiner Statt" (1,17a). Nach der dreimaligen
Ankündigung des Todes in V. 4.6.16 würde aber der Erzählung ohne eine
entsprechende kurze Notiz vom Tod des Königs die Pointe fehlen. Die Ver-
schränkung der Erzählung mit dem dtr. Rahmen hat denn auch einige veranlasst, die Erzählung als eine dtr. Bildung zu erklären.[10] Dazu bietet die ausdrückliche Feststellung der Entsprechung von Wort (Jahwes im Munde Elias)
und Ereignis einen guten Grund: „Da starb er gemäß dem Wort Jahwes, das
Elia geredet hatte."

Angesichts der engen Verbindung mit dem dtr. Rahmen überrascht freilich
umso mehr, dass sich die einschlägige dtr. Formelsprache in der Erzählung
selbst nicht findet, obwohl man das Thema schwerlich un-dtr. nennen kann.
Meist beurteilt man deshalb die Erzählung als vor-dtr.[11], nur wenige halten sie
für nach-dtr.[12]

Wer davon ausgeht, dass die Deuteronomisten hier eine ältere Einzelerzählung aufgegriffen haben, muss Beschädigungen an den Erzählrändern
unterstellen[13] und einigen Aufwand betreiben, um jene Sachverhalte jüngeren
Händen zuzuschreiben, die der Annahme einer älteren Einzelerzählung aus
der Königszeit entgegenstehen. Schon Julius Wellhausen hatte – allerdings
für die gesamte Erzählung! – einen „klaffende(n) Unterschied zwischen der
Grösse des echten und dem Auftrumpfen dieses entstellten Elias" in II Reg 1
gesehen: „Gott ist in die Ferne gerückt und redet durch einen Engel (1,3.15;
ganz anders wie I 19,15), dafür ist der Prophet zu einem übermenschlichen
Popanz geworden."[14]

Als schwierig empfinden viele, dass das entscheidende Unheilswort drei
Mal begegnet, allerdings in Varianten, die den jeweiligen Kontexten angepasst sind (V. 3-4.6.16). Schwierigkeiten machen auch die Motiv-, Orts- und
Themenwechsel von „Jahwes Einschreiten gegen die Orakelbefragung Ahasjas"[15] in V. 2-8.17* zum Versuch des Königs, den Gottesmann Elia zu greifen, in V. 9-16, so dass die Erzählung in zwei Teile zu zerfallen droht. Im

---

10 W. Dietrich schreibt II 1 wegen V. 17a seinem DtrP zu (Prophetie und Geschichte. Eine
   redaktionsgeschichtliche Untersuchung zum deuteronomistischen Geschichtswerk,
   FRLANT 108, 1972, 125-127), V. Fritz dem Verfasser des dtr. Geschichtswerks (Das
   zweite Buch der Könige, ZBK AT 10.2, 1998, 8).
11 So z. B. die Vertreter in Anm. 6
12 Von den Kommentatoren hat sich nur E. Würthwein, Die Bücher der Könige, ATD 11,2,
   1984, 266-269, in diesem Sinne ausgesprochen.
13 Wie oben gezeigt, kann keine Rede davon sein, dass die ältere Prophetenerzählung „offenbar unverändert in das DtrG übernommen und in den Rahmenteil ... integriert" wurde
   (gegen Beck [Anm. 3], 157).
14 J. Wellhausen, Die Composition des Hexateuchs und der historischen Bücher des Alten
   Testaments, Berlin [4]1963, 282.
15 So der Titel von O. H. Stecks Aufsatz in EvTh 27 (1967), 546-556.

ersten Teil tritt Elia auf göttliches Geheiß den Boten des Königs entgegen, im zweiten dagegen thront er auf einem Berg[16]. In V. 3.8 wird er „der Tisbiter"[17], im zweiten Teil jedoch wie Elisa „Mann Gottes"[18] genannt. Da der zweite Teil nicht für sich stehen kann, sondern den ersten voraussetzt und überdies verschiedentlich mit den Elisa-Erzählungen verbunden ist, werden die V. 9-16 häufig für eine jüngere Erweiterung gehalten.[19] Einige gehen noch einen Schritt weiter und trennen darüber hinaus V. 3-4 und 15a als eine zweite Bearbeitung[20] ab. Auf deren Konto gehe die göttliche Intervention durch den „Boten Jahwes", die mit V. 3-4 nicht nur der älteren Erzählung die Pointe in V. 8 verdirbt, sondern auch den rechten Bezug des Suffixes in V. 5a erschwert.[21] Was nach Abzug dieser Bearbeitungen als angeblich ältere Erzählung übrigbleibt (V. 2.5-8.17a), ist allerdings ein reichlich künstliches Konstrukt, das nur noch wenig mit lebendiger Erzählung zu tun hat. Das fällt an zwei Stellen besonders ins Auge.

(1) Mag man wegen möglicher Veränderungen im Zuge der Einarbeitung einer älteren Erzählung in das DtrG am Erzählanfang großzügig sein, so befremdet der in der Rekonstruktion (!) ganz unbefriedigend erzählte Übergang von V. 2 zu V. 5. Die Rückkehr der Boten des Königs wird unmittelbar im Anschluss an deren Sendung, vor allem aber ohne jede Motivierung erzählt.[22] Die Frage des Königs nach dem Grund für die Rückkehr der Boten ist nur sinnvoll, wenn die Boten unerwartet schnell zurückgekommen sind. Jedoch enthält weder die Erzählernotiz („Da kehrten die Boten zu ihm zurück") noch die Formulierung der Frage („Warum seid ihr zurückgekehrt?"[23]) irgendeine Andeutung dieser Art. Beide setzen deshalb für den Leser eine entsprechende

---

16 Vgl. Elisa in II 2,25; 4,25.

17 Diese Bezeichnung findet sich bei Elia außerdem in I 17,1; 21,17.28; II 9,36.

18 Elisa als „Mann Gottes" II 4,21-27.40-42; 5,14-15; 6,6.9.15, von Elia II 1,9-13 und I 17,17-24.

19 Vertreter bei Beck (Anm. 3), 141f. mit Anm. 554; aber auch G. Fohrer, Elia, AThANT 53, [2]1968, 42-43; K. Koch, Was ist Formgeschichte?, 1968, 229; W. Thiel, Deuteronomistische Redaktionsarbeit in den Elia-Erzählungen (1991), in: ders., Gelebte Geschichte. Studien zur Sozialgeschichte und zur frühen prophetischen Geschichtsdeutung Israels, 2000, 146-149, hält wegen des weitgehenden Konsenses über die Zweischichtigkeit der Erzählung weitere Argumente für überflüssig (S. 147) – wir werden sehen.

20 Würthwein (Anm. 12), 267; C. Levin, Erkenntnis Gottes durch Elia, in: ders., Fortschreibungen. Gesammelte Studien zum AT, BZAW 316, 2003, 164f. (Jahwewort- nach Gottesmannbearbeitung); Beck (Anm. 3), 142-143; Otto (Anm. 3), 147f.; zuletzt wieder Lehnart (Anm. 3), 268-273 (vor allem wegen des in Prophetenüberlieferungen singulären Jahweboten in V. 3.15 – methodisch wenig überzeugend!).

21 Freilich käme kein Leser auf den Gedanken, die Rückkehr der Boten rein formal auf Elia zu beziehen. Das Argument besagt also nichts.

22 Die in der Übersetzung von V. 5 durch Beck (Anm. 3, S. 140) vorgenommene Inversion glättet ein wenig die Schwierigkeit, ist aber im hebräischen Text durch nichts angezeigt.

23 Zur Formulierung der Frage vgl. die einzige Analogie in den Überlieferungen von Elia I 21,5.

Information voraus, die aus V. 2 nicht hervorgeht.[24] Was dort fehlt und was
der Leser in der rekonstruierten älteren Fassung vermisst, geben die V. 3-4
reichlich.[25] Gehört die Rede des Jahweboten an Elia aber zur Substanz der
Erzählung, stellt das mehrfache Vorkommen des Unheilswortes kein literar-
kritisches Kriterium mehr dar. Vielmehr drängt sich dann die Vermutung auf,
dass die mehrfache Wiederholung beabsichtigt ist. Ihr korrespondiert der
Abschluss mit V. 17 aufs beste: „Da starb er entsprechend dem Wort Jahwes,
das Elia geredet hatte ...“

Die Rede des Jahweboten ist nicht nur erzähltechnisch, sondern auch sachlich[26] für die Erzählung in mehrfacher Hinsicht unentbehrlich. Sie stellt von
Anfang an Elia, der im Auftrag seines Gottes redet, gegen die Boten des Königs. In der auf dieses Gotteswort hin (!) und deshalb motiviert erfolgten
Rückkehr der Königsboten zeichnet sich das Ende des Königs schon ab. Ja,
mit dem Botenwort von V. 3-4 gibt Jahwe, der Gott in Israel, ungebeten seine
Antwort auf die Orakelanfrage des Königs, „ob er von dieser Krankheit wieder aufleben werde“, und die ist eindeutig: „Du bist des Todes!“ So wie sich
der König von Anfang an mit seinem Auftrag in V. 2 gegen den Gott in Israel
stellt, so steht nun Jahwe gegen den König. Die Rede des Jahweboten verdirbt der Erzählung also keineswegs die Pointe; denn Pointe der Erzählung ist
nicht die Entdeckung der Identität Elias in V. 8, wie zuweilen suggeriert
wird, sondern das Eintreffen des Gotteswortes in V. 17a. Was wir Leser
durch V. 3-4 wissen, erfährt der König erst schrittweise von seinen Boten.
Man muss die Leserperspektive von jener der Erzählfiguren unterscheiden.[27]
Indem der Erzähler den König die Identität des Unheilkünders erst am Ende
seiner Botenbefragung entdecken lässt, bereitet er dessen Absicht vor, des
Unheilskünders habhaft zu werden. Deshalb folgen unmittelbar und erzähllo-
gisch einsichtig die V. 9-16. Wenn aber die Sendung eines Jahweboten durch
V. 3 fest in der Erzählung verankert ist, besteht keine Notwendigkeit, sie aus
V. 15 zu entfernen. Im Gegenteil, der Jahwebote tritt an den beiden entschei-

---

24 Da hatte I. Benzinger mehr Geschmack für die Kunst des Erzählens, der als älteren
   Grundbestand V. 2-4.17a abgrenzte (Die Bücher der Könige, KHAT, 1899, z. St.) – man
   müsste freilich wenigstens V. 5a hinzunehmen.
25 Man kann gegen die Ursprünglichkeit von V. 3-4 nicht damit argumentieren, dass die
   dann fehlenden Informationen in der Befragung der Boten durch den König nachgereicht
   werden. Denn der damit unterstellte nachholende Erzählstil entspricht gerade nicht dem,
   was ältere, gar gewachsene Erzählungen auszeichnet, sondern was zu den Markenzeichen
   konstruierter Erzählungen gehört, wie ein Vergleich von Gen 20 mit 12,10ff. lehrt. Im
   Botenbericht erfährt der *König*, was der Leser durch V. 3-4 erfahren hat. Von einer Dublette kann also nicht die Rede sein.
26 Das hat Steck genau gespürt: „Jahwe wahrt sein Recht, in Israel alleiniger Orakelspender
   zu sein; deshalb der Erzählungszug, dass Elia die Königsboten abfangen muß“ ([Anm.
   15], S. 553 mit Anm. 40).
27 Vgl. damit das vielleicht prominenteste Beispiel: In Gen 22,1 erfährt der Leser, wes Abraham erst am Ende der Erzählung innewird.

denden Gelenkstellen der Erzählung auf, um dem Gang der Ereignisse jeweils eine neue Wendung zu geben. Dann aber fällt die schon von Wellhausen beobachtete Distanz Gottes, der nicht mehr direkt, sondern nur noch durch seinen Engel mit Elia verkehrt[28], für die Erzählung als ganze, nicht nur für eine jüngere Bearbeitung ins Gewicht.

Der zweite Teil der Erzählung wird nur dann zum literarischen Problem, wenn man eine alte ursprünglich selbständige Elia-Erzählung aus der Königzeit finden will. Lässt man diese Annahme fallen, machen die ins Feld geführten Gesichtspunkte – mehrere Szenen oder zwei Teile, wechselnde Orte, verschiedene Motive – wenig Beschwer. Auch wäre es geradezu merkwürdig, wenn Verbindungen mit den Elisa-Erzählungen und zu anderen Texten in einer so jungen, nicht gewachsenen, sondern konstruierten Erzählung fehlen würden. Überzeugende literarkritische Gründe für eine Abtrennung der V. 9-16 sehe ich nicht.[29] Die Bezeichnung „Mann Gottes" muss nicht befremden; denn sie begegnet hier nicht beim Erzähler, sondern stets nur in der offenbar respektvollen Anrede an Elia durch die jeweiligen Offiziere und daraufhin in Elias Antwort, der sie gewissermaßen ironisch wendet: „Wenn ich ein Mann Gottes bin, dann komme Feuer vom Himmel herab und fresse dich ..." (V. 10.12). Für all das ist im ersten Teil gar keine Gelegenheit; denn die Königsboten werden von Elia gestellt, hören ihn und gehorchen ihm, reden ihn aber nicht an. Und der König respektiert Elia nicht, wie man aus seiner Reaktion entnehmen kann.

(2) Es wäre für den Erzählverlauf und dessen innere Logik viel problematischer, wenn V. 9-16 fehlten. Ohne diesen zweiten Teil folgt auf die Identifikation Elias durch den König in V. 8 unmittelbar die Todesnotiz in V. 17a. Nach dem Aufwand, den der Erzähler treibt, um den Unheilskünder zu identifizieren, erwartet man daraus folgende königliche Aktionen. Die aber finden sich nur in V. 9-16. Das suchen viele Ausleger dadurch zu mildern, dass sie eine sofortige, geradezu magische Wirkung des Unheilswortes unterstellen, das in der Botenbefragung laut wird. In der üblichen Rekonstruktion der minimalen Grundschicht hätte jedoch der König die Kunde von dem unheilbaren Ausgang seiner Krankheit nicht von Elia direkt, sondern allein durch Vermittlung seiner Boten erhalten. Gerade die Vorstellung einer magischen Wirksamkeit des Jahwewortes im Munde Elias erfordert eine direkte Konfrontation Elias mit dem König. Schließlich fragt man sich, welche Absicht den Erzähler veranlasst hat, so indirekt zu erzählen wie die rekonstruierte

---

28 Das ist in der prophetischen Überlieferung, sieht man vom *angelus interpres* ab, völlig singulär.

29 Ganz ungeeignet für literarkritische Schlüsse in II Reg 1 ist die Verteilung von Kurz- und Langformen bei den Jahwe-haltigen Personennamen: Kurzformen begegnen in V. 2.3. 4b.8.12, Langformen in V. 10.13.15.17a. Übrigens befinden sich (gegen die Erwartung!) die Kurzformen überwiegend in den für älter gehaltenen Teilen.

Grundschicht in V. 5-8. Welche Funktion hat der Erzählzug, den Unheilskünder für die Erzählfiguren zunächst inkognito zu lassen und erst durch eine
umständliche Beschreibung der Erscheinung zu identifizieren? Das Interesse
an der Person des Elia beherrscht offenkundig nicht nur den zweiten Teil,
sondern schon den ersten. All das lässt eine unmittelbare Begegnung Elias
mit dem König erwarten, in der Elia das Unheilswort direkt ausrichtet, dem
dann die Wirkung auf dem Fuße folgt.

III. Die eigentümliche Gestalt der Erzählung und ihr Thema

Haben die unterschiedlichen Rekonstruktionen einer älteren Einzelerzählung
sowie die vorgetragenen Argumente für eine oder mehrere Bearbeitungen
nicht überzeugen können, gewinnen Beobachtungen zur literarischen Einheit
der Erzählung in mehreren Szenen an Gewicht.[30]
   Die Erzählung hat zwei Teile, die teils parallel, teils gegenläufig aufeinander bezogen sind, am Schluss aber miteinander verschränkt werden. Drei Mal
wird das Unheilswort laut: durch den Boten Jahwes an Elia (V. 3-4), im
Munde der Boten des Königs bei der Befragung (V. 6), durch Elia vor dem
König (V. 16). Dabei steht die sog. Botenformel immer an anderer Stelle, so
dass in der Summe der drei Versionen alle Teile des Unheilswortes als Jahwewort markiert sind.[31] Die dreifache Wiederholung des Unheilswortes und
dessen Kennzeichnung als Jahwewort hebt die Autorität Elias hervor, in dessen Wort kein anderer als Jahwe, der Gott in Israel, zu Wort kommt. Die
Identität des Prophetenwortes als Jahwewort wird noch verstärkt mit V. 3-4,
die eigens erzählen, wie das Gotteswort zu Elia kommt: eben durch den Jahweboten. Auch in dieser Hinsicht ist jener auffällige Erzählzug alles andere
als überflüssig. Ebenfalls drei Mal sucht der König, des Unheilsboten mit
militärischer Macht habhaft zu werden. Der dritte Versuch mündet in der
direkten Begegnung Elias mit dem König, in der jener das Unheilswort aus
Elias Mund vernimmt. Zwei Mal ergreift Jahwe, der Gott in Israel, in der

---

30 Die Einheit wird vorausgesetzt von A. Rofé, The Prophetical Stories. The Narratives
   about the Prophets in the Hebrew Bible. Their Literary Types and History, 1988, 33-40.
   Eine ausführlichere Diskussion struktureller Gesichtspunkte (dreifache Wiederholung des
   Unheilswortes wie der militärischen Eskorte) für die Einheitlichkeit der Erzählung findet
   sich bei C. T. Begg, Unifying Factors in 2 Kings 1.2-17a, JSOT 32, 1985, 75-86, und B.
   O. Long, 2 Kings, FOTL X, 1991, 10-18.
31 Überdies ist es jeweils durch Details auf die konkreten Kontexte abgestimmt: V. 3 formuliert als Anrede an die Königsboten, die schon unterwegs sind, V. 6 als Anrede an den
   König in der Situation der Botensendung, V. 16 als Anrede an den König, aber nach der
   erfolglosen Sendung (deshalb im Perfekt) und mit der ausdrücklichen Betonung des Gotteswortes.

Gestalt des Boten Jahwes die Initiative und setzt Elia in Bewegung: zunächst den Boten des Königs entgegen (V. 3), schließlich zum König selbst (V. 15).

Beide Teile erzählen die Konfrontation zwischen König und „Gott in Israel". Diese Konfrontation wird zunächst auf der Ebene ihrer Boten ausgetragen. Der König löst den Konflikt aus, indem er Boten zu Baal-Zebub, dem „Gott von Ekron", sendet. Damit ist die Gottesfrage als Machtfrage gestellt: „Gibt es keinen Gott in Israel?" Die Erzählung beantwortet diese mehrfach gestellte Frage im Erzählverlauf. Der Gang der Ereignisse erweist immer stärker, dass es sehr wohl einen Gott in Israel gibt. Mit der Frage nach Gott in Israel ist zugleich das Thema des prophetischen Wortes als Wort dieses Gottes verbunden. Das wird am deutlichsten am Schluss in V. 16. Nicht nur steht hier die Botenformel sogleich am Anfang, sondern die Frage „Gibt es denn keinen Gott in Israel" wird bezeichnenderweise erweitert mit dem Hinweis auf das Wort dieses Gottes: „... um sein Wort zu erfragen."

All das arbeitet die Erzählung allmählich heraus. Gottes Macht rückt dem König in der Gestalt seines Wortes buchstäblich auf den Leib. Der König sendet Boten, um Leben zu erfragen (V. 2). Zunächst bewegt die Unheilsbotschaft die Boten des Königs zurück (V. 3-5) und macht aus der erhofften Lebensbotschaft eine Todesbotschaft vor dem König (V. 6). Der König entdeckt Elia als Auslöser, aber verkennt, dass Elias Wort Jahwes Wort ist. Er ist also bei aller Mühe um die Identifikation des Unheilsboten der entscheidenden Identität nicht innegeworden (V. 7-8). Deshalb reagiert er auf die Botschaft vollkommen verfehlt, und sucht mit dem Boten auch die Botschaft unter seine Macht zu bringen, was der Erzähler als Groteske schildert (V. 9-14). Weil in Elias Botschaft der Gott in Israel präsent ist, müssen die in Verkennung der wirklichen Machtverhältnisse angestrengten Versuche des Königs scheitern (V. 15). So tritt schließlich Elia mit dem Wort des Gottes Israels (V. 16) dem König direkt entgegen, das nun tut, was es sagt (V. 17).

Als Sachwalter des Gottes in Israel und Künder seines Wortes ist mit dem Propheten dieser Gott auf dem Plan. Die Erzählung thematisiert damit zugleich die Autorität des Propheten. Die beherrscht – wenn auch auf verschiedene Weise – beide Teile der Erzählung. Obwohl die Ausrichtung des Gotteswortes durch Elia nicht eigens erzählt wird, bewegt das überraschend überbrachte Orakel die Boten zu sofortiger Rückkehr.[32] Die Boten kehren nicht nur zurück (שוב), sondern sie „kehren um", indem sie nicht mehr dem König, sondern der Botschaft gehorchen, die Elia mit der Autorität des Gotteswortes ausrichtet.[33] Der König dagegen versucht, den Unheilsboten militärisch zu fassen. Der zweite Teil erweist die Autorität

---

32 Dadurch vermeidet der Erzähler nicht nur unnötige Doppelungen, sondern setzt in Erzählung um, dass die Boten Elias Wort als Gottes Wort wahrgenommen haben und demzufolge auch ihm gehorchen.

33 Dem Erzähler ist sehr an der Wurzel שוב gelegen; er bringt sie in V. 5-6 drei Mal.

Elias abermals, der hoheitsvoll auf dem Gipfel des Berges thront. Gegen ihn können selbst drei Abteilungen des Königs nichts ausrichten. Der Umkehr der Boten im ersten Teil entspricht hier das Verhalten des dritten Hauptmanns. Der fällt vor dem Mann Gottes auf die Knie und bittet um Gnade. Mit ihm wird erzählt, was der König angesichts der Unheilsbotschaft hätte tun können. Er hätte den Gott in Israel um Gnade anflehen sollen, wie dieser Hauptmann vor Elia auf die Knie fällt und den Gottesmann ehrt (V. 13.14): „Lass doch mein Leben und das Leben deiner Knechte, dieser fünfzig, wertvoll sein in deinen Augen ...!" Ahasja aber ergreift diese Möglichkeit der „Umkehr" nicht, wie man aus V. 17 entnehmen muss.

So hat nicht nur – wie man häufig gesehen hat – der zweite Teil, sondern die gesamte Erzählung lehrhafte Züge. Alexander Rofé rechnet deshalb II 1 mit guten Gründen nicht zum Typ der älteren „short legenda", sondern zu dem der „epigonic devolution".[34] Diese lehrhaften Züge gilt es noch genauer zu erfassen. Das soll anhand des Topos Gottesbefragung im Krankheitsfall und an der Formulierung „Gott in Israel" und deren Verwendung geschehen.

IV. Gottesbefragung bei Krankheit

Berichte von Gottesbefragungen bei Krankheit begegnen im Königsbuch in I Reg 14,1-18; II 1 und II 8,7-15. Stets handelt es sich bei den Kranken um Könige bzw. um einen Königssohn. Die Berichte unterscheiden sich vielfältig, lassen aber eine Struktur erkennen, die – den jeweiligen Absichten gemäß – abgewandelt wird. Die Berichte haben folgendes Grundmuster:

a) Sie setzen mit einer kurzen Notiz ein, die lediglich die Erkrankung mitteilt (I 14,1; II 1,2; 8,7).

b) Aus der Krankheit ergibt sich die Notwendigkeit, Boten zu senden (in I 14,2 die Mutter des kranken Kindes, in II 1,2 Boten des Königs, in II 8,8 ein hoher Beamter).

c) Die Boten suchen den Propheten (Ahia I 14,2), eine Gottheit (den Gott von Ekron Baal Zebub II 1) oder den Mann Gottes (Elisa II 8,7-15) auf, den man mit Geschenken[35] entlohnt.

d) Durch seine Vermittlung will man mit der Gottheit in Kontakt treten und einen Gottesbescheid erhalten. Es handelt sich also um Gottesbefragung durch einen Experten. Das formuliert am deutlichsten

---

34 Rofé (Anm. 30), 33ff.

35 Dieser Zug fehlt in II 1, weil allein hier ein menschlicher Mittler (wie ein Prophet, Gottesmann oder ein Ritualexperte) nicht genannt und alles auf den entscheidenden Punkt konzentriert wird: Ahasja befragt nicht Jahwe, den „Gott in Israel", sondern „Baal Zebub, den Gott von Ekron".

II 8,8 mit „… Jahwe befragen durch ihn" (דרש את יהוה מאותו).[36] Von dem auf diese Weise erlangten Orakel erhofft man Aufschluss über den Ausgang der Krankheit. In I 14,3 erwartet Jerobeam I., dass der Prophet der Mutter seines Sohnes künden werde (נגד *hif.*), was mit dem kranken Knaben geschieht (מה יהיה לנער); in II 1,2 und 8,8 zielt die Anfrage darauf, „ob ich von meiner Krankheit aufleben werde" (אחיה מחלי זה).

e) Alle drei in Reg belegten Anfragen werden negativ beschieden.[37]
f) Die Berichte enden mit einer Notiz, die das Eintreffen des Gottesbescheids festhält (I 14,17.18; II 1,17; II 8,15).

Bei all diesen strukturellen Gemeinsamkeiten fällt umso mehr eine gravierende Differenz auf. Sie ist für die Frage nach der religionsgeschichtlichen Einordnung von II Reg 1 von Belang. Selbst Jerobeam, der Erzsünder und Ursprung allen Unheils für Israel, sendet bei der Krankheit seines Sohnes, allen Vorwürfen des Fremdgötter- und Bilderdienstes zum Trotz, immerhin zum Propheten Jahwes. Noch nicht einmal dieses Minimum tut Ahasja, der Sohn Ahabs und Isebels, in II Reg 1. Er schickt Boten zu Baal, nicht zu Jahwe, zum Gott von Ekron, nicht zum „Gott in Israel".

Ahasja verhält sich nicht nur schlimmer als der Erzsünder Israels, er verhält sich sogar noch schlimmer als ein Heide. Das zeigt die Erzählung von der Krankheit des Aramäerkönigs Ben-Hadad von Damaskus (II Reg 8,7-15). Beide Erzählungen lesen sich geradezu als Kontrastgeschichten. Beide Könige sind schwer krank. Beide plagt dieselbe Frage (vgl. II 1,2 mit 8,8): „Werde ich wieder aufleben von meiner Krankheit?" Während aber Ahasja den Künder des Gotteswortes verfolgt, überhäuft der fremde König den Gottesmann mit Ehrengeschenken. Während der König Israels dem Gott in Israel jede Kompetenz in Fragen von Krankheit und Heilung abspricht, legt der fremde König sein Geschick vertrauensvoll in die Hände des Gottes in Israel. Der Heide Ben-Hadad tut das, was Ahasja hätte tun sollen: Er schickt nicht zu Baal, sondern lässt – kaum ist ihm die Ankunft des großen Gottesmannes gemeldet worden – über ihn bei Jahwe anfragen, ob er von seiner Krankheit genesen werde.

---

36 I 14,5 schildert den Empfang des Gottesbescheids durch den Propheten, bevor die Befragung überhaupt stattgefunden hat, und zeigt schon dadurch die Künstlichkeit der Erzählung.
37 Die besonderen Umstände und Absichten haben die Erzählung II 8,7-15 zusätzlich kompliziert. An die positive Antwort V. 10a schlossen sich ursprünglich wahrscheinlich sogleich V. 14f. an, während der Geschichtsvorblick V. 10b-13 mit der negativen Prognose für den Kranken erst von einer zweiten Hand nachgetragen worden sein dürfte (so auch Würthwein [Anm. 12], 318-321).

V. Der „Gott in Israel" und die Götter

Schon die Verteilung der Wendung „Gott in Israel" ist für deren religionsgeschichtliche Würdigung aufschlussreich. Die Formulierung begegnet im gesamten AT außer II Reg 1,3.6.15 nur im Gebet Elias auf dem Karmel (I Reg
18,36) und im Munde des syrischen Generals Naeman (II Reg 5,15). Diese
Texte verbindet freilich noch mehr.

Das Verständnis des Gebets Elias in der Lehrerzählung vom Götterstreit
auf dem Karmel[38] (I 18,36-37) hat vor allem Erhard Blum gefördert.[39] Es besteht aus zwei Bitten um Erkenntnis („heute werde kund" [ידע nif.] und „und
dieses Volk soll erkennen [ידע qal]"). Beide Erkenntnisbitten legen sich gegenseitig aus. Die erste (V. 36) erwächst aus einer Anrufung Gottes, die mit
der Vätertrias verbunden ist. Sie thematisiert damit die Innendimension des
Verhältnisses zwischen Israel und seinem Gott, die schon durch das Arran-
gement der gesamten Karmelszene vorbereitet ist.[40] Sie hat einen dreifachen
Inhalt. Elia bittet darum, dass das ganze Volk erkennen möge, dass (a) Jahwe
Gott ist in Israel. Sodann verbindet er (b) die Anerkenntnis Gottes mit der
seiner Person als Prophet („und ich dein Knecht"). Und schließlich soll aus
beidem die Einsicht erwachsen, dass (c) alle Taten und Worte des Propheten
von diesem Gott in Israel selbst verfügt, mithin durch ihn autorisiert sind
(„und dass ich durch dein Wort / in deinem Auftrag [בדבריך] alle diese Worte
/ Dinge [כל הדברים] getan habe"). Die zweite Erkenntnisbitte (V. 37) erwächst aus dem doppelten Erhörungsruf und formuliert mit Gott und den
Göttern die Außendimension, was gleichfalls der erzählten Situation entspricht.[41] Das Volk soll erkennen, „dass du, Jahwe, allein Gott bist (אתה יהוה
(האלהים)[42], und dass du das Herz dieses Volkes zurückgewendet hast (הסבת

---

38 So die zutreffende Charakterisierung der Erzählung bei Würthwein (Anm. 12), 218. Zur
   Opferprobe auf dem Karmel, ihrem literarischen Ort und ihrer religionsgeschichtlichen
   Heimat s. Köckert (Anm. 4), 127-141.

39 E. Blum, Der Prophet und das Verderben Israels: Eine ganzheitliche, historisch-kritische
   Lektüre von 1 Regum XVII-XIX, VT 47 (1997), 277-292, bes. 284ff., hat besonders die
   Struktur des Gebets und die sachliche Verbindung der darin angesprochenen Themen
   herausgearbeitet und damit der beliebten literarkritischen Unterscheidung zwischen V. 36
   und 37 den Boden entzogen.

40 Vgl. die Versammlung ganz Israels (I 18,19) bzw. des ganzen Volkes (V. 21-24) und die
   12 Steine für den Altar entsprechend den 12 Stämmen Israels (V. 31 mit der Erinnerung
   an Gen 32,29 / 35,10) mit dem Israel-Namen in der Vätertrias der Gebetsanrede V. 36.

41 Jahwe, dem Gott Abrahams, Isaaks und Israels, steht Baal gegenüber, der stets mit Artikel versehen ist (I 18,19.21.22.25.26.40) und dadurch als Bezeichnung für alles gebraucht
   wird, was fälschlich beansprucht, Gott zu sein.

42 Jahwe erscheint in V. 21a.24a.37.39 als Elohim mit Artikel, was seine nächsten Seitenstücke in Dtn 4,35.39; 7,9; I Reg 8,60; II Reg 19,15, aber auch in Dtn 10,17; Jdc 6,26.39;
   vgl. Jes 42,5; 45,18 hat und am besten mit der nota exclusiva „Gott allein" wiedergegeben werden kann.

את לבם אחרנית)". Weil sich die Erkenntnisbitten von V. 36 und 37 gegenseitig auslegen, geht es auf dem Karmel nicht allein darum, wer Gott ist in Israel, sondern um die Erkenntnis, dass Jahwe, der Gott in Israel, allein Gott ist
und außer ihm keiner. Das Bekenntnis des Volkes mit dem doppelten Ruf
„Jahwe ist Gott allein" (יהוה הוא האלהים)" in V. 39 dokumentiert die Erhö-
rung des Gebets in allen seinen Gliedern. Ganz Israel erkennt nicht nur Jahwe
als Gott allein an, sondern auch Wort und Tat des Propheten als von diesem
Gott autorisiert. In alledem hat Jahwe also wirklich das Herz dieses Volkes
zurückgewendet.

II Reg 5 erzählt, wie der syrische General Naeman eine überraschende Erkenntnis gewinnt.[43] Er bekleidet zwar ein bedeutendes Amt, leidet aber an
Aussatz. Eine israelitische Sklavin macht ihn auf „den (berühmten) Propheten in Samaria" (V. 3) aufmerksam. Es kommt zu einigen diplomatischen
Verwicklungen, die der Prophet Elisa dadurch löst, dass er dem ratlosen König in Samaria ausrichten lässt, er solle den Ausländer zu ihm schicken, „damit er erkennt, dass es einen Propheten[44] gibt in Israel" (V. 8). Der Prophet
enttäuscht zunächst die Erwartungen des Kranken (V. 10-12). Aber gerade
dadurch gibt er dem mächtigen General die Möglichkeit, seine Haltung zu
ändern, „abzusteigen" und auf unerwartete Weise vom Aussatz geheilt zu
werden (V. 14). Nach seiner ihn gänzlich überraschenden Heilung kehrt
Naeman mit seinem Tross um (שוב), erweist dem Gottesmann Ehre (עמד
לפניו) und bekennt feierlich: „Siehe, nun weiß ich (ידע), dass es keinen Gott
gibt auf der ganzen Erde außer in Israel" (V. 15). Auch hier ereignet sich also
eine doppelte Erkenntnis (wie in I 18,36f.). Die Erkenntnis „Es gibt einen
Propheten in Israel" (V. 8) ist aufs engste mit jener verbunden, dass „allein in

---

43 Eine literarische Analyse kann hier wegen des beschränkten Raumes nicht gegeben werden. Leider kann ich dem Jubilar (Anm. 7), 78f., 108, weder in der Abtrennung einer
Aramäererzählung (ob aus dem 9./8. Jh. oder später in der Königszeit, bleibe dahinge-
stellt), die lediglich V. 1-14* umfasst habe, noch bei deren Charakterisierung als Spottle-
gende folgen. Die Heilung Naemans (V. 14) verlangt nach einer angemessenen Reaktion,
die V. 15 ja auch erzählt. Auch ist der Prophet in Israel nicht vom Gott in Israel zu trennen. Schließlich muss der General auch wieder zurück in seine Heimat (V. 19), wo sich
nach dem Bekenntnis in V. 15 genau die Probleme stellen, um deren Lösung sich V. 17-
18 bemühen. Kurzum: Wenigstens 5,1-19 gehören in der Substanz zusammen. Eine zeitliche Ansetzung muss dann nicht nur der Konstellation (ein Heide erkennt die Einzigkeit
Jahwes und wird ein Jahweverehrer) und damit V. 8.15.17, sondern auch dem Umstand
Rechnung tragen, dass sowohl der König von Aram als auch der von Israel namenlos
bleiben. Zuletzt hat N. C. Baumgart, Gott, Prophet und Israel. Eine synchrone und diachrone Auslegung der Naamanerzählung und ihrer Gehasiepisode (2 Kön 5), EthSt 68,
1994, eine sehr diffizile Literargeschichte des Textes zu rekonstruieren unternommen und
II Reg 5 (bis auf V. 1b.18a-e) noch in die Königszeit vor Josia (!) angesetzt. Weder die
Analyse noch die behauptete frühe Entstehung (s. V. 15!) haben mich überzeugt.
44 Eine hebräische Handschrift bei Kennicott und Rossi hat אלהים statt נביא (vgl. die Vetus
Latina), wahrscheinlich Angleichung an V. 15.

Israel der wahre Gott" zu finden ist (V. 15). Das geht insofern über I Reg 18 noch hinaus, als hier ein Ausländer und Heide spricht. Deshalb kann hier mit Gott und den Göttern allein die Außendimension formuliert werden. Erkenntnis bedeutet freilich auch hier Anerkenntnis und hat deshalb sogleich einschneidende religionspraktische Folgen; denn der hochmögende Proselyt will „nicht länger mehr Brandopfer und Schlachtopfer für andere Götter darbringen außer (allein) für Jahwe" (V. 17).[45] Es ist also auch hier der Prophet, der zur Erkenntnis verhilft, dass es den einzigen Gott, nur „in Israel" gibt (V. 15).

In diesem Licht wirkt II Reg 1 wie das negative Gegenstück. Während der Heide Naeman bekennt, es gibt keinen Gott auf der ganzen Erde außer in Israel (5,15), schickt der Israelit Ahasja mit dem bedeutungsvollen Namen „Jahwe hat ergriffen" zu Baal Zebub nach Ekron (1,2). Dabei kehrt die Formulierung des Bekenntnisses von 5,15 „Es gibt keinen Gott ... außer in Israel" (כי אם בישראל ... אין אלהים) in der Gestalt der rhetorischen Frage „Gibt es denn keinen Gott in Israel?" (המבלי אין אלהים בישראל) in 1,3.6.16 wieder. Während Naeman (5,15) und der dritte Hauptmann (1,13-14) den Gottesmann ehren, sucht Ahasja den Gottesmann zu fassen (1,9-16). Während Naeman (5,14-15) und die Boten des Königs (1,5) das Gotteswort im Mund des Gottesmannes respektieren und umkehren, verharrt Ahasja in Abkehr bis zuletzt (1,17) und straft seinen Namen Lügen. Deshalb fährt Ahasja ohne Erkenntnis in die Grube. Jedoch beantwortet gerade dieses Ende allen Lesern die drei Mal gestellte Leitfrage der Erzählung eindeutig: „Gibt es denn keinen Gott in Israel?" Diese Frage scheint nur das Binnenverhältnis von Jahwe und Israel, also I Reg 18,36, in den Blick zu nehmen. Doch assoziiert die Formulierung der Frage auch II Reg 5,15. Die Außenperspektive Jahwe und die Götter fehlt vor allem deshalb nicht, weil die Erzählung mit ihr schon in der Exposition einsetzt, indem der König nicht bei Jahwe, sondern beim Gott von Ekron anfragen lässt.

---

45 Den damit verbundenen Fragen kann hier leider nicht mehr nachgegangen werden. Aus V. 17 (Opfer außerhalb Jerusalems, aber auf israelitischer Erde) lässt sich für eine vordtn. Herkunft kein Honig saugen, wie man aus Jes 19,19ff.; Jona 1,16; Mal 1,11 schnell ersehen kann. Gesichtspunkte für eine Einordnung ergeben sich vielmehr aus dem Charakter von II Reg 5 als „Bekehrungserzählung" und aus der Art, wie hier Probleme verarbeitet werden, die ein bereits etabliertes Proselytentum voraussetzt (s. dazu schon H. Schult, Naemans Übertritt zum Yahwismus [2 Könige 5,1-19a] und die biblischen Bekehrungsgeschichten, DBAT 9 [1975], 2-20). Zu deren festen Topoi gehören nicht nur ein die Bekehrung auslösendes Moment und das daraus resultierende Bekenntnis, sondern auch das Fehlen jeder Art von Rigorismus: „Wo Yhwh als Herr anerkannt wird, ist das Pantheon zur Bedeutungslosigkeit verurteilt" (Schult, a. a. O., 10). Deshalb können Gesetz und Ritual in den Hintergrund treten und Platz machen für Kompromisse in der Religionspraxis. Die singuläre Ermöglichung von Opfern auf Erde aus Israel im Ausland (V. 18) dürfte der erzählerische Ausdruck dieser Kompromissbereitschaft sein. II Reg 5 wird also kaum aus dem Umkreis orthodoxer Torafrömmigkeit stammen.

Ist mit alledem eine monotheistische Exklusivität wie in I Reg 18 und II Reg 5 verbunden? Gewöhnlich spricht man von Monotheismus, wenn mit der Zuwendung zu einem einzigen Gott zugleich die Negation der Existenz anderer Götter verbunden ist.[46] Die vorwurfsvolle Frage in II 1,3.6.(16) setzt voraus, dass „die Ungehörigkeit oder gar das Verbot der Wendung an andere Götter ... dem Angeredeten bekannt ist, damit er den Schuldaufweis überhaupt einsehen kann".[47] Das folgt aus der Erzählung selbst und wird auch von den Auslegern nicht bestritten. Strittig ist lediglich, ob auch die Negation anderer Götter zur Geltung kommt. In dieser Frage schafft die Benennung des Gottes Klarheit. Eine Gottheit dieses Namens ist in der Religionsgeschichte unbekannt. Zwar gibt es Baale zuhauf.[48] Auch sind Krankheitsbeschwörungen belegt, in denen Baal eine entscheidende Rolle spielt.[49] Die in der Erzählung fest verankerte Benennung des Gottes als „Baal Zebub" ist jedoch offensichtlich polemisch gemeint; denn der Name bedeutet „Herr der Fliegen", wie schon die LXX übersetzt.[50] Der polemischen Verballhornung liegt wahrscheinlich das auch anderwärts belegte Epitheton Baals בעל זבל ארץ[51] „Fürst, Herr der Erde (= Unterwelt?[52])" zugrunde.[53] Wer ein Gottesepitheton pejorativ gebraucht, gibt die so bezeichnete Gottheit dem Spott preis und depotenziert sie. Ein verspotteter Gott aber ist in den Köpfen der Spötter

---

46 Zuletzt W. H. Schmidt, Elemente alttestamentlichen Redens von Gott, in: U. Busse (Hrsg.), Der Gott Israels im Zeugnis des Neuen Testaments, QD 201, 2003, 12f., der das negative Moment für II Reg 1 in Abrede stellt: Hier werde „die Wirklichkeit oder Bedeutung der Gottheit außerhalb des eigenen Volkes nicht in Frage gestellt".

47 Schmidt (Anm. 46), 12.

48 In der Regel handelt es sich um lokale Ausprägungen des Wettergottes; vgl. zu Baal überhaupt WM I, 253-273; DDD, 2. Aufl., 1999, 132-139.

49 So z. B. die Beschwörung eines Exorzisten RIH I 16,1-3 (Übersetzung TUAT II/3, 333-336), in der die Worte Baals den Dämon und die von ihm bewirkte Krankheit vertreiben sollen; vgl. auch die Beschwörung gegen Dämonen und Totengeister in KTU 1.82 (Übersetzung TUAT II/3, 337f.), in der Baal die Pfeile des Reschef abwehrt.

50 Selbst wenn hinter dem זבוב ein unpolemisches Prädikat Baals stehen sollte, wie zuweilen in der Forschung, aber ohne durchschlagende Gründe erwogen worden ist („Zerschmetterer" [äg. tbb], „Flamme" [ug. dbb]), war derlei dem Autor von II 1 nicht bewusst. Der Text ist – soweit wir überhaupt sehen können – stets in einem polemischen Sinne verstanden worden. Daran ändert auch der Versuch von A. Tangberg (A Note on Ba'al Zebub in 2 Kgs 1,2.3.6.16, SJOT 6 [1992], 293-296) nichts, mit vielen spekulativen Vermutungen dem „Fliegenbaal" eine unpolemische Note abgewinnen zu wollen (dagegen schon mit Recht Würthwein [Anm. 12], 267; auch Lehnart [Anm. 3], 269 Anm. 279).

51 Das Epitheton findet sich in KTU 1.3 I 3; KTU 1.5 VI 10; KTU 1.6 I 42. III 9.21. IV 5.16.

52 Chthonische Aspekte erwägen M. Dietrich / O. Loretz, Die Ba'al-Titel b'l arṣ und aliy qrdm, UF 12 (1980), 391-393.

53 So mit Recht W. Herrmann, Art. „BAAL ZEBUB", in: DDD, 154-156; vgl. Fohrer (Anm. 19), 82f., u. v. a. Noch das NT kennt ja die Form Bee(l)zebul (Mt 10,25; 12,24.27; Mk 3,22; Lk 11,15.18-19).

kein Gott mehr. Der Verfasser der Erzählung kann gar nicht aufhören, mit diesem „Herrn" sein Spiel zu treiben; fünf Mal verdreht er seinen Namen (II 1,2.3.6.16): Ein schöner Gott, der sich das bieten lässt! Dieser Baal-Zebub ist am Ende nichts anderes als sein Kollege auf dem Karmel, ein Nichts! In dieser Hinsicht berührt sich II 1 durchaus mit der drastischen Verspottung in I 18,27.[54] Insofern kommt in dem verballhornten Namen ein Moment zur Geltung, das die Grenzen der Monolatrie übersteigt und gar nicht anders als „monotheistisch" verstanden werden kann.

Warum greift der Verfasser von II 1 zum Mittel des Götzenspottes, statt eine positive Aussage über Jahwes Einzigkeit zu machen? Aus I 18 und II 5 konnte er nur die Formulierung der Leitfrage in II 1,3.6.15 gewinnen. Für ein monotheistisches Bekenntnis wie in I 18,39; II 5,15 oder ähnliches gab der Erzählstoff keine Möglichkeit; denn die Erzählung wurde ja auch dazu geschaffen, um zu zeigen, dass der Gott in Israel kurzen Prozess macht mit derartigen Gesellen auf dem Thron, und um damit die kurze Regentschaft Ahasjas zu erklären, die durch den synchronoptischen Königsrahmen fest lag. So tritt an die Stelle einer positiven monotheistischen Aussage die Negation der anderen Götter, hier in der exemplarischen Gestalt Baals.

VI. Literarischer Horizont und Ort

Nachdem die literarische Analyse gezeigt hat, dass wir es in II 1 nicht mit einer alten gewachsenen, sondern mit einer literarisch einheitlichen, konstruierten Erzählung zu tun haben, schlagen alle Berührungen mit den engeren und weiteren Kontexten zu Buche. So kennt II 1 nicht nur die Elisa-Erzählungen und bietet „a kind of synthesis of all the Elijah narratives"[55], sondern dürfte auch von beiden literarisch abhängig sein; denn was dort auf verschiedene Stücke verteilt ist, findet sich hier in einer Erzählung vereint. Das betrifft alle in der Forschung behaupteten literarischen Ebenen.

I. Schon in der *sog. Grundschicht V. 2.5-8.17a** ist die anklagende Frage und mit ihr die Wendung „Gott in Israel" fest verankert, die nur hier (aber auch in V. 3.16) sowie in I 18,36 und II 5,15 begegnet. Die Kennzeichnung Elias als Tisbiter V. 8 kennen (neben V. 3) I 17,1; 21,17.28; II 9,36. Aufschlussreich erscheint gleichfalls die Beschreibung der äußeren Erscheinung Elias als „Besitzer eines haarigen (Mantels)"[56] und gegürtet mit einem „Len-

---

54 Das hat schon H. D. Preuss richtig gesehen (Verspottung fremder Religionen im Alten Testament, BWANT 92, 1971, 101ff.), ohne freilich die nötigen Konsequenzen zu ziehen.

55 Rofé (Anm. 30), 37f.; im Folgenden werden einige kontextuelle Bezüge argumentativ entfaltet und noch weitere Beobachtungen mitgeteilt.

56 Entweder bezieht man שֵׂעָר auf „(wallendes) Haar" (so schon mit der LXX in IV Reg 1,8 A. Jepsen, Nabi, 1934, 168 mit Anm. 3, und mit ausführlicherer Diskussion Ph. Vielhau-

dentuch aus Leder" durch die Boten in V. 8. Diese Beschreibung beider Klei-
dungsstücke begegnet in der Elia-Überlieferung nur hier, aber sie scheint aus
den anderwärts dort üblichen erschlossen zu sein. Der Mantel (אדרת) ist mit
Elia verbunden (I 19,13.19; II 2,8)[57] und geht in II 2,13.14 auf Elisa über,
dürfte aber als magisches Requisit ursprünglich eher bei Elisa beheimatet
sein. Aus Gen 25,25 geht hervor, dass Mäntel hären (aus Fellen?) sein konnten (אדרת שער), und nach Sach 13,4 gehört ein derartiges Utensil zu den
unverwechselbaren Kennzeichen eines Propheten. Der Autor von II 1,8 greift
dieses Detail heraus, um dem Aussehen des Mannes die erwünschte Note zu
geben. Durch den härenen Mantel war der Mann für die Boten des Königs als
Prophet erkennbar; das würde auch erklären, warum sie sogleich umkehren.
Ein Lendentuch aus Leder ist freilich weder bei Elia noch bei Elisa bekannt.
Allerdings endet der Erzählbogen vom Dürrefluch zum Regen in I 18,46 damit, dass Elia „seine Hüften gürtet" und in der Kraft Gottes, die auf ihn gekommen war, vor dem Wagen Ahabs her bis nach Jesreel läuft. Hier ist zweifellos ein Lendentuch vorausgesetzt, das geschürzt werden kann und das auch
II 1,8 kennt (אזור), allerdings wird der Vorgang des Schürzens oder Gürtens
mit dem Verb שנס[58] beschrieben, das nur hier begegnet. Der Autor von II 1,8
hat das Lendentuch aus I 18,46 erschlossen und als Material Leder hinzugefügt[59], aber das nur dort begegnende (und vielleicht ungeläufige) Verb durch
das üblichere אזר ersetzt.

II. Auch *V. 9-16* leben von Anspielungen auf Elia- und Elisaüberlieferungen. Schon dass Elia auf einem (hier allerdings namenlosen) Berg thronend
vorgestellt wird, erinnert an II 2,25; 4,25 und an I 18,42 (dort stets der Karmel). Die Anrede an Elia mit „Mann Gottes" in V. 9-14 stammt zweifellos
aus der Elisaüberlieferung, wo die Wendung geradezu titular gebraucht wird.
Von dort ist sie nach I 17,17-24 und schließlich nach II 1,9-16 gelangt. An
die Elisa-Anekdote II 2,23-25 (aber auch an I 18,40) erinnert die rabiate Vernichtung der Soldaten. Das „Feuer, das vom Himmel herabsteigt (ירד)" und
die Soldaten „frisst", ist wiederum nicht ohne weiteres vom „Feuer Jahwes"
in I 18,38 zu trennen, das „herabfällt" (נפל) und das den Farren, die Steine

---

er, Tracht und Speise Johannes des Täufers, in: ders., Aufsätze zum Neuen Testament,
ThB 31, 1965, 47-54) oder auf einen haarigen (= Fell-)Mantel (Fohrer [Anm. 19], 31
Anm. 56; Schmitt [Anm. 7], 182). Die Reaktion der Königsboten auf die Erscheinung des
ihnen offenbar sonst unbekannten Mannes spricht eher für die zweite Deutung (s.
sogleich).

57 Darauf weist schon Rofé (Anm. 30), 37, hin.
58 S. dazu die Wörterbücher, besonders HALAT 1484a mit den ugaritischen Belegen der
Wurzel, die „binden, festmachen an" bedeutet.
59 Im AT sonst begegnet als Material, aus dem der Lendenschurz gefertigt ist, nur Leinen
(Jer 13).

des Altars, sogar das Wasser im Graben ringsum „frisst".[60] Vor allem erinnert die Akzentuierung des Jahwewortes in V. 16 („um zu befragen sein Wort") an I 18,36; 17,24 und bindet die Erzählung von der Orakelanfrage in dieses Profil ein.

III. Erst recht kennen *V. 3-4.15a* die sonstige Eliaüberlieferung. Besonders signifikant ist die Rede des Jahweboten II 1,3, die – wie oben gezeigt[61] – literarisch fest in der Erzählung verankert ist. Sie versammelt den „Boten Jahwes" (I 19,7), die Kennzeichnung Elias als „Tisbiter" (I 17,1; 21,17.28; II 9,36), die Struktur der Botenrede (I 21,17-19: „Auf, geh entgegen ... und sprich ...") und die Wendung „Gott in Israel" (I 18,36; II 5,15).

Hat man erst einmal die zahlreichen Berührungen mit den unterschiedlichen Materialien auf allen Ebenen von II 1 gesehen, fallen die kleinen terminologischen Abweichungen vor allem gegenüber dem schon als nach-dtr.[62] einzuordnenden Spendertext I 18 auf. Daraus folgt, dass II 1 zwar die anderen Erzählungen um Elia, besonders I 18 kennt, aber von einer noch jüngeren Hand stammt. Hinzu kommt außerdem die Verbindung mit II 5, die über die nur an diesen drei Stellen belegte Formulierung „Gott in Israel" gesichert ist. Die Erzählung von der Heilung Naemans ist aber schon in der Substanz eine Erzählung von der Bekehrung eines vornehmen Heiden zum Proselyten. Die Anfänge dieser Institution liegen im Dunkeln. Historisch greifbar wird sie erst im Hellenismus.[63] Hinter die spätpersische Zeit wird man für II Reg 5 also kaum zurückgehen können. Damit sind die Weichen auch für die mit II 5 verbundene Ahasja-Erzählung II 1 gestellt.[64]

Hat man einmal gesehen, wie II 1 auf allen Ebenen nicht nur I 18, sondern auch II 5 voraussetzt, muss man die Orakelanfrage Ahasjas schon in ihrer ursprünglichen Intention im Gefälle von I 18 und zu II 5 lesen. Das sei abschließend wenigstens noch angedeutet.

Nach dem Erweis Jahwes im Feuer auf dem Karmel und nach dem Bekenntnis von König und Volk zu „Jahwe, dem (wahren) Gott (allein)" in I 18,39 erscheint das Verhalten des Sohnes Ahabs nur umso befremdlicher.

---

60 Schon R. Smend hat das Feuer, das vom Himmel fällt II 1,10.12.14 mit I 18 in Zusammenhang gebracht (vgl. auch Rofé [Anm. 30], 38), und die Frage, ob es denn keinen Gott in Israel gäbe (II 1,3.6.16), als „Variation dessen [erkannt], worin die ... Karmelszene mit der doppelten Akklamation ... ihr Ziel fand" (Der biblische und der historische Elia [1975], in: ders., Die Mitte des Alten Testaments. Exegetische Aufsätze, 2002, 188-202, 197).

61 S. o. S. 257ff.

62 Zu dieser Einordnung von I 18 s. die Argumentation bei Köckert (Anm. 4). Selbst Thiel (Anm. 19), 211, hält wenigstens den für unseren Zusammenhang entscheidenden Vers I 18,36 für eine nach-dtr. Nachinterpretation von V. 37.

63 S. die Texte und Beobachtungen bei Schult (Anm. 45).

64 Zu dieser späten Ansetzung fügen sich die Wandlung Elias zu einer „supranatural figure" und die „linguistic irregularities" in II 1, die Rofé (Anm. 30), 35-37, zusammengestellt hat, auch wenn sie einzeln unterschiedliches Gewicht haben.

Nachdem Elia in I 18,40 die Propheten Baals bis auf den letzten Mann[65] ab-
geschlachtet hat, konnte es in Israel – so will dieser Erzählzug suggerieren –
gar keine Experten Baals mehr geben. Deshalb muss Ahasja ins Ausland,
noch dazu ins philistäische Ekron, also zu den Erbfeinden, schicken – wenn
er sich nicht an den Gott in Israel wenden will. Die Anfrage bei dem Baal
von Ekron entspringt also bewusster und willentlicher Abkehr vom einzigen
Gott. Die Erzählung malt vor Augen, was der Rahmen I 22,54 in zwei Sätzen
lapidar feststellt. Die definieren mit der Wendung „dem Baal dienen (עבד)
und vor ihm niederfallen (חוה)" Ahasja wie seinen Vater Ahab als beispiel-
lose Übertreter des Ersten Gebots.[66] Es ist das Erste Gebot, nun aber nach
I 18 in seiner monotheistischen Deutung, an dem sich Leben und Tod
entscheiden. Was das Erste Gebot verbietet – Ahasja tut's und fällt hinter den
Stand zurück, der in I 18 erreicht war. Deshalb lebt er von seiner Krankheit
nicht mehr auf.

Dem kranken Ahasja steht der kranke Naeman gegenüber. Der Heide hat
erkannt, wo der wahre Gott zu finden ist: auf der ganzen Erde allein in Israel
(II 5,15). Fortan will er deshalb keinen „anderen Göttern" mehr Opfer
darbringen „außer Jahwe" (II 5,17). Auch hier leuchtet das Erste Gebot auf,
aber hier wird es befolgt.[67] Der Heide und Götzendiener Naeman wird Diener
des einzigen Gottes. Der einst vom „Gott in Israel" ergriffene Ahasja dagegen ist das, was Naeman war: ein Götzendiener und Heide. Der Proselyt
Naeman gehorcht dem Wort des Gottesmannes und wird dadurch gleichsam
neu geboren.[68] Ahasja jedoch stirbt „gemäß dem Wort Jahwes, das Elia geredet hatte".

---

65 I 18,40 legt großen Wert auf die vollzählige Vernichtung der Propheten Baals („ergreift
sie, dass keiner sich retten kann"). Ihnen steht mit Elia der einzige Jahweprophet gegenüber.

66 Vgl. mit Ahab in I 16,31 und mit Ex 20,5.

67 Das Erste Gebot hat mit dem Verbot kultischen Dienstes (עבד) und der Proskynese (חוה)
zwei Seiten. Mag die erste mit den ausschließlich Jahwe dargebrachten Opfern in V. 17
erfüllt sein, so scheint V. 18 der zweiten zu widersprechen; denn hier wird Vergebung für
die im offiziellen Staatskult notwendige Proskynese vor Rimmon erbeten. Die damit verbundenen Schwierigkeiten erscheinen in den gewundenen, redundanten Wendungen von
V. 18. Entscheidend aber ist, dass II Reg 5 weder Spott noch Polemik, sondern Verständnis für die Zwänge eines Proselyten in nichtjüdischer Umgebung formuliert und mit der
Autorität Elisas toleriert (V. 19a; s. auch die Hinweise oben Anm. 45).

68 II 5,14 hebt nicht nur die Reinheit des geheilten Aussätzigen hervor, sondern beschreibt
seinen neuen Zustand geradezu als Wiedergeburt: „Und sein Leib (בשׂר) wurde wieder
wie der Leib eines kleinen Knaben."

Jeremias Gebet nach dem Ackerkauf (Jer 32,16-25) und der Pentateuch. Eine Problemanzeige

Gunther Wanke

Es ist eine alte Einsicht der alttestamentlichen Forschung, dass ein Zusammenhang zwischen dem Jeremiabuch und der Deuteronomistik besteht. Wie dieser im Einzelnen zu bestimmen ist bzw. wie sich die gegenseitigen Abhängigkeiten zueinander verhalten, bleibt jedoch nach wie vor umstritten. In meinem Jeremiakommentar[1] habe ich die Auffassung vertreten, dass nicht – wie etwa von W. Thiel[2] angenommen – nur von einer deuteronomistischen Redaktion, sondern neben anderen von mehreren im Umfeld deuteronomistischen Denkens anzusiedelnden Redaktionen oder Fortschreibungen auszugehen ist.

Eine dieser Fortschreibungen hat ihren Niederschlag in Jer 32f. gefunden. Sie steht in unmittelbarem Zusammenhang mit dem Einbau des Trostbüchleins Jer 30f.* in die ihm vorliegende Jeremiaüberlieferung, bei welchem eine vorgegebene unmittelbare Verbindung von Jeremias Brief Jer 29* mit der Ackerkauferzählung Jer 32,1-15* aufgesprengt wurde. Mit der Einschaltung der Heilsankündigungen der Grundfassung des Trostbüchleins, die sich im Wesentlichen mit der Wiederherstellung Israels im Lande befassen[3], musste die Ackerkauferzählung als eine deutliche Korrektur der Heilszusagen erscheinen[4]. Dies hatte eine weitere Korrektur durch heilsorientierte Fortschrei-

---

1 G. Wanke, Jeremia. Teilband 1: Jeremia 1,1-25,14, 1995; Teilband 2: Jeremia 25,15-52,34, 2003.

2 W. Thiel, Die deuteronomistische Redaktion von Jeremia 1-25, WMANT 41, 1973; ders., Die deuteronomistische Redaktion von Jeremia 26-54, WMANT 52, 1981.

3 K. Schmid, Buchgestalten des Jeremiabuches. Untersuchungen zur Redaktions- und Rezeptionsgeschichte von Jer 30-33 im Kontext des Buches, WMANT 72, 1996, 110-154; G. Wanke, Jeremia. Teilband 2: Jeremia 25,15-52,34, 2003, 269.

4 Das führte in einem späteren Stadium der Textentwicklung auch zu einer Korrektur des Deuteworts der Symbolhandlung durch die Anfügung von V. 15; s. G. Wanke, Jeremia. Teilband 2: Jeremia 25,15-52,34, 2003, 303.

bungen in Jer 32,26 - 33,26 zur Folge, zu welchen das Gebet Jer 32,16-25 die Überleitung bildet.

Mit der Zeitangabe in der Einleitung (V. 16b) und dem klagenden Vorwurf am Schluss (V. 25) ist das Gebet absichtsvoll an die Ackerkauferzählung angebunden und verrät schon dadurch seinen redaktionellen Charakter. Der Eindruck verstärkt sich, wenn man beachtet, dass das Gebet augenscheinlich nach dem Vorbild von 14,13 gebildet wurde (אהה אדני יהוה הנה ...) (V. 27aα), wo im Anschluss an die Klage wie hier in 32,26ff. ebenfalls eine Jahweantwort folgt. Zwischen die an der Ackerkauferzählung orientierten Teile des Gebets (V. 16.17aα.24f.) ist eine ausführliche hymnische Einleitung mit einem anklagenden Geschichtsrückblick (V. 17aβ-23) eingeschoben, die schon Duhm[5] verdächtig vorgekommen und häufig als sekundäre Einschaltung eines Gemeindegebets verstanden worden ist[6]. Weil u. a. die auf das Gebet folgende Heilsankündigung in V. 27 jedoch offensichtlich auf V. 17aβ zurückgreift, kann man dieser Auffassung skeptisch gegenüber stehen. Mit großer Wahrscheinlichkeit sind aber V. 19 und die Wendung וישראל ובאדם in V. 20 korrigierende Eingriffe in den Text[7].

Sieht man von den zuletzt genannten Fortschreibungen ab, so ist für die verbleibenden Verse der Gebetseinleitung (V. 16-23*) längst gesehen, dass neben der Aufnahme vorgegebener Jeremiatexte eine Fülle von Beziehungen zu Pentateuchtexten besteht. Wie diese Beziehungen allerdings zu charakterisieren sind, soll im Folgenden zu klären versucht werden.

Für die Erzähleinleitung zum Gebet ואתפלל אל־יהוה (V. 16a) findet sich im Alten Testament nur eine einzige wortgleiche Entsprechung in Dtn 9,26[8], was K. Schmid[9] im Anschluss an Levin[10] zu der Auffassung führte, dass das Gebet als ganzes sich am Gebet des Mose Dtn 9,26-29 orientiert. Dafür könnten auch weitere Parallelen zwischen beiden Texten sprechen: בכחך הגדול ובזרעך הנטויה (V. 17aβ; Dtn 9,29bβ) und der Hinweis auf die Herausführung aus Ägypten ביד חזקה (V. 21; Dtn 9,26b). Die auf die klagende Anrufung (V 17aα) folgende Wendung אתה עשית את־השמים ואת־הארץ ist in unterschiedlicher Ausprägung nur in Gen 2,4, dann – auf das Sabbatgebot bezo-

---

5 B. Duhm, Das Buch Jeremia, KHC XI, 1901, 268.

6 S. z. B. P. Volz, Der Prophet Jeremia übersetzt und erklärt, KAT X, 1922, 299f.; W. Rudolph, Jeremia, HAT I/12, ²1958, 193; C. Levin, Die Verheißung des neuen Bundes in ihrem theologiegeschichtlichen Zusammenhang ausgelegt, FRLANT 137, 1985,172.

7 Zur Begründung s. K. Schmid (a. a. O. Anm. 3), 105; W. Werner, Studien zur alttestamentlichen Vorstellung vom Plan Jahwes, BZAW 173, 1988, 158f.; G. Wanke (a. a. O. Anm. 4), 305.

8 Daneben ist noch I Sam 7,5 ואתפלל בעדכם אל־יהוה zu erwähnen. An allen anderen Stellen (Num 11,2; 21,7; I Sam 8,6; I Reg 8,44.48; II Reg 4,33; 6,18; 19,20; 20,2; Jes 37,15.21; 38,2; Jer 29,7; 42,2.4.20; Jon 2,2; 4,2; II Chr 32,24) sind andere Formen von פלל hitp. gebraucht.

9 K. Schmid (a. a. O. Anm. 3), 104.

10 C. Levin (a. a. O. Anm. 6), 172.

gen – in Ex 20,11 und Ex 31,17, sowie in II Reg 19,15 par. Jes 37,16; Ps 146,6 und Neh 9,6 belegt. In Verbindung mit בכחך הגדול ובזרועך ist die Schöpfungsaussage allerdings nur noch in Jer 27,5, einem relativ späten Text, zu finden[11]. Unabhängig davon, ob V. 17aβ von Jer 27,5 direkt abhängig ist[12] oder nicht, ist die auffällige Verbindung beider Wendungen ein Indiz für nachdeuteronomistische Redaktion. Die Wendung לא־יפלא ממך כל־דבר (V. 17b) ist nur noch in Gen 18,14 und – V. 17b aufnehmend – in Jer 32,27 belegt. Die Wendung עשה חסד לאלפים ומשלם עון אבות אל־חיק בניהם אחריהם in V. 18a ist wie Ex 34,7; Num 14,18 eine deutliche Anspielung auf den De- kalog (Ex 20,5f.; Dtn 5,9f.), auch wenn die erwähnten Stellen – unter ande- rem in der Verwendung der Verben – Unterschiede aufweisen. Die hymni- sche Prädikation Jahwes האל הגדול הגבור (V. 18b) findet sich im Alten Tes- tament nur noch in Dtn 10,17 und Neh 9,32.

Auffällig an dieser Zusammenstellung von Paralleltexten zum ersten Teil des Gebets (V. 17-18) ist, dass es sich – abgesehen von Dtn 5,9f. und 10,17 – um Pentateuchstellen außerhalb des Deuteronomiums handelt. Etwas anders stellen sich die Dinge im zweiten Teil des Gebets (V. 20-23*) dar. Hier do- minieren eindeutig die Parallelen aus dem Deuteronomium.

V. 20 schließt mit seinem Relativsatz unmittelbar an die hymnische Prädi- kation Jahwes in V. 18b an und beschreibt vorwegnehmend mit אתות ומפתים בארץ־מצרים thematisch die Weise des Handelns Jahwes, wie es in V. 21f. mit einer Reihe weiterer Umstandsbestimmungen näher entfaltet wird. Dabei werden Wendungen gebraucht, die vorwiegend im Deuteronomium belegt sind, also als typische Wendungen bezeichnet werden können. Bei den in V. 21 im Zusammenhang mit der Herausführung aus Ägypten gebrauchten vier Wendungen (s. Tabelle) fällt auf, dass sie gemeinsam nur innerhalb des kleinen geschichtlichen Credos vorkommen. Je drei der vier Wendungen finden sich in unterschiedlichen Zusammensetzungen in Dtn 4,34 und 7,19, sowie – auf Mose als den Beauftragten Jahwes bezogen – in Dtn 34,11f. Au- ßerhalb des Deuteronomiums sind nur einzelne Wendungen festzustellen, für die ebenfalls Abhängigkeit vom Deuteronomium angenommen werden kann. Bemerkenswert am Rande ist, dass unter diesen Stellen auch die Gebete Neh 9 und Dan 9 vertreten sind. Für ersteres ist schon lange die Verwandtschaft mit Jer 32,16-25 festgestellt worden, ohne dass jedoch das Verwandtschafts- verhältnis näher bestimmt worden wäre.[13]

---

11 So schon T. Seidl, Formen und Formeln in Jeremia 27-29. Eine literaturwissenschaftliche Untersuchung. 2.Teil, ATSAT 5, 1978, 173; s. auch G. Wanke (a. a. O.), 247.253f.

12 Z. B. Helga Weippert, Schöpfer des Himmels und der Erde. Ein Beitrag zur Theologie des Jeremiabuchs, SBS 102, 71f.

13 S. z. B. P. Volz (a. a. O. Anm. 6), 300; W. Rudolph (a. a. O. Anm.6), 195.

באתות והמופתים	וביד חזקה	ובאזרוע נטויה	ובמורא גדול
Dtn 4,34		Dtn 4,34	Dtn 4,34
	Dtn 5,15	Dtn 5,15	
Dtn 6,22	Dtn 6,21		
Dtn 7,19	Dtn 7,8,19	Dtn 7,19	
	Dtn 9,26	Dtn 9,29	
	(Dtn 11,2)	(Dtn 11,2)	
Dtn 26,8	Dtn 26,8	Dtn 26,8	Dtn 26,8
(Dtn 29,2)			
---	---	---	---
Dtn 34,11 (Mose)	Dtn 34,12 (Mose)		Dtn 34,12 (Mose)
(Jos 24,17)	Ex 13,9	(Ex 6,6)	
Ps 78,43	Ex 32,11		
Ps 135,9	Ps 136,12		
Neh 9,10	Dan 9,15		

Für die Beschreibung der Landgabe V. 22 werden ebenfalls für das Deuteronomium typische Wendungen gebraucht. Die Wendung ארץ אשר־נשבע לאבות ist siebzehnmal belegt[14], außerhalb des Deuteronomiums in Gen 50,24; Ex 13,5.11; 32,13; 33,1; Num 14,23; 32,11; Jos 1,6; 5,6; 21,43; Jdc 2,1. Die Verteilung der Belege für die Wendung ארץ זבת חלב ודבש ist nicht ganz so eindeutig[15], dennoch wird man auch bei ihr den Ursprung im Bereich des Deuteronomiums annehmen können.[16] Demgegenüber handelt es sich bei den für die in V. 23aα[1] beschriebene Inbesitznahme des Landes verwendeten beiden Verben בוא und ירש um eine typische Wendung des Deuteronomiums[17]. Das gleiche gilt wohl auch für die in V. 23aα[2].β, obwohl die negativ formulierte Wendung לא שמע בקול יהוה nur in Dtn 9,23; 28,45.62 belegt ist, die entsprechend positiv formulierten Wendungen hingegen häufig vorkommen (4,1; 5,1; 6,1ff.; 26,14 u. ö.). Die zahlreichen Belege für diese Wendung im Jeremiabuch[18] sprechen allerdings dafür, dass sich das Gebet hier nicht nur am Deuteronomium, sondern auch an den ihm vorgegebenen Jeremiaüberlieferungen orientiert.

Die einzige singuläre, im ganzen Alten Testament nur hier gebrauchte Wendung ותקרא אתם את כל־הרעה הזאת (V. 23b) leitet zur Situationsschil-

---

14 Dtn 1,8.35; 6,10.23; 7,8.13; 8,1; 10,11; 11,9.21; 26,3; 31,7. Mit אדמה statt ארץ Dtn 26,15; 28,11; 30,20; 31,20 und mit Abraham, Isaak und Jakob statt אבות in Dtn 34,4.

15 Dtn 6,3; 11,9; 26,9.15; 27,3; 31,20. Außerhalb des Deuteronomiums: Ex 3,8.17; 13,5; 33,3; Lev 20,24; Num 13,27; 14,8; 16,13f.; Jos 5,6; Jer 11,5; Ez 20,6.15.

16 Zur Diskussion der Formel s. W. H. Schmidt, Exodus, 1. Teilband Exodus 1-6, BK.AT II/1, 1988, 138.

17 Dtn 1,8; 4,1.5; 6,18;7,1;8,1;9,1.4.5; 10,11; 11,8.10.29.31; 12,29; 17,14; 23,21; 26,1; 28,21.63; 30,16.18. Außerhalb des Deuteronomiums: Jos 1,11; 18,3; Jdc 18,9; Neh 9,15.23f.

18 Jer 3,25; 7,28; 9,12; 22,21; 40,3; 42,21; 43,4.7; 44,23.

derung V. 24 über, mit der das Gebet wieder mit der Ackerkauferzählung verbunden wird.

Die eben angestellten Beobachtungen am Sprachgebrauch in Jer 32,16-23* lassen den Eindruck kaum vermeiden, dass es sich bei dem Gebet um ein Mosaik handelt, welches sehr geschickt aus geprägten Wendungen zusammengesetzt ist. Dabei dominieren in den Rahmenteilen (V. 17a.23aα².β) Wendungen aus redaktionellen Texten des Jeremiabuchs, während der Hauptteil der hymnischen Einleitung und der Geschichtsrückblick von Wendungen aus dem Deuteronomium bestimmt ist. Bei letzteren fällt auf, dass sämtliche Wendungen in Dtn 26,1-15 vertreten sind. Damit bestätigt sich die von Levin in einer Fußnote thetisch geäußerte Auffassung, dass die Einzelheiten des Gebets u. a. aus Dtn 26,5-9 stammen[19]. Es ist darüber hinausgehend anzunehmen, dass dem Verfasser nicht nur das kleine geschichtliche Credo, sondern auch die es umgebenden Texte, in die es eingebettet wurde, vorgegeben waren. Und der mosaikartige Charakter des Gebetstextes macht schließlich literarische Abhängigkeit äußerst wahrscheinlich. Das heißt aber, dass das Gebet eine Fassung des Deuteronomiums, welche Dtn 26,1-15 bereits enthalten hat, also eine relativ junge Fassung desselben voraussetzt. Das wird schließlich auch durch die Verteilung der im Gebet benutzten Wendungen im Deuteronomium und durch die ebenfalls mögliche Abhängigkeit vom Gebet des Mose in Dtn 9,26-29 gestützt. Sie finden sich – von wenigen Ausnahmen abgesehen – nämlich nur in den Rahmenteilen des Buches.

Die augenfällige und m. E. unbestreitbare literarische Abhängigkeit des Gebets von Dtn 26,1-15 bietet einen Anhaltspunkt für die Datierung sowohl des Gebets als auch der in den Blick genommenen Fassung des Deuteronomiums. Um aber zu exakteren Lösungen dieser Frage als der allgemeinen Feststellung „nachexilisch" zu gelangen, bedürfte es einer einigermaßen zuverlässigen Zuordnung der zu der wohl deuteronomistischen Fassung des Deuteronomiums gehörenden Texte. Eine solche ist angesichts der Forschungslage in absehbarer Zeit kaum zu erwarten. Sollte sich schließlich hinter dem Gebrauch der Wendung לא־יפלא ממך כל־דבר eine literarische Abhängigkeit von Gen 18,14 verbergen, stellte sich das Problem in einem viel größeren Kontext: Welche Fassung des Pentateuchs setzt Jer 32,16-25* voraus?

---

19 C. Levin (a. a. O. Anm. 6), 172 Anm. 75.

Hybris, Atē und Theia Dikē
in Herodots Bericht über den Griechenlandfeldzug des
Xerxes (Historien VII-IX)

Otto Kaiser

*1. Eine theologische Einladung zu einem Ausflug auf das Feld
der griechischen Geschichtsschreibung*

Bekanntlich hat der dänische Religionsphilosoph Sören Kierkegaard in seiner
1849 erschienenen Schrift „Die Krankheit zum Tode" die Sünde als die Verzweiflung „vor Gott oder mit dem Gedanken an Gott" bestimmt, „verzweifelt
nicht man selbst sein zu wollen, oder verzweifelt man selbst sein zu wollen."[1]
Es sind die misslingende Absolutsetzung des eigenen Selbst und ihr Gegenteil, die absolute Verneinung des eigenen Selbst, die dem Menschen den frei-
en Blick auf seine endliche Situation rauben, ihn ängstigen und ihn zu einem
unglücklichen und deshalb gefährlichen Wesen machen. Dabei steht das sich
selbst Wollen, wie Wolfgang Pannenberg angemerkt hat, als solches nicht in
unserer Wahl; denn noch im Ekel vor sich selbst realisiert der Mensch sein
Selbstsein in der Verzweiflung. Seine Sündhaftigkeit besteht in der Regel
auch nicht in der „ausdrücklichen Empörung gegen den Gott der Religion,
sondern in der Angst um sich selbst und in der Maßlosigkeit seiner Begier-
den."[2] Das Tor zur Freiheit aber besteht in der Überwindung der Angst vor
dem eigensten Tode und mithin in der Annahme der eigenen Endlichkeit im
gelassenen Dasein oder der Gnade als der Gewissheit der unverlierbaren Nähe Gottes als des tragenden Grundes von Existenz und Welt als Antwort auf
das radikale Gottvertrauen, die πίστις, den „Glauben". Aus ihm erwachsen
die klare Sicht auf das Handlungsfeld und die brüderliche Bereitschaft zum
Mit-sein. Dabei ist es wohl nötig anzumerken, dass die Liebe zu sich selbst
der vornehmste Ausdruck des zur Natur des Menschen gehörenden Selbster-
haltungstriebes und in ihrer von Selbstvergötzung freien Form die Vorausset-

---

1 S. Kierkegaard, Die Krankheit zum Tode. Übers. v. E. Hirsch, GW 24/25, 1954, 71.
2 W. Pannenberg, Systematische Theologie II, 1991, 289-299, Zitat 299.

zung der Liebe zum Nächsten ist.[3] Doch ebenso bleibt daran zu erinnern, dass unser Glaube angesichts der innerlich gewissen und äußerlich unübersehbaren Endlichkeit angefochtener Glaube ist[4] und die Selbstliebe jederzeit in Selbstüberhebung mit all ihren schädlichen Folgen für den Betroffenen wie für die Gemeinschaft umschlagen kann, so dass Jesu Mahnung an die Jünger im Garten Gethsemane „Wachet und betet, damit ihr nicht in Versuchung geratet; denn der Geist ist willig, aber das Fleisch ist schwach!"[5] allen Menschen über die Zeiten hin gilt. Und so bleibt auch der Glaubende ein angefochtener Mensch, der sich seiner gottgeschenkten Freiheit immer neu denkend und betend versichern muss. – Wenn ich im Folgenden versuche, den verehrten Jubilar und bewährten Freund statt zu einer Reise auf das Feld der biblischen zu einem Ausflug auf das der griechischen Geschichtsschreibung in Gestalt der *Historiai*, der „Erkundungen" Herodots und zumal seiner theologischen Auslegung der Katastrophe des Feldzuges des persischen Großkönigs Xerxes gegen die Griechen einzuladen, so hoffe ich damit zu zeigen, dass das von dem Vater der Geschichtsschreibung von dem tragischen Dichter Aischylos übernommene Deutungskonzept mittels des unauflösbaren Dreiklangs von menschlicher Hybris (ὕβρις), gottgewirkter Verblendung (ἄτη / atē) und Wiederherstellung des Rechten (θεῖα δίκη / theia dikē) mit dem hintergründigen dunklen Mollton in Gestalt des Glaubens an das seit alters wirkende gottbestimmte Verhängnis, die Moira (μοῖρα), geeignet ist, uns auch heute noch vor allen Formen der Hybris, privater und politischer, zu warnen und auf diese Weise an die dem Menschen gesetzten Grenzen und – *e contrario* – an die ihm durch das Evangelium angebotene Gnade zu erinnern.[6] Denn was ist die Hybris anderes als eine Überheblichkeit, die als solche zum Scheitern verurteilt ist, wenn auch Gottes Mühlen langsam mahlen? Und wie könnte man ihr entrinnen ohne die geschenkte Entscheidung des Gottvertrauens?

---

3 Vgl. H. G. Frankfort, Gründe der Liebe (Reasons of Love, 2004), übers. v. M. Hartmann, 2005, 103-105, und schon Aristoteles, EN 1168a 11-15.

4 Vgl. dazu C. H. Ratschow, Der angefochtene Glaube. Anfangs- und Grundprobleme der Dogmatik, ²1960, 241.

5 Mk 14,38 par. Mt 26.40.

6 Dass der dtr. Darstellung der Königszeit der tragische Aspekt nicht fehlt, zeigt F. A. J. Nielsen, The Tragedy in History. Herodotus and the Deuteronomistic History, JSOT.S 251, 1999, vgl. bes. 161-164. Das genetische Problem müsste freilich angesichts der komplexen Vorgeschichte und Entstehungsgeschichte des so genannten DtrG differenzierter behandelt werden; vgl. dazu die Referate von G. Braulik, „Theorien über das Deuteronomistische Geschichtswerk im Wandel der Forschung," in: E. Zenger (Hrsg.), Einleitung in das Alte Testament, Studienbücher Theologie 1/1, ⁵2004, 191-200; H.-C. Schmitt, Arbeitsbuch Altes Testament. Grundzüge der Geschichte Israels und der alttestamentlichen Schriften. Mit 5 Karten, UTB 2146, 2005, 242-267, und zur Diskussion R. Achenbach, Pentateuch, Hexateuch und Enneateuch, ZAR 11 (2005), 123-154.

2. Aischylos Perser als Vorlage für die Theodizee
im Xerxes-Logos Herodots

Als sich Herodot (ca. 484-429/8) daran machte, in den Büchern VII-IX seiner Historien von dem Höhepunkt der Perserkriege und damit von den großen Siegen zu berichten, welche die Athener und Spartaner mit ihren Verbündeten über die gewaltige Flotte und das riesige Heer des Xerxes in der Seeschlacht bei Salamis und der Landschlacht bei Plataiai im Jahre 480 v. Chr. errungen hatten, konnte er nämlich an die Deutung und Darstellung anknüpfen, die Aischylos der Niederlage bei Salamis (ca. 525-456/5)[7] in seinen „Persern" gegeben hatte, die nur acht Jahre nach der Schlacht bei Salamis an den Großen Dionysien[8] des Jahres 472 in Athen aufgeführt worden waren. In dieser Tragödie finden wir bereits den Dreiklang von Hybris, Götterneid und Verblendung, der nebst dem erfüllten Götterspruch und den falschen Ratgebern auch der Darstellung des Historikers ihren übergreifenden Zusammenhang sichert.

3. Hybris, Atē und Theia Dikē in Aischylos „Persern"

Um das nachzuweisen, reicht es aus, wenn wir uns die Verflechtung von Aufbau und Deutung in Aischylos' Persern vergegenwärtigen. Die Tragödie umfasst 1076 Verse und gliedert sich deutlich in vier Teile: 1.) das Vorspiel der Beratung der Ältesten und der Königinmutter Atossa vor dem Palast des Großkönigs in Susa (1-248), 2.) die Meldung des Boten im Dialog mit den Ältesten und der Königin (249-531); 3.) die Beschwörung des Geistes des toten Königs Dareios (532-851) und 4.) den Schlussteil, in dessen Mitte die Klage des als ein Bild des Jammers heimgekehrten Königs Xerxes steht (852-1076).[9]

Der 1. Teil wird durch den Chor der Getreuen (πιστά), der in Susa gebliebenen Räte des Königs[10] eröffnet (1-64), in dem sie ihrer Sorge um das Schicksal des Heeres Ausdruck geben, das mit ihrem König Xerxes nach Griechenland gezogen ist und πᾶσα γὰρ ἰσχὺς Ἀσιατογενής, „die ganze

7 Zu seinem Bios vgl. A. Lesky, Die Tragische Dichtung der Hellenen, Studienhefte zur Altertumswissenschaft 2, ³1972, 65-70; bzw. J. Latacz, Einführung in die griechische Tragödie, UTB 1745, 1993, 86-89, oder M. J. Lossau, Aischylos, 1998, 11-15.
8 Zu Art und Alter der Städtischen Dionysien vgl. L. Deubner, Attische Feste, (1932) 1969, 138-142, und R. Parker, Athenian Religion. A History, 1996; 92-96; zur Praxis der an ihnen aufgeführten Tragödien H.-D. Blume, Einführung in das antike Theaterwesen, 1978, 14-25, und J. Latacz, Tragödie, 41-44.
9 Vgl. dazu die ausführliche Aufbauanalyse bei A. Lesky, Tragische Dichtung, 80-84.
10 Vgl. dazu P. Högemann, Das alte Vorderasien und die Achämeniden. Ein Beitrag zur Herodot-Analyse, B.TAV 98, 1992, 347-348.

Kraft Asiens" (V.12), verkörpert. Schon in der 3. und 4. Strophe nebst ihrer
Gegenstrophe (101-114.93-100) des anschließenden Einzugsliedes (65-139)
kommen sie indirekt auf die Hybris und direkt auf die ἄτη, die Verblendung
zu sprechen: Die von den Göttern vor Zeiten ermächtigte Μοῖρα, die schick-
salsmächtige „Zuteilerin"[11], hatte den Persern verhängt, sich den Türme zer-
störenden Landkriegen zu weihen, sie aber hätten es nun gelernt, sich den
dünngeflochtenen Schiffstauen anzuvertrauen (101-114). Der Rat der Getreu-
en ist voll schwerer Vorahnungen, denn sie wissen, dass kein Mensch der
List der täuschenden Gottheit entgehen kann, sondern sich in dem Netz der
Ἄτα, der Verblendung stiftenden Unheilsgöttin, verfängt (93-100):

> „Doch dem täuschenden Trug des Gottes,
> Welcher sterbliche Mensch entgeht ihm?
> Wer ist es, der mit seinem flinken Fuße
> dem sicheren Sprunge gebietet?
>
> Denn gar freundlich kosend lockt den
> Menschen Verblendung ins Netz,
> dem unverletzt zu entschlüpfen
> keinem Sterblichen möglich ist."[12]

Die Königinmutter Atossa berichtet den Ältesten bei ihrem Erscheinen von
ihrer Furcht, dass der gewaltige Reichtum, den die Götter ihrem verstorbenen
Gemahl Dareios verliehen hatten, durch ihren Sohn gefährdet sei. Im Hintergrund des Themas von dem leichtsinnigen Sohn steht das des φθόνος θεῶν,
des „Neides der Götter"[13], das später der Bote in seinem Bericht über die ver-
nichtende Niederlage der Perser in der Seeschlacht bei Salamis als Ursache
nennt: Der König ahnte weder etwas von der List des griechischen Boten
noch vom Neid der Götter, als er auf die ihm von jenem überbrachte Nachricht vertraute, dass die griechische Flotte während der Nacht die Flucht er-
greifen würde, so dass er die eigene in Unkenntnis des von den Göttern Ver-
hängten in eine Aufstellung brachte (361-373), die sie zu einem manövrier-
unfähigen Opfer der Griechen werden ließ (406-432). Der Chor, der nach
dem Abgang des Boten auf die Klage Atossas und ihre Bitte, den geschlage-
nen Sohn gütig zu empfangen, in seiner ausführlichen eigenen die Größe der

---

11 Zum Konzept der Moira und der Moiren vgl. M. P. Nilsson, Geschichte der Griechischen
   Religion I. Die Religion Griechenlands bis auf die griechische Weltherrschaft, HAW
   V/2.1, ²1965, 361-368; bei Homer A. W. H. Adkins, Merit and Responsibility. A Study in
   Greek Values, (1960) 1975, 17-23, bei Aischylos Nilsson, Geschichte I, 750-751, bzw.
   die Übersicht von A. Henrichs, Art. „Moira", NEP 8, 2000, 340-343.
12 Übersetzung O. Werner, hrsg. v. B. Zimmermann, Aischylos Tragödien, STusc, 1996, 17.
13 Zum „Neid" oder „Ausgleich der Götter" vgl. M. Polenz, Herodot. Der erste Geschichtsschreiber des Abendlandes, Neue Wege zur Antike II. Interpretationen 7/8, 1937, 110-
   115.

Katastrophe der Flotte und ihre Folgen bewusst macht, bekennt sich eingangs dazu, dass auch dieses Geschehen von Zeus kommt: Es war Zeus der König, der das hochfahrende und männerreiche Heer der Perser zugrundegerichtet hat (532-536).

Als schließlich Dareios erscheint, den Atossa und die Ältesten aus der Unterwelt herauf beschworen hatten, damit er ihnen Rat zur Rettung gäbe, beweist er seine in einem langen Leben errungene Weisheit, indem er die einstige Genossin seines Lagers zunächst mit der Erinnerung daran tröstet, dass zu leiden der sterblichen Menschen Teil sei und sie, je länger sie lebten, auch vielfältigere Leiden erführen (706-708).[14] Die Ursache für die Niederlage des Sohnes aber erkennt er als Folge der Verblendung (725, vgl. 750-751) und als Antwort auf den jugendlichen Übermut bzw. die Hybris seines Sohnes, mit der er durch seinen Brückenschlag über den Hellespont die Götter und zumal Poseidon herausgefordert hätte (vgl. 744-752 mit 781).[15] In seiner Jugendlichkeit (so weiß es Atossa) habe er sich mit schlechten Männern und d. h. falschen Ratgebern umgeben, die ihn zur Hybris verführt hätten (753).[16] In dem allen vollziehe sich freilich nach dem Wissen des Dareios ein seit alters bestimmtes Schicksal, ein alter Götterspruch[17], den Zeus an dem Sohn vollstreckt habe (739-741). Und so sei auch der Untergang des persischen Landheeres bei Plataiai bereits eine beschlossene Sache: in ihm würde die Hybris ihre Strafe finden, die sich in der Niederbrennung griechischer Tempel und der Entweihung von Götterbildern zu erkennen gegeben habe (800-817). Die Leichenhaufen der gefallenen Perser sollten dort noch nach Generationen lautlos bezeugen, dass Zeus alle, die der Hybris verfallen, zur Rechenschaft

---

14 Vgl. auch Simonides frg. 10 (Diehl); 21 (Page), 26 Edmonds; Tusc. 27,3-4: ἀπήματον δὲ οὐδέν ἐστιν ἐν ἀνθρώποις „Doch nichts ist frei von Leid und Schädigung bei Menschen." O. Werner, Simonides. Bakchylides. Gedichte. Griechisch und deutsch hrsg. und übers., Tusc.B, 1969, 32-33. – Die Rede des Dareios schließt in 840-842 mit der Ermahnung zum *carpe diem*: Auch im Leid darf der Mensch nicht vergessen, dass es für ihn am besten ist, sich des vergänglichen Glücks zu erfreuen, das ihm der jeweilige Tag gewährt: „Ihr, liebe Greise, lebt denn wohl; und auch im Leid / Gebt eurer Seele Freude, wie der Tag sie bringt, / Dieweil den Toten Reichtum nicht mehr frommen kann." Übers. O. Werner, Aischylos, 63. Vgl. dazu auch O. Kaiser, *Carpe diem* und *Memento mori* in Dichtung und Denken der Alten, bei Kohelet und Ben Sira, in: ders., Zwischen Athen und Jerusalem, BZAW 330, 2003, 247-274.

15 Zu dem durchaus nicht über alle Zweifel erhabenen Verhalten des Dareios selbst mit seinem eigenen Brückenbau über den thrakischen Bosporus (IV.83.87-88) und dem gegen den Rat des Artabanos unternommenen und letztlich fehlgeschlagenen Feldzug gegen die Skythen (mit der riskanten Schiffsbrücke über den Istros IV.89.97-98.136-141) vgl. Hdt IV.83.87-89. Zur Ausgestaltung des Berichts über diesen als Vorgriff auf den Feldzug des Xerxes vgl. R. Bichler, Herodots Welt, 2000, 292-297.

16 Zum Begriff der Hybris und seiner Geschichte vgl. Nilsson, Geschichte I, 738-740.

17 Von dem zuvor im Stück nicht die Rede war.

ziehe, und dadurch die Perser warnen, noch einmal die Hellenen anzugreifen (820-828)[18]:

> „Daß übers Maß ein Mensch nicht heben soll den Sinn.
> Denn Hochmut aufgeblüht, bringt Frucht im Ährenkorn
> Der Schuld, draus tränenreiche Ernte mäht der Herbst.
> Wenn solche Schuld ihr schaut und Strafe solcher Schuld,
> Gedenkt Athens und Griechenlands, daß keiner je
> Mißachtend seines Daseins gottgesandtes Los,
> Fremdes begehrend, fortgießt eignes großes Glück.
> Denn Zeus, Zuchtmeister über allzu unbezähmt
> Hochmütigen Sinn, waltet des Rechts, ein strenger Wart."[19]

4. Xerxes und seine Ratgeber oder die Macht der Verblendung[20]

Der um eine Generation jüngere Historiker hat gewiss auch die „Perser" des Aischylos gekannt und benutzt, als er seine eigene Darstellung des Perserkrieges verfasste. Dabei fällt besonders auf, dass er bei seiner Deutung des Geschehens auf das gleiche theologische Konzept wie der Dramatiker zurückgreift. Bei seiner Darstellung konnte der Historiker freilich anders als der Tragiker nicht auf den Wechsel zwischen den Monologen und Dialogen der *dramatis personae* und des Chors zurückgreifen, da er von der Gattung her auf Bericht und Dialog beschränkt war. Daher ist es nicht überraschend, dass das bei Aischylos nur eine Nebenrolle spielende Motiv der Berater bei ihm eine zentrale Funktion erhalten hat. Denn indem er es ausbaute und zwischen schlechten Ratgebern und besonnenen Warnern unterschied, besaß er ein plausibles Mittel seine Geschichtsdarstellung mittels der ihnen in den Mund gelegten Dialoge mit dem jeweiligen Helden oder Antihelden theologisch zu

---

18 Zur überragenden Rolle des Zeus als Bewahrer der gottgegebenen Weltordnung bei Aischylos vgl. H. Lloyd-Jones, The Justice of Zeus, SCL 41, 1971, 84-103, und jetzt zumal M. J. Lossau, Aischylos, 119-139, vgl. bes. 119-127. Wie schwierig es ist, auf der Suche nach einer philosophischen Definition der Gerechtigkeit sich Aischylos anzunähern, zeigt E. A. Havelock, The Greek Concept of Justice. From Its Shadow in Homer to Its Substance in Plato, 1978, 272-295, der am Ende beklagt, dass man in keinem Drama des Aischylos erfahre, was Gerechtigkeit eigentlich sei, und man also auf eine philosophische Deutung warten müsse. Dagegen fand E. Wolf, Griechisches Rechtsdenken I: Vorsokratiker und Frühe Dichter, 1950, 394-395, dass gerade das Ungesagte bei Aischylos das Wichtigste sei, weil das Gerechte bei ihm darin bestehe, sein Recht weder zu behaupten noch zu fordern, sondern Götter, Menschen und Dinge das sein zu lassen, was sie sind. Das aber sei in Wahrheit das Schwerste.

19 Übersetzung O. Werner, Aischylos, 1996, 60-63.

20 Zu der Xerxes von Herodot zugewiesenen Rolle als abschreckendes Beispiel für das von ihm als gültig betrachtete Weltgesetz, dass „Hybris mit dem Absturz in die Tiefe endet", vgl. H. Erbse, Studien zum Verständnis Herodots, ULAG 38, 1992, 74-92, Zitat 91.

deuten.[21] Demgemäß führte er in seiner Darstellung von Xerxes Kriegszug gegen Hellas immer wieder solche Szenen ein, um damit zu zeigen, dass der König wiederholt vor der Wahl stand, den Feldzug überhaupt bzw. seine gefährlichen Niederlagen zu vermeiden, und also selbst die Schuld am Untergang seiner Flotte und seines Heeres trug.

Der Plan zu Xerxes' Griechenlandfeldzug war ein von seinem Vater übernommenes Erbe.[22] Schon Dareios hatte beschlossen, sich für die bei Marathon erlittene Niederlage seines Heeres zu rächen[23], war aber durch einen Aufstand der Ägypter an seiner Ausführung verhindert worden und gestorben, ehe er auch nur diesen zerschlagen konnte (VII.1.4).[24] Xerxes aber, so lässt uns Herodot wissen, spürte zunächst durchaus kein Verlangen, gegen Griechenland zu ziehen, sondern beließ es zunächst dabei, den Feldzug gegen die abtrünnigen Ägypter vorzubereiten (VII.5.1). Erst als er Ägypten unterworfen hatte (VII.7), stellte er sich der Frage, ob er den Feldzug gegen die Griechen tatsächlich unternehmen sollte oder nicht.[25] Dabei hätte ihm Mardonios, der Sohn des Gobyras, in den zurückliegenden Jahren beständig in den Ohren gelegen, um ihn zu dem Unternehmen zu bewegen, was Herodot seinen Personalisierungstendenzen gemäß darauf zurückführt, dass Mardonois ein begehrlicher Mann gewesen sei, der sich nichts dringender gewünscht habe, als Hyparch, Satrap über Griechenland zu werden (VII.5.9). Herodot lässt ihn die Rolle des verhängnisvollen Ratgebers gleich zweimal an entscheidender Stelle spielen; denn so, wie er den König zum Feldzug

---

21 Vgl. dazu F. Bischoff, Der Warner bei Herodot, Diss. phil. Marburg 1932, 31-53.

22 Das lässt Aischylos seinen Dareios in den Persern völlig übergehen. Er stellt ihn als den weisen Vater und Mehrer des Reiches dem jungen, törichten Sohn gegenüber, dem er mit Recht vorwerfen kann, dass ihn ein Daimon am richtigen Denken verhindert habe, so dass er einen Brücke über den Hellespont baute (Pers. 721-725). – Dass die Expedition des Dareios gegen die Skythen ein von keiner anderen Notwendigkeit als seiner Machtgier ausgelöst worden ist, gegen den Rat des Artabanos einen Brückenbau über den Bosporos (IV.83-89) und eine weiteren über den Istros einschloss und beinahe mit einem Fiasko geendet hätte, wenn nämlich die Jonier, welche die Brücke über den Istros bewachten, dem Rat der Skythen gefolgt wären und dem König den Rückweg durch den Abriss der Brücke verlegt hätten, was Hekataios von Milet verhinderte (IV.136-139), erfährt man erst bei Herodot; vgl. dazu auch R. Bichler, Herodot's Welt. Der Aufbau der Historie am Bild der fremden Länder und Völker, ihrer Zivilisation und ihrer Geschichte. Mit Beilagen von D. Feil und W. Siberer, Antike in der Moderne, 2000, 292-297.

23 Schon die Ziele des Dareios waren umfassender und zielten zumindest auf die uneingeschränkte Herrschaft über die Ägäis ab; vgl. III.135-136; IV.44-45 und zur Sache R. N. Freye, The History of Ancient Iran, HAW III/7, 1984, 104-105, und ausführlich R. Bichler, Welt, 297-312.

24 Zu dem 486 aufgebrochenen Aufstand vgl. F. K. Kienitz, Die politische Geschichte Ägyptens vom 7. bis zum 4. Jahrhundert vor der Zeitwende, 1953, 66-67.

25 R. Bichler, Welt, 317, hebt mit Recht hervor, dass der Handlungsspielraum des jungen Königs angesichts des vom Vater geplanten gewaltigen Unternehmens von vornherein begrenzt war.

gegen Hellas angestachelt hätte, soll er ihn auch nach der Niederlage der Flotte bei Salamis[26] dazu überredet haben, mit einem großen Teil des Heeres in die Heimat zurückzukehren und ihn selbst zu beauftragen, mit den restlichen 300000 Mann das Land zu unterwerfen (VIII.100)[27], die er jedoch in Wahrheit bei Plataiai mit sich ins Verderben riss.[28] Die Fürstin von Karien, Artemisia[29], soll den König zur Zustimmung zu diesem Plan mit dem nicht gerade menschenfreundlichen, aber realistischen Argument bewegt haben, dass es für ihn vorteilhaft sei, diesen Rat anzunehmen, denn gelinge der Plan, sei es sein Verdienst, misslinge er aber, so sei es doch kein Sieg für die Griechen, weil sie nicht ihn, sondern nur einen seiner Untertanen geschlagen hätten (VIII.102).

Diesem schlechten Ratgeber stehen vor allem Artabanos, der Vater des Hystaspes (VII.10)[30], und in eigentümlicher Doppelrolle der bereits zu Dareios geflohene und an der Einsetzung des Xerxes zu seinem Nachfolger nicht unbeteiligte flüchtige Spartanerkönig Demaratos (vgl. VII.3) als gute gegenüber. Herodot lässt Artabanos (wovon alsbald genauer zu handeln ist) von Anfang an versuchen, den König von dem geplanten Feldzug abzuhalten. Den Spartaner lässt er dann während des Feldzuges Xerxes über das hohe Risiko belehren, das er angesichts der Genügsamkeit und Tapferkeit der Griechen mit einem gegen sie gerichteten Feldzug eingange (VII.101-105)[31], und dem König auch sonst zuverlässige Informationen und vernünftige Ratschläge erteilen[32], wobei sich der König in allen Fällen gegen sie ent-

---

26 Zur Überlistung des Xerxes durch einen von Themistokles gesandten Boten und ihre Folgen vgl. VIII.75-76, zum Verlauf der Seeschlacht VII.84-86, zur Person des Themistokles K. Kinzel, NEP 12/1, 2002, 306-307, und zur Lage der südwestlich vom Piraeus gelegenen Insel und ihrer Geschichte A. Külzer, NEP 10, 2001, 1242-1243.

27 Dabei unterstellt Herodot in VIII.100.1, dass Mardonios Xerxes diesen Vorschlag gemacht habe, um der Strafe dafür zu entgehen, dass er dem König den Rat zu einem so verhängnisvollen Feldzug gegeben hatte, und es daher das Beste für ihn sei, sich neuen Gefahren auszusetzen und dabei entweder zu siegen oder unterzugehen.

28 Zum Verlauf der Invasion des Xerxes in Mittelgriechenland vgl. K.-W. Welwei, Das klassische Athen. Demokratie und Machtpolitik im 5. und 4. Jahrhundert, 1999, 51-76.

29 Vgl. zu ihr C. Hünemörder, Art. „Artemisia [1]", DNP 2, 1997, 59.

30 Vgl. dazu unten S. 290ff.

31 Vgl. dazu W. Schadewaldt, Die Anfänge der Geschichtsschreibung bei den Griechen. Herodot. Thukydides, Tübinger Vorlesungen Band 2, stw 389, 1982, 216-217, und ausführlicher J. Schulte-Altedorneburg, Geschichtliches Handeln und tragisches Scheitern. Herodots Konzept historiographischer Mimesis, Studien zur klassischen Philologie 131, 2001, 198-200.

32 VII.209.234: bei und nach der Schlacht an den Thermopylen; VII.235: vor der Schlacht bei Salamis (mit dem Bruder des Königs Achaimenes als Gegenspieler 236); zu seinem Verrat des geplanten Feldzugs an die Spartaner VII.239.2-4 und zu seiner Warnung an den Verbannten Athener Theokydes, das unheildrohende Vorzeichen in der Ebene von Eleusis, das dem König einen furchtbaren Schlag verkündete, dem König mitzuteilen, VIII.65, und dazu F. Bischoff, Warner, 67-71.

scheidet. Auch in der letzten Ratsversammlung vor der Schlacht bei Salamis, in der Herodot die Karische Fürstin Artemisia den König warnen lässt, durch eine Schlacht seiner landgewohnten Perser gegen die seeerfahrenen Griechen seine bisherigen Erfolge aufs Spiel zu setzten, lässt er ihn dem entgegengesetzten Rat der Mehrheit folgen und sich für das Gefecht entscheiden (VIII.67-65).[33] Für die schwere Niederlage der persischen Flotte im Sund von Salamis im engeren Sinne macht Herodot dann die persischen Offiziere verantwortlich, die dem von Themistokles[34] listenreich als Boten zu ihnen geschickten Sklaven Sikinnos glaubten, dass die Griechen angstvoll an ihre Flucht dächten. So versuchten sie, die griechische Flotte in dem Sund einzuschließen und beraubten sich bei der am nächsten Morgen entbrennenden Schlacht der Möglichkeit, ihre Übermacht in der Meerenge zur Geltung zu bringen (VIII.75-76).[35]

In vergleichbarer Weise stellt Herodot auch Mardonios zwei Warner in der Gestalt der beiden Feldherren Tritantaichmenes, dem Sohn des Artabanos (VII.82; VIII.26), und Artabazos, dem Sohn des Pharnakes und Befehlshaber der Parther und Chorasmier, an die Seite (IX.41.66). Von Tritantaichmenes berichtet Herodot, er habe, als er nach dem persischen Sieg bei den Thermopylen[36] von einem griechischen Überläufer gehört hätte, dass die Griechen bei den olympischen Spielen um einen Kranz von Ölbaumblättern kämpften, im Blick auf die bevorstehenden Kämpfe einen Weheruf über Mardonios ausgerufen, der sie gegen Männer führe, denen es nicht um handgreifliche Gewinne, sondern um den Erweis ihrer Bestform, ihrer ἀρετή (aretē), gehe, was ihm beim König den Vorwurf der Feigheit, der δειλία (deilía), eingetragen habe (VIII.26.2-3). Artabazos aber habe Mardonios vor der Schlacht bei Plataiai[37] den Rat gegeben, die Stellung am böotischen Asopos[38] zu räumen, sich in das sichere Lager bei Theben zurückzuziehen und von dort den Sieg kampflos mittels reichlich unter den Griechen verteilter Geschenke zu gewinnen. Mardonios aber habe diesen Vorschlag, trotz der negativen Omina in den Wind geschlagen und angeordnet, künftig nicht mehr auf sie zu achten. Zudem hätte keiner der auf seiner Seite stehenden griechischen Feldherren den Mut besessen, seine Frage zu beantworten, ob ihnen ein den Persern Unheil verheißender Spruch (λόγιον) bekannt sei, während er selbst ihn sehr

---

33 Vgl. dazu Schulte-Altedorneburg, Handeln, 200-205.
34 Zu Themistokles' Darstellung und Beurteilung H. Erbse, Studien, 106-112.
35 Anders als Aischylos erwähnt Herodot Xerxes in diesem Zusammenhang nicht.
36 Vgl. VII.175-177.223-224, vgl. 228, und zur Lage und geschichtlichen Bedeutung des einzigen im Altertum zur Verfügung stehenden Küstenpasses für Heerzüge von Nord- nach Mittelgriechenland am Nordfuß des Kallidromos E. Meyer u. a., DNP 12/1, 2002, 427-431.
37 Zur Lage und Geschichte der südböotischen Stadt am Nordausläufer des Kithairon in der Nähe des Asopos vgl. K. Freitag, DNP 9, 2000, 1093-1094.
38 Vgl. zu ihm Peter Funke, Art. „Asopos [2]", NEP 2, 1997, 102.

wohl kannte, aber – da er sich auf die Plünderer des delphischen Heiligtums bezog – ihn durch entsprechendes Verhalten außer Kraft zu setzen gedachte (IX.41-42). Herodot merkt zunächst an, dass sich der Unheil verkündende Spruch eigentlich auf die Illyrer und Encheleer[39] bezogen hätte[40], um dann in IX.43.2 tatsächlich einen den Persern geltenden Spruch des Bakis zu zitieren. Dieser bleibt für uns einer der schattenhaften Herausgeber von Orakelsammlungen aus spätarchaischer Zeit, die im Griechenland des 5. Jh. v. Chr. Verbreitung fanden.[41] Die Folge war jedenfalls, dass Mardonios sich selbst und das persische Herr dank seiner Überheblichkeit in die katastrophale Niederlage von Plataiai führte, während der spartanische König Pausanias den schönsten Sieg errang (X.64,1), um anschließend bei einem Bankett, auf dem er persische und spartanische Speisen auftragen ließ, die Torheit der Perser zu demonstieren, die selbst so üppig lebten und die Griechen ihres dürftigen Lebens berauben wollten (IX.82).[42] Artabazos aber hatte seine 40000 Mann nur scheinbar in die Schlacht und in Wahrheit nach Phokien geführt, von wo aus er den Rückmarsch zum Hellespont antrat (IX.66 und 89). Am gleichen Tage, an dem das Gros des persischen Landheeres bei Plataiai den Tod fand, soll auch die Mannschaft der restlichen persischen Flotte in ihrem Lager bei Mykale[43] geschlagen und ihre Schiffe von den Griechen unter der Führung des Spartaners Leotychidas verbrannt worden sein (vgl. IX. 90.1 mit 96-107.1). Herodot hatte schon die Mitteilung über den Rückmarsch des Artabazos zum Anlass genommen, auf diese eigenartige Koinzidenz aufmerksam zu

---

39 Bei beiden handelt es sich um Völkerschaften, deren Wohnsitze im Norden von Epirus bzw. nördlich davon liegen, vgl. M. Šašel Kos, übers. I. Sauer, NEP 5, 1998, 941.

40 Zu dem „wiederverwendeten" Orakel vgl. T. Harrison, Divinity and History. The Religion of Herodotus, OCM, 2000, 143-144; zu Herodots grundsätzlicher Einstellung zu Orakeln und Sehersprüchen vgl. VIII.77.1 und dazu H. Klees, Die Eigenart des griechischen Glaubens an Orakel und Seher, Tübinger Beiträge zur Altertumswissenschaft 45, o. J. (um 1964), 72-87, und Harrison, 130-157, und zu dem in seiner Zweideutigkeit typischen Kroisos Orakel I.53 mit 86-87 und 91, dazu auch O. Kaiser, Von den Grenzen des Menschen. Theologische Aspekte in Herodots Historien I, in: U. Becker u. J. van Oorschot (Hrsg.), Das Alte Testament als Geschichtsbuch, ABG 17, 2005, 9-36, bes. 19-25. Aber Herodot waren natürlich auch eindeutige bekannt, die eine Alternativfrage entschieden (vgl. z. B. II.18; V.43; VI.35.3-36.1; VIII.169). Insgesamt kann man die Behandlung der Orakel in seinen Erzählungen mit Harrison, 157 dahingehend kennzeichnen, dass sie „with their implicit messages of the proper response to devination and reminders of the miraculous fulfillment of earlier prophecies, themselves serve to reinforce belief in divination."

41 Zu Bakis vgl. die Artikel „Bacis" bzw. „Bakis" von F. Graf, OCD, ³1996, 230-231, bzw. NEP 2, 1997, 413-414, und zum hier zitierten Bakis-Spruch auch H. Klees, Glaube, 80-82.

42 Vgl. den Rat des Vorfahren des Artayktes an die Perser, den Kyros gut hieß und dadurch die Perser in seinen Tagen vor der Verweichlichung rettete (IX.122).

43 Zu dem Gebirgszug an der Westküste Kleinasiens vgl. W. Blümel und H. Lohmann, DNP 8, 2000, 570.

machen (IX.90.1).[44] In ähnlicher Weise hatte er seine Leser auch in VII.166 darüber informiert, dass sich die Sizilianer erzählten, dass die Niederlage der Karthager in der Schlacht bei Himera am selben Tag erfolgt sei[45] wie die der persischen Flotte bei Salamis. Auch wenn Herodot diese Notizen nicht kommentiert, lässt sich unschwer ihre Bedeutung als Hinweise auf die geheime göttliche Führung und Fügung der Freiheitskämpfe der Hellenen verstehen.[46]

Doch kehren wir noch einmal in die Zeit unmittelbar vor der Schlacht bei Plataiai zurück: Auf einem damals von dem Thebaner Attaginos für Mardonios sowie 50 vornehme Perser und 50 Thebaner gegebenem Festmahl, habe einer der Perser dem ebenfalls eingeladenen Thersandros aus Orchomenos geraten, sich rechtzeitig in Sicherheit zu bringen, denn von all den Persern, die hier säßen, und ihrem Heere würden in kurzer Zeit nur noch wenige leben. Auf die Frage des Thersandros, ob man das nicht Mardonios melden müsse, habe der Perser geantwortet: „Gastfreund, was von dem Gott her geschehen muß, kann ein Mensch unmöglich abwenden. Auch würde dem, der die Wahrheit sagt, niemand glauben" (XI.16.4).

Göttliche Schicksalslenkung und menschliche Entscheidung schließen einander nicht aus, sondern sie wirken so zusammen, dass sich der Wille der Gottheit erfüllt. Daher wird der Rat, der sich in der Folge als der richtige erweist, abgelehnt, während der falsche befolgt wird. Dass an dieser Wahl die Hybris des Wählenden schuld ist, hebt Herodot unübersehbar hervor, in dem er in der von Xerxes einberufenen Ratsversammlung seiner Großen den Plan des Königs mit der Warnung seines Vetters Artabanos konfrontiert.

5. Der König in der Entscheidung zwischen dem guten und dem schlechten Ratgeber

Scheinbar stellen wir die Dinge auf den Kopf, wenn wir erst jetzt auf die Versammlung eingehen, auf der sich Xerxes anlässlich des von ihm geplanten Feldzuges gegen Hellas in einer Versammlung mit den Großen seines Reiches[47] (VII.8-11) beriet. Aber da wir hier auf das Herzstück der theologischen Deutung des ganzen Geschehens stoßen, sei es gleichsam wie eine

---

44 Zu den Schlachten bei Plataiai und Mykale vgl. auch K.-W. Welwey, Das klassische Athen. Demokratie und Machtpolitik im 5. und 4. Jahrhundert, 1999, 67-76, und zu ihrer universalhistorischen und zugleich für die weitere griechische Geschichte tragischen Bedeutung bes. 75-76.
45 Zu der Schlacht bei Himera und ihren Zusammenhängen vgl. M. I. Finley, Das antike Sizilien. Von der Vorgeschichte bis zur Eroberung durch die Araber (A History of Sicily. Ancient Sicily to the Arab Conquest, 1968), übers. v. K.-E. u. G. Felten, 1979, 76-80.
46 Vgl. auch T. Harrison, Divinity, 66-67.
47 Zur persischen Heeres- und Reichsverwaltung vgl. P. Högemann, Vorderasien 1992, 339-351.

Summe am Ende der Darstellung behandelt. Herodot hat in seiner Schilderung die zu Worte kommenden Personen wirkungsvoll auf drei beschränkt:
auf den König, auf Mardonios als Befürworter der Pläne des Königs und Artabanos als Warner vor dem ganzen Unternehmen.

Herodot lässt den König sein Vorhaben im Vollgefühl seiner Macht und
seines Rechts auf die Bestrafung der Athener wegen ihres Eingreifens in den
Jonischen Aufstand und ihrem Sieg über das von Datis und Artaphrenes geführte persische Expeditionskorps bei Marathon vortragen.[48] Dabei macht er
deutlich, dass Xerxes' eigentliche Absicht unumwunden der Gewinnung der
Weltherrschaft (oder bildlich ausgedrückt: den Himmel des Zeus zur persischen Grenze zu machen) gegolten habe (VII.8.γ.2-3):

> „Denn die Sonne wird kein Land bescheinen, das an das unsere grenzt; vielmehr werde
> ich sie alle im Bunde mit euch zu einem einzigen Lande vereinen, indem ich durch ganz
> Europa ziehe. Wie ich höre, steht es so: Es bleibt keine Stadt und kein Volk mehr auf der
> Welt, das sich uns widersetzen könnte, wenn erst einmal die beseitigt sind, die ich eben
> erwähnt habe. So werden die denn das Joch der Knechtschaft tragen, die es uns gegen-
> über verschuldet haben, die andern aber ohne Schuld (οὕτω οἵ τε ἡμῖν αἴτιοι ἕξουσιν
> δούλιον ζυγὸν οἵ τε ἀναίτιοι)."[49]

Schuld oder Unschuld der Völker und Städte seien also letztlich nicht die
entscheidenden Gründe für den Feldzug gewesen, sondern der Wille zur
Weltherrschaft.

Dann lässt Herdodot Mardonios, den Sohn des Gobryas und Vetter des
Xerxes, das Vorhaben zunächst mit der Staatsnotwendigkeit begründen, die
es nicht dulde, eine den Persern angetane Schmach ungerächt zu lassen. Anschließend aber lässt er ihn auf die völlig unvernünftig erscheinende Eigenart
der griechischen Strategie hinweisen, für den angesagten Kampf die schönste
Ebene ausfindig zu machen, so dass beide Seiten die größten Verluste hätten,
und das wegen Lappalien, die sich unter Menschen einer Sprache mittels He-
rolden und Boten beilegen ließen (VII.9.β.1-2). Kein Zweifel: hier verneh-
men wir Herodots eigene Kritik an seinen Landsleuten, die sich in Kriegen
gegenseitig schwächen, statt sich – wie es in dem folgenden Feldzug (mit
Mühen!) der Fall war – gemeinsam gegen ihre äußeren Feinde zu wenden. So
lässt er Mardonios den Schluss ziehen, dass die Griechen, die sich ihm bei
seinem eigenen Vorstoß nach Makedonien nicht zu einer Schlacht gestellt
haben[50], im Falle ihres Antretens gegen die vereinten Land- und Seestreitkräf-
te der Perser keine Chance hätten, sondern lernen müssten, „daß wir die besten Krieger der Welt sind (μάθοιεν ἂν ὡς εἴμεν ἀνθρώπων ἄριστοι τὰ
πολέμια)." Dem unbeschränkten Machtwillen des Königs stehe mithin das

---

48 Zu den geschichtlichen Zusammenhängen vgl. K.-W. Welwey, Athen, 27-39.
49 Übersetzung J. Feix, Herodot Historien. Zweiter Band Bücher VI-IX, STusc, ⁶2001, 879.
50 Vgl. VI.45.

beste und größte Heer im Kampf gegen einen zahlenmäßig unterlegenen und strategisch törichten Gegner zur Verfügung, so dass nach menschlichem Ermessen eigentlich nichts schief gehen könne.

Doch selbst wenn es sich nach menschlichem Ermessen so verhält, stellte sich den Alten die Frage, wie es dann um das göttliche steht. Sie lässt Herodot Artabanos, den Bruder des Dareios, seinem Neffen beantworten (VII.10). Aber auch er fällt nicht gleich mit der Tür ins Haus, sondern weist zunächst auf die Risiken derartiger Feldzüge hin, wie sie Dareios auf seinem Skythenzug erfahren musste, während es nun gegen die Griechen gehe, die zu Wasser und zu Lande gleichermaßen als die tüchtigsten (ἄριστοι) gälten. Besonders riskant wäre der geplante Feldzug aber schon deswegen, weil die Griechen im Fall einer Niederlage die von Xerxes geplante Brücke über den Hellespont abreißen könnten, wie es Dareios beinahe mit der Schiffsbrücke über den thrakischen Bosporus widerfahren wäre.[51] Angesichts dieser Gefahren möge der König die Entscheidung vertagen. Doch da Xerxes auf einer sofortigen Beschlussfassung bestanden hätte, habe Artabanos schließlich das entscheidende Argument ins Feld geführt, dass der Plan des Xerxes, sich die Weltherrschaft zu sichern, dem Gott als Hybris erscheinen müsse, so dass er ihn scheitern lasse (VII.10.ε-ζ):

„Du siehst, wie der Blitzstrahl der Gottheit die höchsten Geschöpfe trifft und nicht duldet, daß sie sich in ihrem Hochmut überheben (φανθάζεσθαι), während ihm das Kleine nichts ausmacht. Du siehst, wie seine Geschosse immer in die größten Gebäude und derartige Bäume einschlagen. Denn Gott pflegt alles zu stürzen, was sich überhebt (φιλέει γὰρ ὁ θεὸς τὰ ὑπερέχοντα πάντα κολούειν). So wird auch ein großes Heer von einem kleinen geschlagen in folgender Art: wenn nämlich der neidische Gott Panik im Heer verbreitet oder einen Donner erdröhnen läßt[52], wodurch es in einer Weise umkommt, das seiner selbst unwürdig ist. Denn Gott duldet nicht, daß ein anderer außer ihm stolz sei (οὐ γὰρ ἐᾷ φρονέειν μέγα ὁ θεὸς ἄλλον ἢ ἑωυτόν).“

Der König folgte dem Rat des Mardonios und gab den Befehl zum Feldzug, nachdem seine inneren Zweifel durch ihn (und vorübergehend selbst Artabanos) verblendende Träume besiegt worden waren.[53] Doch als er an der den Hellespont überspannenden Brücke thronte und angesichts des riesigen, sieben Tage und sieben Nächte lang über sie ziehenden Heeres[54] bei dem Ge-

---

51 Vgl. IV.89.137-142.
52 Vgl. VII.42 und 43.2. Zu den Unheil ankündenden, von Xerxes missachteten Vorzeichen vgl. R. Bichler, Welt, 333-336.
53 Vgl. VII.12-19 und dazu M. Pohlens, Herodot. Der erste Geschichtsschreiber des Abendlandes, Neue Wege zur Antike 7/8, 1937, 115, und ausführlicher T. Harrison, Divinity, 132-135, bzw. J. Schulte-Altedorneburg, Handeln, 187-193.
54 Das Heer bestand nach VII.60-99 aus 1700000 Infanteristen, über 80000 Reitern, 1207 Tieren und 3000 Lastschiffen mit einer Besatzung von insgesamt 517610 Mann. Durch Verdopplung der Zahl des Heeres mittels des von Herodot einfachheitshalber auf die

danken weinte, dass von all diesen Menschen nach 100 Jahren niemand mehr leben würde (VII.45-46.2), erklärte ihm Artabanos, dass es noch Jammervolleres in dem kurzen Leben der Menschen gäbe, weil es keinem erspart bleibe, öfter als einmal zu wünschen, lieber tot zu sein als zu leben, wenn ihm Krankheiten und Unglücksfälle das Leben als zu lang erscheinen ließen:

> „So ist der Tod für den Menschen in seinem mühevollen Dasein eine sehr erwünschte Zuflucht. Diese Gottheit, die uns die Süßigkeit des Lebens kosten ließ, zeigt sich darin als neidisch" (VII. 46.4).[55]

Auch die Einwände, dass es auf dem Meer nirgends einen Hafen gäbe, der groß genug sei, die ganze Flotte bei einem Unwetter aufzunehmen, und das Land das riesige Heer auf die Dauer nicht ernähren könne (VII.49), lässt Herodot den König unter Verweis auf die großen Taten seiner Vorgänger mit einem selbstbewussten „Große Ziele wollen unter großen Gefahren erreicht sein (μεγάλα γὰρ πρήγματα μεγάλοισι κινδύνοισι ἐθέλει καται-ρέεσθαι)" wegwischen (VII.50.3), um dann Artabanos als seinen Statthalter nach Susa zurückschicken und sich selbst mit seinem Heere auf den verhängnisvollen Marsch nach Hellas zu begeben – ein Mann, der zu Großes erstrebte und deshalb von dem Gott, der nicht duldet, dass jemand größer ist als er selbst, gezüchtigt wurde. Und so lässt Herodot Themistokles in seiner Verhandlung mit den Bundesgenossen nach der Schlacht bei Salamis gleichsam die Summe aus dem ganzen Kriege ziehen: Dass sie einen so ungeheuren Menschenstrom abgewehrt hätten, verdankten sie am Ende nicht ihrer eigenen Leistung, sondern

> „Göttern und Heroen, die nicht zugeben wollten, daß Asien und Europa einen einzigen Herrscher haben, und noch dazu einen so gottlosen Frevler (ἀνόσιόν τε καὶ ἀτάσθαλον), der Heiligtümer ebenso behandelte wie Menschenbesitz, der Götterbilder verbrannte und umstürzte, der sogar das Meer geißeln ließ und in Ketten legte" (VIII.109.3).[56]

---

gleich groß angesetzte Zahl des Trosses kommt man auf die gigantische Zahl von 5283220 Mann; vgl. dazu R. Bichler, Welt, 325-327.

55 Übersetzung J. Feix, Herodot Historien II, 915; vgl. auch die Antwort Solons auf die Frage des Kroisos nach dem glücklichsten Menschen in I.31-32 und die Antwort des Amasis an Polykrates III.40 und dazu O. Kaiser, Grenzen, 25-29; zum Neid der Götter M. Pohlens, Herodot, 110-115; zum Motiv der Kürze des Lebens auch W. Schadewaldt, Anfänge, 215-216, und zur „Fatalität der Macht und der Weisheit des Verzichts" bei Herodot R. Bichler und R. Rollinger, Herodot, ²2001, 106-108.

56 Übers. J. Feix, Herodot II, 1137. – Zum Brückenbau über den Hellespont vgl. Aischyl. Pers. 745ff.; Hdt VII.25.34-36 (vgl. auch den Durchstich des Athos VII.22-24); zur Zerstörung der Akropolis von Athen VIII.52-53 (vgl. aber auch 54)und der anderen dortigen Heiligtümer IX.13.2. Das Heiligtum von Delphi sollen die Götter dagegen selbst beschützt haben; vgl. VIII.35 mit 37.

6. Der Dichter und der Historiker als Erinnerer und Warner

Die Annahme, dass der Dichter die Athener mit seiner Tragödie nicht allein deshalb an die große Zeit von Marathon erinnerte, dass sie ihrer mit Stolz gedächten, sondern auch um sie davon zur warnen, das von den Älteren Erreichte nicht durch hybride Neuerungen und egoistisches Machtstreben aufs Spiel zu setzen, liegt angesichts der theologischen Deutung des Geschehens und der Eindrücklichkeit, mit welcher er die Folgen der Niederlage für das Perserreich und zumal für den König in den ausgedehnten Schlussklagen hervorhebt, auf der Hand. In diesem Sinne sind sie „ein Paradigma bestrafter Maßlosigkeit."[57] Dem Leser Herodots aber soll sich die Lehre einprägen, dass einst große Stätten der Menschen klein und vormals kleine groß geworden sind und es für Menschen kein beständiges Glück gibt (I.5.4).[58] Dass die eigentliche Ursache für den Niedergang der Mächte in menschlicher Hybris und gottgewirkter Verblendung zu suchen ist, welche die Gottheit verhängt, um den Frevler zu stürzen, bildet die unüberhörbare Grundmelodie, die sich durch das ganze Werk zieht. Der heutige Leser braucht sich nur an die Geschichte des zurückliegenden Jahrhunderts zu erinnern, um zu erkennen, dass die darin liegende Warnung bis heute ihre Berechtigung nicht verloren hat. Oder um Richard Bichler, dem die Herodotforschung so viel verdankt, zum Abschluss das Wort zu geben:

> „Das menschliche Vermögen [...], den Gewinn der Erkenntnis in der Tat zu nutzen, scheint bescheiden. Herodot dürfte sich darüber nicht viele Illusionen gemacht haben. Seine historische Kunst entläßt uns reich beschenkt und bezaubert mit ihrer Liebenswürdigkeit, doch sie warnt uns vor allzuviel Zuversicht in unsere Fähigkeit, unser politisches Geschick weise zu gestalten."[59]

---

57 M. J. Lossau, Aischylos, 35; vgl. auch J. Latacz, Tragödie, 137: „Es ist selbstverständlich, daß sich die Athener – wenn auch vor Hybris gewarnt und daher verhalten und wohl auch leise schaudernd – in diesem indirekt gespiegelten Bild der Heimatstadt mit tiefem Stolze wiederfanden."
58 Vgl. R. Bichler, Welt, 377-383.
59 R. Bichler, Welt, 383.